华北铁路沿线集镇的“差异化发展”（1881－1937）

Differential Development of Market Towns along the North China Railways, 1881-1937

熊亚平　著

国家社科基金后期资助项目
出版说明

后期资助项目是国家社科基金设立的一类重要项目，旨在鼓励广大社科研究者潜心治学，支持基础研究多出优秀成果。它是经过严格评审，从接近完成的科研成果中遴选立项的。为扩大后期资助项目的影响，更好地推动学术发展，促进成果转化，全国哲学社会科学规划办公室按照“统一设计、统一标识、统一版式、形成系列”的总体要求，组织出版国家社科基金后期资助项目成果。

全国哲学社会科学规划办公室

目　录

绪　论

进入21世纪以来，中国的城镇化进程明显加快。尤其是随着“新型工业化、信息化、城镇化、农业现代化同步发展”、“新型城镇化”等发展目标和战略构想的提出，城镇化受到社会各界的空前关注。尽管人们对某一区域城镇化的具体路径选择的认识不同，但已形成了“以城市群为主体构建大中小城市和小城镇协调发展的城镇格局”的重要共识。集镇作为小城镇的一个重要组成部分和乡村的政治、经济、文化中心，在农民迈向工业化、城镇化和现代化进程中发挥着独特而重要的作用。[①]由于当前的华北城镇尤其是中小城镇，有相当一部分由集镇发展而来，因此，开展近代华北集镇发展研究对推进华北区域城镇发展及城镇化进程，应具有重要的借鉴意义。本部分将概述本书的选题缘起、概念界定、相关研究成果、创新及写作难点。

一　选题缘起

作为近年提出的国家重大发展战略，京津冀协同发展所面临的一个重要挑战，是京津冀乃至华北城镇体系的失衡，即北京[②]、天津两个城市规模巨大，次级中心城市数量偏少，小城市数量较多。细察之下，又可以发现，地处京津冀范围之内的石家庄、唐山、秦皇岛、廊坊，以及山东、河南、山西等省境内的枣庄、焦作、漯河、驻马店、阳泉等各级中心城市，均曾拥有一个共同的身份——华北铁路沿线集镇。因此，华北铁路沿线集镇与区域城镇体系变动及城镇化进程之间的关系，应是一个值得深入研究的课题。

① 参见邹农俭等《集镇社会学》，上海社会科学院出版社，1989，第162—192页；彭恒军主编《乡镇社会论——农业工业化与新型工资劳动者研究》，人民出版社，2001，第1—32、353—360页。

② 北京在1928年后改名北平，本书为便于行文，除专有名词和引文外，统一作“北京”。

虽然关于华北集镇的研究至少可以追溯到20世纪二三十年代，但时至今日，华北集镇研究却远逊色于江南市镇研究。自20世纪80年代以来，“江南区域史研究”已成为中国史研究领域中的“显学”。在江南区域史研究中，“明清江南市镇研究”又是一大热点。与之相比，关于华北及长江中游、西南、苏北等地区市镇的研究虽然已经展开，但成果数量和质量均有明显差距。形成这种局面的一个重要原因，应是其市镇工商业的整体发展水平相对较低。

以华北为例，在明清时期的山西泽州，“镇的共性可以概括为‘巨村为镇’，即村镇统一体”[①]。晚清时期，直隶省[②]武清、栾城、青县、望都等州县的村落仅有少数是“数百户上千户的大村，绝大多数只是数十户以至数户十数户的小村”[③]。其中可以称为“集镇”的村庄中“有店，隔数日周围十数村、数十村村民前来赶集，确与无店无集的村庄不同。但村中数百户而只商店寥寥数家，而且商店主多不脱离农业”。[④] 20世纪30年代，冀鲁豫三省集镇人口规模和商业规模普遍较小。在三省72县206个集镇中，人口超过16000人者仅有10个，占5%；8000—15999人者有15个，占7%；4000—7999人者有39个，占19%；2000—3999人者有68个，占33%；2000人以下者有74个，占36%。山东省44县123个集镇中，仅有11个商号数在200家以上，商号数在50家以下者多达89个，占到72%以上。河南省7县97个集镇中，商号数在100家以上者仅有5个，商号数在50家以下者多达90个，占到92%以上。[⑤] 不仅商号数量较少，而且商户在集镇居民中所占比例也比较低。据统计，1937年前河北、山东两省35个集镇的居民中，“经商户所占比重悬殊。高者达百分之三四十，最低者仅及百分之一二，35镇平均则为11%”。[⑥] 由此可见，近代华北市镇的工商业发展水平，与李伯重等人提出的“市镇

① 赵世瑜：《村民与镇民：明清山西泽州的聚落与认同》，《清史研究》2009年第3期，第16页。

② 直隶1928年后改称河北，本书为行文方便，凡涉及清末时期时，采用“直隶”一词；论及民国时期时，则使用“河北”一词。

③ 王庆成：《晚清华北乡村：历史与规模》，《历史研究》2007年第2期，第78页。

④ 王庆成：《晚清华北村镇人口》，《历史研究》2002年第6期，第7页。

⑤ 从翰香主编《近代冀鲁豫乡村》，中国社会科学出版社，1995，第186—188页。

⑥ 从翰香主编《近代冀鲁豫乡村》，第213页。

工商业中的经常性就业人口，往往超过其正式居民的数量。由于市镇居民人数较多，其‘非农业化’的程度较高，所以近代江南的市镇属于城市地区而非农村地区。明清江南的情况也与此相似”[①] 的判定之间，仍有比较明显的差距。

华北等地市镇与江南市镇的差异不仅体现在工商业发展水平上，而且表现在名称上。“交易于市者，南方谓之趁墟，北方谓之赶集，又谓之赶会，京师则谓之赶庙。”[②] “南人曰市，北人曰集，贩夫、贩妇之利也”[③]，“岭南谓市为墟……西蜀谓之亥……山东谓之集，每集则百货俱陈，四远竞凑，大至骡马、牛羊、奴婢、妻子，小至斗粟、尺布，必于其日聚焉，谓之赶集。岭南谓之趁墟”[④]。

由此可见，“集镇”这一名称既体现了北方特色，又契合了华北大多数市镇工商业发展水平不高、非农业人口所占比例较小的实际，因此，本书以“集镇”代替“市镇”作为主题词。

有学者曾指出，市镇“不论是依河还是靠路设市，其本质相同，即都是对各自地域交通状况的依赖和利用。而寻求交通结点，依赖并利用交通网络以实现便民和追求最大限度的商业利润正是市镇本质特征的反映”[⑤]。与之相似，集镇发展与交通之间的关系也十分密切。1937 年前的华北集镇不同于江南市镇的一个突出特征，应在于铁路的显著影响。其一，在从翰香等人列出的 20 世纪 20—30 年代冀鲁豫 50 个“中心市镇”中，有 15 个设有铁路车站，占到 30%。其中，张店、漯河、驻马店、石家庄等镇因铁路而兴，周村、道口、清化、兴济等镇也受到铁路的明显影响。其二，除这 15 个集镇外，华北因铁路而兴或受铁路影响较大的集镇还有唐山、[⑥] 秦皇岛、廊坊、平地泉、坊子、杨家庄、焦作、周口店、

① 李伯重：《工业发展与城市变化：明中叶至清中叶的苏州（上）》，《清史研究》2001 年第 3 期，第 13 页。

② （清）阙名：《燕京杂记》，骈宇骞整理《旧京遗事·旧京琐记·燕京杂记》，北京古籍出版社，1986，第 120 页。

③ 道光《定州志》，台北，成文出版社，1969 年影印本，第 843 页。

④ 光绪《恭城县志》，台北，成文出版社，1968 年影印本，第 505—506 页。

⑤ 刘景纯：《清代黄土高原地区城镇地理研究》，中华书局，2005，第 303 页。

⑥ 由于唐山、石家庄等新兴城市在较长时间内处于由乡村向集镇演变的阶段，直到 1927—1937 年，才跻身小城市行列，加之人口规模相对较小，因此本书仍将其归入集镇行列。

坨里、开平、芦台、杨村、长辛店、琉璃河、清风店、南口、辛店、观音堂等。其三，除这些较大集镇外，为数更多的设有铁路车站或临近铁路车站的小集镇也受到铁路或多或少的影响。[①] 其四，上述铁路沿线集镇中，有一部分在其后数十年中成长为华北地区各级中心城镇（如河北省会城市石家庄，地级以上城市唐山、秦皇岛、漯河、驻马店、焦作、廊坊以及芦台、杨村等县城），或中心城镇的辖区（如周村、坊子、张店等）。这表明铁路沿线集镇在华北集镇中占有十分重要的位置，对区域社会变迁、城镇体系变动及城镇化进程具有重要影响。因此，本书的选题既具有重要的学术价值，也富有现实意义。

就学术价值而言，由于集镇是一种在工业化、城镇化、城乡关系重组过程中勃然兴起的，具有“中介性”的，“二、三、一次产业活动共存”的社会聚落系统，[②] 因此本书对集镇的研究将有助于拓展和深化近代华北城市史、乡村史、城乡关系史和铁路沿线社会变迁等领域的研究。在城市史方面，虽然已有学者初步探讨了近代华北城镇体系的变动，[③] 但个案研究仍主要集中于天津、北京等大城市和青岛、济南等中等城市，关于唐山、石家庄、秦皇岛等小城镇和集镇的研究尚未充分展开；[④] 城镇体系研究仍以人口等级规模为重点，城镇职能组合结构、地域空间结构及城市间联系与城镇网络等方面的研究依然比较薄弱。因此，本书关于集镇类型、层级、规模、分布、形态等的研究，将有益于城镇体系研究的深入。在乡村史方面，由于“集之盛地曰镇，行商之外，亦有坐贾

① 参见北宁铁路经济调查队编《北宁铁路沿线经济调查报告》，1937；胶济铁路管理局车务处编《胶济铁路沿线经济调查报告》，1934；《陇海全线调查》（1932 年份），殷梦霞、李强选编《民国铁路沿线经济调查报告汇编》第 7 册，国家图书馆出版社，2009 年影印本。按，《北宁铁路沿线经济调查报告书》刊行时有《北宁铁路沿线经济调查报告书》和《北宁铁路沿线经济调查报告》两个名称，编者有北宁铁路经济调查队和北宁铁路局两种说法，本书统一为北宁铁路经济调查队编《北宁铁路沿线经济调查报告》。《胶济铁路沿线经济调查报告》刊行时也有《胶济铁路经济调查报告》和《胶济铁路沿线经济调查报告》两个名称，本书亦统一为《胶济铁路沿线经济调查报告》。

② 邹农俭等：《集镇社会学》，第 1—4 页。

③ 罗澍伟：《试论近代华北的区域城市系统》，《天津社会科学》1992 年第 6 期，第 60—64、71 页；周俊旗：《关于近代区域城市系统研究的几个问题》，《天津社会科学》1994 年第 5 期，第 39、106—108 页；张利民：《近代华北城市人口发展及其不平衡性》，《近代史研究》1998 年第 1 期，第 189—203 页。

④ 参见本书“相关研究成果概述”部分。

以设肆焉……物产之丰者，政府课税以稽其数之出入，是与农村经济关系至大且巨”[①]，因此集镇亦可成为观察近代华北乡村社会的窗口，“可觇该地商业发达与否”，“可察知该地有何特产”，“可察知其地人民之生活状况”[②]。于是，本书关于华北集镇产业结构、社会结构、社会组织、社会文化（以教育为例）的研究便有助于考察和认识华北乡村社会变迁及其近代化进程。在城乡关系方面，城乡二元结构是不少研究成果对近代中国城乡关系基本特征的高度概括。但随着华北铁路沿线集镇的迅速发展，到1937年前，唐山、石家庄、秦皇岛、焦作、漯河、驻马店等集镇已成为介于城市与村庄之间的重要“一元”。这些集镇不仅成为天津、北京、汉口、开封等大中城市与铁路沿线众多县城、集镇、村庄之间商品流通和人员往来的枢纽和中转地，而且在发展中分别形成了“农村地域上的农村工业部门和农业部门”并存（唐山、焦作、石家庄等）和“位于城市地域上的城市传统工业区和新兴经济区”共同发展（漯河、驻马店等）的格局。这表明为研究当代中国城乡关系和城市化的学者所瞩目的城乡三元结构（城市、集镇、农村，[③] 或城市、城乡边缘区、乡村[④]）或“双重二元经济结构”[⑤]，在1937年前的华北地区已出现端倪。因此，本书的研究亦将有助于揭示近代华北城乡关系模式及城乡经济关系类型的多样性和复杂化。在铁路沿线社会变迁方面，近年来问世的多数同类成果，在研究视角上以铁路与城市、乡村或区域社会变迁之间关系为切入点；在研究内容上以铁路沿线若干典型城市为对象，通过分析铁路对工商业发展、人口增长及街市扩充等方面的影响，揭示铁路对近代华北区域城镇化进程及区域社会变迁的重要影响。其最大优点是能够通过对典型个案的剖析，揭示铁路对某些城镇或乡村社会变迁（如产业

---

① 民国《茌平县志》卷2《市镇》，《中国地方志集成·山东府县志辑》第90册，凤凰出版社，2004年影印本，第81页。

② 河北省政府建设厅编印《调查报告》第4编《工商》，1928，第69页。

③ 参见刘应杰《中国城乡关系与中国农民工人》，中国社会科学出版社，2000，第22页。

④ 参见郝寿义、安虎森主编《区域经济学》，经济科学出版社，1999，第301、324页。

⑤ “双重二元经济结构”指涉的是当前中国乡村城市化进程中的一个重要现象，其基本内涵是：“旧有城乡二元经济结构已逐步转向城乡之间，城市内部和农村内部的双重二元结构，即位于农村地域上的农村工业部门和农业部门，以及位于城市地域上的城市传统工业区和新兴工业区。”见郑弘毅主编《农村城市化研究》，南京大学出版社，1998，第14—15页。

结构、社会结构等）的影响。主要不足则有：一是从铁路影响的角度研究乡村社会变迁，本身便蕴含着走向“铁路决定论”的危险；二是由于铁路对社会文化变迁的影响更多地体现为间接影响，且影响程度难以准确把握，因此“铁路与社会变迁”这一视角的研究难以准确地揭示铁路对社会文化嬗变的影响，也就难以全面地展示铁路在社会变迁中的作用和角色。本书将主题由“铁路与沿线集镇发展”转变为“铁路沿线集镇”，不仅意味着重点由“铁路与集镇发展之间的关系”变为“集镇”本身，而且使原本处于中心和焦点位置的铁路变为区分不同集镇类型的一个标识和影响集镇发展的因素之一。这一转变将不仅有助于开展铁路沿线集镇社会文化嬗变的研究，而且能够更客观地展现铁路与沿线集镇发展之间的关系，从而在一定程度上减少走向“铁路决定论”的危险。

就现实意义而言，一方面，本书研究所及的多数集镇在其后数十年中仍是华北集镇的重要组成部分，因此本书关于近代华北集镇发展的研究，对于更客观地认识当前华北集镇的发展状况及其在乡村产业结构变迁、社会结构变动、社会文化嬗变中的作用和地位，做好集镇发展规划，更好地服务乡村社会等，具有重要的借鉴意义。另一方面，由于本书涉及的一部分集镇在其后数十年中成长为华北重要城市（或重要城市的组成部分），因此，本书关于近代华北集镇发展的研究，不仅有助于以上城市发展史研究的开展，而且对于认识当前的华北社会变迁、城镇体系变动及城镇化进程，制定切合华北地区实际的社会经济发展和城镇化战略，推进京津冀协同发展，以及促进华北社会经济发展等，亦具有一定的借鉴意义。

本书将考察时间的上限确定为 1881 年，是由于当年中国第一条自建铁路——唐（山）胥（各庄）铁路建成通车后，胥各庄成为铁路沿线集镇，自此，华北集镇始有铁路沿线集镇与非铁路沿线集镇之别；将考察的下限定在 1937 年，则是由于当年抗战全面爆发后，华北大部分地区沦陷，集镇发展和社会变迁进入非常状态。此外，本书在探讨铁路开通前集镇发展、铁路开通后集镇时空格局的演变、集镇管理体制变迁等重要论题时，将 1911 年作为重要时间节点，而非某条标志性铁路竣工或通车的时间。这主要是基于以下两点考量：其一，虽然唐胥铁路于 1881 年建成通车，但京奉、京汉、京绥、胶济、正太、道清等铁路干线到 20 世纪初才全线竣工通车，津浦铁路到1911年时才全线贯通，至此，华北铁路运输网络才初步形成并对集镇发展产生显著影响；其二，1911年是可以利用地方志等史料对华北集镇进行分时段统计分析的较为恰当的时间节点之一。

二 概念界定

本书将要涉及的重要概念有集镇、铁路沿线地区、铁路沿线集镇、华北、乡村、社会变迁、城镇化、城镇体系、“差异化发展”等。

集镇是本书的核心概念之一。其内涵则与集市、镇、市镇有一定的交叉或重合之处。集市在中国起源颇早，“易曰，庖犠氏没，神农氏作，日中为市，致天下之名［民］，聚天下之货，交易而退，各得其所”[①]。在关于集市概念的界说中，杨庆堃和李正华的观点较有代表性。杨氏认为：“所谓市集，就在一定的地点上，每一定时间距离所举行的临时经济交换组织。……所谓临时的经济交换组织，便是这种组织一方面是以经济上的交换为目的，但这种交易上的活动只举行于习惯所指定的时间，过了这习惯的时间以后，买者和卖者都各自离散，这指定地点上的交易活动即行终止，直至轮到第二次指定的时间再来时，才重行集合继续活动。”[②] 李氏强调：“集市是人们贸易有无和商贾聚集的场所。所谓乡村集市，它必须具备如下几个要素：第一，集市的交易者多为农村居民，集市中虽然也可能有城市居民或专业商人参与交易，但数量不可能多，不占主要成份；第二，集市中交易的物品主要是农产品；第三，集市中交易者的目的主要是满足日常生产生活的需要，进行余缺调剂，而不是为了牟利。……根据上述对乡村集市的界定，我们可以将近代意义的县城以下的市、镇、集、墟、场等，统统归之于乡村集市的范畴。”[③]

镇在中国出现的时间晚于集市，“通典曰，镇将，后周之通班也，隋

① 高承撰、李果订正《事物纪原》卷8，商务印书馆，1937，第316页。

② 杨庆堃：《邹平市集之研究》，硕士学位论文，燕京大学，1934，第5页。

③ 李正华：《乡村集市与近代社会：20世纪前半期华北乡村集市研究》，当代中国出版社，1998，第22页。

亦曰镇，唐分上中下三等，历代未闻，疑镇始于宇文周代也”[①]。宋代以后，镇的性质有所变化，“民聚不成县而有税课者，则为镇，或以官监之”[②]。“其市廛会聚之区曰镇”[③]。“凡户多而有市集者为镇”[④]。

“集”与“镇”连用而形成的“集镇”一词在明清以来的华北地方志中较为常见，如康熙《顺义县志》载，该县“更有集镇数处，分布四乡”[⑤]。乾隆《夏津县志》称，该县“在乡集镇共二十有五处”[⑥]。光绪《玉田县志》曰：“近闻城乡各集镇地面颇有不法奸商开设钱铺……”[⑦] 光绪《淅川直隶厅乡土志》载：“城东北三十里有蛮子营街，五十里有上集街，七十里有水田街，皆小集镇也。”[⑧] 民国《沧县志》称：“然商之大别为三级……中者为集镇铺户。”[⑨] 在关于集镇概念的界说中，杨懋春、邹农俭、费孝通、邹逸麟等人的观点较具代表性。杨懋春指出：“以中国大陆华北的平原论，在一块约计一百平方里的农业区域上，会星罗棋布般的散列十余个或大或小的农村。在这些农村之间，通常在一个交通方便、位置适中之处，会有一个集镇。一个集镇是区域内各农村中农民前往购买工作用具与生活用品的地方，也是出售他们自己生产的多余农产品、家畜、家禽以及手工艺品的地方。”[⑩] 邹农俭等认为：“在城乡两大社会聚落系统之外，还客观存在着一种不容忽视的‘中介性’社会聚落系统，这就是二、三、一次产业活动共存的，其主体部分人口规模在二千到五万间的‘集镇’社会聚落系统。……与‘小城镇’相比，‘集镇’这一概念具有以下三个特点：第一，同质性。……第二，客体

① 高承撰、李果订正《事物纪原》卷7，第251页。

② 高承撰、李果订正《事物纪原》卷7，第251页。

③ 乾隆《蒲台县志》卷2《村镇》，《中国地方志集成·山东府县志辑》第28册，第449页。

④ 民国《桓台志略》卷2《法制》，《中国地方志集成·山东府县志辑》第28册，第333页。

⑤ 《形胜》，康熙《顺义县志》卷2，第10页a。

⑥ 乾隆《夏津县志》卷2，《中国地方志集成·山东府县志辑》第19册，第34页。

⑦ 光绪《玉田县志》卷5，《中国地方志集成·河北府县志辑》第21册，上海书店出版社，2006年影印本，第155页。

⑧ 光绪《淅川直隶厅乡土志》，国家图书馆分馆编《乡土志抄稿本选编》第5册，线装书局，2002年影印本，第215页。

⑨ 民国《沧县志》，台北，成文出版社，1968年影印本，第1680页。

⑩ 杨懋春：《近代中国农村社会之演变》，台北，巨流图书公司，1970，第51页。

性。……第三，稳定性。”[①] 费孝通指出：“如果把‘城镇’这个名词用来指作为农村中心的社区，从字义上看，它似乎应当属于城的一方，而实际却是乡的中心。为了避免这种因望文生义而可能产生的误解，不如称这种社区为‘集镇’。”“我主张把农村的中心归到乡的一边。但也可以考虑在城乡之间另立一格，称之为镇……镇字旁还得加个字，要加就不能再用城或乡，所以还是可以考虑称为‘集镇’。”[②] 邹逸麟认为：“在清代，所谓‘镇’并不是县以下一级行政机构，也不是地方政府为管理商贸的一种建制。集镇原先只是一种乡间商业比较繁荣、人口比较集中的一种称为市或集（南方多称市，北方多称集）的聚落。”[③]

“市”与“镇”连用而形成的“市镇”一词在地方志中亦较为常见，如康熙《高唐州志》“市镇”条曰：“古者日中为市……镇又市之大者。”[④] 咸丰《武定府志》载，青城县“市镇凡六……集凡六，分日各镇轮设”，阳信县“市镇凡一十有九……集凡二十有一，分日各务镇轮设”，海丰县“市镇凡八……集凡一十有五，分日各庄镇轮设”，乐陵县“市镇凡一十有三……集凡四，城内四街二五七十分日轮设，余在各镇”。[⑤] 光绪《惠民县志》曰：“同井而处者聚于乡村，受廛而居者萃于市镇，莫不各安其业，本末相资。”[⑥] 民国《西平县志》曰：“凡商人集会交易之所，通称市镇。”[⑦] 在关于市镇概念的界说中，奚东曙、邓亦兵和任放的观点较具代表性。奚氏从市镇与都市区别的角度指出：第一，市镇仅仅是几个乡村的贸易集中地，商店只有零售而无批发，纵有批发，也只是一两种或少数货物的批发。第二，市镇交通不如都市便利。第三，市镇中的金融组织没有都市的大。第四，市镇近代工业的数量和规模远比都市小。第五，市镇中的专门人才比都市少。[⑧] 邓氏在比较清代市镇

---

① 邹农俭等：《集镇社会学》，第4—6页。

② 费孝通：《小城镇　大问题》，《费孝通文集》第9卷，群言出版社，1999，第233页。

③ 邹逸麟：《清代集镇名实初探》，《清史研究》2010年第2期，第65页。

④ 康熙《高唐州志》卷1《市镇》，国家图书馆分馆编《清代孤本方志选》第2辑第2册，线装书局，2001年影印本，第60—61页。

⑤ 咸丰《武定府志》卷7《市镇》，《中国地方志集成·山东府县志辑》第21册，第92—93页。

⑥ 光绪《惠民县志》卷5《乡镇》，《中国地方志集成·山东府县志辑》第22册，第306页。

⑦ 民国《西平县志》，台北，成文出版社，1976年影印本，第156页。

⑧ 奚东曙：《都市发展之社会学观》，《都市与农村》创刊号，1935年4月，第12—13页。

与集、场、墟，市镇与城市的基础上，提出了市镇的概念。她认为市镇与集、场、墟的区别表现在六个方面：集、场、墟都没有城墙，或四栅，街市规模比较小；有的集场也有店铺，但数量明显比市镇少；集场的设施比市镇简单；参与集场交易的人员，与商贾辐辏的市镇大不一样；市镇中的商品多，种类齐全，而集场中的商品种类和数量都比较少；市镇中有众多商铺，商民整日交易，无时间、集期的限制，而集场一般都有一定的集期，一定的时间。她指出市镇与城市的不同体现在两个方面：其一，城市街巷多，市廛繁盛，商民稠密，各种设施齐备，整体规模都比较大。其二，城市是地方政府所在地，有行政机构建置；有官员、绅士居住；有营兵驻扎，是地方的政治、军事中心区，因此其经济兴衰往往与政治联系在一起。在此基础上，她提出清代的市镇定义一般具有两个因素：一是交通发达，商业繁盛，人口相对集中；二是有派驻市镇的机构和官员。两个条件齐备者，大概是较大市镇；只具备第一个条件者，大概是中、小市镇。① 任氏在论著中多次对市镇概念进行界说，如“市镇是县级以下的农村商业聚落。从市场体系的角度看，农村市镇包括市和镇两大类，前者包括农村定期市和常设市，后者包括镇一级的各类专业市场”②。“本书所言之市镇，是指明清时期介于县城和村落之间的具有相对独立性的商业实体。”③

以上各种具有代表性的界说对厘清集市、集镇和市镇这三个概念之间的关系颇有裨益。从中可以看到，集市与集镇的主要区别在规模上，即集市规模较小、人口较少、店铺较少或没有店铺，而集镇规模较大，“行商之外，亦有坐贾以设肆焉”④；集镇与市镇的主要区别在名称和工商发展水平上，市镇一般工商行号和店铺更多。集镇和市镇具有四个共

① 邓亦兵：《清代前期的市镇》，《中国社会经济史研究》1997年第3期，第26—34页。

② 任放：《近代市镇研究的回顾与评估》，任放：《中国市镇的历史研究与方法》，商务印书馆，2010，第41页。

③ 任放：《明清长江中游地区的市镇类型》，任放：《中国市镇的历史研究与方法》，第75页。

④ 民国《茌平县志》卷2《市镇》，《中国地方志集成·山东府县志辑》第90册，第81页。光绪《高唐州乡土志》的记述也从一个侧面印证了集市与集镇、市镇的主要区别在集市规模和铺户数量上，其文曰：“以上六区皆街市之大者，遇集期则四方辐辏，商贾如云，平时贸易则本街铺户而已。谓之为市，所以别于集也。”参见光绪《高唐州乡土志》，台北，成文出版社，1968年影印本，第104页。

同特征，即介于县城与村落之间，以集散乡村农副产品、满足乡民日常生活为主要职能，有一定数量的店铺和铺户，人口数量较多。

以上四个共同特征既与“‘集镇’的概念应基于两个支点：一是产业活动的多重性，二是人口规模的确定性”[①] 的观点相一致，又能体现集镇的“中介性”，因此可以视为集镇概念的基本构成要素。

在以上讨论的基础上，本书将“集镇”界定为：介于县城与村落之间，以集散乡村农副产品、满足乡民日常生活为主要职能，具有一定非农产业和非农业人口的聚落。具体到1937年前的华北，以下四类聚落应可归为集镇：（1）以集散周边村庄所产农副产品和日常生活必需品为主要职能，人口数量通常在1000人以上[②]的聚落；（2）设有集市或常市，有一定数量的店铺或铺户，但商人和手工业者在总人口中并不必然占有绝对优势的聚落；[③]（3）因铁路运输发展和矿产资源开发而聚集了大量非农业人口，工商业较盛的聚落，如长辛店、周口店、坨里、阳泉、马家沟等；（4）在1927年前的较长时期发展水平接近集镇，1937年前虽然人口已达5万以上，具有较多的城市特征，但仍未成为县城和建制市

① 邹农俭等：《集镇社会学》，第5页。

② 在关于中国近代和当代集镇的研究中，人口在2000人以上常被视为集镇的一个必要条件。但在关于近代华北的调查和地方志中，不少人口在1000以上2000以下，甚至不足1000人的聚落亦被列入集镇之中，故本书将集镇人口下限放宽至1000人，以期更符合近代华北集镇发展的实际。调查中典型者如《全路各站附近乡镇调查表》，《陇海全线调查》（1932年份），殷梦霞、李强选编《民国铁路沿线经济调查报告汇编》第7册，第363—399页。

③ 李伯重教授在《工业发展与城市变化：明中叶至清中叶的苏州（上）》一文中，引用了大量资料和研究成果说明江南市镇中的大多数居民从事农业以外的职业，“非农化”比例较高，但在经济发展相对落后的华北地区，似乎不宜刻意强调这一特征。毕竟直到20世纪30年代，在工商业相对欠发达的华北铁路沿线部分地区，以农业人口为主体居民的集镇仍然占有一定比例。例如，在1937年前的京奉铁路沿线地区，既有以非农业人口为居民主体的长辛店、丰台、门头沟、秦皇岛等大集镇，亦有农业人口居多数的清河等大集镇；在1933年前的胶济铁路沿线地区，仅有数十家商户的小集镇占有较大比例；在1933年前陇海铁路沿线地区的集镇中，以农业人口为主体的集镇（设有集市且有固定商户者）在数量上占有相当比例，其中不乏马牧集、朱集、曲兴集、张茅镇、会兴镇等人口多达数千的大集镇。参见李伯重《工业发展与城市变化：明中叶至清中叶的苏州（上）》，《清史研究》2001年第3期，第9—22页；《北宁铁路沿线经济调查报告》；《胶济铁路沿线经济调查报告》；《全路各站附近乡镇调查表》，《陇海全线调查》（1932年份），殷梦霞、李强选编《民国铁路沿线经济调查报告汇编》第7册；等等。

的聚落，如唐山、石家庄等。除以上四类聚落外，清化镇、平地泉、兴隆等在1937年前虽已升格为县城，但由于建县时间不长，本书仍视其为集镇。

鉴于以往研究普遍采用的以人口数量为主要依据的认定标准仍存在遗漏现象，本书将以《华北农村市场体系的过渡：以河北省为例(1736—1937)》一文提出的认定标准，即至少具备“称镇有集”、“驻官有集”、“商业较盛”、“居民较多有集”（人口数多在1000以上)、“有固定店铺和集市”、“大集”（元氏县宋曹村等)、“重要”这7个关键词之一者为“集镇”，其余为“普通集市”。[①] 此外，南京国民政府曾在1930年7月公布的修正《县组织法》中规定：“凡县内百户以上之村庄地方为乡，其不满百户者得联合各村庄编为一乡；百户以上之街市地方为镇，其不满百户者编入乡。”[②] 各地在具体实施中又有“凡户多而有市集者为镇”[③] 等规定。对于此类“编镇”，本书在统计时遵循以下三个原则：(1)“编镇”中仅辖有与其名称一致的村镇，别无其他附（副）村，且设有集市者，视为集镇，不具备此条者不计入集镇；(2)“编镇”辖有与其同名的“镇”（“街”或“集”)，且该“镇”（“街”或“集”)设有集市者，视为集镇，不具备此条者不计入集镇；(3)因人口较多或其他原因而被划分为数“镇”者，仍视为1镇，如山东省长山县周村镇，桓台县索镇、张店镇，河南省郾城县漯河镇等。如此处理是为了尽可能地统一口径，使统计结果更接近实际。

本书所谓集镇，在内涵上与一些论著中常用的小城镇、乡镇等概念，也有一定区别。

学界关于小城镇概念的界说可谓众说纷纭。有学者将具有代表性的意见归纳为四种：小城镇是指人口20万以下的小城市、工矿区、县城、建制镇和农村集镇；小城镇泛指人口两三万到5万以下的小城市和人口3000—5000人或稍少的小集镇，具体包括小城市、卫星城、工矿区、县

① 详见张玮、熊亚平《华北农村市场体系的过渡：以河北省为例（1736—1937)》，未刊稿。

② 《县组织法》，中国第二历史档案馆编《国民党政治制度档案史料选编》下册，安徽教育出版社，1994，第524—525页。

③ 民国《桓台志略》卷2《法制》，《中国地方志集成·山东府县志辑》第28册，第333页。

城、建制镇和集镇；小城镇是指县城和县城以下的比较发达的集镇或公社所在地；凡是设镇建制的即为小城镇。[①] 有学者将学术界比较流行的观点概括为五点：小城镇属城市性质，指县级镇和建制镇，不应包括集镇；建制镇基本上是由传统集镇发展而来的，因此与集镇并无明显界限，所以小城镇应包括集镇，而不应包括县级镇；小城镇指设立行政建制的镇，不包括县级镇和集镇；小城镇介于城市与乡村之间，包括县级镇、建制镇和集镇；小城镇是一种区别于城市和村庄的早已客观存在的聚落。并在此基础上提出："所谓小城镇，是指农村地区一定区域内工商业比较发达，具有一定的市政设施和服务设施的政治、经济、文化、科技和生活服务中心，是一种正在从乡村性的社区变成多种产业并存，向着现代化城市转变中的过渡性社区。""小城镇包括四类，县城（县政府所在地的建制镇）、其他建制镇、有一定规模的集镇以及大中城市郊区的卫星城镇。"[②]

乡镇也是一个歧说较多的概念。较有代表性的观点有三种：一是指县城以外的集镇和较大的村庄，如光绪《阜城县志》曰："居货之贾，谓之铺，来买之商，谓之贩。货物既通，间有征税，日中为市，人皆依期为集，在县者旬四集，在乡镇者旬二集。"[③] 民国《望都县志》载："全县集市，在昔仅在城一处，其后乡镇集市渐多，亦皆聚散顷刻。"[④]《胶济铁路沿线经济调查报告》称："各村庄均有零星贩卖小资本之商店，重要乡镇，则五日为市，轮流集聚，如崮山后，北港西，泊于家，桥头，温泉汤，凤林，草庙子，小阮疃，羊亭等九处，至今每逢集期，交易尚颇繁盛。"[⑤] 二是指我国县以下的一级政府机构。"其直接的上级是县政府，乡镇的下面一层是'行政村'……是我国社会体制中城乡两个部分之间的中介层次，是联接城市与乡村、联接工业与农业的关键环节。"[⑥] 三是侧重于强调小城镇与周边乡村间的社会经济交流，"社会学

① 邹农俭等：《集镇社会学》，第 2 页；彭恒军主编《乡镇社会论——农业工业化与新型工资劳动者研究》，第 2—3 页。

② 许玲：《大城市周边地区小城镇发展研究》，陕西人民出版社，2007，第 14—17 页。

③ 光绪《阜城县志》，台北，成文出版社，1968 年影印本，第 202—203 页。

④ 民国《望都县志》，台北，成文出版社，1968 年影印本，第 117 页。

⑤ 《胶济铁路沿线经济调查报告》分编二威海卫，第 12 页。

⑥ 《导言》，马戎等主编《中国乡镇组织变迁研究》，华夏出版社，2000，第 3 页。

家通常把滋养着小城镇，同时又受小城镇反哺的一定区域的乡村，称为‘乡脚’。这就揭示了小城镇与乡村之间的地域社会经济关系上的紧密联系。……乡镇已成为一种新的社区模式，而且是有其内在紧密联系的统一体。”“乡镇社会学就是以小城镇与其周围的乡村作为其研究对象的一门专业社会学。”① “离开了与周边乡村的社会经济交换，就没有镇的繁荣。这就是我们把地处广袤深远的农村腹地的镇称之为乡镇的根本原因。”②

由此可见，小城镇和乡镇这两个概念更多地被用于研究当代中国社会变迁。其所涵盖范围较广，除集镇外，还包括建制镇甚至县城等。“‘小城镇’概念的一个基本特点就是‘宽泛’。如上文所述，从质上看，它统属着从乡到城的一系列非同质性社区；从量上看，它混淆了城、镇、乡划分的一般标准，囊括着人口指标变幅为100倍的居民点序列。”③ 与之相比，集镇这一概念更具有稳定性和历史感，“集镇社会聚落系统的质态稳定性深藏在社会历史变迁的过程之中……从初级形态到高级形态，集镇走过绵绵千余年”④。其所涵盖范围较小城镇小，一般不包括县城在内。

铁路沿线是一个人们耳熟而未必能详的概念。交通社会学的理论认为，沿交通线100公里的地区内的社区会得到发展，而远离交通线100公里的资源，在一定时期很难开发，会制约社区发展。⑤ 这一论断表明，“铁路影响所及”是判定某一地区处于铁路沿线一个极为重要的条件。但在铁路运输初兴时期，其影响尚远达不到两旁100公里。1937年前的一些调查报告就表明，当时铁路的影响主要局限在线路两侧数十公里范围内，如河北省安国药材可先由大车等运至距县城60公里的保定车站，30公里的定县车站，再装火车外运；威县棉花可先运至65公里外的顺德（邢台），再装火车运销。与此同时，同省深县“交通最为不便，铁路距离适居津浦、京汉之间，东距津浦一百六七十里，西距京汉亦在一

① 王胜泉主编《中国乡镇社会学》，安徽人民出版社，1987，第4—5页。

② 彭恒军主编《乡镇社会论——农业工业化与新型工资劳动者研究》，第5—6页。

③ 邹农俭等：《集镇社会学》，第5页。

④ 邹农俭等：《集镇社会学》，第6页。

⑤ 谷中原：《交通社会学》，民族出版社，2002，第206页。

百六十余里”。东明县虽东距津浦铁路100公里，西距道清铁路75公里，南距陇海铁路140公里，却“相去（铁路）较远，运输殊不便”。[①] 河南省农民售粮时，“贫苦者多用肩挑，或用手车推运；但此就城市或车站附近之农民而言。车马方便之大农户，运载粮食至城市，或车站，约有六七十里以内，一日可到者，将粮出售，犹能稍获利益。如路途再远，或贫苦乏力之农户，则得不偿失矣”。[②]

由于“铁路影响所及”的范围会随着铁路的延伸和社会经济的发展而有所变化，因此铁路沿线地区的具体范围亦并非固定不变。这一点在1937年前出版的部分铁路沿线经济调查中亦有所体现。例如，《陇海铁路沿线调查报告序》中称：“所有沿线各县沿革、面积、形势、户口、交通、实业、经济、文化、物产、古迹、名胜，种种状况，莫不包罗万有。”[③] 其范围所及，既包括全部有铁路通过和设立车站的县份，也含有个别有铁路通过而未设立车站的县份。《胶济铁路沿线经济调查报告》载明，调查区域为“莱州、青州、济南三府沿本路各县市，登州全府，及武定泰安二府旧属数县，共计二市，一特别区，四十五县”[④]。其中既有胶济铁路通过和设站的县市，又有胶济铁路未通过和设站的县市，还有少数津浦铁路通过和设站的县市。《平汉沿线农村经济调查》称其调查处所“共三十四处……所选择的地点皆系农产品输出较多的或有特殊调查价值的处所。每到一站，由站长派路警随同下乡先与乡长接洽”[⑤]。《北宁铁路沿线经济调查报告》内容分上、下两篇，“上篇包括站市县各项调查……即按本路车务段区分，凡每段隶属之各站及附近市县均编入

① 参见郑合成《安国药市调查（上）》，《社会科学杂志》第3卷第1期，1932年3月，第105页；刘家璠：《京兆直隶棉业调查报告书》（直隶省部分），农商部棉业处，1920，第30页；河北省棉产改进会编《中华民国二十五年河北省棉产调查报告》，1937，第198、262页。

② 张厚昌述《豫省农民生活之所见》，陈伯庄：《平汉沿线农村经济调查》，交通大学研究所，1936，第48页。

③ 《陇海铁路沿线调查报告序》，殷梦霞、李强选编《民国铁路沿线经济调查报告汇编》第7册，第10页。

④ 《经济调查报告序》（胶济铁路车务处副处长谭书奎序），《胶济铁路沿线经济调查报告》总编（上），第2页。

⑤ 陈伯庄：《平汉沿线农村经济调查》，第4页。

之，所以按段区分者，盖可将市县与车站之联络关系表明故也”。[①]

综合以上讨论可知，所谓铁路沿线地区，在空间范围上应由两部分构成：（1）有铁路经过和设有车站，受铁路影响较为明显的县市；（2）临近铁路车站且与车站在交通上和经济上有联络关系，受到铁路一定影响的县市。

由于铁路沿线地区由两部分构成，因此，铁路沿线集镇不仅包括设有铁路车站的集镇（以下称为设站集镇），还应包括临近铁路车站且与车站（或设站集镇）在交通上和经济上有联络关系（表现为部分集散货物经由铁路运送）的集镇（以下称为临近车站的集镇）。这两类集镇以外的其他集镇可视为非铁路沿线集镇。

在具体论述中，本书将综合“空间距离”、“交通距离”、“经济距离”三个维度来判断某个集镇是否为铁路沿线集镇，即是否设有车站或距离车站较近，是否与车站有交通上的联系，所集散货物是否经由铁路运送等。那些距离铁路车站较远，与铁路车站（设站集镇）在交通上和经济上联系很少，或者其发展虽然在一定程度上受到铁路的影响（主要是铁路所引发的宏观区域交通和社会经济格局变动所致），但所集散货物并不经由铁路（或很少经由铁路）外运的集镇（如桓台县索镇、寿光县羊角沟、天津县葛沽等），本书仍视之为非铁路沿线集镇。更进一步言之，可依据与铁路之间的关系将华北集镇分为4类：（1）设有铁路车站，所集散货物主要经由铁路外运的集镇；（2）虽未设铁路车站，但处于铁路与其他交通方式合作（联运）模式（包括既合作又竞争的情形）影响之下，部分集散货物经由铁路外运的集镇；（3）未设立铁路车站，而处于铁路与其他交通方式竞争模式（不包括既合作又竞争的情形）影响之下，所集散货物不经由铁路外运，但其对外交通因有铁路竞争而受到不同程度影响的集镇；（4）未设立铁路车站，不属于前述两种交通模式之列，集散货物不经由铁路（或几乎不经由铁路）外运的集镇。其中，第1类集镇为设站集镇，第2类集镇为临近车站的集镇，第3类和第4类集镇为非铁路沿线集镇。在具体论述中，本书将以设站集镇为主，临近铁路车站的集镇次之，以非铁路沿线集镇作为分析铁路与集镇发展关系时

---

① 《导言》，《北宁铁路沿线经济调查报告》，第29页。

的一个参照。

华北、乡村、社会变迁也是本书涉及的重要概念。其中，华北是指秦岭淮河以北，黄河以东，长城内外的广大地区，大致包括1937年前的晋、冀、鲁、豫、察、绥六省以及苏、皖等省北部。[①] 囿于史料，本书在具体论述中将以冀、鲁、豫三省为重点。乡村是指县城（包括行政级别高于县城的行政中心）以外的，包括集镇、村庄在内的广大地区。其空间范围主要由两部分构成：位于线路两旁数十公里范围内，受铁路影响较为明显的地区；借助其他运输方式与铁路发生联系，或多或少受到铁路影响的地区。乡村社会变迁则是指以产业结构、社会结构、社会文化变迁为主要内容，以集镇发展为主要表现形式，以农民的现代化为核心，由传统社会向近代社会过渡的过程。[②]

有学者已指出："市镇的兴起与发展反映了乡村逐步城市化的进程，因而市镇作为县城与乡村的中介和过渡地带，具有不可低估的历史意义。"[③] 由此，探讨铁路沿线集镇发展与华北城镇化进程之间的关系就成为本书的一项重要内容。城镇化也成为本书将要涉及的重要概念。由于城镇化与城市化这两个概念之间有着密切的联系，不少论著对二者均有讨论。其中，较有代表性的是高珮义的观点。高氏在《中外城市化比较研究》一书中明确提出："城市化是一个变传统落后的乡村社会为先进的城市社会的自然历史过程。"[④] 近年来，高氏又推出了《城市化发展学导论》和《城市化发展学原理》等著作，一方面重申了其关于城市化概念的认识，另一方面又在辨析国内学术界流行的城市化与城镇化"本质一致论"、"完全同义论"、"有所区别论"、"各有千秋论"等观点的基础上，申明反对用"城镇化"取代"城市化"。[⑤] 以上关于城市化与城镇化的讨论，不仅深化了对城镇化概念的认识，而且对本书对城镇化概念的使用有重要的启发意义。

由于本书以集镇为研究对象，且"在目前这个阶段，使用'城镇

---

① 参见熊亚平《铁路与华北乡村社会变迁1880—1937》，人民出版社，2011，第3—4页。

② 参见熊亚平《铁路与华北乡村社会变迁1880—1937》，第5—10页。

③ 樊树志：《市镇与乡村的城市化》，《学术月刊》1987年第1期，第63页。

④ 《导言》，高珮义：《中外城市化比较研究》，南开大学出版社，2004，第3页。

⑤ 高珮义：《城市化发展学原理》，中国财政经济出版社，2009，第31—42页。

化’这个术语有很大的现实意义”,[①] 因此仍采用了“城镇化”这一术语。其内涵与“城市化”一致，即指由传统乡村社会向现代城市社会转变的自然历史过程。在具体论述中将主要涉及集镇产业结构变迁、社会组织发展、教育发展、管理体制变迁等。

值得一提的是，近期相关部门和学术界对“新型城镇化”及相关问题进行了深入的探讨，发表了一批重要成果。本书在具体论述中对此也有吸收和借鉴。

城镇体系是本书涉及的另一个重要概念。其中，宋家泰、顾朝林等人的观点具有一定的代表性。宋氏指出：“城镇体系作为现代城市地理学、城市规划学的一个新概念，是指一个国家或地区一系列规模不等、职能各异、相互联系、相互制约的城镇空间分布结构的有机整体。”[②] 顾氏认为：“城市（镇）体系，按其现代的意义来说，它是一个国家或一个地域范围内由一系列规模不等、职能各异的城镇所组成，并具有一定的时空地域结构、相互联系的城镇网络的有机整体。”[③] “按照狭义或传统的观点，所谓城镇体系是指一个国家或地区一组城市的集合。而研究这个城市集合，一般包括城市的等级规模系列、职能类型组合、空间分布特征和城市间相互联系及其网络等四个方面，我们即称其为城镇体系的组织结构。”[④] 尽管宋、顾二人的具体表述有所不同，但都包含了城镇等级规模结构、职能组合结构、地域空间结构及城市间联系与城镇网络等四个方面。因此，本书关于城镇体系的讨论也以这四个方面为重点。

“差异化发展”是本书使用的又一个重要概念。本书所谓“差异化发展”，是指事物在发展过程中呈现出的不同发展状态。集镇的“差异化发展”，则是指集镇在人口规模、商业规模、内部空间结构、外部形态等方面呈现出的不同发展状态。就 1937 年前的华北铁路沿线集镇而言，其“差异化发展”主要表现在以下三个方面：（1）少数集镇不仅设有较高等级的铁路车站、较大规模的铁路工厂，优先推行了铁路联运制度、

① 党国英：《由“城市化”到“城镇化”》，《中国青年报》2005 年 10 月 16 日。

② 宋家泰：《序》，顾朝林：《中国城镇体系——历史·现状·展望》，商务印书馆，1992，第 1 页。

③ 顾朝林：《中国城镇体系——历史·现状·展望》，第 1 页。

④ 顾朝林：《中国城镇体系——历史·现状·展望》，第 29—30 页。

货等运价制度和负责货运运输制度，而且工商业发展水平较高，设有若干大型近代企业，人口在较短的时期内增至万人以至于5万人以上，具有较多的“城市”特征；（2）部分集镇设有较高等级的铁路车站和一定规模的铁路工厂，建有一定数量和规模的近代企业，人口为四五千人至1万人，在某些方面具有“城市”特征；（3）多数集镇或设有较低等级的铁路车站和小规模的铁路工厂，或在交通上和经济上与铁路车站有不同程度的联系，其人口多在4000人以下，仅少数具有“城市”特征，大多数与村庄并无明显差别。

尽管华北铁路沿线集镇“差异化发展”的内容涵盖经济（近代工业、商业、产业结构等）、社会（社会阶层、社会组织、生活方式等）、文化（思想、教育、习俗等）、制度（行政区划、权力结构、管理体制等）诸多方面，但由于资料所限，本书将着重从集镇的数量和规模（人口规模、商业规模等）、产业发展、社会组织、教育和管理体制变迁等方面展现华北铁路沿线集镇的“差异化发展”。

此外，本书所涉及的集镇形态等概念，将在相应部分予以界定。

三 相关研究成果概述

随着铁路的建设、开通运营和铁路运输业的迅速发展，华北集镇在1937年前的“差异化发展”已引起时人关注。不少论著描述和分析了铁路沿线集镇的经济发展、人口增长、职业变动等。《石家庄之经济观》一文探讨了石家庄的兴起和发展，指出石家庄在正太、京汉两路建成后，“晋煤乃得源源来石，石埠亦遂逐渐昌盛”。“石庄经济之发达，以其为煤业中心，正太京汉二路，今日之重视石庄，以其无上之雇主，吾人之重视石庄，以其为实业发达之根本。”① 《石家庄之经济状况》一文描述了1926年前石家庄的地理位置、街市状况、人口、商业、金融机关、工业、物价等，展示了京汉、正太两铁路与石家庄经济发展、人口增长、街市扩展之间的关系。② 《开展石家庄商埠计画》一文探讨了石家庄的沿

① 俞逢清：《石家庄之经济观》，《商学杂志》第6卷第4—5期，1921年6月，第32—36页。

② 《石家庄之经济状况》，《中外经济周刊》第181期，1926年9月，第18—31页。

革、地位、街市、市政建设、未来发展等9大问题，提出了多项建设计划。[①]《石门二十年来之回顾》一文记述了1932年前石家庄地方繁荣，商业发达，教育却相对落后等状况，强调了铁路的影响。[②]《河北省获鹿县及石门市事情》一书以记述沦陷时期石家庄的政治、经济、社会、文化状况为主，兼及1937年前交通、工商业、文化教育等情况，展示了铁路的多方面影响。[③]《平地泉（集宁县）之经济状况》一文记述了平地泉的发展基础、街市状况、人口及职业、物价及工资、交通、金融、商业等，体现了铁路对其街市及商业分布的影响。[④]《西北的粮都平地泉蒸蒸日上》一文考察了平地泉杂粮的种类与来源、运输与贸易、营业状况、粮业发达原因等，指出："平地泉因为居着平绥铁路的中心，所以各种商业都很繁盛；并且因了附近各县如凉城、丰镇、陶林以及察西的商都，都是产粮的地方，而商都与陶林各县与平地泉间的交通，火车路脉脉相接，杂粮运输颇称便利，于是形成平地泉粮业独占优胜的趋势，将过去丰镇的粮业，也一揽无余。"[⑤]《包头之经济状况》一文记述了包头的地理位置、街市、居民生活、工商业、物产及货物集散、金融、交通状况等，展现了铁路的影响，"包头人口，从前不过六七千人，自民国十一年冬铁路抵包，内地人来此者日众，骤增至万余人"[⑥]。《秦皇岛之近况》一文回顾了1927年前秦皇岛经济发展和街市扩展的状况，肯定了铁路的作用。[⑦]《唐山之经济近况》一文概述了1927年前唐山交通状况、人口及职业、工商业、金融、物价等，反映了京奉铁路对唐山工矿业、商业、

① 《开展石家庄商埠计画》，《河北工商月报》第1卷第3期，1929年1月，第19—30页。

② 刘哲民：《石门二十年来之回顾》，《大公报》1932年5月3—5日，第5版。由于石家庄运输业和工商业的不断发展，人口的迅速增加以及街市的向东扩充，国民政府于1925年8月29日批准石家庄和休门合并成石门。因此，除特别说明外，本书在论述1925年之后相关问题时，石家庄系指其与休门的合称。参见《直隶省自治筹备处呈请改石家庄市为石门市文》，《直隶自治周刊》第144期（公牍），1925年11月，第1—2页；《临时执政府指令》（第1273号），《政府公报》第3381号，1925年8月30日。

③ 陈佩：《河北省获鹿县及石门市事情》，新民会中央总会，1940。

④ 《平地泉（集宁县）之经济状况》，《中外经济周刊》第148期，1926年1月，第12—20页。

⑤ 戈我：《西北的粮都平地泉蒸蒸日上》，《大公报》1936年6月17—18日，第10版。

⑥ 《包头之经济状况》，《中外经济周刊》第160期，1926年5月，第6—32页。

⑦ 《秦皇岛之近况》，《中外经济周刊》第212期，1927年5月，第1—12页。

金融业发展，人口增长和街市分布的影响。[①]《唐山市镇简述》一文，简述了1935年前唐山的政治、教育、人口、商业等状况，指出唐山"因为在交通上和工业上占重要地位，市面也有相当的繁盛"[②]。《河北省滦县事情及唐山市事情》一书，以记述唐山沦陷时期的政治、经济、社会、文化状况为主，兼及1937年前交通、工商业发展、文化教育等状况，展示了铁路对唐山发展的影响。《泊头镇之近况》一文概述了1928年前泊头镇的地理、街市、人口、商业、工业、交通等，指出了大车、火车、汽车、民船等交通工具的不同作用。[③]《地缩南北之漯河》一文记述了1933年前漯河的宗教派别、教育状况、政治组织、工商业发展和社会状况等，展现了铁路对漯河政治、经济、社会、文化发展的影响。[④]

同一时期编辑出版的大量调查资料和论著也对华北铁路沿线集镇有所观照。其中，《北宁铁路沿线经济调查报告》、《胶济铁路沿线经济调查报告》、《陇海全线调查》（1932年份）等调查报告均有关于集镇交通、工商业、人口等的记载。《山东潍县之经济近况》、《定县之棉花与土布》、《滦县之经济状况》、《直隶青县之经济状况》、《德县之经济概况》、《山东潍县的乡村棉织业》等专文，[⑤]《中国实业志》（山东省）等专书，[⑥] 概述了清风店、唐山、开平、兴济、桑园、黄河涯、坊子、张店、周村、穆村、眉村、稻地等铁路沿线集镇的人口、商业状况和集市交易等。

自1949年至今，关于近代华北铁路沿线集镇的研究主要从以下四个方面展开。专就铁路沿线若干集镇（城镇）的发展进行研究；从铁路与

① 《唐山之经济近况》，《中外经济周刊》第213期，1927年5月，第1—14页。

② 程昌志：《唐山市镇简述》，《市政评论》第3卷第14期，1935年7月，第11—13页。

③ 《泊头镇之近况》，《经济半月刊》第2卷第10期，1928年5月，第20—25页。

④ 《地缩南北之漯河》，《河南政治月刊》第3卷第3期，1933年4月，第1—3页。

⑤ 《山东潍县之经济近况》，《中外经济周刊》第187期，1926年11月，第1—12页；《滦县之经济状况》，《中外经济周刊》第216期，1927年6月，第18—26页；《定县之棉花与土布》，《中外经济周刊》第192期，1926年12月，第29—33页；《直隶青县之经济状况》，《中外经济周刊》第220期，1927年7月，第15—23页；《德县之经济概况》，《中外经济周刊》第221期，1927年7月，第1—15页；严晦明：《山东潍县的乡村棉织业》，《益世报》1937年2月27日，第12版。

⑥ 实业部国际贸易局：《中国实业志》（山东省），丁，1934。

集镇发展的角度探讨铁路沿线集镇（城镇）兴衰；从铁路与社会变迁的角度探讨铁路与沿线产业结构变迁、社会结构变动、城镇发展、城乡关系演变等，并将华北铁路沿线集镇纳入其中；从区域史、城市史、社会史、经济史等不同角度，探讨近代华北区域经济、社会、文化变迁，并将铁路沿线集镇作为其组成部分。

自20世纪80年代以来，城市史逐渐成为一个热点研究领域。但就整体而言，研究者的目光主要投向了东南沿海大中城市。关于内陆尤其是华北内陆小城市的研究成果并不多见。其中，李惠民的《近代石家庄城市化研究（1901—1949)》是值得重视的一部。尽管该书以整个20世纪前半期的石家庄城市化为研究对象，但也包括处于集镇发展阶段（主要是1937年前）的石家庄。该书对石家庄城市化进程中的经济、政治、社会、文化变迁等的全景式分析和在石家庄早期人口数量等诸多问题上取得的突破性进展，使之成为近代华北内陆中小城市和集镇研究的一部力作。[①] 此外，刘强的《论清代山东周村的发展模式——清末民初转型期经济性市镇发展道路的再认识》一文指出周村经济的变迁代表了北方的经济型市镇发展的一般道路，即受交通、市场主导力量、市场中心地变迁的制约，最终被硬性打断的发展模式；主要缘于“海运和铁路的迅速发展逐渐取代内河和传统的陆运”，“周村逐渐被新的经济格局淘汰出局”。[②]

近年来，随着交通史与社会史研究的兴起，从铁路与集镇发展角度探讨华北铁路沿线集镇（城镇）兴衰的论著日益增多。田伯伏的《京汉铁路与石家庄城市的兴起》一文认为铁路枢纽地位使石家庄迅速成为货物转运中心和商品集散地；铁路带动了石家庄人口的聚集和商业的繁荣；铁路促进了石家庄近代工业的起步与发展。[③] 江沛和熊亚平的《铁路与石家庄城市的崛起：1905—1937年》一文从铁路与交通运输业发展、工商业发展、人口增长和街市扩充三个方面，展示了铁路对石家庄发展的

① 李惠民：《近代石家庄城市化研究（1901—1949)》，中华书局，2010。

② 刘强：《论清代山东周村的发展模式——清末民初转型期经济性市镇发展道路的再认识》，《滨州学院学报》2006年第2期，第19—24页。

③ 田伯伏：《京汉铁路与石家庄城市的兴起》，《河北大学学报》（哲学社会科学版）1997年第2期，第91—96页。

重要影响，其分析视角为不少后续研究所借鉴。[①] 王先明和熊亚平的《铁路与华北内陆新兴市镇的发展（1905—1937）》一文将研究对象扩大至石家庄、唐山、焦作、张店车站镇、陕县车站街、杨家庄等新兴市镇，在考察铁路与其工商业发展、人口增长及街市扩展等方面的关联作用基础上，阐明铁路对华北内陆新兴工商业市镇发展及华北区域社会近代化进程的重要影响。[②] 江沛和李丽娜的《铁路与山西城镇的变动：1907—1937》一文，以太原、榆次、大同、平遥、太谷、忻县、阳泉等城镇为个案，通过对交通运输体系、转运业、区域经济的变迁等重要因素的系统分析，揭示了以铁路为代表的现代化交通运输体系对山西经济社会发展的影响。[③] 马义平的《道清铁路与豫北地区城镇体系变动》和《近代铁路兴建与豫北城镇的兴衰》两文以道清铁路与豫北城镇化间的关系为切入点，着重考察了铁路在焦作城镇化进程中的作用，揭示了近代铁路与豫北地区城镇化进程间关系的一般规律及主要特征。[④] 此外，笔者还推出了系列论文，从三个方面进一步深化了相关研究。其一，沿着铁路与工商业发展、人口增长和街市扩充的研究思路，分析了铁路与华北传统内陆工商业市镇兴衰和市镇形态演变之间的关系；其二，从铁路所具有的近代企业属性和与铁路相关的运营管理制度出发，以近代华北铁路沿线城镇（主要是市镇）为考察对象，通过考察铁路运营管理机构与城镇形态演变之间的关系以及铁路负责货运运输制度、联运制度等各项制度组成的铁路运营管理制度对铁路沿线城镇（主要是市镇）转运业发展的影响，试图为深化相关研究提供一个新的思路；其三，力求突破铁路与市镇发展这一研究视角的局限，转而将“铁路沿线市镇发展”作为研究对象，初步探讨了华北铁路沿线市镇商会及其会员等问题，阐述了铁

① 江沛、熊亚平：《铁路与石家庄城市的崛起：1905—1937 年》，《近代史研究》2005 年第 3 期，第 170—197 页。

② 王先明、熊亚平：《铁路与华北内陆新兴市镇的发展（1905—1937）》，《中国经济史研究》2006 年第 3 期，第 149—157 页。

③ 江沛、李丽娜：《铁路与山西城镇的变动：1907—1937》，《民国档案》2007 年第 2 期，第 50—57 页。

④ 马义平：《道清铁路与豫北地区城镇体系变动》，《华北水利水电学院学报》（社会科学版）2011 年第 6 期，第 29—32 页；《近代铁路兴建与豫北城镇的兴衰》，《中州学刊》2013 年第 7 期，第 138—143 页。

路沿线市镇发展对乡村社会变迁的影响。①

铁路史与区域史相结合是区域史研究中的一个重要趋向。其中部分研究成果已涉及近代华北铁路沿线集镇。宓汝成的《帝国主义与中国铁路1847—1949》一书，一方面以《胶济铁路沿线经济调查报告》中的益都县杨家庄，禹城县张庄，莱芜县口子镇，潍县坊子、二十里堡、南流、蛤蟆屯等集镇为例，指出在铁路通行后的设站村镇中，无论是“蕞尔小村”，还是已有一定商业基础的集镇，其商业成交额都大大增加，市场转向繁盛，未设车站的偏僻乡曲，在铁路运输的影响下出现一个个集镇；另一方面以唐山、塘沽、周村、金岭镇、廊坊、丰台、道口、周家口（又名周口）、石家庄等集镇和新乡、郑州等县城为例分析，提出有了铁路运输，更多的县城与农村集镇人烟顿形稠密、商业日趋繁盛。② 张瑞德的《平汉铁路与华北的经济发展（1905—1937）》一书以周家口、石家庄、驻马店等集镇和郑州、许昌等县城为例，探讨了平汉铁路对华北商业发展和都市化的影响。③ 夏晓汛的《铁路运输与山东社会经济的演变（1900—1936）》一文，从商品流通量的增加、流通路线和流向的变迁，市场的扩大、对外贸易的增长和贸易中心的转移，城市的盛衰兴废和市场结构的变化，铁路运输对工农业生产的影响等四方面，论述了山东社会经济的演变，认为有了铁路后，山东市场体系由原来的两级结构发展为三级或四级的市场结构，铁路沿线的周村、坊子、张店、大汶口、

① 熊亚平：《铁路与华北内陆传统工商业市镇的兴衰（1905—1937）》，《河北大学学报》（哲学社会科学版）2006年第5期，第100—103页；熊亚平：《铁路与华北内陆地区市镇形态的演变（1905—1937）》，《中国历史地理论丛》2007年第1辑，第73—81页；熊亚平、任云兰：《铁路运营管理机构与城镇形态的演变——以1905—1937年间的华北铁路沿线城镇为例》，《广东社会科学》2009年第4期，第104—110页；熊亚平、安宝：《近代华北铁路沿线城镇转运业的发展（1904—1937）》，《社会科学家》2012年第8期，第135—137、142页；熊亚平：《华北铁路沿线市镇商会初探（1904—1937）》，《社会科学战线》2009年第4期，第138—143页；熊亚平、张玮：《市镇社会变迁研究的一个新视角：华北铁路沿线市镇商会会员初探（1904—1937）》，《兰州学刊》2012年第3期，第56—59页。

② 宓汝成：《帝国主义与中国铁路1847—1949》，上海人民出版社，1980，第591—610页。

③ 张瑞德：《平汉铁路与华北的经济发展（1905—1937）》，台北，中研院近代史研究所专刊（55），1987，第63—70页。

城阳、兰村、谭家坊子、金岭镇、口子镇等集镇成为其重要组成部分。[①]梁卫东、徐永志合撰的《近代京冀地区的铁路建设与农村社会变迁》一文考察了铁路与近代京冀市场结构和城镇布局的嬗变，其中不乏唐山、石家庄、秦皇岛等华北铁路沿线重要集镇。[②] 刘克祥的《1895—1927 年通商口岸附近和铁路沿线地区的农产品商品化》一文涉及了唐山、石家庄等华北铁路沿线重要集镇。[③] 与此同时，由于交通与沿线社会变迁研究日渐受到关注，国内部分高校的研究生开始以此作为学位论文选题，完成了一批涉及京汉、胶济等铁路沿线地区社会经济、文化变迁和集镇发展的学位论文，限于篇幅，兹不赘列。

在关于近代华北区域经济、社会、文化变迁的论著中，也有一些涉及铁路沿线集镇。杨庆堃的《邹平市集之研究》分析了胶济铁路沿线重要集镇周村与邹平市集发展的关系。[④] 从翰香等人的《近代冀鲁豫乡村》一书从市镇数量及其分布特点、专业化趋势、规模和市镇社会经济结构三方面深入探讨了近代华北市镇的发展，强调指出："交通条件的改善，对 20 世纪以来市镇发展的影响很大，其中铁道交通的贡献尤为显著。"[⑤] 这些灼见及扎实细致的研究，使该书成为相关领域中的标志性成果之一。魏宏运主编的《二十世纪三四十年代冀东农村社会调查与研究》一书对开平、胥各庄、秦皇岛等铁路沿线集镇有比较深入的研究。[⑥] 李正华的《乡村集市与近代社会：20 世纪前半期华北乡村集市研究》一书认为清代后半期至民国年间，乡村集市增加最为迅速的望都县和定县均位于平汉铁路线上，说明交通对乡村集市有相当重要的影响。[⑦] 张利民的《近

---

① 夏晓汛：《铁路运输与山东社会经济的演变（1900—1936）》，《中国社会科学院经济研究所集刊》第 11 辑，中国社会科学出版社，1988，第 106—152 页。

② 复旦大学历史地理研究中心主编《港口—腹地和中国现代化进程》，齐鲁书社，2005，第 296—314 页。

③ 刘克祥：《1895—1927 年通商口岸附近和铁路沿线地区的农产品商品化》，《中国社会科学院经济研究所集刊》第 11 辑，第 1—105 页。

④ 杨庆堃：《邹平市集之研究》，第 16—19 页。

⑤ 从翰香主编《近代冀鲁豫乡村》，第 136 页。

⑥ 魏宏运主编《二十世纪三四十年代冀东农村社会调查与研究》，天津人民出版社，1996，第 331—341 页。

⑦ 李正华：《乡村集市与近代社会：20 世纪前半期华北乡村集市研究》，当代中国出版社，1998，第 56 页。

代华北城市人口发展及其不平衡性》一文依据人口规模将1949年前的华北城镇划分为特大城市、大城市、中等城市、小城市和小城镇5个等级，对其人口发展及不平衡性做了深入的考察，其所涉及的唐山、石家庄、秦皇岛、泊镇、门头沟等在1937年前曾为铁路沿线集镇；[①]《近代环渤海地区经济与社会研究》一书在探讨以天津为中心的商品市场网络、工矿业城市、交通枢纽城市发展时，涉及了唐山、石家庄等铁路沿线重要集镇；[②]《华北城市经济近代化研究》一书探讨了华北商品流通网络的整合，涉及石家庄、包头、琉璃河、周村、张店、辛店、谭家坊子、杨家庄、二十里堡、蛤蟆屯等铁路沿线集镇。[③]徐永志的《开埠通商与津冀社会变迁》一书认为在城乡市场与社会分工不断扩展和细化的基础上，伴随着近代交通运输网络的形成，一些位于交通枢纽及其沿线两侧的村落逐步发育成长为引人注目的新兴市镇，如唐山、秦皇岛、石家庄、泊头、兴济等。[④]庄维民的《近代山东市场经济的变迁》一书指出沿海城市开埠之前，山东传统的市场结构主要由定期市、运河城镇市场和沿海城镇市场构成；口岸市场形成后，山东内地全部市场可以划分为五种类型或五个层次，即产地市场、专业市场、中转市场、集散市场和中心市场。其中大汶口、张店、辛店等专业市场，黄台桥、洛口等中转市场，周村等集散市场，均为铁路沿线集镇。[⑤]龚关的《近代华北集市的发展》一文认为山东周村镇，河北辛集镇、石门镇，河南周口镇等重要集镇和山西太原、榆次、大同，河北保定、邯郸，山东济南、潍县，河南开封、郑州等城市共同构成华北区域的初级市场，铁路则便利了各级市场之间的联系。[⑥]刘海岩的《近代华北交通的演变与区域城市重构（1860—1937）》一文探讨了铁路与20世纪华北城市化的关系，其中涉及石家庄、

---

① 张利民：《近代华北城市人口发展及其不平衡性》，《近代史研究》1998年第1期，第189—203页。

② 张利民等：《近代环渤海地区经济与社会研究》，天津社会科学院出版社，2002，第363—456页。

③ 张利民：《华北城市经济近代化研究》，天津社会科学院出版社，2004，第163—202页。

④ 徐永志：《开埠通商与津冀社会变迁》，中央民族大学出版社，2000，第132—141页。

⑤ 庄维民：《近代山东市场经济的变迁》，中华书局，2000，第139—169页。

⑥ 龚关：《近代华北集市的发展》，《近代史研究》2001年第1期，第141—167页。

唐山、清风店、杨村等铁路沿线集镇。[①] 王玉茹和郭锦超的《近代江南市镇和华北市镇的比较研究》一文认为在华北铁路修建前，运河、水道沿线和陆路交通要地往往形成有名的市镇，但是或由于运河和水道水量减小不能通航，或由于铁路兴建以后使原来的交通线失去运输价值，原来的市镇逐渐衰落，代之兴起的是一批位于铁路交通便利处的新兴市镇。[②]

由于铁路开通前的华北集镇发展及其管理体制变迁等是本书的重要内容，因此关于清末以前华北集镇发展状况的研究就成为本书前期研究成果中的一部分。其中，日本学者加藤繁的《清代村镇的定期市》一文在讨论定期市与附近村落的关系等问题时涉及晚清时期的华北集镇。[③] 石原润的《明清民国时代河北省的定期市》一文以县志为基础，对明朝嘉靖年间至民国时期的河北省乡村集市做了全面的统计，对集市密度、分布状况、彼此间的关系等做了一定的分析，成为后续研究的重要基础；其不足在于缺乏对乡村集市进行社会性、经济性的分析；数量分析也存在明显的局限性。[④] 山根幸夫在《明清华北定期市的研究》一书中，对明清时期华北定期市的发生和普及、称呼、开设场所、义集的设立与商税的关系、市集的牙行、庙会等做了颇为详尽的讨论，其中不少内容涉及晚清时期的集镇。[⑤] 中村哲夫的《清末华北的农村市场》一文在山根幸夫、石原润等人研究的基础上，以清末直隶深州、正定、青县三县村图为基本史料，着力分析了清末华北农村市场的构成、层次秩序和空间布局，认为在鸦片战争以后，农村市场组织仍然继承了以前集散机能为轴心的作用。[⑥] 王庆成的《晚清华北的集市和集市圈》[⑦] 一文利用华北方

① 刘海岩：《近代华北交通的演变与区域城市重构（1860—1937）》，刘海岩主编《城市史研究》第21—22辑，天津社会科学院出版社，2002，第24—48页。

② 王玉茹、郭锦超：《近代江南市镇和华北市镇的比较研究》，《江苏社会科学》2003年第6期，第126—132页。

③ 加藤繁：《清代村镇的定期市》，王兴瑞译，《食货》第5卷第1期，1937年1月，第44—65页。

④ 李正华：《乡村集市与近代社会：20世纪前半期华北乡村集市研究》，第13页。

⑤ 山根幸夫『明清華北定期市の研究』汲古書院、1995。

⑥ 〔日〕中村哲夫：《清末华北的农村市场》，胡宣同等译校，张仲礼主编《中国近代经济史论著选译》，上海社会科学院出版社，1987，第180—207页。

⑦ 王庆成：《晚清华北的集市和集市圈》，《近代史研究》2004年第4期，第2—69页。

志，特别是《青县村图》、《深州村图》等资料，比较详尽地研究了晚清时期华北的集市和集市圈，并在此基础上对美国学者施坚雅关于中国乡村市场和社会结构的理论、公式提出质疑。其《晚清华北定期集市数的增长及对其意义之一解》[①] 一文强调指出，集市数增加意味着农产商品化和商品流通量的扩大，显示出经济繁荣的景象。但在晚清时期，人均耕地减少，农民贫困度增加，农民为谋生而会更多地卷入商品经济，以及会更多地利用剩余人力以发展低成本的各色家庭工副业。这些对集市贸易量和集市数增长都起着作用。因此贫困是晚清北方农村商品流通量扩大的原因之一。另一位学者许檀对明清时期华北集镇研究较多。其所著《明清时期山东商品经济的发展》[②] 一书及《明清时期城乡市场网络体系的形成及意义》、《清代河南的商业重镇周口——明清时期河南商业城镇的个案考察》、《清代河南赊旗镇的商业——基于山陕会馆碑刻资料的考察》等系列论文[③]中，与近代华北集镇研究相关的贡献主要有三点。在史料方面，运用了大量实地调查所得的碑刻资料，部分地解决了华北集镇研究中史料严重不足的问题；在内容上，以碑刻资料为主，进行较长时段的个案考察，并将研究时段延伸至晚清时期；在观点上，提出了若干颇具启发意义的观点，如“19 世纪中叶外国资本主义的入侵，并非创建了一个新的市场体系，不过是利用和部分地改造了中国原有的市场体系来为之服务”。“经济的发展有其连续性。近代化是一个历史的过程，中国的近代化过程无疑渗入了外来势力的影响，但不能因此而忽视中国传统经济自身的发展动力。1840 年是一个政治性的界标，至少经济史

① 王庆成：《晚清华北定期集市数的增长及对其意义之一解》，《近代史研究》2005 年第 6 期，第 1—38 页。

② 许檀：《明清时期山东商品经济的发展》，中国社会科学出版社，1998。

③ 许檀：《明清时期城乡市场网络体系的形成及意义》，《中国社会科学》2000 年第 3 期，第 191—202 页；《清代河南的商业重镇周口——明清时期河南商业城镇的个案考察》，《中国史研究》2003 年第 1 期，第 131—143 页；《清代河南的北舞渡镇——以山陕会馆碑刻资料为中心的考察》，《清史研究》2004 年第 1 期，第 66—75 页；《清代河南赊旗镇的商业——基于山陕会馆碑刻资料的考察》，《历史研究》2004 年第 2 期，第 56—67 页；《清代河南朱仙镇的商业——以山陕会馆碑刻资料为中心的考察》，《史学月刊》2005 年第 6 期，第 93—100、128 页；《清代山东周村镇的商业》，《史学月刊》2007 年第 8 期，第 103—108 页；《清代河南西部的商业重镇荆子关——以山陕会馆碑刻资料为中心的考察》，《天津师范大学学报》（社会科学版）2009 年第 5 期，第 52—56 页。

的研究不应拘泥于这一界标。”[1] 此外，邓玉娜在研究明清河南集镇时，对晚清时期亦有所观照。她一方面认为清代河南省集镇整体上在康熙末年恢复生机，先后经历了乾隆、道光、光绪三个高峰期和嘉庆、咸同年间两个低谷期；另一方面指出清代河南集镇的距县里程分布呈抛物线状态。[2] 另一学者慈鸿飞的统计分析亦涉及晚清时期华北的集镇。[3]

鉴于有关近代江南、东北、广西等地铁路沿线集镇（或城镇）发展的研究一方面对本书写作思路的形成颇有启发意义，另一方面又是进行比较研究的重要参照，这里择要对之进行概述。其中，宓汝成的《帝国主义与中国铁路 1847—1949》一书除论及杨家庄、石家庄、坊子、二十里堡等华北铁路沿线集镇外，还涉及东北、华中、华东、西南等地区的铁路沿线集镇。[4] 朱从兵的《铁路与社会经济——广西铁路研究（1885—1965）》一书探讨了铁路建设对广西圩市和城镇建设的影响，认为由于广西社会经济发展水平落后，铁路建成后，沿线并未出现新的较大规模的城市，只是零星出现了一些小型圩市；一些原有的圩市逐渐向铁路车站附近转移，无法转移的则设法与铁路取得交通上的联系；铁路建设和铁路运输引起了一些圩市发生兴衰枯荣的变化；铁路建设扩大了一些城镇的规模，促使一些城镇更加繁荣，并由此改变了广西的城镇布局。[5] 曾桂林的《铁路与近代株洲城市的兴起（1898—1951）》一文认为株洲铁路枢纽地位带来了运输业的迅猛发展，使其迅速成为货物转运中心和商品集散地，促进了株洲近代工商业的起步、发展与繁荣，导致了株洲人口的聚集和街市的扩张；使其在50年间由一个小集市迅速发展成为具

---

① 许檀：《明清时期城乡市场网络体系的形成及意义》，《中国社会科学》2000 年第 3 期，第 202 页。

② 邓玉娜：《清代河南集镇的发展特征》，《陕西师范大学学报》（哲学社会科学版）2005 年第 4 期，第 90—95 页；《清代河南集镇的空间分布——基于距县里程方面的分析》，《中国社会经济史研究》2006 年第 1 期，第 25—34 页。

③ 慈鸿飞：《近代中国镇、集发展的数量分析》，《中国社会科学》1996 年第 2 期，第 27—39 页。

④ 宓汝成：《帝国主义与中国铁路 1847—1949》，第 601—616 页。

⑤ 朱从兵：《铁路与社会经济——广西铁路研究（1885—1965）》，合肥工业大学出版社，2012，第 333—342 页。

有一定规模的城市。[①] 谭刚的《陇海铁路与陕西城镇的兴衰（1932—1945）》一文认为20世纪30年代陇海铁路西延至陕西境内后，一方面有力地推动了铁路沿线的西安、宝鸡、咸阳、渭南、潼关、同官、绛帐、蔡家坡、耀县等城镇的发展，另一方面又使三原、泾阳、虢镇、凤翔等传统商业城镇衰落。[②] 丁贤勇的《浙赣铁路与浙江中西部地区的发展：以1930年代为中心》一文认为20世纪30年代浙赣（杭江）铁路的兴筑，使铁路沿线城镇的区位优势明显提升，并逐步形成这一区域的中心城市。[③]

鉴于江南市镇研究取得的丰硕成果，且对本书的写作具有多方面的参考价值，这里亦从中选取若干代表性研究成果进行概述。其中，刘石吉《明清时期江南市镇研究》一书由三篇论文构成，分别对明清时期江南地区的专业市镇、太平天国运动后江南市镇的发展、明清时期江南市镇的数量等做了精到的研究，在诸多方面有开创之功。[④] 樊树志在明清时期江南市镇研究方面的贡献集中体现在《江南市镇：传统的变革》一书中。该书在文献考证与实地调查的基础上，采取宏观考察与微观剖析相结合的论述方式，对明清至民国时期江南市镇进行了全方位的研究，在系统展现江南市镇分布格局、经济结构、文化传统和社会风尚等的基础上，对其曾经引领时代潮流、带动传统社会变革的原因做了独到的解析。[⑤] 包伟民等人以江南市镇的近代命运为关注点，从现代化早期江南市镇的盛衰变迁、近代江南市镇镇区的形制特征、近代交通引进及其对江南市镇的影响、近代江南棉业与市镇的兴衰、近代江南市镇社会结构的嬗变、社会生活及其变迁、市镇人口与城镇化水平、市镇在近代文化传播中的地位等方面，全面而深入地论述了江南市镇在1840—1949年的变迁，认为近百年间江南市镇所经历的社会转轨还处于早期现代化阶段；

---

① 曾桂林：《铁路与近代株洲城市的兴起（1898—1951）》，《株洲师范高等专科学校学报》2007年第6期，第56—60页。

② 谭刚：《陇海铁路与陕西城镇的兴衰（1932—1945）》，《中国经济史研究》2008年第1期，第61—69页。

③ 丁贤勇：《浙赣铁路与浙江中西部地区的发展：以1930年代为中心》，《近代史研究》2009年第3期，第128—141页。

④ 刘石吉：《明清时期江南市镇研究》，中国社会科学出版社，1987。

⑤ 樊树志：《江南市镇：传统的变革》，复旦大学出版社，2005。

以市场为导向引进农业新技术，以工业化为基础将“农村商务中心”改造成工业小都市，以及在一定时期内维持农村个体家庭生产方式，是江南农村经济及其商贸中心市镇进一步发展的切实可行的道路。[①] 小田的《江南乡镇社会的近代转型》[②] 一书以乡镇社会、乡镇社会变迁等问题为切入点，从乡镇现代工业成长、市场体系发育、乡土生活转型等方面探讨了江南乡镇社会的近代转型。其中关于“乡镇社会”、“乡镇网络”、“乡镇化”、“社区权力结构”等的论述，对近代华北集镇研究具有一定的借鉴意义。台湾学者范毅军的研究亦有独到之处，正如其《传统市镇与区域发展——明清太湖以东地区为例（1551—1861）》一书所云：“有见于市镇研究的方法与视角尚可推陈出新，本书续以苏南市镇为研究焦点。分析力求对市镇各种属性可量化为能事，此外则侧重从空间地理位置的角度来探索市镇。相对于既有研究，此可归纳出一些新意。”[③] 王家范《明清江南研究的期待与检讨》一文虽然并非专论市镇研究的文章，但其检讨明清江南研究时提出的若干灼见，却具有鲜明的方法论意义，值得研究近代华北集镇的学者借鉴和深思。[④] 此外，李学功关于晚清民国时期南浔镇变迁的研究、安涛关于明清以来金山县市镇经济社会转型的研究、吴滔关于江南市镇与农村关系的研究、谢湜关于15—16世纪江南粮长的动向与高乡市镇兴起的研究等，也在研究思路和方法等方面对近代华北铁路沿线集镇研究有一定的借鉴意义。

四　创新及写作难点

“就整体而言，尤其是相较于明清市镇研究的丰硕成果而言，近代市

① 包伟民主编《江南市镇及其近代命运（1840—1949）》，知识出版社，1998，第326、328页。

② 小田：《江南乡镇社会的近代转型》，中国商业出版社，1997。

③ 范毅军：《传统市镇与区域发展——明清太湖以东地区为例（1551—1861）》，台北，中研院、联经出版公司，2005。

④ 王家范：《明清江南研究的期待与检讨》，《学术月刊》2006年第6期，第148—152页。

镇研究仍存在若干不足。”[①] 这一见解显然适用于近代华北集镇研究。一方面，就整体研究状况而言，尽管近代华北集镇研究已在集市数量与集期、铁路与沿线市镇发展关系等方面取得了一定进展，但与明清和近代江南市镇研究相比，仍存在不小的差距。这种差距又集中体现在三个方面：其一，已有研究成果集中于集市数量和集期的分析、铁路与沿线市镇发展等方面；关于集市与乡村经济、乡村社会结构和乡村社会生活之关系的研究虽已开始起步，但有分量的成果仍不多见。其二，现有研究虽然也重视个案研究，但所选个案或为某些县份所属的集市和集镇，或为具有某一共同特征（如位于铁路沿线）的一些集镇，更具体而深入的个案研究，除石家庄等少数集镇外，亦不多见。其三，在已有研究中，虽然也有一些关于华北与江南的比较研究，但此类研究仍然较为薄弱。另一方面，就“近代华北铁路沿线集镇研究”这一论题而言，由于受到“铁路与集镇发展”这一视角的制约，其研究内容多以铁路影响体现较为明显的集镇工商业发展、人口增长及分布、街市扩充及分布等为主，较少涉及受铁路间接影响的集镇管理体制变迁、居民生活方式及社会文化嬗变等内容；所选个案也以受铁路影响比较明显的石家庄、平地泉、唐山、焦作、张店等工商业兴盛，人口较多的集镇为主，较少涉及数量更多、规模更小的集镇。在这一研究取向下，既少有论者将铁路置于影响集镇发展诸因素中进行更全面的分析，也鲜有论著将铁路沿线集镇置于近代华北集镇乃至华北城镇体系中进行研究。这既不利于更客观地认识铁路与近代华北集镇发展之间的关系，也有碍于华北集镇研究的整体推进。

针对近代市镇研究中的不足，任放提出了两点改进意见。一是在资料上要进一步发掘档案、文集、报刊、碑刻、家谱、口述史、调查资料等；二是在研究方法上响应李伯重的建言，既要“走出江南”，把市镇史研究扩大到其他地区，又要“超越市镇”，使研究视野超出“市镇”的狭小范围，与社会经济史研究的其他部分更加紧密地结合起来。[②]

结合近代华北集市（镇）研究的实际，我们也曾提出四点意见。一

① 任放：《近代市镇研究的回顾与评估》，《近代史研究》2008 年第 2 期，第 144—145 页。

② 任放：《近代市镇研究的回顾与评估》，《近代史研究》2008 年第 2 期，第 146 页。

是近代华北集市（镇）研究应致力于转换视角、扩大研究视野。以往关于集市数量和集期的研究，以及关于铁路与沿线集镇发展的研究，虽然抓住了近代华北集市（镇）发展中的两大特征，但视野也受到很大局限。近代华北集市（镇）的发展，与工业化、现代化和城市化有着十分密切的联系，因此，应将其置于近代以来华北区域工业化、现代化、城市化乃至社会变迁进程中进行考察，以“超越集市和市镇”。二是近代华北集市（镇）研究，应致力于更新研究方法。一方面，要深入了解地理学、经济学和社会学的研究方法，如区位论、中心地理论等，不能仅局限于一知半解和转引借用。这样才能真正理解和正确借鉴其他学科的研究方法，真正做到多学科交叉。另一方面，要重视从江南市镇研究中学习和借鉴研究方法和研究思路，同时努力开展华北与其他区域的比较研究，以增进对其他区域市镇发展状况及特征的认识。三是近代华北集市（镇）研究，应致力于研究内容的拓展。一方面，应在保持已有关于集市数量、集期和铁路沿线市镇研究等优点的基础上，努力开展关于集市（镇）与社会经济发展、社会结构变动、社会生活方式嬗变之间关系的研究。另一方面，应努力扩大个案研究，尤其是关于若干名镇历史变迁及其影响的长时段的个案研究，以弥补现有研究中存在的不足。四是近代华北集市（镇）研究，应致力于资料的发掘利用。与江南相比，近代华北集市（镇）研究的瓶颈之一，便是资料尤其是方志资料的相对不足（如镇志、乡志等较为少见）。因此，更应重视档案资料、报刊资料、口述史料和调查资料的发掘利用。尤其是20世纪三四十年代，国内的乡村建设派和日本的“满铁”等机构在华北地区进行了大量的调查，形成了为数众多的调查资料。对此类资料进行发掘利用，无疑将有助于解决史料不足的问题，使近代华北集市（镇）研究水平迈上一个新台阶。[①]

针对先前研究中的若干不足，本书力求在以下五个方面有所突破和创新。

在研究视角上，放弃以往研究中经常采用的“铁路与集镇发展”的

① 熊亚平、张利民：《近代华北集市（镇）研究述评》，《河北广播电视大学学报》2013年第6期，第21页。

单一视角，将铁路沿线集镇置于近代以来华北工业化、城镇化进程和城镇体系变动中进行考察，力求更深入地揭示铁路沿线集镇在华北城镇化进程和城镇体系变动中的地位，更客观地呈现铁路对华北集镇发展和沿线社会变迁的影响。

在研究主题上，由于以往研究已对近代工矿业起步、产业结构变迁、城乡市场体系重构、社会结构变动、市镇发展、城乡经济关系等做了深入探讨，本书将着力从宏观和微观两个层面考察华北铁路沿线集镇的“差异化发展”，总结其特征，揭示其动因，并阐明铁路沿线集镇的“差异化发展”与华北城镇化进程之间的关系。其中，宏观层面将侧重于集镇类型与层级、数量与规模、分布与形态等方面；微观层面将着力于集镇产业发展与社会组织成长、教育发展、管理体制变迁等方面。

在研究内容上，一是将临近铁路车站，在交通和经济上与车站或设站集镇有联络的集镇纳入考察范围；二是侧重从数量与规模、形态与分布、类型与层级等方面考察集镇发展；三是将文化和制度纳入考察范围，形成了由经济（侧重于产业）、社会（侧重于社会组织）、文化（侧重于教育）、制度（侧重于管理体制）四大板块构成的比较完整的体系；四是着力考察集镇交通运输业发展、集镇教育发展、管理体制变迁以及集镇发展与华北城镇化的关系等内容；五是注重对华北铁路沿线集镇与非铁路沿线集镇的比较研究；六是从一个方面揭示铁路与沿线集镇的“差异化发展”之间，铁路沿线集镇“差异化发展”与华北城镇体系及城镇化进程之间的关系。

在研究方法上，一方面，力求运用或借鉴历史学、社会学、地理学等多学科方法。在界定集镇概念时借鉴了集镇社会学、乡镇社会学、乡镇经济学以及历史学等学科的研究成果；在对集镇数量、规模进行统计分析时，借鉴了吉尔伯特·罗兹曼、龚关、王庆成、范毅军等人的研究方法；在考察集镇类型、形态、层级时，借鉴了社会学、城市学、地理学等学科的研究方法。另一方面适当运用统计分析的方法、比较研究的方法、文献资料与实地考察相结合的研究方法等。

在史料运用上，更加重视对各类地方志，尤其是新近编辑出版的村镇志如《杨柳青镇志》、《独流镇志》、《明港镇志》、《王庆坨镇志》、

《羊口镇志》等的利用；更加注重发掘档案、海关关册、调查资料以及日文论著中关于集镇时空格局演变、管理体制变迁、社会文化嬗变等方面的记述；更加重视对碑刻资料选辑、碑刻资料汇编等的利用。

由于研究视角发生转换，研究内容有所扩展，本书的写作难点亦转变为以下三个方面：如何在以往个案研究的基础上，更加全面地展示出1881—1937年华北铁路沿线集镇“差异化发展”的整体态势；如何更深入地认识铁路沿线集镇在城镇体系变动和华北城镇化进程中的地位；如何更客观地评价铁路在华北集镇“差异化发展”、城镇体系变动和城镇化进程中的作用。

为突破以上难点，本书将着力于以下两个方面。一方面，充分吸收和借鉴已有关于华北集镇和江南市镇等研究领域的成果和方法，在进行微观的个案分析同时，更注重宏观的整体性研究；在发掘描述性史料的同时，更注重从档案、海关关册、地方志等史料中整理数据资料，进行量化分析；在深入研究华北铁路沿线集镇的同时，更注重进行华北铁路沿线集镇与非铁路沿线集镇、华北铁路沿线集镇与铁路沿线城镇（县城等）的比较研究。

另一方面，本书在结构安排上也对写作难点有所观照。绪论交代了选题缘起、概念界定、相关研究成果、创新点和写作难点。第一章至第三章主要从相对宏观的层面展开。其中，第一章采用个案研究与量化分析相结合的研究方法，从集镇数量与规模、形态与分布、类型与层级等三方面对晚清时期华北集镇的“差异化发展”进行整体性研究，为后续研究奠定基础。第二章着重探讨铁路建设运营中的车站设立、机构设置、制度推行与集镇交通运输业的发展，展示铁路运营管理机构设置与集镇交通运输业“差异化发展”之间的关系。第三章从数量与规模、类型与层级、分布与形态三方面探讨铁路开通后沿线集镇时空格局的演变，从整体上展现铁路开通后沿线集镇的“差异化发展”。第四章至第六章主要从相对微观的层面展开。其中，第四章从近代工业起步和社会组织演变两个方面考察华北铁路沿线集镇产业和社会组织的“差异化发展”。第五章从交通运输枢纽型集镇教育的初兴、工矿业型集镇教育的进步、工商业型集镇教育的起步三个方面考察铁路沿线集镇教育的“差异化发展”。第六章从影响集镇管理体制变迁的制度性因素、交通运输枢纽型集镇、工矿业型集镇和工商业型集镇的管理体制变迁等方面考察华北铁路沿线集镇管理体制的“差异化发展”。第七章通过对铁路沿线集镇与非铁路沿线集镇的比较，展现两者在“差异化发展”态势上的异同。结论部分则从相对宏观的层面，在总结华北铁路沿线集镇“差异化发展”特征及其动因的基础上，揭示铁路沿线集镇的“差异化发展”与华北城镇体系变动及城镇化进程之间的关系并分析铁路所起的作用。

第一章　晚清时期华北集镇发展概况

在研究当代小城镇发展时，费孝通曾提出“类别、层次、兴衰、布局、发展”十字提纲，[①] 指出小城镇研究的第一步“应当从调查具体的小城镇入手，对这一概念作定性的分析，即对不同的小城镇进行分类”。[②] 本章将参照费氏十字提纲，并结合华北集镇发展实际，在吸收和借鉴已有研究成果的基础上，从集镇的类型与层级、数量与规模、分布与形态三个方面对晚清时期（截止到1911年）[③] 华北集镇的“差异化发展”进行整体性研究。

一　集镇的类型与层级

不仅著名社会学家费孝通等将“分类”作为小城镇研究的第一步，而且不少历史学者也对集镇进行了分类讨论。例如，许檀、邓亦兵等在《中国经济通史》（清代卷中册）中，一方面将集市分为以满足小农一般性需求为主的集市、以保证小农生产性需求为主的集市、以某种特产商品集散为主的集市，如粮食市、棉花市、棉布市、烟草市等；另一方面将市镇分为地方供需型市镇、产品产销型市镇、商业转运型市镇、综合型市镇、军事型市镇等。从翰香等则将19世纪末至20世纪30年代冀鲁豫地区市镇分为四类：凭借特别有利的经济环境发展成工商并茂的都市型大镇；凭借接近产地和良好的销售渠道以及较大的销售市场等有利条件，发展成为以大批量集散农产品为特色并具备地域性市场功能的商业贸易型集镇；凭借优越的地理位置和交通运输条件发展成为以中转贸易为特色的水陆交通运输枢纽型集镇；凭借有较丰富的原材料来源和良好的产品销售市场，发展成为以成批生产和大宗集散手工业产品为特色的

① 费孝通：《小城镇　再探索》，《费孝通自选集》，第170页。

② 费孝通：《小城镇　大问题》，《费孝通自选集》，第134页。

③ 理由参见本书“选题缘起”部分。

手工业型集镇。[①]

由于本书研究时段纵贯19世纪晚期至20世纪30年代，且以冀鲁豫三省为重点，因此将在借鉴从翰香等的做法同时，结合1937年前华北集镇发展实际，将其分为交通运输枢纽型集镇、工矿业型集镇、工商业型集镇三类。[②]

本书所谓交通运输枢纽型集镇，是指地理位置优越，有两条以上交通干线或两种以上交通方式，且其作用均比较突出的集镇。从翰香等人重点考察的羊角沟、道口、金家口，以及羊郡、索镇等均可归入此类集镇。羊角沟在同治年间是山东省寿光县管辖下的一个商号“寥落数十家，谋微利营生”[③] 的小集镇。小清河疏浚后，由羊角沟逆流而上可达济南、天津；从海路可通虎头崖、龙口、烟台，其商业逐渐兴盛起来。到清末时“拓地愈广，商业愈盛，街衢袤延，万瓦鳞萃。稗贩往来，百货交集，沿岸舟楫栉比林立，十余里不绝”。有研究表明，19世纪末，羊角沟已成为烟台输入的棉纱、布匹，山东西部地区所产小麦、博山陶瓷、烟草，河南豆货，山西草辫等货物，以及天津、营口、大连、龙口、虎头崖等渤海湾诸港货物的中转地。道口在浚县城南25里，地居卫河东岸，原名李家道口。明朝正德年间已是商贾聚集之地；铁路开通前仍为天津与开封间的交通孔道，河运与陆运的作用均较突出，“是以当铁路未筑之时，朱仙镇运往天津之货物，必经由道口。由北京以赴汴省之官商，亦必经由道口”。[④] 金家口（俗称金口）属山东省即墨县，为海运与陆运交会点，“在县城东北九十里，为即墨莱阳海阳对外贸易唯一口岸。港口形如

① 从翰香主编《近代冀鲁豫乡村》，第141页。

② 正如费孝通所言，“小城镇的分类是以此共同性质为基础而就其不同的侧重点进行的。……所以上述某镇具有某种特点，只是指它在小城镇所共有的许多职能中所表现的突出方面”。邓亦兵等人也坦言：“以上对全国市镇的大概分类，并非十分准确。一般来说，许多市镇都是综合型的，只是因为该市镇或在产品销售方面比较突出，或在转运一种商品上比较集中，或在地区商品交易中比较重要，就将其归入某种类型，以便分析和描述。”因此，本书在涉及羊角沟、周家口、道口、石家庄等综合型集镇时，仅依据其最突出的职能或功能，将其归入相应的集镇类型。费氏所言参见费孝通《小城镇　大问题》，《费孝通自选集》，第139—140页。邓氏所言参见方行、经君健、魏金玉主编《中国经济通史》清代卷中册，经济日报出版社，2007，第829页。

③ 光绪《寿光县乡土志》，国家图书馆分馆编《乡土志抄稿本选编》第3册，线装书局，2002年影印本，第655页。

④ 《论河北铁路以道口为中心点》，《东方杂志》第2卷第7期，1905年8月，第61页。

丁字，故曰丁字港，最宜停泊帆船，故凡关外红粮，及各处杂货之销行于三县者，率多由此入境。每遇饥馑之年，入口粮船尤多。平时三县土产之外销者，亦多由此出境。在威海卫烟台未辟市以前，市面商业异常发达，自该两处开辟以后，此地遂日趋凋敝矣"①。羊郡属山东莱阳县，原本市场繁盛，"南船北马，凡平掖栖招之土产，江浙闽广之舶品，胥以此为集散所"。自海口淤塞，商场移往金家口后，"犹号称为莱阳码头。当烟台未兴，土产若油饼、猪、盐……南方棉纸、竹木、蔗糖之类，山西之铁锅，周村之铜货，博山、淄川之煤炭、瓷器，于焉转输"②。索镇属山东桓台县，在青岛未开港时，"外来货多由烟台以海轮运至羊角沟，复换装河船，经小清河乌河而来索镇。然后分销远近。该时商业之盛，数倍今日"③。

本书所谓的工矿业型集镇，是指手工业或近代工矿业在产业结构中地位突出，商业处于次要地位的集镇，其范围包括从氏等人所称的手工业型市镇和因煤炭资源开发、铁路运输发展而兴的近代工矿业型集镇。铁路开通前，此类集镇中以生产、集散土布为主要职能的青塔镇、莘桥镇、大庄镇"早在 19 世纪末，就因布线交易发达而闻名。光绪后期，当高阳织布区尚处在起步阶段时。高阳县城连同这三个集镇，基本上都是作为本地区小范围内的土布交易中心，彼此保持着独立从事经营的地位"④。饶阳县尹村宣统年间产品除本地销售外，"北京、天津、北口、热河、张家口等地均有发售处。惟张家口销路最畅，是以发售地的布匹，多转销俄境的缘故"⑤。周村镇丝织业"清末至民国十六七年期间最兴盛"⑥。柳疃镇"以茧绸著称，大概是在晚清时候。当柳疃附近 20 余华里内诸村庄的茧绸业有了较大发展时，其产品便都在柳疃集散。柳疃茧绸大宗远销国际市场，则是清同治年间烟台开港对外输出渠道打通以后的事情"⑦。此外，以草帽辫业著称的掖县沙河镇，以榨油业著称的索

① 《胶济铁路沿线经济调查报告》分编一即墨县，第 11 页。

② 民国《莱阳县志》，台北，成文出版社，1968 年影印本，第 663 页。

③ 《胶济铁路沿线经济调查报告》分编四桓台县，第 13 页。

④ 从翰香主编《近代冀鲁豫乡村》，第 169 页。

⑤ 从翰香主编《近代冀鲁豫乡村》，第 172 页。

⑥ 从翰香主编《近代冀鲁豫乡村》，第 174 页。

⑦ 从翰香主编《近代冀鲁豫乡村》，第 175 页。

镇，以及以陶瓷业著称的磁县彭城镇等，在清末时期也已成为华北重要集镇。

除上述集镇外，山西长治县荫城镇、直隶房山县灰厂镇，元氏县宋曹镇，山东寿光县侯镇、上口镇，章丘[①]县辛家寨镇等也以集散各种手工业品而闻名。荫城镇在乾隆嘉庆年间已成为山西南部重要的铁货业中心，出品畅销全国，每年交易可达银1000余万两，光绪末年时虽已呈衰退之势，但仍有铁行30余家，“制造铁器之炉三百余家”。每年产铁约6000吨。[②] 灰厂镇在清同治光绪以前为京师建筑取灰之地，“故商业亦繁”。[③] 宋曹镇清末时所产烧锅已能销往赵州等地，“本地无烧锅，率以元氏县宋曹村酒为上”[④]。侯镇在嘉庆年间已享有“鱼盐之利”，光绪末年盐商麇集时，侯镇“鹾署之旁，人喧马腾，彻夜不休，抬盐筑包诸工，动数千人，附近贫民仰给糊口，盐之利益大矣哉！”[⑤] 上口镇为寿光所产梭布集散中心，“寿光男耕女织，故梭布出焉。昌邑、掖县巨商在上口镇收买，陆运至京师，每岁约销八万匹”[⑥]。辛家寨镇清末时出产的“绵线布”、洋线布等远销北京及临近各县，“阔布向称贡品，近也奉文停办，尚有绵线布、洋线布二种，以辛家寨所织为最，销京庄及近邑”[⑦]。

本书所谓的工商业型集镇，是指商业在产业结构中地位突出，工矿业和手工业处于从属地位的集镇，在范围上涵盖从氏等人所称的工商并茂的都市型市镇和商业贸易型市镇两类。在工商并茂的都市型市镇中，周家口、周村、辛集三镇在晚清时期均已成为巨镇。尤其是周村和周家口已被许檀教授列为中等商业城镇。据其研究，道光十八年，周家口山陕商人中有名号可考者就有坐贾164家，行商320家，合计484家。如果加上抽厘不足3两的众多小商号，数量当超过1000家。再加上安徽、

---

① 在近代文献资料和论著中，章邱、邱县、任邱、安邱、沈邱等地名均作“邱”，1949年以后多改为“丘”，本书除引文和征引文献资料外，均统一为“丘”。

② 彭泽益编《中国近代手工业史资料（1840—1949）》第2卷，中华书局，1962，第144—145页。

③ 民国《房山县志》，台北，成文出版社，1968年影印本，第487页。

④ 光绪《赵州乡土志》，《乡土志抄稿本选编》第3册，第114页。

⑤ 光绪《寿光县乡土志》，《乡土志抄稿本选编》第3册，第654—655页。

⑥ 光绪《寿光县乡土志》，《乡土志抄稿本选编》第3册，第658页。

⑦ 光绪《章邱县乡土志》，台北，成文出版社，1968年影印本，第192—193页。

江西、湖广、福建以及河南本省商人，估计在清代中叶鼎盛时期，周家口全镇商人商号数量可达1500—2000家，至少超过千家，其人口至少可达四五万人。[①] 这样的工商业规模和人口数量使周家口成为名副其实的都市型集镇，“周围十余里，三面夹河，舟车辐辏，烟火万家……豫省一大都会也”[②]。周村在乾隆年间已是一个相当繁荣的工商业大镇，“烟火鳞次，泉贝充轫，居人名为旱马头。马头者，商贾往来停泊之所，若汉口、佛山、景德、朱仙镇之属。以其不通水路，无巨舰飞帆破浪翻风之概，故别之曰旱马头云”[③]。从清代中叶开始，周村逐渐成为山东中部的棉布、丝绸加工集散中心。其中棉布主要为附近各县所产大布、小布、线带等，有经营布业的商号数十家；生丝、丝绸、茧绸等来自山东省中部地区，有丝店、丝局、绸货店等数十家。与此同时，周村自身的丝织业和铜器制造业等行业也逐渐发展。如丝织户在清末时已达5000余户，年产丝绸、麻葛百余万匹；铜器作坊主要分布于祠堂街、盛武街一带，大者八九人，小者三四人，多系前店后场。[④] 民国时期的调查也印证了清末时周村工商业的繁荣，“数百年来，工以商兴，商以工盛，工商日趋发达，市面遂愈显繁荣。在胶济津浦两路未通车时，西至省垣，东至烟台，俱属通衢，交通较他处为便。货物由此聚散，光绪三十年左右，工商业盛极一时，前谓驾乎省垣之上，即此时也”[⑤]。另据民国初年调查，周村镇有人口25000余人，多数经营商业，[⑥] 表明其已跻身工商并茂的都市型集镇。

辛集镇位于束鹿县城西北18里，清朝乾隆年间已是商贾云集的大镇，“绵亘五六里，货广人稠，坐贾行商往来如织，虽居偏壤，不减通都云”[⑦]。到光绪年间，辛集“素号商埠，毛皮二行，南北互易，远至数千

① 许檀：《清代河南的商业重镇周口——明清时期河南商业城镇的个案考察》，《中国史研究》2003年第1期，第143页。

② 民国《商水县志》（引旧志），台北，成文出版社，1975年影印本，第310页。

③ 《周村重修兴隆桥碑记》，嘉庆《长山县志》，台北，成文出版社，1976年影印本，第1138页。

④ 许檀：《清代山东周村镇的商业》，《史学月刊》2007年第8期，第107页。

⑤ 《胶济铁路沿线经济调查报告》分编五长山县，第7—8页。

⑥ 東亞同文會『支那省別全志　第4巻（山東省）』大正6年、82頁。

⑦ 民国《束鹿县志（五志合刊）》，台北，成文出版社，1968年影印本，第381页。

里。羊皮由保定、正定、河间、顺德及泊头、周家口等处陆路输入，每年计粗、细二色约三十万张，本境制成皮袄、皮褥等货，由陆路运至天津出售。羊毛由归化城、西泊头、张家口及五台、顺德等处陆路输入，每年均计约有四、五十万斤，本境制成织绒、毡毯、帽头等货，由陆路远至天津、湖广等处出售。骡马杂皮本境制为黑绿皮脸，每年均计约须二十万张，买由赵冀州大名府等处，卖在山东、归化城、天津、广东等处，皆由陆路转运。此本境制造之熟货可以言商务者。牛皮以邻近出者为上品，由大名府、广平府路来者次之，本境熬胶割条，所需无几。大宗皆由陆路输出东三省销售，平均计之，每年十余万张”①。

在从翰香等人看来，商业贸易型集镇“可以说是近代中国各地乡村集镇中最常见的一种形式，也是最典型、最具有代表性的一种形式”②。此类集镇又可依据其集散的主要商品种类划分为棉花集散中心、丝茧集散中心、粮食集散中心、花生集散中心、木耳集散中心等。其中，棉花集散中心有直隶束鹿县旧城镇、永年县临洺关、邯郸县苏曹镇，河南省正阳县陡沟镇等。旧城镇在清朝光绪年间已是棉花萃聚之区，“每年销售不下二百万斤，皆由陆路运至深州等地，作农人制衣之用”③。临洺关和苏曹二镇清末以前已是广平府境内著名的棉花集散市场，“永年之临洺关、邯郸之苏曹二镇，花店尤多，山西、山东二省商贩来此购运，近亦渐稀”④。陡沟镇“旧时布花市业，最称兴盛”⑤。丝茧集散中心以山东牟平县崖子集较为有名。该镇“在六区内，距县一百五里。六区地面辽阔，山陵起伏，崖子突现平原，实为商务荟萃之冲；往年丝茧盛行，崖子茧市，为全县及邻县之冠”⑥。粮食集散中心以山东东平州安山镇等较为出名。该镇在漕粮河运盛行时期曾是靳口至戴庙段来往商船的汇集地。“自靳口入境至戴庙出境，中间相距六十里，往来商船，概以安山镇为中枢总汇之区。当时，安山一镇，粮行营业至数十家之多，航业之盛，大可

① 民国《束鹿县志（五志合刊）》，第1403页。

② 从翰香主编《近代冀鲁豫乡村》，第146页。

③ 民国《束鹿县志（五志合刊）》，第1404页。

④ 光绪《重修广平府志》卷18《物产》，《中国地方志集成·河北府县志辑》第55册，第313页。

⑤ 民国《正阳县志》，台北，成文出版社，1968年影印本，第275页。

⑥ 民国《牟平县志》，台北，成文出版社，1968年影印本，第657页。

想见。”[1] 花生集散中心以直隶省清河县油坊（房）镇较为有名，“是一个大码头，以落花生的大市场著称，市面较为繁盛”[2]。木耳集散中心以河南省嵩县合峪镇较有名。乾隆年间，嵩县县境“木耳合峪者佳，商贾聚集，市亦渐兴矣”[3]。

费孝通在研究小城镇时，十分重视层级分析。他一方面认为小城镇作用范围的大小能够反映出一个有系统的、高低不同的层次，另一方面指出：“城镇层次的划分，过去大多以人口数量的多少为标准。然而，小城镇商业作用的层次分析，单以人口为指标是不够的。因为人口大体上相同的城镇在商品流通环节中所处的地位却可以不同。在目前我国商品流通的过程中行政的因素特别重要，许多不同等级的行政性的商业机构决定了商品流通的环节。所以，我认为不妨首先从城镇的行政地位入手来观察商品流通的过程。”[4] 美国学者施坚雅关于集镇层级的探讨是从市场体系的角度进行的。施氏将城市和市场分为全国性大城市、区域性大城市、区域性城市、中等城市、地方级城市、中心集镇、中等集镇、一般性集镇 8 个等级。在施氏提出的 8 个市场层级中，“集镇”作为专有名词，“限于代表经济中心等级体系中层次毗连的三种中心地，其中每一种中心地都相当于一种市场”。“基层集镇”是指设有基层市场的居民点（但并不同时也设有较高层次市场），“中间集镇”是指中间市场所在的居民点（但并不同时设有一个高一级市场所在的居民点），“中心集镇”是指中心市场所在的居民点（但并不同时设有一个高一级市场所在的居民点）。[5] 虽然施坚雅模式“在理论上并无不妥”，但在进行实证分析时，“等级划分过细实际上很难操作”，特别是在对较大的区域做宏观分析时尤为困难。[6] 因此中国历史学者在具体研究中并未照搬施坚雅的分层模

① 民国《东平县志》，台北，成文出版社，1968 年影印本，第 103—104 页。

② 冯天瑜、刘柏林、李少军选编《东亚同文书院中国调查资料选译》下册，李少军等译，社会科学文献出版社，2012，第 1345 页。

③ 乾隆《嵩县志》，台北，成文出版社，1976 年影印本，第 287 页。

④ 费孝通：《小城镇　大问题》，《费孝通自选集》，第 158 页。

⑤ 施坚雅：《中国农村的市场和社会结构》，史建云等译，中国社会科学出版社，1998，第 6—8 页。

⑥ 许檀：《明清时期市场体系的形成及意义》，《中国社会科学》2000 年第 3 期，第 192 页。

式，而是从各自的研究对象出发，将其划分为3—5个层次，[①] 集镇市场往往也被视为一个组成部分。如在许檀教授所划分的三大层级中，[②] 中等商业城镇和农村集市两个层级均有集镇在内。

下文将在此基础上，从集镇在市场层级中的定位、集镇商号和铺户数量、集镇驻官级别三个方面考察清末以前华北集镇的层级。

就集镇在市场层级中的定位而言，由于许檀教授的做法更具操作性，因此下文参照其做法，将华北集镇划分为具有中转市场职能的集镇和具有基层市场职能的集镇两个层级。许氏重点考察的周家口、朱仙镇、赊旗镇、北舞渡、荆子关、清化镇、周村，以及直隶南皮泊头镇、山东寿光羊角沟、河南浚县道口镇等，应属于具有中转市场职能的集镇。周家口输出品以陈州、开封一带所产的农副产品为主，输入品以江南所产绸布、杂货为主；腹地范围主要有淮宁、西华、商水、沈丘、项城、扶沟、太康、祥符、尉氏、通许、郑州、中牟、上蔡、西平、临颍、郾城、襄城、叶县、舞阳等20余个州县。[③] 朱仙镇流通的大宗商品中，杂货主要有南方所产的绸缎、布匹、糖、纸张、茶叶、瓷器以及本地出产的粉皮等农副产品；粮食中的大米估计由南方输入，由周家口转贾鲁河北上；烟草估计由山西输入。[④] 赊旗镇既是河南中西部及山陕地区与南方数省商品流通的重要中转地，又是晋商对俄茶叶贸易的重要转运通道。[⑤] 北舞渡作为周家口与赊旗两大商镇之间的水陆过载码头，商货往来范围可及秦晋吴楚乃至湘粤等数省。[⑥] 荆子关作为鄂豫陕三省间物资交流的重要通道，输出品主要以陕南山区和本地所产山货和从湖广输入的粮食、布

---

① 参见范金民《明清江南商业的发展》，南京大学出版社，1998，第130—131页；许檀：《明清时期市场体系的形成及意义》，《中国社会科学》2000年第3期，第192页。

② 许檀：《明清时期市场体系的形成及意义》，《中国社会科学》2000年第3期，第191—202页。

③ 许檀：《清代河南的商业重镇周口——明清时期河南商业城镇的个案考察》，《中国史研究》2003年第1期，第136页。

④ 许檀：《清代河南朱仙镇的商业——以山陕会馆碑刻资料为中心的考察》，《史学月刊》2005年第6期，第96—97页。

⑤ 许檀：《清代河南赊旗镇的商业——基于山陕会馆碑刻资料的考察》，《历史研究》2004年第2期，第56页。

⑥ 许檀：《清代河南的北舞渡镇——以山陕会馆碑刻资料为中心的考察》，《清史研究》2004年第1期，第66页。

匹、杂货为大宗，其中很大部分再经龙驹寨转运西安、甘肃。[①] 清化镇作为豫晋二省间的商货转运枢纽，由山西南下的商品中以铁货最多，主要销往河南各府以及山东、直隶，兼及江南、湖北；从清化北运的商品以南方杂货为主；粮食、药材、花炮、竹器是清化本地输出的重要商品。[②] 周村从南方输入的商品主要有绸缎、杂货，在本地集散的商品则有棉布、生丝、丝绸、茧绸等。[③] 泊头借助运河“南通江湖，北达京津，川产广产之运输，海货洋货之兴贩，东西两岸殷实商号不下千余家”[④]。羊角沟“每年出口之货以豆麦为大宗，由本境陆运至者十之一，由小清河水运至者十之九。……次则苇席、煤炭、黑瓷、红土各物。苇席产本境及乐安博兴两县，由陆运至。煤炭、黑瓷、红土产博山颜神镇，自索镇由水运至，亦俟海船贩往龙口、烟台各口岸销行……入口之货由烟台水运至者有布匹、火油、火柴、糖、铁、纸张、海木各物。在本境陆路销行，每年约值五万元；在乐安、博兴、高苑销行，每年约值八万元；由小清河贩往历城、章邱等县销行，每年约值千万元”[⑤]。道口镇“西临卫河，旧日帆船如织，大船多停泊于此。长芦盐至此，或由小舟运往西南诸县，或由马车运至陈桥驿，转输黄河以南；小麦杂粮之运往京、津者亦由此集散。水陆交通，商务甚盛”[⑥]。

清末以前，华北直隶、山东、河南等省集镇中，仅有少数大镇具有中转市场职能，大多数集镇与普通集市仅具有基层市场的职能。晚清咸丰年间，直隶省平山县洪（子）店、郭苏、回舍、南店、白砂、田营、下口等集镇“商之大者曰盐曰典，其余如菽粟布缕之属，只随时贸易，以谋朝夕，亦无甚奇货之萃于市，惟在上者使四民之不失其业可矣”[⑦]。

① 许檀：《清代河南西部的商业重镇荆子关——以山陕会馆碑刻资料为中心的考察》，《天津师范大学学报》（社会科学版）2009 年第 5 期，第 52 页。

② 许檀、吴志远：《明清时期豫北的商业重镇清化——以碑刻资料为中心的考察》，《史学月刊》2014 年第 6 期，第 105 页。

③ 许檀：《清代山东周村镇的商业》，《史学月刊》2007 年第 8 期，第 103 页。

④ 民国《南皮县志》，台北，成文出版社，1968 年影印本，第 108 页。

⑤ 光绪《寿光县乡土志》，国家图书馆分馆编《乡土志抄稿本选编》第 3 册，第 656—657 页。

⑥ 吴世勋：《河南》（分省地志），中华书局，1927，第 231 页。

⑦ 咸丰《平山县志》卷 1《舆地》，《中国地方志集成·河北府县志辑》第 10 册，第 31 页。

光绪年间，乐亭县胡家坨、汤家河、新寨、马头营等“城堡集市皆有定期，遇期远近毕聚，日夕而散，所易不过布、粟、鱼、盐之属，无他异物，而市布、粟者尤众。粟则来自关外，以资一县之用”[①]。此外，在三省300个集镇中，[②]齐东县张虎镇等7个集镇“均为村民交易之处”，济阳县仁风镇等4个集镇“并为村民交易之所”，新野沙堰镇、漂河镇“均为乡人交易之所”，均应为具有基层市场职能的集镇。齐东县长福镇“距城三十里，因城迁移，附近商民于光绪二十四年接堤筑台，以立市廛，商贾群萃，贸易隆盛，遂成邑之巨镇”[③]。河南省嵩县汝河镇“向无市，盐米农器易于县，往返三四日，妨农功，（乾隆）三十年秋始为立集，民便之”[④]，也应是仅具有基层市场职能的集镇。

由于店铺也是集镇交易活动的主要机关，因此集镇商号和铺户数量应能从一个方面体现出集镇的层级。在周家口、朱仙镇、赊旗镇、北舞渡、荆子关、清化镇、周村等7个具有中转市场职能的集镇中，周家口鼎盛时期估计有商号1500—2000家，朱仙镇商人商号数超过1000家，赊旗镇有行商、坐贾1000余家，北舞渡行商、坐贾估计可达400—500家，荆子关行商、坐贾至少超过1000家，周村镇商人商号当有八九百家乃至千家。[⑤]而下文将要涉及的直隶定州、武清，以及河南南阳3县26个集镇中，铺户超过100家者仅有赊旗和河西务2处，超过50家者仅清风店和明月店2处。其余22处集镇或无铺户，或铺户数不足20家。[⑥]由此可知，在一般情况下，铺户数在百家以上者一般属于具有中转市场职能的集镇，不足百家者多为具有基层市场职能的集镇。

---

① 光绪《乐亭县志》，台北，成文出版社，1969年影印本，第105—106页。

② 详见下文表1—9。

③ 宣统《齐东县乡土志》，台北，成文出版社，1968年影印本，第93页。

④ 乾隆《嵩县志》，第289页。

⑤ 参见许檀《清代河南的商业重镇周口——明清时期河南商业城镇的个案考察》，《中国史研究》2003年第1期，第143页；《清代河南朱仙镇的商业——以山陕会馆碑刻资料为中心的考察》，《史学月刊》2005年第6期，第100页；《清代河南赊旗镇的商业——基于山陕会馆碑刻资料的考察》，《历史研究》2004年第2期，第56页；《清代河南的北舞渡镇——以山陕会馆碑刻资料为中心的考察》，《清史研究》2004年第1期，第66页；《清代河南西部的商业重镇荆子关——以山陕会馆碑刻资料为中心的考察》，《天津师范大学学报》（社会科学版）2009年第5期，第52页；《清代山东周村镇的商业》，《史学月刊》2007年第8期，第103页。

⑥ 详见本章第2节。

费孝通在考察小城镇时，曾将行政地位视为重要因素。邓亦兵在定义清代市镇时也将是否有派驻市镇的机构和官员作为区分大市镇和中、小市镇的重要条件。张海英在谈到明清江南市镇的行政管理时曾指出："由于市镇本身日益重要的经济地位，官方不能漠视其管理上的困境。于是政府不得不打破原有的'府—县—镇—乡、都、图'的传统行政层级模式，在一些比较大的市镇直接设立府、县级别的官员予以管理。"[①] 由此可见，清末以前的集镇在行政层级上已有分化。在同一时期的华北，驻扎在集镇的官员主要包括府的同知、通判，直隶州的州同、州判，县的县丞、主簿、巡检、驿丞等。其中，府同知为正五品官，通判为正六品官，州同为从六品官，州判为从七品官，由于品级较高，同知、通判、州同、州判等官仅驻少数规模较大、地位较为重要的集镇。县丞为正八品官，主簿为正九品官，主要驻在各县重要集镇。[②]

综合以上三个方面的考察可知，具有中转市场职能的集镇，商号和铺户较多，驻官级别比较高；具有基层市场职能的集镇商号或铺户数量较少，驻官级别也比较低。这表明，清末以前华北集镇已具有一定的层级性。

二　集镇的数量与规模

集市和集镇的数量分析是集镇研究中的一项重要内容。以往研究主要以地方志等史料为基础，对冀鲁豫晋等省集市和集镇数量做出估算。下文的讨论亦循此思路展开。

在关于1937年前华北集市数量的研究中，日本学者加藤繁的《清代村镇的定期市》一文发表较早。加藤氏一方面指出："州县志所收的集市之数，大体上是指该州县的集市全部，然其中如寒村僻落的小集市必有所省略，故欲依据各州县志的记载以精密比较集市之多少，实难做到，然大体则可窥见。再，各州县志中集市的记事，根据纂修时的现状以订正旧志的记载的虽多，其中专依旧志的记述而完全不问现在的情形者也必不免，是以见于前后二三志的同一州县集市之数，未必能精确地表示

① 张海英：《明清江南市镇的行政管理》，《学术月刊》2008年第7期，第133页。

② 详见本书第6章第1节。

其发展的情况，然多数仍是不会妨碍其表示大体的趋势的。”① 另一方面又将地方志分为康熙乾隆志、嘉庆道光志、咸丰以后志三个时期，对直隶、山东、山西、河南等省各州县集市数量进行统计分析。② 此后，中国学者王庆成、许檀等也统计和分析了华北集市的数量。王氏将有清一代划分为顺康雍、乾嘉道、咸同光宣三个时期，分别对直隶和山东两省诸州县集市数量进行了统计分析。③ 许氏等人将明清时期划分为明代（嘉靖至万历）、清初（顺治至雍正）、清中叶（乾隆至道光）、清末（咸丰至宣统）四个时期，对各省区集市发展状况进行了统计分析。其中关于直隶、山东两省者如表 1－1 所示。

表 1－1　明清时期直隶、山东两省部分州县集市数量统计情况

省区	明代（嘉靖至万历）		清初（顺治至雍正）		清中叶（乾隆至道光）		清末（咸丰至宣统）	
	州县数	集市数	州县数	集市数	州县数	集市数	州县数	集市数
直隶	14	132	52	527	49	637	59	826
山东	42	704	64	1126	74	1580	56	1555

资料来源：方行、经君健、魏金玉主编《中国经济通史》清代卷中册，第 778 页。

依据表 1－1 的统计，该书著者分别计算出四个时期直隶、山东两省平均每州县集市数，进而估算了两省不同时期集市总数，如表 1－2 所示。

表 1－2　明清时期直隶和山东两省集市数量估算情况

省区	省区州县总数	全省集市数			
		明代	清初	清中叶	清末
直隶	130	1222	1313	1690	1820
山东	107	1747	1830	2290	2975

资料来源：方行、经君健、魏金玉主编《中国经济通史》清代卷中册，第 799 页。

---

① 加藤繁：《清代村镇的定期市》，王兴瑞译，《食货》第 5 卷第 1 期，1937 年 1 月，第 45 页。

② 加藤繁：《清代村镇的定期市》，王兴瑞译，《食货》第 5 卷第 1 期，1937 年 1 月，第 45—47 页。

③ 王庆成：《晚清华北定期集市数的增长及对其意义之一解》，《近代史研究》2005 年第 6 期，第 6—13 页。

学者龚关沿袭了吉尔伯特·罗兹曼的方法，将明、清两代分为五个时段，分别对山西、河北、山东三省集市数量进行了统计和估算，如表1－3、表1－4所示。①

表1－3　明清至民国时期河北省集市统计

<table>
<tr><td colspan="2"></td><td>1550—1734年</td><td>1736—1795年</td><td>1796—1861年</td><td>1862—1911年</td><td>1912—1937年</td></tr>
<tr><td rowspan="3">已搜集到资料的县的情况</td><td>县数</td><td>79</td><td>56</td><td>20</td><td>76</td><td>53</td></tr>
<tr><td>集市数</td><td>730</td><td>678</td><td>256</td><td>1088</td><td>1081</td></tr>
<tr><td>平均每县集市数</td><td>9.24*</td><td>12.1</td><td>12.8</td><td>14.3</td><td>20.4</td></tr>
<tr><td colspan="2">省辖县数</td><td>130</td><td>130</td><td>130</td><td>130</td><td>130</td></tr>
<tr><td colspan="2">推算集市数</td><td>1201*</td><td>1573</td><td>1664</td><td>1861</td><td>2652</td></tr>
</table>

注：带*数字在原文献中分别为9.6和1248，似有误，本书采用重新计算后的数字；原文献无1735年数据，此处照原文献录入。

资料来源：Gilbert Rozman, *Population and Marketing Settlements in Ch'ing China*，转引自龚关《明清至民国时期华北集市的数量分析》，《中国社会经济史研究》1999年第3期，第24页。

表1－4　明清至民国时期华北地区集市数量统计

	1550—1734年	1736—1795年	1796—1861年	1862—1911年	1912—1937年
山西	599	700	743	805	840
河北	1201*	1573	1664	1861	2652
山东	1466	2076	2408	3125	4130

带*数字原文献中为1248，似有误，本书采用重新计算后的数字。

资料来源：龚关《明清至民国时期华北集市的数量分析》，《中国社会经济史研究》1999年第3期，第25页。

与对集市数量的统计分析相比，关于集镇数量的统计分析较少。其中，从翰香等人在《近代冀鲁豫乡村》一书中，分别依据《河北省各县概况一览》（1934年版）、《中国实业志》山东省（1934年版）和《中

① 龚氏原文分别对山西、山东、河北三省集市数量进行了统计和估算，为展示其统计和估算方法并节省篇幅，本书采用了其中两表。

华民国统计提要》表 20《河南各县自治施行》并参考《中华民国省区全志》、《大中华河南省地理志》等，对 20 世纪 30 年代冀鲁豫三省集镇数做了迄今为止最为全面和准确的统计，“根据已有资料的不完全统计，全地区比较重要的集镇大约有 2248 个”①。

另一学者慈鸿飞依据相关资料对 19 世纪下半叶河北和山东两省镇、集数量做了估算，如表 1－5 所示。

表 1－5　河北和山东两省 19 世纪下半叶镇、集数量估算情况

		河北	山东
已搜集到资料的县的情况	县城	23	107
	镇	34	110
	集（市、墟、场）	294	1933
	镇集合计（包括县城）	351	2150
	平均每县拥有镇集数	15.26	20.1
省辖县数		117	107
推算出的每省拥有镇集数（包括县城）		1785	2150

资料来源：慈鸿飞《近代中国镇、集发展的数量分析》，《中国社会科学》1996 年第 2 期，第 34 页。

依笔者浅见，从氏等人的研究至少有以下启示意义：一是进行统计时采用相对统一的口径，如始终以“重要市镇”为统计对象；二是依据相对完备的统计资料，如《山东各县乡土调查录》、《河北省各县概况一览》（1934）等，个别县份数据缺失时以其他资料补入；三是依据不同资料的特点，采用不同的统计方法，如河北、山东两省重要集镇数为统计所得，河南省为折算所得等。

对照地方志等史料的记载可知，晚清时期华北部分县份的集镇数量已超出了从氏等人所依据的《河北省各县概况一览》（1934 年版）中所载的数量，例如，《河北省各县概况一览》（1934 年版）载滦县集镇仅有开平、稻地、倴城、榛子 4 个。但《北宁铁路沿线经济调查报告》记载：“县境有大镇四，重要小镇十二，全县商业即分布于各镇内。”②《河北省

① 从翰香主编《近代冀鲁豫乡村》，第 123 页。

② 《北宁铁路沿线经济调查报告》，第 1444 页。

各县概况一览》（1934 年版）载，丰润县集镇有丰台、河头、开平、宣庄、胥各庄、左家坞、新军屯 7 个（本城除外）；《北宁铁路沿线经济调查报告》中则有胥各庄、开平、小集、老庄子、韩城、左家坞、丰台、沙流河、新军屯、宣庄、河头等 11 个。《河北省各县概况一览》（1934 年版）载临榆县集镇有石门寨、驻操营、蔡各庄、北戴河 4 个（山海关城除外）；《北宁铁路沿线经济调查报告》则将秦皇岛视为重要集镇，二者并不一致。《河北省各县概况一览》（1934 年版）载武清县集镇有杨村、蔡村、河北（西）务 3 个，《北宁铁路沿线经济调查报告》载有河西务、杨村、黄花店、蔡村 4 个。与从氏等人不同，慈氏的估算包含普通集（市、墟、场）在内，因而难免有偏多之嫌。有鉴于此，这里将借鉴罗兹曼、龚关、慈鸿飞等人的估算方法，以地方志为主要史料，以前文提及的“称镇有集”、“驻官有集”、“商业较盛”、“居民较多有集”（人口数多在 1000 以上）、“有固定店铺和集市”、“大集”（元氏县宋曹村等）、“重要”等 7 个关键词为认定标准，对 1911 年前河北、山东、河南三省集镇数量进行估算。

由于河北省铁路运输业兴起于 1881 年，因此下文对于该省 1911 年前集镇数量的估算包含 1821—1880 年和 1881—1911 年两个时段，具体如表 1－6 所示。

表 1－6　1821—1911 年河北省集镇数量估算情况

			1821—1880 年	1881—1911 年
已搜集到资料的县的情况	集镇数	沿*	138	168
		非	142	116
	县数	沿	32	30
		非	44	31
	县均集镇数	沿	4.31	5.60
		非	3.22	3.74
省辖县数		沿	46**	46
		非	84	84
		合计	130	130

续表

		1821—1880 年	1881—1911 年
推定集镇总数	沿	198	258
	非	270	314
	合计	468（479）***	572（605）

注：* “沿”指日后有铁路通过和设站的县份，“非”指日后无铁路通过和设站的县份。

** 由于铁路支线修筑和延伸、车站存废等情形的存在，相关资料记载中的铁路通过和设站县份不尽一致，本书中冀鲁豫三省铁路通过和设站县份，系综合相关资料记载而来，因此难免会与某些记载有不一致之处。

*** 括号外数字 468 = 198 + 270，括号中数字 479 =（138 + 142）/（32 + 44）×130。下同。

资料来源：张玮、熊亚平《华北农村市场体系的过渡：以河北省为例（1736—1937）》，未刊稿。

由于胶济铁路 1904 年才建成通车，因此下文仅对山东省 1911 年前集镇数量做出估算。

表 1-7　1911 年前山东省集镇数量估算情况

		沿	非	合计
已搜集到资料的县的情况	集镇数	72	230	302
	县数	12	46	58
	县均集镇数	6.00	5.00	5.50（5.21）*
省辖县数		28	80	108
推定集镇总数		168	400	568（594，563）**

注：* 括号外数字 5.50 =（6.00 + 5.00）/2，括号中数字 5.21 =（72 + 230）/（12 + 46）。下同。

** 括号外数字 568 = 168 + 400，括号内前数 594 = 5.50 × 108，后数 563 = 5.21 × 108。

资料来源：据各县地方志并参照《清史稿·地理志》等统计。

由于经过河南省的京汉铁路 1906 年才全线通车，汴洛铁路 1909 年才建成通车，因此下文亦仅对该省 1911 年前集镇数量做出估算。

表 1-8　1911 年前河南省集镇数量估算情况

		沿	非	合计
已搜集到资料的县的情况	集镇数	132	137	269
	县数	25	37	62
	县均集镇数	5.28	3.70	4.49（4.34）

续表

	沿	非	合计
省辖县数	41	70	111
推定集镇总数	216	259	475（498，482）

资料来源：据各县地方志并参照《清史稿·地理志》等统计。

关于表1-6、表1-7、表1-8的估算，有以下几点需要特别说明：（1）鉴于地方志纂修、刊刻中大量存在引旧志等现象，本书除了以晚清时期纂修、刊刻的地方志为主外，还采用了一部分1840年以前和民国初年纂修、刊刻的地方志中关于集镇的记载，如道光十八年刊刻的河南省《伊阳县志》，1914年刊刻的河南省《新安县志》等；（2）在统计中，严格按照7个关键词区分集镇与非集镇，如道光十八年《伊阳县志》载该县有镇40余处，集市16处，经查对，符合7个关键词者为11处，故该县集镇数计为11个；（3）部分县份集镇数据系由《清史稿·地理志》所载镇名与晚清时期县志相互对照而得，即《清史稿·地理志》记载为镇或有驻官，县志记载有集者为集镇；（4）在1911年前编辑出版的《乡土志》中，普遍有关于“市镇”的记载，但对照相关地方志可知，其所谓的“市镇”中有相当一部分实为普通集市，故本书依据7个关键词对普通集市予以剔除；（5）部分地方志虽然出版于民国时期，尤其集中于1927—1937年，但关于集镇的记载有追溯性说明，故本书亦将其作为确认该县清末时期集镇的依据，如民国河南《许昌县志》、《偃师乡土地理志略》等；（6）由于河北省辖130县，山东省辖108县，河南省辖111县的情况在“19世纪中叶至20世纪30年代，一个世纪左右的时间里，大体如此，变化甚微”①，因此上述三个表中冀鲁豫三省所辖总县数与1937年前保持一致，以便于后文进行比较分析。

根据上述的估算结果可知，1937年前河北省有铁路通过和设站的46个县中，1821—1880年约有集镇198个，1881—1911年约有集镇258个；其他县份分别约有集镇270个和314个。山东省有铁路通过和设站的28个县份中约有集镇168个；其他县份约有集镇400个。河南省有铁

① 从翰香主编《近代冀鲁豫乡村》，第122页。

路通过和设站的41个县份中，在1911年前约有集镇216个；其他县份约有集镇259个。三省1937年前有铁路通过和设站的县份中，在1911年以前共有集镇640余个，其他县份有集镇970余个。依此估算，三省1911年前集镇总数应在1600个以上。

由于设站集镇和临近车站的集镇中的大多数分布于有铁路通过和设站的县份，因此表1－6至表1－8应能够大致反映出这两类集镇在1911年前的数量。

集镇规模是体现集镇发展状况的又一个重要方面。许檀教授在研究明清时期商业城镇时曾指出：“由于资料的匮乏，古代商业城镇研究中商业规模的估算十分困难。而对中等商业城镇的研究，困难就更为突出。因为这些城镇一则非国家税关之所在，无税收档案可资查阅；二则非通都大邑之所在，地方文献（如府志、州县志等）大多语焉不详，很少能有较为具体翔实的记载。”① 有鉴于此，许氏转而以商人会馆碑刻为主要资料，分别对明清时期周家口、北舞渡、赊旗、朱仙、周村、荆子关等重镇的商业发展进行了考察。② 中等商业城镇尚且如此，关于普通集镇商况的具体记载更加匮乏。因此下文将在整理相关史料及研究成果中关于华北地区1911年前集镇规模的有限记载的基础上，从铺户数量和人口数量两方面，③ 考察这一时期华北集镇的规模。

为方便后文的进一步讨论，这里首先将相关史料及研究成果综合整理成表1－9。

---

① 许檀：《清代河南的商业重镇周口——明清时期河南商业城镇的个案考察》，《中国史研究》2003年第1期，第131页。

② 许檀：《清代河南的商业重镇周口——明清时期河南商业城镇的个案考察》，《中国史研究》2003年第1期，第131—143页；《清代河南的北舞渡镇——以山陕会馆碑刻资料为中心的考察》，《清史研究》2004年第1期，第66—75页；《清代河南赊旗镇的商业——基于山陕会馆碑刻资料的考察》，《历史研究》2004年第2期，第56—67页；《清代河南朱仙镇的商业——以山陕会馆碑刻资料为中心的考察》，《史学月刊》2005年第6期，第93—100、128页；《清代山东周村镇的商业》，《史学月刊》2007年第8期，第103—108页；《清代河南西部的商业重镇荆子关——以山陕会馆碑刻资料为中心的考察》，《天津师范大学学报》（社会科学版）2009年第5期，第52—56页。

③ 设于集镇的集市涵盖范围、赶集人数、交易规模等，亦能从一个方面反映出集镇的规模，但由于缺乏比较可靠的统计数据，本书暂不对其进行讨论。

表 1－9　华北地区晚清至民国初年部分集镇规模概况

<table>
<tr><th>省份</th><th>县份</th><th>集镇名称</th><th>规模概况</th><th>资料来源</th></tr>
<tr><td rowspan="19">河北</td><td rowspan="4">滦州</td><td>倴城镇</td><td>市廛齐整，商贾富庶；人口 235 户，2159 人</td><td rowspan="4">光绪《滦州志》，台北，成文出版社，1969 年影印本</td></tr>
<tr><td>开平镇</td><td>西达天津，北通口外，商贾辐辏，财物丰盈；人口 355 户，2903 人</td></tr>
<tr><td>榛子镇</td><td>畿东巨镇，三省通衢，东、西门三重，市肆民居环列；人口 71 户，514 人</td></tr>
<tr><td>稻地镇</td><td>廛肆鳞次，商贾繁富，土沃民殷；人口 450 户，4807 人</td></tr>
<tr><td rowspan="3">顺义</td><td>杨各庄</td><td>廛庐杂稠，百货骈集，轮蹄辐辏，烟火千家；在清庚子以前，商业最为繁盛，计有当铺 3 家、烧锅 7 家，粮行 10 余家</td><td rowspan="2">康熙《顺义县志》卷 2《形胜》；《北宁铁路沿线经济调查报告》</td></tr>
<tr><td>牛栏山</td><td>市廛铺店亦数百家；在清末民初时，全镇商业状况甚佳</td></tr>
<tr><td>李遂店</td><td>市廛铺店亦与牛栏山等俱同</td><td>康熙《顺义县志》卷 2《形胜》</td></tr>
<tr><td>永清</td><td>韩村镇</td><td>昔日极为繁盛</td><td rowspan="2">《北宁铁路沿线经济调查报告》</td></tr>
<tr><td></td><td>信安镇</td><td>昔日为本县要镇之一，屙受匪患蹂躏，苛杂剥削，一蹶不振矣</td></tr>
<tr><td>大兴</td><td>采育</td><td>居民数千家，为畿辅首镇</td><td>《嘉庆重修一统志》，中华书局，1986 年影印本</td></tr>
<tr><td>通州</td><td>张家湾镇</td><td>为南北水陆要会，官船、客船骈集于此，最称繁盛</td><td rowspan="2">光绪《畿辅通志》，《续修四库全书》，上海古籍出版社，1995 年影印本</td></tr>
<tr><td rowspan="3">武清</td><td>河西务</td><td>漕渠之咽喉也，旅店丛集，居积百货，为京东第一镇</td></tr>
<tr><td>杨村</td><td>因码头而发达，商业繁盛；1500 户</td><td>《1917 年度（第 11 次）调查报告书》、《1918 年度（第 12 次）调查报告书》，冯天瑜、刘柏林、李少军选编《东亚同文书院中国调查资料选译》下册</td></tr>
<tr><td>黄花店</td><td>民国 10 年以前，本镇为粮食集处，有粮店百余家，运销关外，及平汉、津浦沿线各地</td><td rowspan="4">《北宁铁路沿线经济调查报告》</td></tr>
<tr><td>香河</td><td>刘宋镇</td><td>在民国 15 年前商业颇盛，为本县各镇之冠</td></tr>
<tr><td>蓟县</td><td>邦均镇</td><td>民国 10 年前，地方商业甚为发达</td></tr>
<tr><td>抚宁</td><td>抬头营</td><td>昔为冀北热蒙通商要镇，市廛繁盛，冠于全县</td></tr>
</table>

续表

省份	县份	集镇名称	规模概况	资料来源
	天津	杨柳青	位于运河左岸，有4000余户、2万人口，商业兴盛	《1918年度（第12次）调查报告书》，冯天瑜、刘柏林、李少军选编《东亚同文书院中国调查资料选译》下册
	静海	独流	在运河右岸，有3000户、约15000人口，商业兴盛	
		唐官屯	位于运河右岸，约有2000户，商业繁盛，码头良好	
	青县	兴济镇	为青县境内最繁盛之地；街市沿运河发展	《直隶青县之经济状况》，《中外经济周刊》第220期，1927年7月
		杜林镇	近年益发达	林传甲：《大中华直隶省地理志》
		砖河镇		
	玉田	林南仓	市况殷繁	
	任丘	鄚市镇	商业冠全县，居民三千，粮食牲口市并盛	
		长丰镇	千家之集	
		公堡镇		
		新中驿镇		
		青塔镇		
	交河	富庄驿	昔为京师南过阜城、景县，通山东官道，商业已衰	
	宁津	柴胡镇	为县东巨埠，百货云集，东通杨盘镇出无棣，南通张家集出德平，至今商贩尚盛	
	大城	王池口	地滨子牙河，距天津70里，商业冠于全县	
	新镇	张青口	峙众流之中，舟船往来所必经，商贾辏集，最为繁盛	
	清苑	张登店	昔为赴望都要道，今铁路不经，商况减色	
	新城	白沟镇	市廛之盛，冠于各镇	
	博野	永安镇	在县南，唐水之阳，地方较繁盛	
	衡水	巨鹿	商业发皇，比于县城	
	大名	金滩镇	滨御河以建商埠，其繁盛尤堪为全区诸镇之冠	民国《大名县志》，台北，成文出版社，1968年影印本
	文安	胜芳	居民万余家，贸易时舳舻千计	光绪《畿辅通志》，《续修四库全书》
		苏桥	镇当水陆之冲，货物云集	
	景州	刘智庙*	南北孔道，商旅辏集	

续表

省份	县份	集镇名称	规模概况	资料来源
	晋县	南故底	旧为四大镇之一，嗣以商业日就衰颓，仅余盐店一处	《冀察调查统计丛刊》第1卷第3期，1936年；第2卷第6期，1937年
	南宫	寻寨镇	有集市，有寨墙，在清末民初，商业繁盛，甲于南宫，后因土钞及时局影响，商业一蹶不振，唯牲畜市素著名，临封各县多往该镇买卖牲口，至今不衰	
	东光	连镇	约有1500户，商业较繁荣，码头良好，是地方物资的集散地	《1918年度（第12次）调查报告书》，冯天瑜、刘柏林、李少军选编《东亚同文书院中国调查资料选译》下册
		下口镇	卫河所经，商旅辏集	《嘉庆重修一统志》
		马头镇		
	宁河	芦台	生意唯视河路码头为盛衰，近因船户凋零，铺商半皆失业	光绪《宁河县乡土志》，《乡土志抄稿本选编》第1册
	磁州	彭城镇	居民殷盛，善陶冶，州判、千总驻焉	光绪《畿辅通志》，《续修四库全书》
	武强	小范镇	镇滨西河，商民辏集	
	永年	临洺关	水陆辐辏	林传甲：《大中华直隶省地理志》
	藁城	丽阳镇	近数十年来集市日盛，遂为西南巨镇，居民约300户，贸易以棉花、蔬菜及日用品为大宗	民国《藁城县乡土地理》，台北，成文出版社，1968年影印本
	南皮	泊头	东西两岸殷实商号不下千余家；运河西岸有城，商贾环集	民国《南皮县志》；民国《交河县志》，台北，成文出版社，1969年影印本
	新河	西流集	居民数百家，县境诸集，以此为最	《嘉庆重修一统志》
	束鹿	辛集	一名廉官店，称邑巨镇，绵亘五六里，货广人稠，坐贾行商，往来如织，虽居偏壤，不减通都云	民国《束鹿县志（五志合刊）》
		和睦井	坐城正北，赴省通衢，人烟辐辏，百物杂陈，而布市排积如山，商贾尤为云集	

续表

省份	县份	集镇名称	规模概况	资料来源
		智伯镇	为骡马买卖之场	林传甲：《大中华直隶省地理志》
		位伯	为棉花输出地，每集市数百里	
		旧城	地处要冲；民众商盛	
	深泽	小章镇	东通深县，西通晋县，南通束鹿，地方益盛	
	枣强	流常镇	居民千家，杂货店甚繁盛	
		卷子	商贾所萃	
		恩察	十余年前，恩察之繁盛，实远胜于大营	《德南长途汽车路沿线经济近况》，《中外经济周刊》第228期，1927年9月
	武邑	龙店镇	为北赴武强要道，且滨临衡水下游，商船鳞集	林传甲：《大中华直隶省地理志》
	宁晋	白木村	亦跨釜阳河，昔年附近各县盐多由此起载，市廛颇盛	
	阜平	王快镇	其地居民繁衍，贸易凑集，为县重地	乾隆《正定府志》卷19《关隘》，《中国地方志集成·河北府县志辑》第1册
	故城	郑家口	滨临卫河，为南北水陆要冲，居民稠密，贾肆繁多；自咸丰初年，漕运暂停，商贩渐形萧索，而朝烟暮火，风景犹存	光绪《续修故城县志》卷2《关隘》，《中国地方志集成·河北府县志辑》第54册
		四女寺	河南人烟凑集，属山东恩县，河西半村属故城	
山东	长山	周村	为全省著名大埠，繁盛过于县城；清光绪三十年时，工商业发达至于极点；“驾乎省垣而上之”	林传甲：《大中华山东省地理志》，武学书馆，1920；《胶济铁路沿线经济调查报告》分编五长山县
	历城	洛口	旧名堰头镇，市面殷盛	林传甲：《大中华山东省地理志》
	嘉祥	遂山里	市集颇繁盛	
	章丘	普集	昔日为东西往来孔道，商业繁盛，自铁路通行以后，稍见衰替	《胶济铁路沿线经济调查报告》分编五章丘县
		旧军镇	商业皆殷实	林传甲：《大中华山东省地理志》
		张家林		

续表

省份	县份	集镇名称	规模概况	资料来源
	桓台	索镇	青岛未辟港时，外来货多由烟台以海轮运至羊角沟，复换装河船，经小清河、乌河而来索镇，然后分销远近。该时商业之盛，数倍今日	《胶济铁路沿线经济调查报告》分编四桓台县
		张店镇	为一小乡镇，素日甚冷落，二七日有集市，颇繁盛	
	莱芜	口子镇	较大商号，多集于此镇，惜民国14年，曾遭驻军蹂躏，抵今尚未恢复旧观	《胶济铁路沿线经济调查报告》分编五莱芜县
	齐河	伦镇	昔日商业甚盛，为本县最大一市镇	《胶济铁路沿线经济调查报告》分编六齐河县
	寿光	羊角沟	街衢袤延，万瓦鳞萃，稗贩往来，百货交集，沿岸舟楫栉比林立，十余里不绝	光绪《寿光县乡土志》，《乡土志抄稿本选编》第3册
		侯镇	地踞海滨，东西通衢，鱼盐之利，所汇烟火万家，是为商渊	嘉庆《寿光县志》卷3
	东阿	安平镇	夹河而聚，枕寿张阳谷之境，三县之民，五方之商贾，辐辏并至，列肆河上	道光《东阿县志》，台北，成文出版社，1976年影印本
		王古店	东平道上中顿也，界东平、东阿之间，田土膏沃，民居稠密，每逢四九日集期	
	清河	油坊（油房）	市面较为繁盛，有1300户人家	《1918年度（第12次）调查报告书》，冯天瑜、刘柏林、李少军选编《东亚同文书院中国调查资料选译》下册
	齐东	长福镇	商贾群萃，贸易隆盛，遂成邑之巨镇	宣统《齐东县乡土志》，台北，成文出版社，1968年影印本
		归苏镇	最为冲要，商业殷盛	林传甲：《大中华山东省地理志》
		张虎镇	均为村民交易之处	
		曹务镇		
		临河镇		
		刘家镇		
		石店镇		
		双堂庙镇		
		大圣寺镇		

续表

省份	县份	集镇名称	规模概况	资料来源
	济阳	仁风镇	并为村民交易之所	
		回河镇		
		孙耿镇		
		下口镇		
	长清	许家寺	届期百货为之俱全，贸易兴盛	民国《长清县志》卷2，台北，成文出版社，1968年影印本
		赵官镇	在黄河之西，富庶为各镇之冠	林传甲：《大中华山东省地理志》
	泰安	大汶口	交通便利，商业发达	
	峄县	台儿庄	户口繁多，商务较盛	光绪《峄县乡土志》（重镇），台北，成文出版社，1968年影印本
		枣庄		
		韩庄		
	德州	桑园镇	东接乐陵，西接直隶献县衡水，商业亚于县城；昔年商业颇属繁盛，近亦日见萧条	林传甲：《大中华山东省地理志》；民国《德县志》卷13，台北，成文出版社，1968年影印本
	肥城	屯头集	为大市场	光绪《肥城县乡土志》，台北，成文出版社，1968年影印本
		演马庄	商务繁盛，为最大市场	
		衡鱼集	商贾云集，亦大市场也	
		王瓜店	市面繁盛，商贾云集	
		张家店	东西孔道，商贾辐辏	
		栾湾集	贸易繁盛	
		孝里铺	一大市场	
		安宁站	夙为冠盖往来所驻，今犹为县南大镇	
	惠民	王判镇	商号较多	林传甲：《大中华山东省地理志》
	无棣	分水镇	金元时已繁盛	
	利津	丰国镇	明置巡司，海滨地益拓，此镇益繁盛	
	青城	田镇	与高苑县接界；地方富庶，为全县之冠	
	济宁	安居镇	商务繁盛；亦因临运河而发达	
		兴文镇	商务繁盛	
	宁阳	南驿	县东第一大镇，因驿路进于铁路，益加繁盛	
	泗水	柘沟镇	商务颇发达	
		西岩店		

续表

省份	县份	集镇名称	规模概况	资料来源
	汶上	袁口镇	汶水入运河处，控扼航路，帆樯所萃	
		程村	为赴济宁大道，陆路要冲，亦颇繁盛	
		南旺	分水之脊；交易繁盛	
		开河	西南水驿；交易繁盛	
		沙河镇	西北要道；交易繁盛	
		马庄	为东南之冲；交易繁盛	
	郯城	磨山镇	昔为第一大镇，近代颇萧条	
		马头镇	较为繁盛	
		大兴镇	较为繁盛	
		重坊镇	为赴峄县大道，陆行二日可附入铁路；较为繁盛	
		红花埠	地当陆路要冲；较为繁盛	
		大李庄	较为繁盛	
	蒙阴	坦埠	为赴临沂大道；为梓水与鹿川水合流之地，商业为腹地精华	
	曹县	仲堤圈	南距归德车站，只75里，市面颇繁盛	
	单县	黄岗集	界于河南，商况最盛	
		终兴集	界于江苏，市况亦盛	
		三家河	昔盛今衰	
		杜家店		
		刘家店		
	聊城	沙镇	居民最多，商业亦巨	
		周家店	滨运河而发达较早	
		李家务		
	堂邑	辛集镇	地方富庶，商况冠于全县	
		梁家浅	滨于运河，昔盛今衰	
	馆陶	官庄	镇市发达，为各镇之冠	
	高唐	尹家集	为县境交易繁盛要市	
		南镇	商务并盛	
		北镇		
		涸河镇		
		夹滩镇		
		梁村镇		

续表

省份	县份	集镇名称	规模概况	资料来源
	临清	尖冢镇	地方殷富，冠于各镇	
	夏津	辛盛店	地方皆殷庶，商业亦发达	
		银子王庄		
	丘县	马头镇	北接威县，西接曲周，地当要冲，商业繁盛	
		贺钊镇	市况发达	
	平原	水务镇	商业稍欠繁盛	
		腰站	北至恩县，南至高唐，旧当要冲，市集尤盛	
	陵县	神头镇	德平邮路所经；今市集最盛	
		盘河镇	亦有市集	
	临邑	夏口镇	为全县贸易重镇	
	朝城	张鲁集	近于莘县，商业颇盛	
	范县	旧范县	街市繁盛，商业冠于全县	
	招远	杜家集	接近黄县，地当要冲，出口货所萃	
	文登	汪疃集	为赴威海卫要冲，商务发达	
	掖县	朱桥镇	皆因交通便利，商业较前发达	
		沙河镇		
		虎头崖		
		西繇镇		
	平度	亭口镇	为胶莱河所经，繁盛	
		麻岚镇	皆称繁盛	
		古现（县）镇		
	昌邑	夏店	商况亦堪鼎列	
		石埠	市集兴盛	
		饮马		
		北孟		
	胶州	逄猛镇	昔盛今衰	
		塔埠头	位于胶莱河口，曩昔为贸易商港；自青岛开埠以后，斯地商业，遂渐渐衰落	《胶济铁路沿线经济调查报告》分编三胶州
	益都	谭家坊	在昔为一盐庄，地居驿路要冲，商业尚称发达	《胶济铁路沿线经济调查报告》分编四益都县

续表

省份	县份	集镇名称	规模概况	资料来源
		金岭镇	邑中一较大市镇也，昔时有盐商，亦邑中盐庄之一	
	临淄	淄河店	胶济未通车以前，淄河店之商情，固盛于辛店，辛店既兴，淄河店反形冷落	
	高密	双羊店	市集颇盛	林传甲：《大中华山东省地理志》
		景芝镇	为省东著名大镇	
	即墨	城阳驿	商务为全县之冠	
	广饶	利城镇	与兴福镇、索镇，联络桓台，市集并盛	
	武城	甲马营	系本境水陆马头；当南漕未裁以前，商贾往来，生意甚畅，今则稍差	民国《武城县乡土志略》
		饶阳店	前代极称富庶，为本境著名集镇，今则稍差	
	东平	沙河站	地当要冲，商业较盛	林传甲：《大中华山东省地理志》
		靳家口	约有700户，人口约为3500，跨运河东西两岸，商业虽有可观之处，但似乎随着水运衰落而逐渐失去繁荣景象	《1920年度（第13次）调查报告书》，冯天瑜、刘柏林、李少军选编《东亚同文书院中国调查资料选译》下册
		安山	在昔漕运畅行之时……往来商船概以安山镇为中枢总汇之区，当时安山一镇，粮行营业至数十家之多	民国《东平县志》卷3，台北，成文出版社，1968年影印本
	冠县	清水堡	城内居民素繁，且通道，每以二五八十为集，贸易货物	道光《冠县县志》，台北，成文出版社，1968年影印本
		贾镇	本镇开集以每旬四九日为货市，视清水远逊焉	
	祥符	朱仙镇	天下四大镇之一也，食货富于南而输于北	光绪《祥符县志》
	商水	周口	旧在沙河南岸，仅有子午街一道，居民数家，国朝治平百年以来，人烟丛杂，街道纵横延及淮宁境，接连永宁集，周围十余里，三面夹河，舟车辐辏，烟火万家	民国《商水县志》卷5，台北，成文出版社，1975年影印本
		永宁集	依寨结庐，东西五里，南北二里，商贾辐辏，称巨镇云，双日集	

续表

省份	县份	集镇名称	规模概况	资料来源
	舞阳	北舞渡	清代中叶的鼎盛时期，贸易于此的各类商号合计当可达四五百家	许檀：《清代河南的北舞渡镇——以山陕会馆碑刻资料为中心的考察》，《清史研究》2004年第1期
		武功镇	皆一方之大市	林传甲：《大中华河南省地理志》
		卸店镇		
	浚县	道口	人口约4000，贸易兴盛，是天津与河南之间贸易的重要市镇；街上铺户千家，聚居人口5000以上	《1918年度（第12次）调查报告书》，冯天瑜、刘柏林、李少军选编《东亚同文书院中国调查资料选译》下册；林传甲：《大中华河南省地理志》
	滑县	牛市屯	当封丘大道，集镇之大者	林传甲：《大中华河南省地理志》
		白道口	均为濮阳道上市	
		中召集		
		留固	为东明道上大市	
		高平集		
		老岸		
		桑树集		
	沁阳	清化镇	自清化日盛，（县城）商务多为所夺	
	许昌	帐地镇	当许新大道之要冲，商贾云集，行旅不绝	民国《许昌县志》，台北，成文出版社，1968年影印本
		泉店镇	为许禹大道之要冲，商贾云集，发庄林立，诚许西之重镇也	
		张潘镇	商业繁盛，故列许四镇之一	
		繁城镇	商业发展以辫庄为大宗，为许之重镇，南区之大集也	
		石固镇	商贾云集，为许四镇之一，川楚向北京大道经其中	
		许田镇	长鄢大道及东西便道俱经此，他日商务必发达	
		小赵镇	当开许大道之要冲，为许四镇之一，商市颇盛	
	偃师	光明镇	只商业数家；现在（20世纪30年代——引者注，下同）情形与前无别；此镇非通衢，故商业不盛	民国《偃师风土志略》（市镇表），台北，成文出版社，1968年影印本

续表

省份	县份	集镇名称	规模概况	资料来源
		同济镇	商业10余家，土产交易；现在情形与前无别；此镇较光明镇商业稍繁	
		文博镇	商业10余家；现在情形与前无别	
		顾县镇	清初设市，有碑，商业八九家；现在情形与前无别	
		营防镇	南北大路，生意八九家；现在情形与前无别	
		喂羊镇	商业八九家；现在情形与前无别	
		襄济镇	商业八九家；现在情形与前无别	
		段湾镇	商业20余家；现在情形与前无别；此镇人口之多，为全县冠	
		高龙镇	商业十一二家；现在情形与前无别	
		大口镇	商业10余家；现在情形与前无别	
		府店镇	商业二三十家，昔有山陕客商，土布不行，客商绝迹	
		扒头镇	商仅数家；现在情形与前无别	
		管毛镇	商只七八家；现在情形与前无别；单日集	
	嵩县	田湖镇	米粮聚集	乾隆《嵩县志》
		鸣皋镇	居民400余家；商贾辐辏，市廛嚣沸	
		大章镇	居民300家；地为西南山孔道，市廛较盛	
		潭头镇	由鸾川而来者，皆泊潭头，续筏东下，故商贾凑集，居民三百余家	
		合峪镇	商贾聚集，市亦渐兴矣	
		东村	数十年来，商贾聚集	
	南阳	赊旗	铺户133；以茶叶杂货过站为大宗；	光绪《南阳府南阳县户口地土物产畜牧表图说》，台北，成文出版社，1968年影印本
		瓦店	铺户31；以粮食为大宗，居民多操农业	
		三十里屯	铺户9；以粮食为大宗，居民多操农业，并无著名器物	
		新店	铺户20；以粮食为大宗，居民多操农业，并无著名器物	
		博望	铺户17；以粮食为大宗，居民多操农业，并无著名器物	

续表

省份	县份	集镇名称	规模概况	资料来源
	新蔡	李庄（家）桥	通舟楫，颇有商贾	乾隆《新蔡县志》卷2《乡镇》，台北，成文出版社，1976年影印本
		顿家冈		
		官津		
		张六庙		
		三岔口		
	桐柏	平氏镇	人烟稠密，商贾辐辏	乾隆《桐柏县志》卷3
		固县	亦皆桐邑巨镇也	
		毛家集		
		吴城		
	淅川	双和镇	丹淅二水交会处，旧颇兴盛，道光十三年被水后，市集遂衰	光绪《淅川直隶厅乡土志》，《乡土志抄稿本选编》第5册
		荆子关	水陆绾毂，商贾辐辏，繁盛甲于全境	
	鄢陵	陶城	均为巨镇	林传甲：《大中华河南省地理志》
		屯沟		
		望田		
	兰封	瓜营集	最称殷富	
		三义寨	陆粮行最为发达	
	项城	槐店镇	临沙河，商业流通；帆船往来，络绎不绝，槐店停泊尤多，商业颇为繁盛	
	沈丘	纸店集	为安徽入界第一市镇，水陆要冲	
	扶沟	吕家潭	商旅辐辏	
	临颍	繁城	市镇尚繁盛，名副其实	
	长葛	和尚桥	为本县最繁盛之地	
	武陟	宁郭	商业颇殷实	
		乔家庙		
		木栾店	为全境商业之中枢	
	安阳	丰乐镇	最为繁盛	
	临漳	柳园集	商业颇殷实	
		张村集		
		辛店集		
	内黄	楚旺镇	清咸丰初年间，汇运漕处，届今商店犹盛，因系水码头，设粮货捐官卡	

续表

省份	县份	集镇名称	规模概况	资料来源
	武安	阳邑镇	为会聚山货之总要地	
	新乡	小冀镇	商业皆殷实	
		合河镇		
	获嘉	亢村镇	皆繁盛	
		忠和镇		
		永兴镇		
		薄壁镇		
	淇县	青龙镇	铁路通而各镇减色	
		常屯镇		
		庙口镇		
		高村镇		
	延津	中安镇	商务尚称繁盛	
	阳武	太平镇	贸易颇盛	
	宜阳	铁城镇	地方繁盛	
	灵宝	虢略镇	商业繁盛，为（本县各镇）第一	
		曲沃	商业繁盛	
		川口		
		朱阳		
	阌乡	阌底镇	商务稍称繁盛	
	卢氏	范里镇	全县第一大镇，市商殷实，街道齐整，过于县城	
	鲁山	瀼河镇	均以工商致富庶	
		交口镇		
	信阳	明港	向称全县繁盛之地	
		游河镇		
		吴家店		
		平昌关		
	镇平	石佛寺	市面繁盛，过于县城	
	邓州	急滩	乡民交易之所	
	新野	沙堰镇	均为乡人交易之所	
		漂河镇		
	叶县	保安镇	颇繁盛	

续表

省份	县份	集镇名称	规模概况	资料来源
	潢川	堡子口	足称繁盛	
		中途店		
		龙港寺		

*刘智庙，亦有文献资料写为“留智庙”，除引文外，本书统一作“刘智庙”。

表1－9所列集镇共计300个，约占前文估算出的直隶、山东、河南三省集镇总数（以1600个计算）的19%。由于表中民国时期的记载多为追述，因此应能反映出清末以前三省部分集镇的商况。这300个集镇的商况大致可以划分为四类。其中，以“廛庐杂稠，百货骈集，轮蹄辐辏，烟火千家”，“居民数千家”，“千家之集”、“万瓦鳞萃”，“居民万余家”，“殷实商号不下千余家”，“绵亘五六里，货广人稠，坐贾行商，往来如织”，“驾乎省垣而上之”，“三县之民，五方之商贾，辐辏并至”为特征的工商业大镇如杨各庄、采育、青塔镇、羊角沟、胜芳、泊头、辛集、周村等，共有28个，约占9.3%；以“市肆鳞次，商贾繁富”，“商业颇盛”，“市况殷繁”，“商贾辏集”，“水陆辐辏”，“商贾所萃”，“户口繁多，商务较盛”，“巨镇”，“大市场”等为特征的集镇如开平、侨城、唐官屯、金岭镇等，共有239个，约占79.7%；以“商业稍欠繁盛”，“亦有市集”，商业数家至十余家，“现在情形与前无别”，有一定数量铺户，“以粮食为大宗，居民多操农业，并无著名器物”，“村民交易之所”等为特征的集镇共有24个，约占8%；以“昔为京师南过阜城、景县、山东官道，商业已衰”，“商业虽有可观之处，但似乎随着水运衰落而逐渐失去繁荣景象”，“昔有山陕客商，土布不行，客商绝迹”，“道光十三年被水后，市集遂衰”为特征，呈现出衰势的集镇如靳家口、府店镇、双和镇等，共有9个，约占3%。

“农村的交易活动中一方面有市集，一方面又有村镇上的铺子。这两种交易活动的机关，在满足农村消费的需要上是有相当的关系的。第一，好些市集上的摊子是由铺子发出来的，第二，在不逢集期的日期中，农民的一部分经济需要，就由铺子在辅助的地位去供给。”① 因此，铺户的

① 杨庆堃：《邹平市集之研究》，第97页。

数量应能从一个方面反映出集镇的规模。有记载表明，直隶省定州道光年间的10处集镇中，高亭有铺户22家，商人61人；大辛庄有铺户30家，铺伙130人；北高蓬镇有铺户16家；邢邑镇没有铺户；李亲顾镇有铺户14家；市庄镇有铺户11家；子位村有铺户9家；明月镇有铺户64家，铺伙250人；砖路镇没有铺户；清风镇有铺户76家，铺伙550人。① 平均每个集镇约有铺户24家。武清县光绪年间的9处集镇中，河西务有铺户107家，安平有铺户16家，黄花店有铺户18家，蔡村有铺户24家，大良有铺户4家，王庆坨有铺户10家，东杨村有铺户24家，梅厂有铺户13家，桐柏有铺户15家。② 平均每个集镇约有铺户26家。青县光绪年间的4处集镇中，流河有客店1家，兴济有客店9家，杜林有客店5家，新集有客店2家。③ 平均每个集镇仅有客店4家。深州光绪年间的12处集镇中，清辉头有客店3家，榆科有客店7家，大染庄有客店2家，焦庄有客店1家，马拦井有客店2家，大郝科有客店2家，邵甫村有客店2家，北午村有客店1家，刘家屯有客店1家，西阳台村有客店3家，西景萌村有客店3家，清河坊有客店1家。④ 平均每个集镇约有客店2家。河南省南阳县光绪年间的7处集镇中，赊旗有铺户133家，金花（华）镇有铺户5家，瓦店有铺户31家，三十里屯有铺户9家，新店有铺户20家，博望有铺户17家，青华有铺户10家。⑤ 平均每个集镇约有铺户32家。

以上集镇中既有河西务、兴济、清风店等商业较为兴盛的大镇，也有普通集镇，因此能够从一个方面反映出华北集镇的商业规模，即大多数集镇仅有数家至数十家铺户或客店，仅少数集镇的商户超过百家。

人口数量也能够从一个方面反映出集镇规模。其中，定州道光年间的10处集镇中，东亭镇有民户196户，铺户22户，人口1113人；大辛庄有民户161户，铺户30户，人口930人；北高蓬镇有民户151户，铺户16户，人口1001人；邢邑镇有民户381户，2160人；李亲顾镇有民

---

① 道光《定州志》，台北，成文出版社，1969年影印本，第548—806页。

② 光绪《武清县城乡总册》，无页码，中国国家数字图书馆数字方志库。其中蔡村铺户数为南、北蔡村合计数。

③ 王庆成：《晚清华北村镇人口》，《历史研究》2002年第6期，第6页。

④ 王庆成：《晚清华北村镇人口》，《历史研究》2002年第6期，第8页。

⑤ 光绪《南阳府南阳县户口地土物产畜牧表图说》，相关集镇。

户209户，铺户14户，人口1630人；市庄镇有民户111户，铺户11户，人口753人；明月店有民户85户，铺户64户，人口842人；清风店有民户125户，铺户76户，人口1139人；砖路镇有民户354户，1842人；子位村有民户571户，铺户9户，人口7288人。[①] 平均每个集镇约259户，1870人。武清县光绪年间的9处集镇中，河西务共有204户，约1020人；安平有134户，约670人；黄花店有285户，约1425人；蔡村有300户，约1500人；桐柏有65户，约325人；大良有73户，约365人；王庆坨有2500户，约12500人；东杨村有440户，约2200人；梅厂共有382户，约1910人。[②] 平均每个集镇约有487户，2435人。直隶省栾城县同治年间的2处集镇中，西马房营有人口206户，1251人；冶河铺有293户，1367人。[③] 平均每个集镇约有250户，1309人。青县光绪年间的4处集镇中，流河有人口165户，1069人；兴济有861户，4468人；杜林有207户，793人；新集有61户，347人。[④] 平均每个集镇约有324户，1669人。

深州光绪年间有集镇12处，平均每个集镇约有285户，1503人（见表1－10）。

表1－10　深州光绪年间集镇人口统计情况

集镇名	户数	口数	集镇名	户数	口数
清辉头	308	1656	榆科	118	778
大染庄	219	1157	焦庄	205	1159
马拦井	285	1453	大郝科	753	2531
邵甫村	208	1244	北午村	236	1400
刘家屯	147	1017	西阳台村	348	2103
西景萌村	369	2290	清河坊	225	1246
12集镇平均	285	1503			

资料来源：王庆成《晚清华北村镇人口》，《历史研究》2002年第6期，第8页。

① 光绪《定州志》，台北，成文出版社，1969年影印本，第548—806页。

② 光绪《武清县城乡总册》，其中蔡村户口数为南、北蔡村合计数。人口数以户均5人计算。

③ 同治《栾城县志》，台北，成文出版社，1976年影印本，第165、176—177页。

④ 王庆成：《晚清华北村镇人口》，《历史研究》2002年第6期，第6页。

直隶省正定县光绪年间有新城铺 1 处集镇，有 402 户，约 2010 人。[①] 新河县光绪年间的 3 处集镇中，西流集有 181 户，1103 人；辛章有 150 户，1074 人；西苏田有 96 户，827 人。[②] 平均每个集镇约有 142 户，1001 人。唐县光绪年间的 5 处集镇中，连颐有 79 户，299 人；唐梅有 240 户，925 人；北罗镇有 143 户，571 人；高昌镇有 66 户，270 人；军城镇有 160 户，952 人。[③] 平均每个集镇有约 138 户，603 人。永清县光绪年间的 4 处集镇中，后奕有 128 户，660 人；李家口有 199 户，1048 人；韩村有 261 户，1263 人；信安有 898 户，3224 人。[④] 平均每个集镇约有 372 户，1549 人。

滦州光绪年间有集镇 16 个，平均每个集镇约有 215 户，1877 人（参见表 1－11）。

表 1－11　滦州光绪年间集镇人口统计情况

集镇名	户数	口数	集镇名	户数	口数
马城镇	291	1528	长凝镇	85	532
石佛口镇	67	698	张各庄	180	1266
倴城镇	235	2159	古冶街	192	1361
茨榆坨镇	242	1665	司集庄	180	1228
胡各庄	166	1661	开平镇	355	2903
栗园镇	33	186	榛子镇	71	514
坨里镇	37	349	柏各庄	537	3831
曾家湾镇	320	5342	稻地镇	450	4807
16 集镇平均	215	1877			

资料来源：光绪《滦州志》，第 304—323 页。

河南省陕州乾隆年间的 8 处集镇中，上村镇有 91 户，455 口；磁钟

① 光绪《正定县志》（图），《中国地方志集成·河北府县志辑》第 3 册，第 34 页。人口数以户均 5 人计算。

② 光绪《新河县志》，元，第 27 页 a、87 页 a、90 页 a。

③ 光绪《唐县志》，台北，成文出版社，1969 年影印本，第 178—253 页。其中连颐、唐梅户口数为集市所在村户口数，北罗、高昌、军城为集市所在镇人口数。

④ 光绪《续永清县志》卷 2《舆地图》，《中国地方志集成·河北府县志辑》第 27 册，第 405—409 页。

镇有 419 户，2095 口；张茅镇有 730 户，3650 人；李村镇有 469 户，2345 人；宫前镇有 139 户，695 人；曲沃镇有 71 户，355 人；会兴镇有 256 户，1280 人；硖石镇有 397 户，1985 人。[①] 平均每个集镇约有人口 322 户，1608 人。到光绪十五年时，陕州民户由 21947 户增长至 24088 户，增长约 9.8%。依此推算，各集镇人口均有增长。伊阳县道光年间的 11 处集镇中，10 处有户口统计，其中小店镇有人口 352 户，约 1760 人；玉马地镇有 291 户，约 1455 人；上蔡南北镇有 506 户，约 2530 人；白元镇有 587 户，约 2935 人；陶营镇有 261 户，约 1305 人；内埠镇有 516 户，约 2580 人；大安镇有 128 户，约 640 人；夹马镇有 300 户，约 1500 人；上店镇有 304 户，约 1520 人；洁泊有 381 户，1905 人。[②] 平均每个集镇约有 363 户，1813 人。

综合以上分析可知，1911 年前，华北冀鲁豫三省大多数集镇有铺户 10—30 家；人口 1000—2000 人。仅少数集镇铺户数超过 100 家，人口超过 5000 人。

综上所述，1911 年前，华北地区河北、山东两省各有集镇 500 余个，河南省有 400 余个，三省共有集镇 1600 余个。其中，日后有铁路通过和设站的县份共有集镇 640 余个，虽然集镇总数少于日后无铁路通过和设站的县份，但县均集镇数量却明显多于后者。与此同时，日后有铁路通过和设站的县份所属集镇的铺户数和人口数与无铁路通过和设站县份所属集镇铺户数和人口数相比，尚无明显差别。

三　集镇的分布与形态

集镇的分布与形态也是集镇研究中的重要内容。其中，关于集镇分布的探讨主要从三个思路展开：一是从县均集镇数和集镇密度角度探讨集镇的分布；二是将交通因素融入集镇分布进行分析；三是从集镇地理方位及距县城里程（以下简称距县里程）探讨集镇分布。下文循此思路，从不同维度考察 1911 年前华北集镇的分布状况。

---

① 乾隆《重修直隶陕州志》卷 2《里甲》，第 23 页 b—26 页 b。人口数以户均 5 人计算。

② 道光《伊阳县志》，台北，成文出版社，1976 年影印本，第 103—109 页。人口数以户均 5 人计算。

考察单体集镇分布时，可以从地理和交通两个维度进行。在地理维度上，首先可以借鉴邓玉娜的研究思路和方法，将表1－9中的300个集镇中有明确方位和距县里程的226个整理为表1－12。

表1－12　1911年前华北三省226个集镇地理方位及距县里程情况

里程＼方位		东	西	南	北	东北	东南	西北	西南	合计	
										数量	百分比
0—10里		0	1	1	0	0	1	0	1	4	1.8%
11—20里		8	3	8	5	8	6	5	4	47	20.8%
21—30里		11	5	9	8	8	6	5	6	58	25.7%
31—40里		4	2	11	4	6	6	2	7	42	18.6%
41—50里		1	3	4	2	4	3	4	3	24	10.6%
51—60里		3	4	5	1	3	2	1	1	20	8.8%
61—70里		2	3	1	1	3	1	1	3	15	6.6%
71—80里		1	1	1	0	1	0	0	0	4	1.8%
81—90里		1	1	1	1	1	0	1	0	6	2.7%
91—100里		0	1	0	0	0	0	0	0	1	0.4%
101里以上		0	0	1	0	1	0	1	2	5	2.2%
合计	数量	31	24	42	22	35	25	20	27	226	100%
	百分比	13.7%	10.6%	18.6%	9.7%	15.5%	11.1%	8.8%	11.9%	100%	

资料来源：根据表1－9数据以及冀鲁豫三省各县地方志及调查资料整理而成。按，由于计算百分比时精确到小数点后1位，且四舍五入，故各百分比之和并非整数，故取其约数，合计为100%。

表1－12表明，分布于县城南方的集镇最多，有42个，约占18.6%；其次为东北方，有35个，约占15.5%；再次为东方，有31个，约占13.7%；之后为西南方，有27个，占11.9%；东南方有25个，占11.1%；西方有24个，占10.6%；北方有22个，占9.7%；西北方有20个，占8.8%。

邓玉娜从距县里程方面探讨清代河南集镇分布时得出了以下结论："按照里程区间来说，集镇最集中的区间是距县21—30里，接下来依次是11—20里、31—40里、41—50里、51—60里、0—10里、61—70里、81—90里、71—80里、90—100里、100里以外。"① 表1－12的统计分

① 邓玉娜：《清代河南集镇的空间分布——基于距县里程方面的分析》，《中国社会经济史研究》2006年第1期，第28页。

析表明，华北三省226个集镇中，有58个集镇的距县里程在21—30里，约占25.7%；有47个在11—20里，占20.8%；有42个在31—40里，占18.6%；有24个在41—50里，占10.6%；有20个在51—60里，占8.8%；有15个在61—70里，占6.6%；有6个在81—90里，占2.7%，有4个在0—10里，占1.8%；有5个在101里以上，占2.2%；有4个在71—80里，占1.8%；有1个在91—100里，占0.4%。由此可见，无论是河南一省的集镇，还是华北三省的集镇，均以距县21—30里最多，接下来依次是11—20里、31—40里、41—50里、51—60里。

为与本书后文（主要是第三章）的分析相照应，下文再将表1-12中的226个集镇区分为铁路沿线县份所属集镇和非铁路沿线县份所属集镇，形成表1-13和表1-14。

表1-13　华北三省铁路沿线县份1911年前84个集镇地理方位及距县里程统计情况

里程＼方位		东	西	南	北	东北	东南	西北	西南	合计	
										数量	百分比
0—10里		0	0	2	0	0	0	1	0	3	3.6%
11—20里		3	2	4	3	2	1	2	2	19	22.6%
21—30里		2	2	4	3	2	2	3	2	20	23.8%
31—40里		2	2	4	1	1	4	0	3	17	20.2%
41—50里		0	3	3	0	0	1	3	0	10	11.9%
51—60里		0	0	3	0	0	1	0	0	4	4.8%
61—70里		0	3	1	0	0	1	0	1	6	7.1%
71—80里		0	0	0	0	0	0	0	0	0	0
81—90里		0	1	1	1	0	0	1	0	4	4.8%
91—100里		0	0	0	0	0	0	0	0	0	0
101里以上		0	0	0	0	0	0	0	1	1	1.2%
合计	数量	7	13	22	8	5	10	10	9	84	100.0%
	百分比	8.3%	15.5%	26.2%	9.5%	6%	11.9%	11.9%	10.7%	100.0%	

资料来源：根据表1-12数据以及冀鲁豫三省各县地方志及调查资料整理而成。

由表1-13可知，在地理方位上，分布在县城南方的集镇数量最多，约占26.2%，西方次之，约占15.5%，东方和东北方较少，分别占

8.3%和6%；在距县里程上，距县21—30里区间段集镇数量最多，约占23.8%，11—20里和31—40里区间段次之，分别占22.6%和20.2%，71—80里、91—100里、101里以上、0—10里、81—90里等区间段集镇数量较少或没有集镇。

表1－14 华北三省非铁路沿线县份1911年前142个集镇方位及距县里程统计情况

里程＼方位		东	西	南	北	东北	东南	西北	西南	合计	
										数量	百分比
0—10里		0	1	2	0	0	1	0	1	5	3.5%
11—20里		5	1	1	2	6	5	3	2	25	17.6%
21—30里		9	3	5	5	6	4	2	4	38	26.8%
31—40里		2	0	7	3	5	2	2	4	25	17.6%
41—50里		1	0	1	2	3	2	1	3	13	9.2%
51—60里		3	4	2	1	3	1	1	1	16	11.3%
61—70里		2	0	0	1	3	0	1	2	9	6.3%
71—80里		1	1	1	0	1	0	0	0	4	2.8%
81—90里		1	0	0	0	1	0	0	0	2	1.4%
91—100里		0	1	0	0	0	0	0	0	1	0.7%
101里以上		0	0	1	0	1	0	1	1	4	2.8%
合计	数量	24	11	20	14	29	15	11	18	142	100.0%
	百分比	16.9%	7.7%	14.1%	9.9%	20.4%	10.6%	7.7%	12.7%	100.0%	

资料来源：根据表1－12数据以及冀鲁豫三省各县地方志及调查资料整理而成。

由表1－14可知，在地理方位上，分布在县城东北方的集镇数量最多，约占20.4%，东方次之，约占16.9%，西方和西北方较少，均占7.7%；在距县里程上，距县21—30里区间段集镇数量最多，约占26.8%，11—20里和31—40里区间段次之，均占17.6%，91—100里、81—90里、71—80里、101里以上、0—10里等区间段集镇数量较少。

另外，从表1－9中又可以看到，两（府）县城之间地带、县与县及省县交界、河口、海口、河边、山麓地带往往也是商业规模较大集镇的分布地。如直隶省宁津县柴胡镇“为县东巨埠，百货云集，东通杨盘镇出无棣，南通张家集出德平，至今商贩尚盛”。故城县四女寺镇“河南人烟凑集，属山东恩县，河西半村属故城”。山东省丘县马头镇“北接威县，西接曲周，地当要冲，商业繁盛”。青城县田镇“与高苑县接界”，“地方富庶，为全县之冠”。德州桑园镇“东接乐陵，西接直隶献县衡水，商业亚于县城”，“昔年商业颇属繁盛”。东阿县安平镇（即张秋镇）“夹河而聚，枕寿张阳谷之境，三县之民，五方之商贾，辐辏并至，列肆河上”。同县王古店“东平道上中顿也，界东平、东阿之间，田土膏沃，民居稠密，每逢四九日集期”。单县黄岗集“界于河南，商况最盛”，终兴集“界于江苏，市况亦盛”。汶上县南旺为“分水之脊”，“交易繁盛”。蒙阴县坦埠“为梓水与鹿川水合流之地，商业为腹地精华”。胶州塔埠头“位于胶莱河口，曩昔为贸易商港”。河南省沈丘县纸店集“为安徽入界第一市镇，水陆要冲”，嵩县大章镇“居民三百家”，“地为西南山孔道，市廛较盛”。

在交通维度方面，对表1－9中有交通状况记载的125个集镇所做的统计分析表明，华北三省1911年前集镇有一定规模者主要分布在驿路沿线、航运沿途和水陆交会之处。

表1－15　冀鲁豫三省125个集镇交通状况

交通状况	陆运		水运		水陆交会		海运		合计	
集镇数量与百分比	数量	百分比	数量	百分比	数量	百分比	数量	百分比	数量	百分比
	62	49.6%	41	32.8%	17	13.6%	5	4%	125	100%

资料来源：根据表1－9数据以及相关各县地方志及调查资料整理而成。

由于关于单体集镇分布的分析无法展现某一县域内集镇的分布情形，因此下文再从地理和交通两个维度，对华北若干县域内集镇分布进行考察。众所周知，华北范围十分辽阔，在地理环境、经济状况和交通条件等方面存在明显差异，据此可将其划分为东部沿海、中部平原、西部高原和山区三个亚区。前者为京奉、津浦两路以东和山东半岛地区（今淄博市以东）；中者指太行山、伏牛山以东地区；后者系太行山、伏牛山以西地区。[①] 为兼顾这三个亚区，下文将选取滦州、掖县、肥城、东阿、德州、定州、许州、嵩县、南阳、陕州等10个州县内的集镇作为考察

① 详见熊亚平《铁路与华北乡村社会变迁1880—1937》，第4—5页。

对象。

滦州1911年前的16个集镇在地理方位分布上，位于县城西方的有3个，占19%；南方有6个，占38%；西北有1个，占6%；西南有6个，占38%。其余东、北、东北、东南四个方向无集镇分布。在距县里程上，有6处距县90里，3处60里，3处100里以上，2处31—40里，1处21—30里，1处20里。掖县1911年前的4处集镇中，朱桥镇位于城北约60里，沙河镇位于城西南50里，虎头崖位于城西30里，西繇（由）镇位于城北50里。[①] 以百分比论，位于城北者占50%，西南占25%，西占25%。就交通而言，沙河、朱桥、西繇以陆路为主，虎头崖以海路为主。

肥城的8处集镇在方位分布上，城西2处，城西北2处，城西南3处，城南1处。在距县里程方面，51—60里3处，31—40里2处，41—50里2处，70里1处。[②] 在交通方面，王瓜店为"西孔道"，张家店为"东西孔道"，孝里铺为"北冲道"，安宁站在县城至泰安道上，"夙为冠盖往来所驻"[③]，衡鱼集在县城至平阴道上，屯头集、演马庄在县城至东平道上，栾湾集在县城至平阴道上。[④]

东阿地处鲁西平原，东依泰山，南临黄河，7处集镇在方位分布上，县南、县北和西南各2处，东北1处，其余方向无集镇。在距县里程上，11—20里3处，51—60里2处，21—30里1处，31—40里1处。在交通上，安平镇地跨东阿、阳谷、寿张三县，水运便利；铜城镇"南邮传之使，于此中顿"。杨刘镇"即古之杨刘渡也"。新桥镇"即旧城也，滨大清河"。南谷镇"即旧县也，四面阻山"，"又为行旅住宿之地"。关山镇"市不丰饶而居道上，如安平者以此为中顿"[⑤]。

① 据《大中华山东省地理志》载"县北五十里西繇镇"；民国《掖县志》（台北，成文出版社，1968年影印本）载"西由镇公所在西由村"，"南至忠厚乡公所五里，城五十里"，可以推知，西繇镇即西由镇。又，西由在乾隆时期已设集市，1920年前已称"西繇镇"，故本书认定其1911年前为集镇。

② 光绪《肥城县乡土志》，台北，成文出版社，1968年影印本，第106页；光绪《肥城县志》卷1《方域》，《中国地方志集成·山东府县志辑》第65册，第20页。

③ 林传甲：《大中华山东省地理志》，第134页。

④ 光绪《肥城县乡土志》，第118—120页。

⑤ 道光《东阿县志》，第110—111页。

德州1911年前的11处集镇在方位分布上，以州城东方最多，有3处；其次为东南、南、东北方，各有2处；再次为北方和西北方，各有1处，西方和西南方向无集镇。在距县里程上，11—20里1处，21—30里2处，31—40里3处，41—50里2处，51—60里2处，71—80里1处。在交通上，2处有通济南府大路，2处有通陵县大路，2处有通恩县大路，2处有通德平县大路，其余3处分别有通京师、武定府和天津府大路。

表1-16　1911年前德州11处集镇地理方位距县里程交通状况

集镇名	方位	距县里程（里）	交通
刘智庙	西北	20	通京师大道
界河铺	东	35	通陵县大路
边临镇	东	50	通武定府大路
柘园镇	北	50	通天津府大路；濒临运河
黄河涯	东南	30	通济南府大路
岳高铺	东南	35	通济南府大路
王满店	东	60	通陵县大路
三十里铺	南	30	通恩县大路
甜水铺	南	40	通恩县大路
牛王堂	东北	60	通德平县大路
东堂	东北	80	通德平县大路

资料来源：光绪《德州乡土志》，台北，成文出版社，1968年影印本，第197—198页。

定州1850年前的10处集镇在地理方位分布上，以州城南方最多，有4处；其次为东方，有2处；再次为北、西北、西南、东南方向，各1处。州城西方和东北方向无集镇。在距县里程上，11—20里1处，21—30里2处，31—40里3处，41—50里2处，51—60里1处，61—70里1处。在交通上，有大路通无极县者3处，通望都者2处，通祁州、深泽、新乐、唐县各1处，南通深泽、北通祁州者1处。

表1-17　1850年前定州10处集镇地理方位距县里程交通状况

集镇名	方位	距县里程（里）	交通
东亭镇	东	20	大路自村中通祁州，小路自村西通大陈村
大辛庄镇	东	40	大路自村北通望都县，小路自村南通土良村

续表

集镇名	方位	距县里程（里）	交通
北高蓬镇	南	40	大路自村南通无极县，小路自村东通李亲顾
邢邑镇	南	50	大路自村南通无极县，小路自村北通高蓬镇
李亲顾镇	南	50	大路自村东南通深泽，小路自村北通柳宿村
市庄镇	南	60	大路自村西南通无极县，小路自村北通李亲顾镇
明月镇	西南	30	大路自村西南通新乐，小路自村东通吴窑村
砖路镇	西北	35	大路自村北通唐县，小路自村东通清风店
子位村	东南	70	大路自村南通深泽村北通祁州，小路自村东通寨里村，村西通东丁村
清风镇	北	30	大路自村北通望都县，小路自村西通不落冈村

资料来源：道光《定州志》，第548—844页。

许州1838年前的12处集镇在地理方位分布上以西方最多，有3处；其次为西南方和东北方，各有2处；其余东、东南、北、西北、南5个方向各有1处。在距县里程上，21—30里7处，31—40里2处，41—50里3处。在交通上，至少有8处位于大道要冲。

表1-18　1838年前许州12处集镇地理方位距县里程交通状况

集镇名	方位	距县里程（里）	交通
帐地镇	北	30	当许新大道之要冲
泉店镇	西	45	为许禹大道之要冲
张潘镇	东南	30	—
繁城镇	南	30	当水陆大道交冲，处许临二县之界线
石固镇	西北	50	川楚向北京大道经其中
椹涧镇	西南	30	当许襄大道要冲
灵井镇	西	30	当许禹大道之冲
小赵镇	东北	30	当开许大道之要冲
五女镇	东	35	—
许田镇	东北	50	长鄢大道及东西便道俱经此，他日商务必发达
榆林镇	西南	30	—
水潧镇	西	40	—

资料来源：道光《许州志》卷2《镇集》，第51页b；民国《许昌县志》，第44—123页。

嵩县1767年前的11处集镇在方位分布上以东方最多，有4处；西南方次之，有3处；西方又次之，有2处；西北、南方又次之，各有1处；其余东南、东北、北方无集镇。在距县里程上，100里以上最多，有3处；91—100里、51—60里和31—40里次之，各有2处；81—90里和21—30里又次之，各有1处。在交通上，东（车）村水陆交通均便利；潭头水运便利；田湖、鸣皋、大章、莘渠等地处孔道或有大道通过；德亭、合峪、汝源等有分路通过；汝河镇“四围重山，无别径”，交通不便。

表1-19　1767年前嵩县11处集镇地理方位距县里程交通状况

集镇名	方位	距县里程（里）	交通
田湖镇	东	30	集期担负入市者相望于道，为洛阳通孙店大路
鸣皋镇	东	60	西邻宜（阳）之白杨镇，交通大道
莘渠镇	东	90	嵩洛陕汝孔道
銮镇	东	35	—
德亭镇	西北	40	西北至永宁县路
大章镇	西	60	地为西南山孔道
潭头镇	西	100	木客之浮伊河，由鸾川而来者，皆泊潭头，续筏东下
合峪镇	西南	140	西南分路至卢氏县
汝源镇	西南	160以上	西南分路至内乡县城
东（车）村	南	160以上	东通鲁山路径平坦货物出入甚便，山木续筏浮汝而下，直达汝州
汝河镇	西南	100	四围重山，无别径

资料来源：乾隆《嵩县志》，第284—289页；林传甲：《大中华河南省地理志》，第250页；吴世勋：《河南》（分省地志），第113—117页。

南阳1911年前的7处集镇在地理方位分布上，以县城东北方最多，有3处；南方次之，有2处；东南、西南各1处。其余方向无集镇。在距县里程上，51—60里最多，有4处，21—30里次之，有2处；81—90里有1处。在交通上，多数集镇位于南阳至唐县、新野、裕州、邓州等州县间的通衢上。

表 1-20　1911 年前南阳县 7 处集镇地理方位距县里程交通状况

集镇名	方位	距县里程（里）	交通
赊旗	东北	90	通唐县水道
金花（华）镇	东南	60	界唐县新野间
瓦店	南	60	系新野通衢
三十里屯	南	30	系新野通衢
新店	东北	30	系裕州通衢
博望	东北	60	系裕州通衢
青华	西南	55	系邓州通衢

资料来源：光绪《南阳县志》，台北，成文出版社，1976 年影印本；第 285—290 页；光绪《南阳府南阳县户口地土物产畜牧表图说》，相关集镇。

陕州 1892 年前的 8 处集镇在地理方位分布上，以城东最多，有 4 处，占 50%；东南 2 处，占 25%；西方和东北方各 1 处，分别占 12.5%。在距县里程上，10 里以内 1 处，11—20 里 1 处，21—30 里 1 处，31—40 里 1 处，41—50 里 1 处，61—70 里 1 处，100 里以上 2 处。在交通上，以陆路和水路为主要运输方式。

表 1-21　1892 年前陕州 8 处集镇地理方位距县里程交通状况

集镇名	方位	距县里程（里）	交通
上村镇	东	10	—
磁钟镇	东	25	驿路
张茅镇	东	50	驿路
李村镇	东南	130	—
宫前镇	东南	100	—
曲沃镇	西	40	—
会兴镇	东北	15	水陆码头
硖石镇	东	70	驿路

资料来源：光绪《陕州直隶州续志》卷 2《市集》，第 19 页 a—20 页 a。

综上所述，10 个州县中，仅许州集镇分布最接近邓玉娜与本书前文的统计结果。其中一个重要原因应是许州境域略呈方形，且州城位于境域中部。其余 9 州县集镇的分布均与邓玉娜及本书前文统计分析结果有不同程度的差异。其主要原因应有以下三个方面：一是受州县境域的大小、形状以及县（州）城的地理位置的影响。如滦州集镇主要分布于西、南和西南三个方向的一个重要原因，应是州域呈东北—西南走向的带状，且州城位于州境东北角。又如东阿县属集镇主要分布于县南、县北和西南方的一个重要原因，应是县境大致呈东北—西南走向，东西狭而南北长，“东西广五十五里，南北袤九十里”[①]；城东境域较小且县城位于县境东部偏南。二是县（州）境内地形的影响。如肥城县属集镇主要分布在城西、城西北和西南的一个重要原因，应是“邑境东北多山，无通衢”[②]。三是交通干线的分布和走向的影响。如德州所属集镇主要分布在东南方和东、南、东北方，定州所属集镇主要分布于南方和东方，应与其交通干线的分布和走向有一定关系。

鉴于以上关于县域内集镇分布的分析仍然不能全面地展示1911年前冀鲁豫三省集镇的整体分布格局，下文再从省域内不同集镇密度的县份分布，三省集镇分布与交通干线之间的关系两方面，对此做进一步考察。

下文在考察三省省域内不同集镇密度的县份分布时，主要参考了从翰香等人的方法，即依据集镇密度将三省县份划分为四类密度县并考察其分布。由于三省1911年前均有部分县份的集镇数据缺失，因此以下分析仅能建立在部分县份集镇密度基础上。

为便于与后文[③]进行比较，这里在依据集镇密度划分三省所属县份时，依然采用了从翰香等人的划分标准，即直隶省集镇密度为10集镇/平方千米以上的县份属于1类密度县，4.6—9.9集镇/平方千米的县份属于2类密度县，3—4.5集镇/平方千米的县份属于3类密度县，3集镇/平方千米以下的县份属于4类密度县；山东省10集镇/平方千米以上的县份为1类密度县，5.8—9.9集镇/平方千米的县份属于2类密度县，3—5.7集镇/平方千米的县份属于3类密度县，3集镇/平方千米以下的县份属于4类密度县；河南省10集镇/平方千米以上的县份为1类密度县，4.9—9.9集镇/平方千米的县份属于2类密度县，3—4.8集镇/平方千米的县份属于3类密度县，3集镇/平方千米以下的县份属于4类密

① 道光《东阿县志》，第86页。

② 光绪《肥城县乡土志》，第118页。

③ 主要指本书第三章。

度县。[①]

依据上述标准，1911 年前直隶省可获得集镇数的 61 县中，1 类密度县有 5 个，其中临榆位于直隶省东部，驿路干线沿途；南皮地处东南部，临近运河；雄县、霸县和安国均位于中部，交通条件相对较好。2 类密度县有 20 个，其中 14 县位于驿路干线沿途（即日后的京奉、京汉、津浦三大干线沿途，下同），交通便利；2 县位于中部地带；4 县地处边缘地带。3 类密度县有 15 个，其中 8 县地处驿路干线沿途，3 县位于中部地带，1 县位于运河沿线，3 县处于边缘地带。4 类密度县有 21 个，其中 8 县位于驿路干线沿途，3 县位于中部地带，10 县地处边缘地带。

1911 年前山东省可获得集镇数的 58 县中，1 类密度县有 8 个，均位于西北地区。2 类密度县有 8 个，其中西部 3 县，西北 2 县，南部 1 县，中部 2 县。3 类密度县有 11 个，其中 4 县位于西北地区，3 县位于西部地区，2 县位于东部地区，1 县位于中部地区，1 县位于西南地区。4 类密度县有 31 个，除历城、潍县、高密等县外，多数散布于西部、西南、东南以及山东半岛东部的边缘地带和丘陵、山区。

1911 年前河南省可获得集镇数的 62 县中，1 类密度县有 4 个，均位于中部或西北平原地区，有驿路通过。2 类密度县有 13 个，其中洛阳等 6 县位于中部或西部驿路沿线，4 县位于西北、东部、东北部平原，2 县位于中部偏西，1 县位于西南部。3 类密度县有 8 个，其中 4 县地处中部、西部和东南部驿路沿线，其余 4 县分别位于中西部、中部、西部和东南部。4 类密度县有 37 个，其中 11 县位于中部、西部和西南山区；9 县位于西部、西北、南部、东部驿路沿线；5 县位于边缘地带；5 县位于东南部，2 县位于南部，2 县位于东北部，其余 3 县分别位于中西部、北部和西北部。

综上所述，冀鲁豫三省集镇密度较高的县份大多数分布在驿路沿线、滨海地带和中部平原地区，集镇密度较低的县份则多散布于交通相对欠发达的山区、丘陵和边缘地带。

关于 1911 年以前冀鲁豫三省集镇分布与交通干线之间关系的考察，可以在表 1－6 至表 1－8 的基础上进行。据此三表可知，河北省 1937 年

① 参见从翰香主编《近代冀鲁豫乡村》，第 126—134 页。

前有铁路通过和设站的县份在1911年前县均有集镇5.6个，无铁路通过和设站的县份县均有3.74个；山东省分别有6个和5个；河南省分别有5.28个和3.7个。由于铁路与部分重要驿路走向一致，因此三省有铁路通过和设站的县份绝大多数均有重要驿路经过。这就从一个侧面表明，三省集镇分布与交通干线的布局密切相关。

集镇形态与集镇分布密切相关。本书关于集镇形态概念的界定，借鉴了武进的城市形态概念。由于武氏的界定囊括了国内外诸多学者的意见，[①] 具有一定的代表性。在其启发下，本书将集镇形态界定为：由集镇内部空间结构（产业结构、社会结构、文化结构、地域结构等）、外部形状（集镇外部的空间轮廓）及其相互关系组成的空间系统。构成要素也包括道路网络、街区、节点、土地利用、发展轴、社会组织结构、居民生活方式和行为心理、[②] 外部形状等诸方面。由于1937年前的华北集镇大都尚未具备发达的道路网络、街区、节点、发展轴等构成要素，因此，本书将主要考察内部产业结构、社会结构、地域结构、外部形状等四个方面。其中，产业结构侧重于农业、工矿业、商业等的发展及分布；社会结构以对职业群体和社会团体的分析为重点；地域结构以节点、道路网络、街区等要素为重点。道路网络是指人们经常通行的或有通行能力的街道、铁路、公路和河流等；街区是指由道路所合围起来的平面空间；节点包括各种功能的建筑物、人流集散点、道路交叉点、广场、交通站场以及具有特征事物的聚合点，是人流和能量交换产生聚集作用的特殊地段。[③] 外部形状以外部轮廓的变化为重点，即集镇轮廓呈现为带状、块状还是星状等。

囿于史料，下文将以地方志、调查资料等为主，结合许檀、庄维民等人的研究成果，对1911年前的华北集镇中具有一定代表性的羊角沟、

---

① 若以武进对城市形态的系统研究来衡量其他学者关于城市形态概念的界定，不难发现，其概念内涵多为武氏概念内涵的一部分。武氏的意见参见氏著《中国城市形态：结构、特征及其演变》，江苏科学技术出版社，1990，第5—6页。其他学者的意见可参见冯健、周一星《中国城市内部空间结构研究进展与展望》，《地理科学进展》2003年第3期，第304—315页；顾朝林等：《中国城市地理》，商务印书馆，1999，第531—535页；刘景纯：《清代黄土高原地区城镇地理研究》，第287—288页。

② 武进：《中国城市形态：结构、特征及其演变》，第21—22页。

③ 武进：《中国城市形态：结构、特征及其演变》，第21—22页。

周家口、张秋镇、龙王庙、开平、清化、信安镇、西流集等的集镇形态进行考察。[①]

羊角沟清末以前自身消费只占商品中转总量的5‰左右。民国初年，上百家大商号中有行栈商40余家，大小运局十六七家，渔行数十家，绳行10家，以及为数众多的杂货店、旅店和饭店。[②] 这表明在清末民初羊角沟产业结构中，商业占有极为重要的地位。在社会组织结构中，商务分会占有重要地位。该会成立于1889年，时称商务公会，1905年改称商会公所，[③] 到清末时“有商会总董副董以联络舆情，裕国便商，井井有条”[④]。由于羊角沟商业在胶济铁路通车后出现严重衰退，“自胶济路成，商人水运者少。强半由青岛搭车西运，商业渐衰”[⑤]，因此该镇清末民初的商业和街市布局，应能大体反映出其在1911年以前的地域结构和外部形状。在地域结构上，行栈业和陶业主要分布在兴隆街，杂货业和饮食服务业多数开设在太平街，渔店业多在吉昌街；[⑥] 西北—东南走向的太平街是羊角沟最重要的街道之一；其余街道主要分布在小清河南岸，呈西北—东南和东北—西南走向。在外部形态上，由于羊角沟地处小清河口，其街市呈现出明显的沿河性和东西略长、南北稍狭的团块状形态（图1－1）。

周家口在明朝末年已成为江淮至开封水路交通线上的一个小码头。[⑦] 清朝建立后的百余年间，周家口逐渐成为一个工商业繁荣的大镇，[⑧] “人烟丛杂，街道纵横，延及怀宁境，接连永宁集，周围十余里，三面夹河，舟车辐辏，烟火万家，樯桅树密，水陆交会之乡，财货堆积之薮，南接

---

① 由于史料尤其是能够直观地反映集镇形态的街市图、略图、示意图等资料十分匮乏，本书选取了羊角沟、周家口、张秋镇、龙王庙、开平、清化、信安镇、西流集等位于不同省、县，不同规模，且有简略街市图、示意图可资参考的集镇进行个案考察。

② 庄维民：《近代山东市场经济的变迁》，第160—161页。

③ 山东省寿光市羊口镇志编委会编印《羊口镇志》，1998，第200页。

④ 光绪《寿光县乡土志》，《乡土志抄稿本选编》第3册，第656页。

⑤ 民国《寿光县志》，台北，成文出版社，1968年影印本，第995页。

⑥ 《羊口镇志》，第197—198页

⑦ 许檀：《清代河南的商业重镇周口——明清时期河南商业城镇的个案考察》，《中国史研究》2003年第1期，第132页。

⑧ 许檀教授将周家口归入中等商业城镇，本书依据前文关于集镇概念的界定，将其归入集镇。

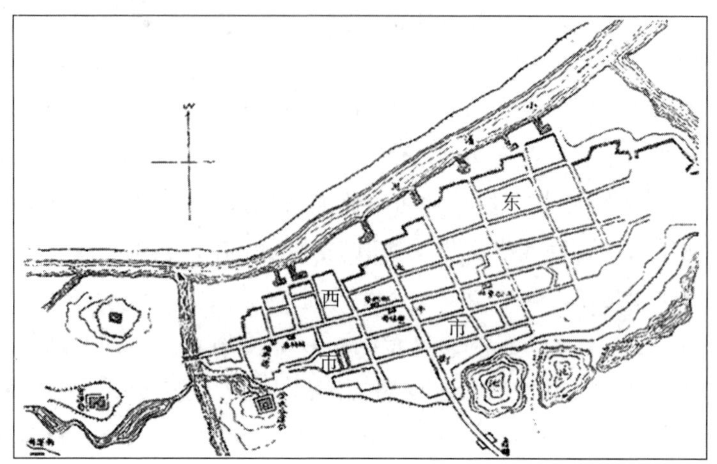

图 1－1　1917 年前羊角沟市街

资料来源：東亞同文會『支那省別全志　第 8 卷（河南省）』大正 7 年、345 頁。

楚越，北通燕赵，西连秦晋，东达淮扬，豫省一大都会也”[①]。除水路交通外，周家口尚有陆路“东通淮阳，西通漯河，为商旅往来之大道”[②]。可谓名副其实的“水陆交会之乡”。许檀教授的研究表明，周家口清代的商业主要是河南东部与江南商货的转运贸易，输出商品以陈州、开封一带所产的农副产品为主，输入则以江南所产绸布，杂货为主。道光年间全镇商人商号数量估计可达 1500—2000 家，至少超过千家。行业有杂货、麻、布、油、丝、京货、西烟、骡马、果、白米、山货、鱼米、竹木、皮、药材等。[③] 因此，商业应在周家口产业结构中占有极为重要的地位。清末以前周家口社会结构的重要变化有二：一是商人阶层的兴起和发展。据许檀研究，在周家口商人群体中，山陕商人占有重要位置，安徽、江西、福建、湖广等地商人亦为重要组成部分。二是商会组织的设立。周家口商会成立于 1905 年，时称周口镇商务总会，1912 年前入会商号达 524 家，有议事员 44 人。[④] 由于周家口商业在铁路通车后严重衰

① 民国《商水县志》（引旧志），台北，成文出版社，1975 年影印本，第 310 页。

② 吴世勋：《河南》（分省地志），第 201 页。

③ 许檀：《清代河南的商业重镇周口——明清时期河南商业城镇的个案考察》，《中国史研究》2003 年第 1 期，第 131、135—139 页。

④ 《国内商会统计》，赵宁渌主编《中华民国商业档案资料汇编》第 1 卷（1912—1928），中国商业出版社，1991，第 104 页。

退，因此其民国初年的街市格局也应能大体反映出1911年前的地域结构和外部形状。在地域结构上，街市被贾鲁河和颍水分为河北、河西、河南三部分。河南主要有菜市街、永兴街、老街、山货街、坊子街等街道；河北主要有火星阁、磨盘街、兴隆街、山货街、三义街等街市。[①] 在外部形状上，河南、河北两部分面积较大，河西部分面积较小，街市呈现为贾鲁河和颍水贯穿其中的团块状形态（图1-2）。

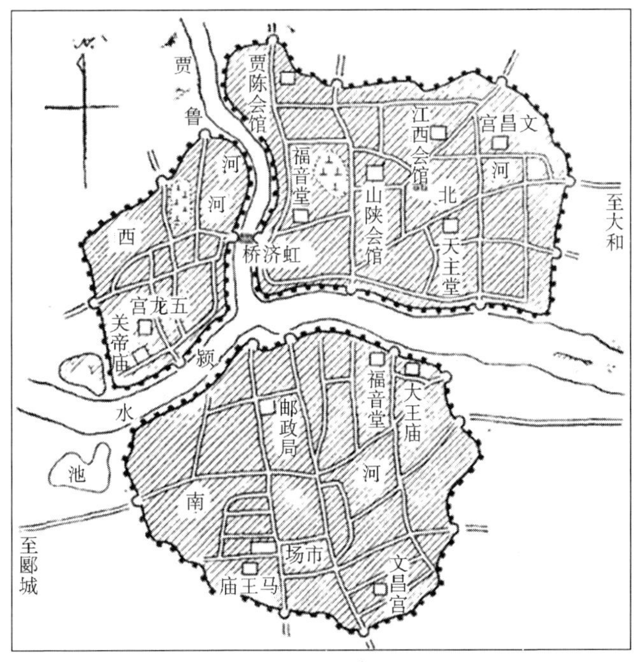

图1-2　1917年前周家口市街

资料来源：『支那省别全志　第8卷（河南省）』、67頁。

张秋属山东省东阿、寿张、阳谷三县分辖，宋元时期称景德镇，明代弘治年间改称安平镇，“然远近仍称张秋”[②]。张秋镇的发展始于弘治以后，嘉靖万历年间商业已相当繁荣。[③] 至道光年间，张秋已是“夹河而聚，枕寿张阳谷之境，三县之民，五方之商贾，辐辏并至，列肆河上，

① 吴世勋：《河南》（分省地志），第200—201页。

② 康熙《张秋镇志》，《中国地方志集成·乡镇志专辑》第29册，江苏古籍出版社等，1992年影印本，第26页。

③ 许檀：《明清时期山东商品经济的发展》，第177—178页。

大较比临清而小耳。”其产业结构可以由税收情形窥得一斑。有研究表明，张秋在明代已有牙行二三十行，牙人280余人，清代牙行增至43行。[①] 据此可知，商业在其产业结构中地位十分突出。商人、牙人等亦在社会阶层中占有重要地位。由于运河自南而北穿张秋镇而过，鼓楼“绾其口，城中街市以此定其界焉”[②]，因此其街市以运河为界分为东西两部分。运河以东的街市有中间的炭市、东关厢，南面的文衢街、盐店街、南水关厢、巡检司街，北面的范家胡同、显惠庙街、北关厢、北水关厢等。运河以西的街市有谯楼以南的竹竿巷、居仁街、李家口街、邓家口、南水关厢、南厅街、皮袄巷、纸店街、堂子巷、南司街、书院街、南寺洼、清香市、柴市、南米市、新开街、葱市、羊市、小猪市、前府治街、南关厢；谯楼以北的瓷器巷、侯家巷、阎家街、馆驿前街、北司街、大小车营、锅市、花市、北米市、尚善街、察院街、牛市、玉皇庙街；谯楼以西的西关厢、大猪市、木头市、果子市等。以上街市纵横交错，“幅员数里”，成为张秋镇地域结构的显著特征。由于建有城墙，有城楼四座（东迎阳、西阜城、北拱极、南来薰），水门四座（河东北门、河东南门、河西北门、河西南门），[③] 张秋镇的外部形状略呈方形团块状形态（图1－3）。

龙王庙在直隶省大名县城东南18里的卫河东岸。由于卫河往来民船必须在其码头停靠，“大名府堆积的货物几乎全都在这运出，装上民船运往天津”[④]，商业较为兴盛。1918年前主要转运草帽辫、花生、黍、瓜子、豆、粟等农副产品，商铺以杂货店、谷物店、粮食店、野菜店等为主，有人口约600户、3000人左右。“市街傍河岸，三面环以长形之土垣。北端傍岸附近，为东北门，南端傍岸附近，为西南门。河岸中部为西北门，遥与东门斜对。四门相通，为纵横街，最称繁盛。”[⑤] 因此，其外部形状呈现为东北—西南走向的香蕉形团块状形态（图1－4）。

---

① 许檀：《明清时期山东商品经济的发展》，第179—181页。

② 康熙《张秋镇志》，《中国地方志集成·乡镇志专辑》第29册，第36页。

③ 康熙《张秋镇志》，《中国地方志集成·乡镇志专辑》第29册，第33、36—37页。

④ 冯天瑜、刘柏林、李少军选编《东亚同文书院中国调查资料选译》下册，第1269—1270页。

⑤ 東亞同文會『支那省別全志　第18卷（直隸省）』大正9年、306頁；白眉初：《中华民国省区全志》（直隶省），北京师范大学史地系，1924，第53页。

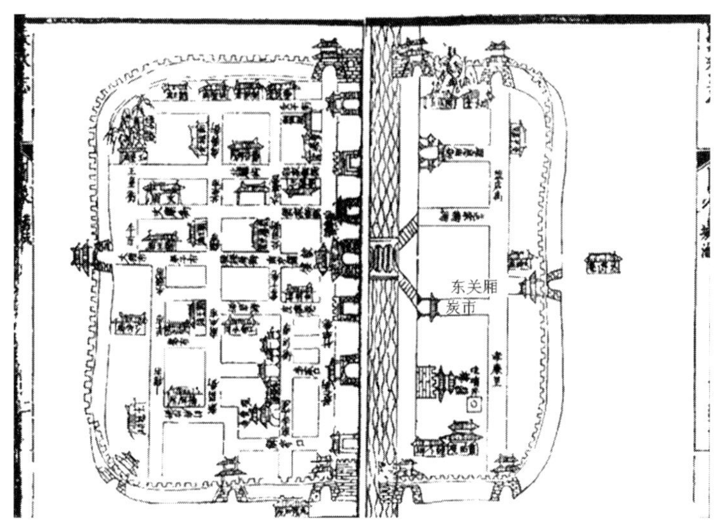

图 1－3　康熙年间张秋镇街市

资料来源：康熙《张秋镇志》卷首，转引自许檀《明清时期山东商品经济的发展》，第 180 页。

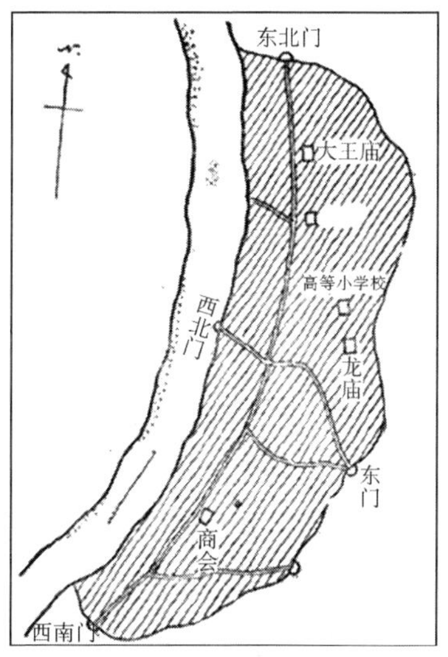

图 1－4　1917 年前龙王庙街市

资料来源：『支那省别全志　第 18 卷（直隸省）』、306 頁。

开平镇在清代嘉庆年间已成为滦州境内的重要集镇，“城西九十里，古石城县地，西达天津，北通口外，商贾辐辏，财物丰盈，五十日大集，二七日小集”。1901 年时，开平约有 1 万人口，“城里有四家当铺，二十五家烧酒厂和约二三百家店铺。开平与滦州、丰润、唐山、天津、山西有着相当频繁的贸易往来，有好几个商人本身就是山西人”[①]。表明商业和手工业在其产业结构中占有重要地位，商人和手工业者则成为社会阶层的重要组成部分。与此同时，开平的地域结构可以由1898年前街市示意图和1917年前街市略图中窥得一斑。两相比较之下可知，直到民国初年，开平街市并未发生大的变化。城东西长5町，南北宽3.5町，城内街市以观音阁为中心，有北大街、南大街等主要街道和北二条胡同、北三条胡同、南二条胡同等街区。城外东关、西关等处也有街区分布。[②] 由此，开平的外部形状也略呈方形团块状形态（图1-5、图1-6）。

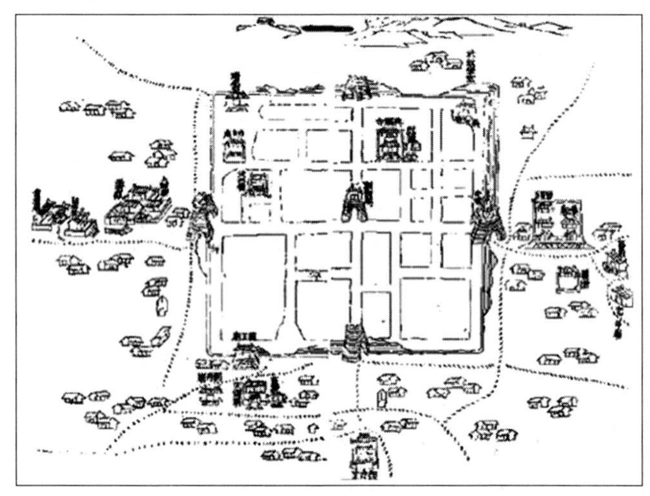

图1-5　1898年前开平镇街市

资料来源：《开平镇图》，光绪《滦州志》。

清化镇位于河南省河内县城东北40里。唐朝初年曾设太行县，后废为镇，宋属河内郡，元隶怀孟路，明清属怀庆府，民初属沁阳县，1927年升格为博爱县治。明清两朝，清化既是北京经河南、山西至陕西驿路的必经之地，又是山西泽州（晋城）货物南下河南的咽喉要道，地理位

① 仇润喜主编《天津邮政史料》第2辑（上），北京航空航天学院出版社，1989，第51页。

② 『支那省別全志　第18巻（直隷省）』、236頁。

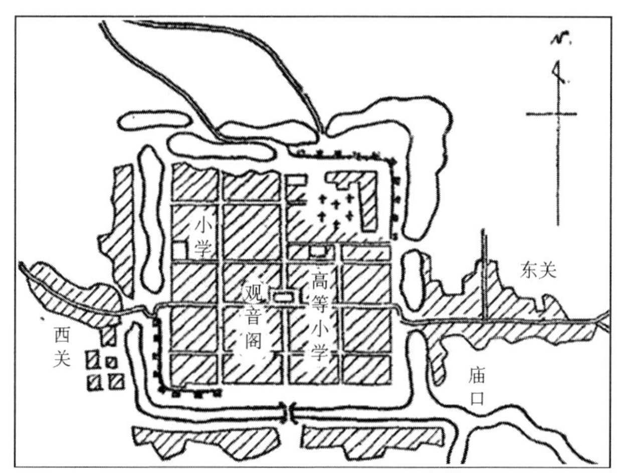

图 1－6　1917 年前开平镇街市

资料来源：『支那省别全志　第 18 卷（直隶省）』、236 頁。

置十分重要。[①] 许檀和吴志远近期的研究表明，明代清化镇的经商者以行商为主，清代坐贾数量逐渐增长，到咸同年间已出现了一批有相当规模的商号。主要商业行业有铁货、杂货、粮食、花炮、药材、竹器制造、行店等，[②] 商业在产业结构中占有重要位置。与之相应，山陕会馆等既是重要的商人组织，也表明商人在该镇社会阶层中占有重要地位。在地域结构上，由民国初年的街市略图可见，其原有街市主要分布在城内和西关一带，铁路开通后又在车站一带形成新兴街市。由此可以推知，1911 年前清化镇的外部形状应呈西部稍有突出的长方形团块状形态（图 1－7）。

信安镇属直隶省永清和霸州分辖，位于永清至霸州大道沿途，“中街道北为永清界，道南为霸州界”。1875 年前，信安全镇有人口 898 户，3224 人，“每月逢三日为永清集，八日为霸州集，经纪斗行三人，征银

① 道光《河内县志》，台北，成文出版社，1976 年影印本，第 329 页；道清铁路管理局总务处文书课：《道清铁路旅行指南》（各站概要），1933，第 191—192 页；黄汴：《天下水陆路程》卷 1，杨正泰校注《天下水陆路程·天下路程图引·客商一览醒迷》，山西人民出版社，1992，第 23 页；憺漪子辑《天下路程图引》卷 2，杨正泰校注《天下水陆路程·天下路程图引·客商一览醒迷》，第 488 页；《嘉庆重修一统志（河南省）》（12），第 9984 页。

② 许檀、吴志远：《明清时期豫北的商业重镇清化——以碑刻资料为中心的考察》，《史学月刊》2014 年第 6 期，第 111 页。

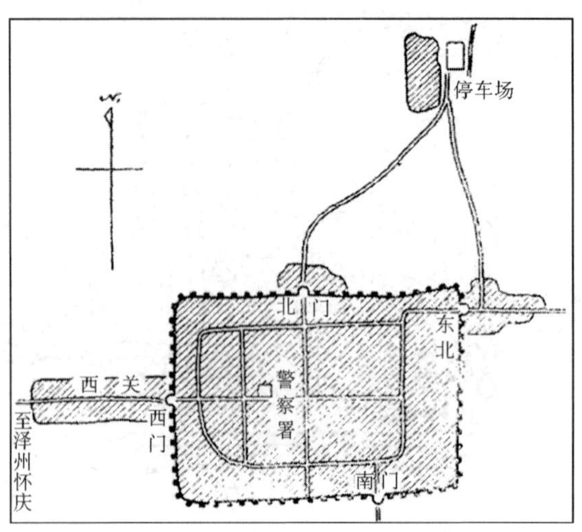

图 1-7 1917 年前清化镇街市

资料来源：『支那省别全志　第 8 卷（河南省）』、85 頁。

三两六钱，驴行一人，征银一两一钱”①。表明商业在其产业结构中占有一定地位。信安镇在地域结构上的一个显著特征是，主要街道多呈东西走向。街道之间为各种机构、建筑和庙宇，如巡司衙门、戏楼、关帝庙、火神庙等。这样的地域结构使其外部形状略呈方形的团块状形态（图 1-8）。

西流集属直隶省新河县管辖，位于县城东南 25 里，嘉庆年间已有人口数百家，“县境诸集，以此为最”。1876 年前，西流集“每月逢五十日集”，有人口 181 户，1103 人；堡寨东西长 336 步，南北宽 316 步，内有街道数条，庙宇数处，东、西各有关城。外部形状略呈方形团块状形态（图 1-9）。尽管与羊角沟、周家口、张秋、龙王庙、开平、清化、信安等集镇相比，西流集的商业规模和人口数量均有较大差距，集镇形态构成要素的变化亦不明显，但作为新河县境内最重要的集市，其集镇形态也能够从一个侧面反映出 1911 年前华北小集镇形态的基本特征，即除设有集市，人口较多，建有堡寨和关城之外，与普通集市甚至村庄并无明显分别。

① 光绪《续永清县志》卷 2《舆地图》，《中国地方志集成·河北府县志辑》第 27 册，第 409 页。

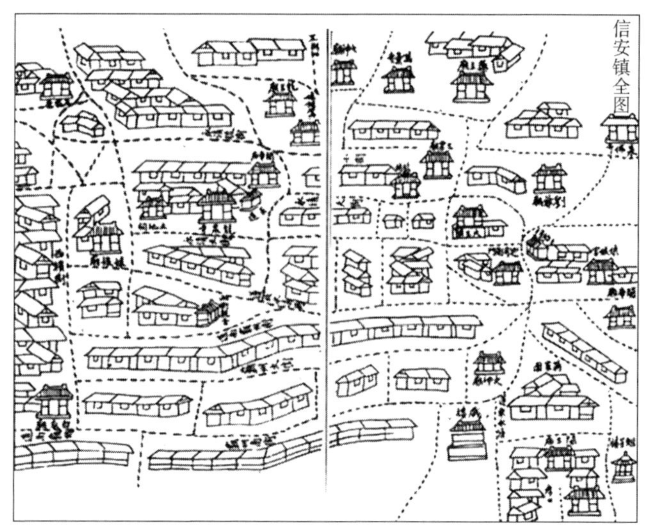

图 1－8　1875 年前信安镇街市

资料来源：光绪《续永清县志》卷 2《舆地图》，《中国地方志集成·河北府县志辑》第 27 册，第 408—409 页。

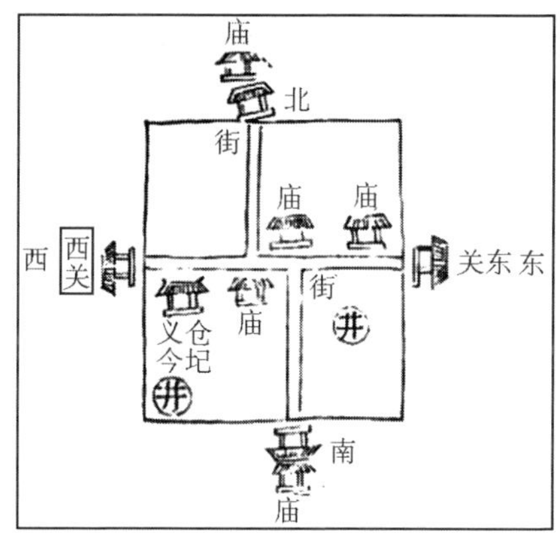

图 1－9　1876 年前西流集街市

资料来源：光绪《新河县志》，元，第 90 页 a。

由以上分析可以看到，在 1911 年前华北集镇分布和形态演变中，地理环境、交通状况是重要的影响因素，尤其是驿路和河运成为部分重要集镇分布和集镇形态变化的决定性影响因素。

四　小结

在以往的研究中，铁路开通前华北社会经济和集镇的发展往往是一个薄弱环节。这或多或少影响到关于铁路在社会变迁中所起作用的客观评判。因此本章以相当的篇幅概述了晚清时期华北集镇的发展，以期为客观认识铁路与沿线集镇发展之间的关系奠定更加坚实的基础。

囿于史料，本章在考察晚清时期华北集镇发展时，一方面使用了一些形成于民国初年的地方志和调查资料，另一方面参考了许檀、庄维民等学者的研究成果，分别探讨了晚清时期华北集镇的类型与层级、数量与规模、分布与形态。本章的研究表明，这一时期华北冀鲁豫三省共有集镇 1600 个以上，其中日后有铁路通过和设站的县份共有 640 余个集镇；大多数集镇有铺户 10—30 家，有人口 1000—2000 人，仅有少数集镇铺户数超过 100 家，人口超过 5000 人；三省集镇已分化为不同的类型和层级；驿路和河运对三省集镇的分布和形态演变有重要影响。

由此可见，在铁路开通前，华北集镇在类型与层级、数量与规模、分布与形态等方面已呈现出一定的“差异化发展”态势。这成为探讨铁路开通后华北集镇的“差异化发展”及铁路在其中所起作用的一个重要参照。

第二章　铁路建设运营与集镇交通运输业的发展

华北的铁路建设和运营不仅给沿线集镇提供了近代化的交通工具，而且带来了规模不等的近代化企业。铁路的交通工具属性促成了以铁路车站为中心的流通枢纽的形成，带来了不同规模的物流和人流；铁路的近代企业属性则给铁路沿线部分集镇带来了铁路管理局、站段、机车厂、修车厂、制造厂等运营管理机构。这些运营管理机构一方面使部分传统集镇转变为铁路沿线集镇；另一方面促使一些村庄兴起、发展为新兴集镇。[①] 本章将从铁路车站的设立、其他运营管理机构的设置、铁路运营管理制度的推行和交通运输业的发展等方面，考察华北铁路的建设运营与集镇交通运输业的发展。

一　铁路车站的设立

1881—1937年，华北地区先后建成京奉、[②] 京汉、津浦、正太、陇海、胶济、京绥、道清、同蒲[③]等9条铁路干线。其中京奉、京绥、京汉交于北京，京汉、正太会于石家庄，津浦、胶济交于济南，津浦、陇海会于徐州，京汉、陇海会于郑州，陇海、道清交于新乡，初步形成铁路运输网络。由行政监督机关、营业机关和地方实务机关组成的三级管理

---

① 所谓传统集镇，是指在清末以前（截止到1911年）已具备“称镇有集”、“驻官有集”、“商业较盛”、“居民较多有集”（人口数多在1000以上）、“有固定店铺和集市”、“大集”（元氏县宋曹村等）、“重要”等7个关键词之一的集镇。所谓新兴集镇，则是指清末以前尚为村庄或普通集市，到1937年前已具备上述7个关键词之一，跻身集镇行列的集镇。由于史料缺乏或记载的不一致等缘故，以上7个关键词只能作为认定集镇的参考标准，而非唯一和绝对的标准。

② 1928年后，北京改名北平，京奉改称北宁，京汉易名平汉，京绥更名平绥，本书为行文方便，仍沿用旧称。

③ 由于同蒲铁路建成较晚，本书暂未将其列入讨论范围。

机构逐渐建立起来。

铁路行政监督机关包括邮传部、交通部和铁道部等，主要职责是管理全国铁路建设、决定经营制度与营业最高方针，监督国内一切铁路机关。营业机关即铁路管理局（监督局、总公所等[①]），主要职责是指挥实务人员、管理铁路、从事营业，局内分设总务、工务、车务、机务、会计、材料五处。地方实务机关在组织系统上是营业机关的一部分，主要是在铁路沿线各地担任特定职务，“通常就全线分为数段，以资层层节制，便于统辖运用。如以管理局与沿线机关相对，前者可谓局内组织（Staff Organization），后者可谓线上组织（Line Organization）”[②]。铁路管理局的具体组织则有分处制与分段制两种形式。分处制是在管理局下设车务、机务、工务三处；车务处下设车务段，机务处下设机务段，工务处下设工务段。分段制在车务、机务、工务三处之外设段长，由管理局直辖；段长之下再分设车务、机务、工务三段。“分处制者，局中各处直接分辖线上各段，分段制者，就路线而分段，段则直属于局。”[③] 由此可知，中央行政监督机关（交通部和铁道部）以及分布于各路沿线的铁路管理局机关及其管辖的车站、机器厂、机车厂，以及车务、机务、工务三处所辖之总段和分段等，是铁路管理机构的有机组成部分。

在铁路运营管理机构中，车站占有非常重要的地位。在1933年前后的华北各路中，京奉铁路关内段干、支线共设有车站53个，其中10个设于县城和其他城市，其余43个所在地为集镇和村庄（含设有普通集市的村庄，下同），约占车站总数的81%。[④] 京绥干、支线共设有车站78个，其中59个所在地为集镇或村庄，约占76%。津浦铁路天津至徐州段干、支线共设有车站64个，其中45个所在地为集镇和村庄，约占70%。京汉铁路北京至河南信阳武胜关段干、支线共设有车站114个，其中78

① 1916年交通部颁布《国有铁路局编制通则》时，分铁路局为管理局和工程局两种，“已通车营业者曰管理局，在建筑中者曰工程局”，但道清、正太两路因借款合同关系，仍称监督局，陇海、粤汉川因范围较大，仍保留督办和总公所名称。参见麦健曾、朱祖英《全国铁道管理制度》，国立交通大学研究所北平分所，1936，第41页。

② 汪桂馨：《铁路经营学纲要》，正中书局，1947，第63—64页。

③ 汪桂馨：《铁路经营学纲要》，第64页。

④ 据《北宁铁路沿线经济调查报告》和铁道部铁道年鉴编纂委员会编印《铁道年鉴》第1卷（1933），通县有东站和南站两个车站，故车站总数为53个。

个所在地为集镇和村庄，约占68%。正太干、支线共设有车站35个，其中30个所在地为集镇和村庄，约占86%。胶济干、支线（含张博支线以外的其他支线）共设有车站57个，其中47个所在地为集镇和村庄，约占82%。道清干、支线共设有车站22个，其中16个所在地为集镇和村庄，约占73%。陇海铁路大浦至河南陕州阌底镇段干、支线共设有车站73个，其中55个所在地为集镇和村庄，约占75%。①

在上述统计中，各路设于集镇和村庄的车站不包括设于市区和县城的车站，如青岛大港车站，济南北关车站，新乡老站、游家坟站和新站，徐州站、铜山站，洛阳东站、西站等车站，但包含设于卢沟桥、清化镇、王舍人庄、李坝集等曾在1927—1937年成为县城的集镇所设车站。据此可知，这8条铁路在华北范围内所设的496个车站中，有373个设于集镇和村庄，约占总数的75%。这表明设于集镇和村庄的车站在数量上占有明显的优势。

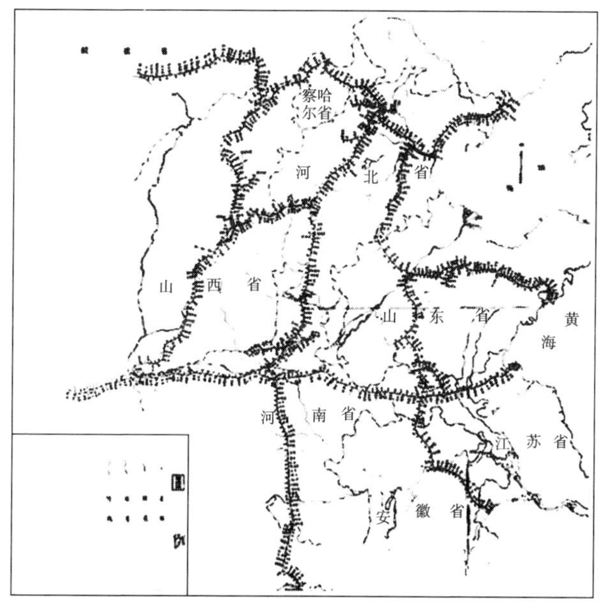

图2－1　1937年前后华北铁路各站距离

资料来源：郑会欣主编《战前及沦陷时期华北经济调查》（下），天津古籍出版社，2010，第453页。按，原图并未标明确切年份，据图中尚未出现石德线推测为1937年前后。

① 以上各路车站据《铁道年鉴》第1卷统计而来。

表 2－1 京汉等 8 路在华北范围内设立车站情况

铁路名称	设站总数	集镇和村庄设站数	百分比	铁路名称	设站总数	集镇和村庄设站数	百分比
京奉线关内段	53	43	81%	京绥	78	59	76%
津浦线天津至徐州段	64	45	70%	京汉线北京至武胜关段	114	78	68%
正太线	35	30	86%	胶济线	57	47	82%
道清线	22	16	73%	陇海线大浦至阌底镇段	73	55	75%

资料来源：《北宁铁路沿线经济调查报告》；《铁道年鉴》第 1 卷，相关各路车站简介。

然而，数量占优势并不意味着“质量”亦然。下文再从车站等级方面对此稍做分析。在华北各铁路中，京汉、京绥、道清、津浦四路有明确的车站等级记录。京汉铁路管理部门于 1913 年 9 月公布了《试办职制大纲》，规定：“各站车务商务既有繁简之不同，人员亦随之为多寡，表中所列，以大中小站分为三项。”① 在位于华北的 13 个大站中，长辛店、漯河、驻马店 3 站所在地为集镇，约占大站总数的 23%，石家庄 1 站设于村庄，约占 8%；33 个中站中，琉璃河、丰乐镇、马头镇等 5 处所在地为集镇，约占中站总数的 15%，8 处设于村庄，约占 24%；39 个小站中，有 13 站所在地为集镇，约占小站总数的 33%，18 站设于村庄，约占 46%。1914 年 7 月，又公布了《修正职制全案》，规定：“各站车务商务既有繁简之不同，人员亦随之为多寡，表中所列，以一二三四等站分为四项。”② 在 13 个一等站中，长辛店、漯河、驻马店 3 站所在地为集镇，约占一等站总数的 23%，石家庄 1 站设于村庄，约占 8%；5 个二等站中，琉璃河站所在地为集镇，占二等站总数的 20%，丰台和高碑店 2 站所在地为村庄（其中高碑店有集市），占 40%；11 个三等站中，丰乐镇、明港 2 站设于集镇，约占三等站总数的 18%，坨里、周口店、黄河南岸、新店 4 站设于村庄，约占 36%；61 个四等站中，14 站设于集镇，

① 交通部交通史编纂委员会、铁道部交通史编纂委员会编纂《交通史路政编》第 8 册，1935，第 735 页。

② 《交通史路政编》第 8 册，第 790 页。

约占四等站总数的23%，26站设于村庄，约占四等站总数的43%。[①]

京绥铁路管理部门在京张和张绥段通车后亦曾划分车站等级。1924年4月，“本路以展筑绥包段通车后，该段内各车站应按运输及事务繁简划分等级，而北京至绥远间各车站原定等级，以今昔情形不同，亦应重加规定，爰详加审核。将丰台等十四站列为大站，广安门等二十二站列为中站，前门等三十八站列为小站”[②]。在14个大站中，包头1站所在地为集镇，约占大站总数的7%，丰台、平地泉、南口、康庄、青龙桥等5站所在地曾为村庄，[③]约占36%；22个中站中，门头沟、柴沟堡2站设于集镇，约占中站总数的9%，下花园等16站设于村庄，约占73%；38个小站中，有1站设于集镇，约占小站总数的3%，30站设于村庄，约占小站总数的79%。[④]

道清铁路管理部门于1913年10月拟定车站等级。一等站有清化、常口、焦作、修武、狮子营、获嘉县、大召营、新乡新站、新乡县等9站，其中清化、常口、狮子营3站设于集镇，约占一等站总数的33%，焦作、大召营2站设于村庄，约占22%。二等站有柏山、待王、游家坟、白露、柳卫、王庄等6站，其中柏山、柳卫2站设于集镇，约占二等站总数的33%；待王、白露、王庄3站设于村庄，约占50%。[⑤]

津浦路1935年前将车站分为一二三四等。其中徐州至良王庄段有车站62个。有一等站7个，其中仅有1个设于集镇，约占一等站的14.3%；有二等站14个，其中有9个设于集镇或村庄，约占二等站的64.3%；有三等站35个，其中31个设于集镇或村庄，约占三等站总数的88.6%；有四等站6个，全部设于集镇或村庄，占四等站的100%。[⑥]

---

① 《交通史路政编》第8册，第790—799页。

② 詹福瑞主编《近代交通史全编》第27册，国家图书馆出版社，2009，第171页。

③ 如前所述，本书关于村庄与集镇的认定，是以1911年为限，故平地泉虽然迅速崛起为集镇，南口迅速发展为重镇，但本书仍将其归为前者。

④ 詹福瑞主编《近代交通史全编》第27册，第171—172页。

⑤ 《交通史路政编》第13册，第4842页。其中，传统集镇与普通集市和村庄的区分据《道清路各站商务情形一览表》，《交通官报》第26—27期，转引自沈云龙主编《近代中国史料丛刊》第3编第267、268册，台北，文海出版社，1987年影印本，第28—41页。

⑥ 国民党津浦铁路党务特派员办事处编印《津浦铁路调查报告》，1935，第3—5页。仅就该书所载站名来看，似乎反映的是清末津浦铁路车站分等情况，但该书出版于1935年，又似乎表明在此之前，该路车站分等情况变化不大。

以上四路中，除津浦路外，京绥路曾于1924年重定车站等级，京汉、道清两路未见重定记录，由此推测其1913—1914年所定等级应沿用至1925年。关于1925年以后各路车站等级的记载较为少见且不成系统。但结合相关史料以及20世纪80年代以来出版的《山东省志·铁路志》、《河南省志·铁路志》等来看，1937年前各路车站等级应无明显变化。

囿于史料，以上关于集镇和村庄的区分与统计难免粗疏，但已能够展示出一个基本事实，即铁路开通前集镇和村庄在工商业发展等方面的差异，在铁路开通后被作为划分车站等级的重要依据，从而使设立于集镇和村庄的车站被划分为不同等级，配置不同数量的设备和人员。如正太路的特等车站石家庄、太原占地面积约650平方米；获鹿、井陉等头等车站占地面积约250平方米；二等车站占地面积为105平方米或124平方米；三等车站占地面积仅54平方米，“小车站之站台长不过二十五公尺，宽约四五公尺，其较重要各站之站台长度无定，最长者二百公尺”①。胶济路各站设立之初，“其用地之面积，建筑物之等差，系依站之大小而定，其一二等站建筑较为宽广，余皆简单”②。京汉线一等车站有车务处驻站人员数十人，二等车站数人，三等车站多数仅1人。由于设于集镇和村庄的高等级车站较少，而低等级车站为数众多，因此这种差异表现得更加明显。

二　其他运营管理机构的设置

1881—1937年，设置于华北集镇的铁路管理机构，除铁路车站外，还有设于石家庄的正太铁路监督局（管理局）、道清铁路管理局以及各管理局管辖的机器厂、机车厂和车务、机务、工务三处所辖的总段和分段等。

正太铁路监督局（管理局）和道清铁路管理局是华北各路中仅有的两个设于集镇的局一级的管理机构。前者于1904年设立建筑总管理处，

① 《交通史路政编》第12册，第4072页。

② 《交通史路政编》第13册，第5140—5141页。

1906年时“驻石家庄有总办一员，为督办之代表”，同时在石家庄设总办事处及总机厂。1907年春组织临时行车处，置处长1人，员司若干人，机务处处长1人，员司若干人，“专司行车一切事务”。当时，行车总管理处的组织由六部分组成：监督局设局长1人，总翻译1人，总核算1人，总收支1人，材料监理1人；管理处设总工程司1人“掌营业管理全权，所有车务处、机务、会计处均属之”；总务处分秘书处、会计处及材料所、警务处、医务处；车务处设总管1人（外籍）、副总管1人（华人）以及总段长、段长、副段长等；机务处设总管1人（外籍），副总管1人（华人）以及总段长、段长、副段长和总稽查、总机厂厂长等；工务处设总管1人（外籍）、副总管1人（华人），总稽查、稽查、副稽查等。[①] 由于借款关系，正太路“历年行政，率由旧章，极少兴革”，直至1932年2月才由铁道部颁布管理局专章，规定局内设总务、工程、车务、机务、会计等处。[②] 后者先驻浚县道口镇，后于1907年迁至修武县焦作。[③] 其内部组织在1905—1932年多有变化。1905年盛宣怀派员接收时设翻译、收支、核算各1人，“由监督会同洋总管督率华洋员司办理行车、稽核、簿据等事”。1909年改监督为总办，设正副统计各1人。1910年订定办事规则，“分总务、车务、厂务、工务等处及医院，分司路政”。1913年改称交通部直辖道清铁路监督局，改总办为局长。1932年公布的修正《铁道部直辖道清铁路管理局编制专章》，规定局内设总务处、工务处、车务处、机务处和会计处等。[④]

各铁路管理局和监督局管辖下的机器厂、修车厂、机车厂等各类工厂中，京奉铁路唐山制造厂设立最早。该厂1880年设于胥各庄，称胥各庄修车厂，1884年迁至唐山，改称唐山修车厂。此后，随着唐胥铁路的延伸和其他各路的修建，华北各类铁路工厂逐渐增多，规模日益扩大。到1918年前后，据交通部路政局统计可知，华北各路设立的13家铁路工厂中，有7家设在县城和其他城市，约占54%；有6家设于集镇和村庄，约占46%。

---

① 《交通史路政编》第12册，第4032—4033页。

② 《铁道年鉴》第1卷，第979页。

③ 《交通史路政编》第13册，第4896页。

④ 《铁道年鉴》第1卷，第1055—1057页。

表 2-2　1918 年前后华北各路所设铁路工厂工人数

工厂名称	所在地	工役总数	工厂名称	所在地	工役总数
长辛店机器厂	长辛店三合庄	745	郑州修机厂	郑州	89
唐山制造厂	唐山	2422	造桥厂	山海关	485
天津机器厂	西沽岔道	141	济南工厂	大槐树	481
正太铁路修车厂	阳泉	43	正太铁路修车厂	石家庄	592
正太铁路修车厂	太原	48	京张铁路制造厂	南口	400
汴洛铁道机车厂	河南	180	道清铁路汽机厂	焦作	233
张绥铁路造桥厂	张家口	78			

资料来源：《交通部直辖各铁道附设工厂一览表》，阮湘等编辑《第一回中国年鉴》，商务印书馆，1926，第 911—913 页。

另据 1918 年度《中央官厅直辖工厂详表》统计可知，1918 年交通部设于华北地区的 19 家各类工厂中，有 9 家①设于集镇和村庄，约占 47%。

表 2-3　1918 年度交通部所属铁路工厂工人数

名称	所在地	工人数		
		职工	杂役	合计
修机厂及车辆厂	北京长辛店	850	—	850
工务修理厂	北京长辛店	167	16	183
车务处及电务处	北京长辛店	55	20	75
修理机车及车辆厂	郑州	123	—	123
工务修理厂	黄河南岸	34	1	35
京奉铁路铁工厂	山海关	419	—	419
京奉铁路制造厂	唐山	2052	70	2122
京绥铁路机器厂	南口车站	708	5	713
京绥铁路分机厂	张家口车站	70	4	74
津浦铁路机器厂	天津西沽	147	33	180
津浦铁路机器厂	济南大槐树	379	24	403

① 9 家中显然包括设于焦作的道清铁路汽机厂和位于石家庄、阳泉的正太铁路修车厂。

续表

名称	所在地	工人数		
		职工	杂役	合计
正太铁路修车厂	石家庄 阳泉 太原	383	175	558
陇海铁路机器厂	河南洛阳县	190	32	222
陇海铁路机器厂	徐州府	99	88	187
汴洛铁路机器厂	河南洛阳县	90	88	178
汴洛铁路机器厂	开封府	54	74	128
道清铁路汽机厂	河南修武县	99	53	152

资料来源：《中央官厅直辖工厂详表》，阮湘等编辑《第一回中国年鉴》，第 1438—1440 页。

再据《铁道工厂一览表》统计可知，1918 年前后，华北 15 家各类铁路工厂中，有 7 家设于集镇和村庄，约占 47%。

表 2－4　1918 年前后华北 15 家铁路工厂工人数

厂名	工人数	厂名	工人数	厂名	工人数
长辛店机器厂	637	长辛店工务修理厂	155	河南府机车厂	114
开封机车厂	60	郑州机器厂	127	天津机器厂	137
济南机器厂	443	四方机厂*	—	唐山机车货客车制造厂	2208
山海关桥梁厂	311	南口制造厂	212	张北县制造厂	78
石家庄修车厂	534	阳泉修车厂	46	阳曲修车厂	52

注：* 也有史料记载为“四方工场”、“四方工厂”等。因“四方机厂”出现次数较多，且有“中国接收后，依照国有铁路通用名称，改为四方机厂”之说，故本书为方便行文，统一为“四方机厂”。

资料来源：《铁道工厂一览表》，阮湘等编辑《第一回中国年鉴》，第 1528 页。

以上表 2－2 至表 2－4 三表均依据《第一回中国年鉴》中的数据制成，应能大致反映出 1918 年前后华北铁路工厂的数量、分布和规模。据此可知，当时设于集镇和村庄的铁路工厂不足 10 家，主要分布在长辛店、石家庄、唐山、南口等重要车站附近；位于长辛店、唐山、石家庄、南口的几家工厂的工人数量在其中居于前列，阳泉、焦作等地工厂的工人数量相对较少。这表明各铁路工厂在工人数量上有明显分化。

到1923年时，华北各路共有铁路工厂89处，其中42处分布于集镇和村庄，约占47%。这42处工厂又集中分布于焦作、长辛店、南口等地。其中，焦作9处，长辛店6处，南口4处，合计约占45%（总数以42家计）。在这89家工厂中，又有47家的工人数量有明确记载，其中工人数超过1000人的4家中，有3家设于集镇和村庄；工人数为501—1000人的仅有1家设于集镇和村庄；工人数为251—500人的11家中，有5家设于集镇和村庄；工人数为101—250人的6家中，有3家设于集镇和村庄；工人数为51—100人的10家中，有5家设于集镇和村庄；工人数为5—50人的15家中，有10家设于集镇和村庄。[①] 这表明，1923年时设于集镇和村庄的铁路工厂在工人数量上也有明显分化。

在设于集镇和村庄的各类铁路工厂中，京奉路唐山制造厂、京汉路长辛店机器厂、京绥路南口机器厂、正太路石家庄总机厂、胶济路四方机厂等规模较大，工人数量较多，地位较为重要。其中，京奉路唐山制造厂1884年迁至唐山后，规模进一步扩大。1934年时，全厂工人增至3800余人。[②]

表2-5 京奉路唐山制造厂1910—1925年历年员工人数

年份	员司	工人	合计	年份	员司	工人	合计
1910	157	2250	2407	1918	225	1624	1849
1911	149	1949	2098	1919	231	2420	2651
1912	170	2397	2567	1920	254	2428	2682
1913	175	2605	2780	1921	296	2764	3060
1914	183	2611	2794	1922	310	3067	3377
1915	204	2527	2731	1923	334	3037	3371
1916	178	2144	2322	1924	356	2934	3290
1917	275	1619	1894	1925	402	3130	3532

资料来源：《交通史路政编》第7册，第325—326页。

长辛店机器厂位于京汉铁路西边，是该路北段车辆修理、储存之处。

① 《交通史路政编》第1册，第531—593页。

② 《唐山工人之最近数目》，《矿业周报》第308号，1934年10月，第1077页。

机器厂建于1900年（清光绪二十六年），1928年前后约有工人1244名。[①]

表2-6 京汉路长辛店机器厂1909—1925年历年工匠人数

年份	工匠数	年份	工匠数	年份	工匠数	年份	工匠数
1909	542	1914	773	1919	925	1924	1383
1910	535	1915	798	1920	877	1925年上半年	1386
1911	576	1916	803	1921	954		
1912	628	1917	781	1922	1392		
1913	701	1918	836	1923	1387		

资料来源：《交通史路政编》第8册，第1113—114页。

京绥路南口机器厂设有3个工场，其中第二工场1928年时使用工人270人，1935年时仍有工人230余人。[②]

表2-7 京绥路南口机器厂第二工场工人数

年度	工人数	年度	工人数
1928	270	1932	250
1929	260余	1933	240
1930	260	1934	230余
1931	250余	1935	230余

资料来源：《本路历年修车成绩之进步》，《平绥日刊》第49期，1936年1月30日，第4版。

此外，正太铁路石家庄总机厂和胶济铁路四方机厂也是设于集镇的大规模铁路工厂。前者1928年时有工人900人，帮匠600人；后者1936年时有职工1699人。[③]

除各类铁路工厂外，车务、机务、工务三处所辖之总段和分段，也是铁路运营管理机构的有机组成部分。这些总段和分段大多数设于沿线重要车站。以京汉铁路为例，1914年7月公布的《修正职制全案》中规定的工

① 《河北工商业调查纪录（宛平县）》，《河北工商月报》第1卷第1—2期合刊，1928年12月，第3页；白眉初：《中华民国省区全志》（京兆特别区域），第86—87页。

② 《本路历年修车成绩之进步》，《平绥日刊》第49期，1936年1月30日，第4版。

③ 详见熊亚平《铁路与华北乡村社会变迁1880—1937》，第99—101页。

务处所属各总段、分段、小段中，驻地明确且处于华北地区范围内者有36处，其中7处驻于集镇，约占19%；8处驻于村庄，约占22%。[①]

同年，在该路设在华北境内的15处机车厂中，长辛店、琉璃河、高碑店、郾城县（漯河）、驻马店5处设于集镇，约占33%。这5处机车厂中，除了长辛店人员较多，驻马店人员稍多外，其余3处每处仅有20人左右。

表2-8　1914年厂务处全路机车厂人员职称额数

所在地	人数	所在地	人数	所在地	人数
北京	36	长辛店	211	琉璃河	20
高碑店	19	保定府	31	正定府	114
高邑县	28	顺德府	25	彰德府	122
新乡县	22	郑州	162	许州	40
郾城县（漯河）	23	驻马店	90	信阳州	117

资料来源：《交通史路政编》第8册，第812—813页。

综上所述，在这一时期华北各类铁路工厂的发展过程中，有四个值得关注的现象：其一，体现铁路企业属性的各类工厂、管理局机关及机务、车务、工务各处所辖总段、分段、小段等，仅有不到50%设立于集镇和村庄。其二，设有铁路工厂和运营管理机构的车站，仅占设于集镇和村庄的车站中的一小部分。其三，设立于集镇和村庄的各类运营管理机构集中分布在长辛店、石家庄、南口、焦作等少数集镇和村庄。其四，设于集镇和村庄的铁路工厂在工人数量上分化明显，少数工人较多，多数工人较少。这表明铁路运营管理机构在等级和规模上的差异在车站设立和其他运营管理机构设置中也有所体现。

三　铁路运营管理制度的推行

铁路的正常运营不仅要有路轨、车站、机车、车辆、制造厂、机车厂等物资设备和从业人员，而且要有各种规章制度的支撑。下文将以国内铁路联运制度、货等运价制度和负责货运运输制度为例，考察铁路运

① 《交通史路政编》第8册，第804—807页。

营管理制度在集镇和村庄的推行。

国内铁路联运制度是应中国早期铁路运营环境的需要而产生的一种运营制度。[①] 所谓铁路联运，是指“经过两路以上之运送而达到讫站之运输也。联运之目的，在于直达运送，无更换车辆及重复办理手续之繁也。凡起讫站不在同一路线者，均谓之联运，亦可称由本路一站起运至他路一站者是也”[②]。而所谓的铁路联运制度，则有狭义和广义之分，狭义的联运制度，是指《京汉京奉京张津浦沪宁五路联络运输条例》、《联运车站章程》以及联运价章等各项联运规章制度；广义的铁路联运制度，则不仅包括上述规章制度，还包含因联运需要而创立的联运会议、联运事务处等机构的组织制度，如与联运会议相关的《国有铁路联运会议议事规则》、《国有铁路联运会议章程》，与联运事务处相关的《铁路联运事务处章程》、《交通部铁路联运事务处清算所会计章程》等。[③]

在铁路联运制度推行过程中，设于集镇和村庄的车站扮演着重要角色。早在1913年，第一次国内联运会议便议决通过了《联运车站章程》，确定了联运车站名单。其中华北各路联运车站如表2-9所示。

表2-9　1913年《联运车站章程》中确定的华北各路联运车站站名

路名	联运车站站名
京汉	郾城县（漯河）　许州　郑州*　新乡县*　卫辉府　彰德府　邯郸县　顺德府　高邑县　石家庄*　正定府　定州　保定府*　高碑店　琉璃河　长辛店　坨里
道清	清化　焦作　道口
京绥	绥远　丰镇　大同府　阳高县　张家口*　宣化府　新保安　康庄　南口*
京奉	北京正阳门*　丰台　天津总站*　天津东站*　唐山　山海关*
津浦路	天津东站*　天津总站*　沧州　泊头　德州　济南府*　泰安府　兖州府　济宁州　滕县　枣庄　徐州府

注：*为承运代客交货收价包裹车站。

资料来源：《交通史路政编》第4册，第2758页。

① 关于国内铁路联运制度的建立及其影响，可参见熊亚平、安宝《民国铁路联运制度与铁路运输业的发展——以1913—1933年间的华北各铁路为中心》，《史学月刊》2012年第7期，第102—109页。

② 陆庭镳：《我国铁路联运业务》，《交通杂志》第3卷第7—8期，1935年6月，第32—33页。

③ 事实上，时人记述铁路联运制度时，均亦将联运会议及联运事务处的组织制度视为其组成部分。参见陆庭镳《我国铁路联运业务》，《交通杂志》第3卷第7—8期，1935年6月，第36—43页；《交通史路政编》第4册，第2705—2791页。

以上共有联运站45处（天津东站、天津总站各仅计为1处），其中6站设于集镇，约占13%，10站设于村庄，约占22%。其后数年间，《联运车站章程》确定的名单为各路沿用。如1922年9月版《京绥铁路旅行指南》、1924年版《京奉铁路旅行指南》均附有此联运车站名单。[①]1925年时，交通部曾下令："凡联运路所有车站，一律开办联运旅客业务。嗣因事实上困难，仍由各路择选重要车站，先行办理，再逐渐增加站额"[②]。1933年前，随着联运事业的发展，华北各路联运车站又有较大变化：胶济、正太、陇海三路加入联运，分别设有联运站9个、6个和14个；京汉路联运车站由17个增至34个；道清路增加1站；京绥路增加3站；京奉路增加8站；津浦路增加8站。华北8路共有联运车站113个，除去重复计算的5站外，实际应有联运车站108站，其中设于集镇者17站，约占16%；设于村庄者27站，约占联运车站总数的25%；两者合计约占设于集镇和村庄总站数（373站）的12%。

表2－10 1933年前后华北各路联运车站名表

路名	联运车站名
京汉	新店 信阳 明港 确山 驻马店 遂平 西平 郾城（漯河）临颍 许州 新郑 郑州 黄河北岸 新乡 卫辉 彰德 丰乐镇 磁州 邯郸 顺德 高邑 元氏县 石家庄 正定 定州 保定 高碑店 梁格庄 涿州 琉璃河 长辛店 坨里 丰台 北京前门
道清	陈庄 清化 焦作 道口
京绥	包头 绥远 丰镇 大同 阳高 张家口 宣化 新保安 康庄 南口 北京 丰台
京奉	北京正阳门 丰台 廊坊 天津总站 天津东站 塘沽 唐山 古冶 滦县 昌黎 北戴河 滨海 秦皇岛 山海关
津浦	天津东站 天津总站 天津西站 唐官屯 沧州 泊头镇 连镇 桑园 德州 禹城 济南 泰安 大汶口 曲阜 兖州 济宁州 滕县 枣庄 临城 徐州
胶济	青岛 胶州 高密 坊子 潍县 博山 青州 周村 济南
正太	太原 榆次 寿阳 阳泉 娘子关 石家庄

① 京绥铁路管理局编译课：《京绥铁路旅行指南》，1922，第324页；京奉铁路管理局总务处编查课：《京奉铁路旅行指南》，1924，第281页。《京绥铁路旅行指南》无泰安府站，依该指南出版时间推测，应属遗漏。

② 陆舜畊：《津浦路联络运输之过去现在与将来》，《交通杂志》第3卷第7—8期，1935年6月，第219页。

续表

路名	联运车站名
陇海	灵宝　陕州　会兴镇　洛阳东　汜水　郑州北站　郑州南站　开封　兰封　柳河　商丘　砀山　徐州　新浦

资料来源：道清铁路管理局总务处文书课《道清铁路旅行指南》（规章摘要），1933，第43页。

以上联运车站均为旅客联运站，货物联运车站并无类似的详细名单。仅就胶济路而言，两者似乎有所区别。“至于国内货物联运，于十三年三月一日，始与津浦路实行联运。其联运站为青岛、大港、四方、沧口、蓝村、胶州、高密、坊子、二十里堡、潍县、青州、张店、周村、博山、淄川炭矿等十五站。”① 同年胶济、津浦两路会订暂时联运大纲，不仅再次明确胶济路参加货物联运的15个车站名称，而且指定了津浦铁路参加津浦、胶济两路货物联运的车站，计有天津东站、天津总站等21站。相比之下，胶济路货物联运车站较旅客联运增加了大港、四方、沧口、蓝村、二十里堡、张店、淄川炭矿7站，减少济南1站。增加的车站中，四方、沧口、蓝村、二十里堡、张店等设于村庄或集镇；津浦铁路货物联运车站较旅客联运车站增加了平原、洛口、吴村、邹县4站，减少了唐官屯、曲阜、济南3站，增加车站中，洛口站设于集镇，吴村站设于村庄，减少的3站中，唐官屯站设于集镇。

1932年以后，随着各路相继恢复国内联运并与负责货运运输制度相结合，华北各路推行货物联运的车站有大幅增加。其中，京汉路于1933年11月实行负责货物联运制度，“并指定石家庄、顺德、邯郸、彰德、新乡、郑州、郾城、驻马店、大智门等九站，为办理负责货物联运站……是年十二月一日，推广联运站……迄民廿三一月一日，全线各站，一律加入”②。道清路“先将道口（包括三里湾）、王庄、柳卫、李源屯、狮子营、焦作、柏山、清化、陈庄等九站，开办为本路负责货物联运站，自十一月一日起实行。复于十二月一日，将全线各站，一律加入办理铁

① 《交通史路政编》第13册，第5264页。

② 邱鸿勋：《平汉铁路联络运输之过去现在与将来》，《交通杂志》第3卷第7—8期，1935年6月，第216页。

路负责货物联运”①。正太路在与京汉路商定后，“旋即择定阳泉、寿阳、榆次、太原四站，办理铁路负责货物联运，其余各站，办理货主负责联运……遂于廿三年二月十五日起，全线各站一律实行铁路负责货物联运”②。此外，胶济、津浦等路加入货物负责联运的车站亦有大幅增加。到1937年前，大多数设于集镇和村庄的车站均已加入货物联运。

货等运价制度包括货物分等、普通货物基本运价、递远递减办法、各等间运价高低之比例、整车与不满整车运价高低之比例、整车货物起码重量、专价与特价等多项内容。③ 在货等运价制度的制定和推行过程中，一些有石灰、煤炭、陶器、粮食等大宗货物输出的集镇和村庄受到特殊关照。京汉路在1921年以前运输周口店、坨里等处石灰时，按格外价单第32款收费。1921年3月改订新章时，将石灰改为六等，运费较旧章增加数元至十数元。经房山商会呈请，京汉铁路当局决定将石灰列入第32款，定为专价，“准于九月一日实行”④。

京奉路沿线开平镇东西缸窑地方多以烧缸碗土瓷为业，1929年前每年产5万余吨。其中70%—80%销售于山海关至哈尔滨沿线地区，20%—30%销售于京津等处。“现在每年所产之货外运各处，多由胥各庄涧河用船运至营口再转南满线……统计由水路运行约居十分之六七，推其原委，由火车运往各处，实因民国十一年前本定此土货三等，后改为四等所致，然实则前三等为末等，后四等为二等也。”⑤ 于是开平镇陶业公会向京奉铁路当局提议降低运费。获准减轻，“所有普通粗制瓦缸及开平、唐山、古冶等站所产粗瓷一律改按五等货核收运费”⑥。唐山、古冶为开滦煤炭主要运销地。京奉路局订有运煤专价，规定开滦煤炭运至北京前门、东便门、永定门、通县东、通县南、丰台等站，每吨每公里运

① 宋笃生：《道清铁路联络运输之过去现在与将来》，《交通杂志》第3卷第7—8期，1935年6月，第239页。

② 《正太铁路联络运输之过去现在与将来》，《交通杂志》第3卷第7—8期，1935年6月，第244页。

③ 关于货等运价制度的变迁，可参见宋希斌、熊亚平《近代中国铁路货等运价制度变迁初探（1915—1937）》，《兰州学刊》2012年第7期，第47—51页。

④ 《交通史路政编》第3册，第2288页。

⑤ 北宁铁路管理局：《北宁铁路商务会议汇刊》（代表提议案），1930，第44页。

⑥ 《北宁铁路商务会议汇刊》（附录），第38页。

价 1. 15 分；运至天津东站、天津总站及西站时每吨每公里 1. 26 分；运至塘沽和新河站每吨每公里 1. 25 分；秦皇岛及秦皇岛矿局煤场每吨每公里 1 分。[①]

京绥铁路张家口以西各站均为产粮之区，每年 10 月起至次年 4 月止为粮食大宗外运时期。京绥铁路当局制定并实施了粮运特价制度。其中，1933 年以前的粮运特价制度为：由包头至平地泉起运至北京，按五等减收 40%；由苏集至丰镇各站起运，按五等减收 30%；由丰镇以南各站起运至北京，每吨每公里运价为洋 0. 0325 元，由丰镇以北各站起运至北京，每吨每公里运费为洋 0. 0291 元。[②] 1934 年“按照前例”改订粮运特价制度后，其内容包括：（1）包头—绥远间各站按绥远站里程计算，按五等运价减 44%；（2）白塔—卓资山间各站按卓资山里程计算，按五等运价减 40%；（3）马盖图—平地泉间各站按平地泉站里程计算，按五等运价减 36%；（4）苏集—丰镇间各站照丰镇站里程计算，按五等运价减 31% 等 10 项。[③]

运输负责制度是铁路运营制度中的又一项重要内容。由于中国铁路建设初期各路设备不周，因此未能实行运输负责。直到 1932 年顾孟馀任铁道部部长后，于当年 5 月组织铁路货物负责运输委员会，制定《铁路货车负责运输通则》等 11 项规章制度，[④] 铁路负责货运运输制度才正式确立。

国内联运制度、货等运价制度与负责货物联运制度的推行，对集镇交通运输业尤其是铁路运输业的发展产生了明显的积极影响。如京绥路平地泉发达的一个重要原因在于“平绥铁路自民十一年起，即实行减低绥省杂粮出口运费，先是以包头北平间之第五大站——丰镇——以西为限，嗣以平地泉商业日见发达，路局遂将第五大站移至平地泉，于是平地泉替代丰镇握着杂粮出口的枢纽，形成了独执牛耳之势。”[⑤] 京奉铁路万庄站“近五年来旺淡情形，以十九年至二十一年为旺，以二十二年至二十三年为淡，因雨大减收，自铁路举办负责运输后，商人均乐于托运，

① 《北宁铁路沿线经济调查报告》，第 1771 页。

② 万琮：《我国各路实施货运特价专价之探讨》，《交通杂志》第 2 卷第 2—3 期合刊，1934 年 1 月，第 175 页。

③ 金士宣：《平绥路新订之货物运价及特价》，《交通杂志》第 3 卷第 2 期，1934 年 12 月，第 17—18 页。

④ 《铁道年鉴》第 1 卷，第 361—363 页。

⑤ 戈我：《西北的粮都平地泉蒸蒸日上》，《大公报》1936 年 6 月 17—18 日，第 10 版。

运量渐增，但仍有交转运商代运者”[①]。胶济路周村站于1933年2月21日实行负责货运运输制，后又于11月1日实行全国铁路货物联运，“自兹以后，周地货商寄发全国各地之货物，前由邮局托运者，今则无不改由铁路运输，盖因铁路联运，较之邮局，费时既少，运费亦低故也”[②]。

综上所述，联运制度、货等运价制度和负责货运运输制度在集镇的推行过程表明，大多数铁路运营管理制度或者首先推行于某些重要车站，或者针对某些集镇的某种大宗产品做出特别规定。这与铁路车站及其他运营管理机构在等级和规模上的差异具有某种程度的一致性。

四 集镇交通运输业的发展

随着华北地区交通体系的重组和铁路运输业的迅速发展，[③] 以集镇和村庄所设的铁路车站为中心，以陆路、水路、海路联结周边集镇和村庄的交通运输网络逐渐形成。限于篇幅，下文仅以秦皇岛、塘沽、芦台、平地泉、黄台桥、坊子、李哥庄、黄旗堡、石家庄、会兴镇等10站为例对此进行考察。

秦皇岛、塘沽、芦台三站均在京奉铁路沿线。秦皇岛因1916—1917年汤河车站南移至此而成为“水陆之通衢”，“外洋轮船四季通行，火车运输，亦极便利”。由秦皇岛经铁路可通石门寨，陆路可通石门寨、海阳镇、山海关、北戴河等处，“交通搬运机关，有大小车骡驴等”[④]。秦皇岛车站附近由此成为名副其实的铁路、陆路、海运交会之地。塘沽站设于塘沽街市外约250米的海河左岸。1934年前后，由于海河淤塞，较大的轮船不能直达天津，只能在塘沽停泊，因此塘沽站成为陆海运输联络地。水路沿海河西进可达天津，陆路经新河、陈家咀，或军粮城、大直

① 《北宁铁路沿线经济调查报告》，第74页。

② 《胶济路二十二年份各站年报》（续），《铁路月刊》（胶济线）第6卷第4期，1936年4月，第11页。

③ 详见熊亚平《铁路与华北乡村社会变迁1880—1937》，第62—72页。

④ 《秦皇岛之近况》，《中外经济周刊》第212期，1927年5月，第6页。

沽，均可到达天津。此外还可借助大车、骡、马、人力车等联络附近村镇。[①] 芦台站距芦台镇5里，附近有芦台、东丰台、潘庄、宁河县、窝洛沽、鸦鸿桥、宝坻县等城镇。1934年前后，车站与各城镇间以汽车、人力车、骡马车、大车、帆船等交通方式联络。宁河县、卢家坞等地的河鱼，神堂村等地的海鱼和虾等，多先由民船、大车或用人力运至车站，再装火车运销天津、唐山、北京等地。[②]

平地泉为京奉沿线重要车站。该站设立之初，几无对外交通可言。到1926年时，由京绥路可达包头、马盖图、卓资山、张家口、北京等地；陆路以集宁县城为中心，"东北至商都一百八十里，至多伦六百里，均可行汽车"[③]。

黄台桥位于济南城东北12里，既是小清河干流与支流会合处，又是小清河、津浦路和胶济路三方运输的联络地，分别设有津浦路黄台桥站和胶济路黄台桥站。其中胶济路黄台桥站在小清河南岸，黄台桥庄以东，铁路可向西连接津浦路，向南通往胶济路黄台站；陆路有小路南通北全福庄。津浦路黄台桥站在小清河北岸，铁路可通往胶济、津浦两路联轨处。此外，黄台桥庄西侧还有大道北通济阳，南达济南东关。[④] 此外，黄台桥站附近水路交通也十分便利，"由小清河西抵济南西门外，东达羊角沟，横贯章邱、桓台、博兴、广饶、寿光五县，去西北三里即洛口，可通黄河"[⑤]。（见图2-2）

坊子在山东潍县城东约30里，原是一个富藏煤炭的小村庄，随着煤炭的开发、胶济铁路的建设和烟草交易的兴盛而兴起为集镇。到1933年前后，已形成以车站为中心，以铁路和陆路为主的交通运输网络。铁路方面，由坊子站向东可通蛤蟆屯、南流等站，向西可达二十里堡、潍县等站。陆路方面，以车站为中心的道路向东北经眉村等集镇至昌邑，向北可达韩亭等集镇，向西北可经周堤等集镇达潍县，向东南可经杨家庄等村庄至安丘、诸城，向南可经马司、高崖等集镇到达沂水。（见图2-3）

---

① 《北宁铁路沿线经济调查报告》，第761页；日本中国驻屯军司令部编《二十世纪初的天津概况》，侯振彤译，天津市地方志编修委员会，1986，第96页。

② 《北宁铁路沿线经济调查报告》，第1179、1182—1183页。

③ 《平地泉（集宁县）之经济状况》，《中外经济周刊》第148期，1926年1月，第16页。

④ 《胶济路二十二年份各站年报》（续），《铁路月刊》（胶济线）第6卷第7期，1936年7月，第42—43页。

⑤ 胶济铁路管理局总务处编查课编印《胶济铁路旅行指南》，1934，第230页。

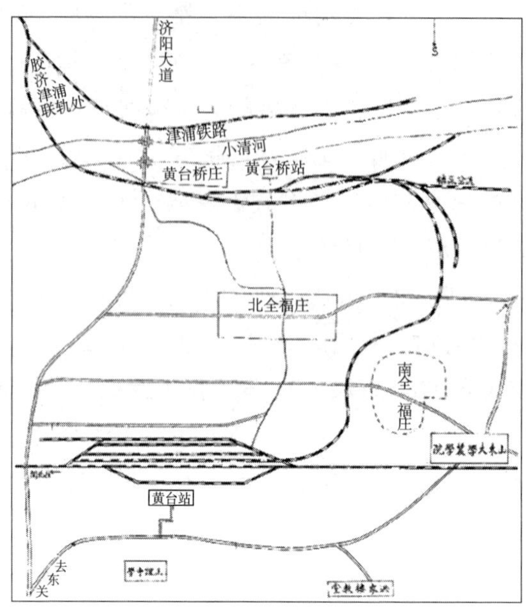

图 2－2　1933 年前后黄台桥车站周边交通

资料来源：《胶济路二十二年份各站年报》（续），《铁路月刊》（胶济线）第 6 卷第 7 期，1936 年 7 月，第 42—43 页。

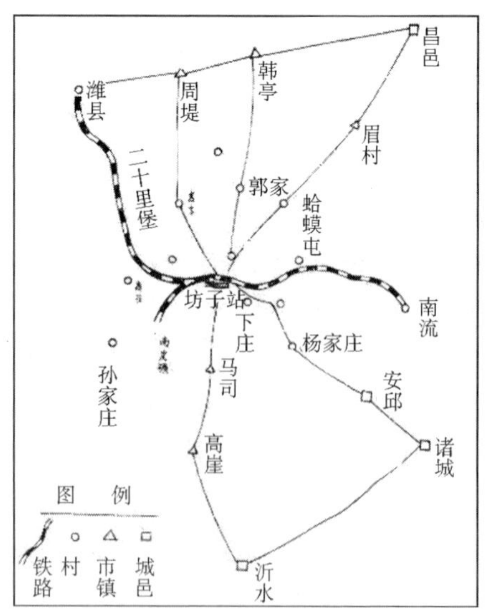

图 2－3　1933 年前后坊子车站周边交通

资料来源：《胶济路二十二年份各站年报》（续），《铁路月刊》（胶济线）第 5 卷第 9 期，1935 年 9 月，第 12—13 页。

李哥庄、黄旗堡两站均为胶济沿线小站。[①] 前者属胶县，1933 年前后为“全线中最低之站，客货运均稀少，半为交错列车而设”[②]。车站南有李哥庄、王家村、石拉子（有集市），北有孙家村、大辛店，西北有店口镇（有集市），东北有蓝村等村庄和集镇。交通方面，铁路可东通蓝村站，西去胶东站；陆路可通孙家村、大辛店、店口镇等村庄和集镇，“普通运输方法，以大车、小车、牲畜，人力担运为最多”[③]。（见图 2－4）后者属安丘县，在黄旗堡村西南。1923 年前后仍为仅有“炭栈三四”的小站，到 1934 年前营业虽然日益发达，但从车站建筑规模和工人数量来看，仍属小站之列。[④] 此时的黄旗堡站北有黄旗堡、狮子口、安丘庄、乙甲庄、花坞、沙窝等集镇和村庄；南有东安泰、西安泰、王家汶村、于家汶村、张家汶村、田家汶村、贺家汶村、杞城等集镇和村庄。交通方面，由胶济铁路可东通峠山，西通南流；经泰沂区汽

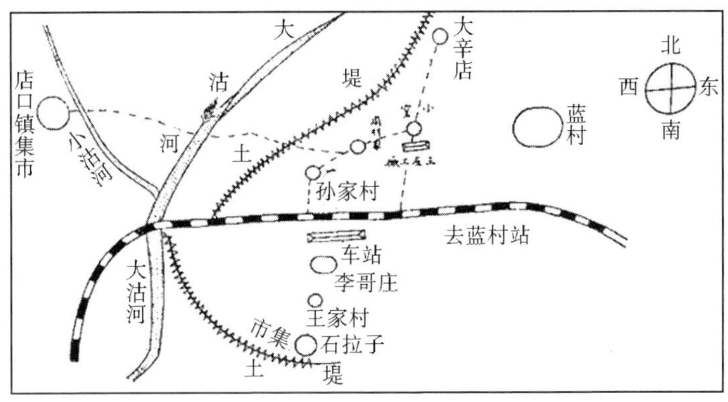

图 2－4 1933 年前后李哥庄车站周边交通

资料来源：《胶济路二十二年份各站年报》（续），《铁路月刊》（胶济线）第 5 卷第 5 期，1935 年 5 月，第 46—47 页。

---

① 在德占时期，胶济路建筑面积及建筑物多少系依据站等而定，因此可由车站房屋建筑面积推定其等级。据此，黄旗堡、李哥庄当时为小站，其后 20 年间变化并不大。《交通史路政编》第 13 册，第 5141—5145 页。

② 《胶济铁路旅行指南》，第 110 页。

③ 《胶济铁路沿线经济调查报告》分编三胶州，第 15 页。

④ 《胶济铁路沿线经济调查报告》分编三安丘县，第 11 页；《交通史路政编》第 13 册，第 5141—5145 页；《胶济路二十二年份各站年报》（续），《铁路月刊》（胶济线）第 5 卷第 8 期，1935 年 8 月，第 14 页。

车路可达王逄；通过大车路可联络周边各集镇村庄；由水路可达峠山，夏秋之交，汶水、潍河“载重五六吨之帆船，自潍河口上溯，可至黄旗堡峠山间，在潍河铁桥下卸船”①。（见图 2－5）

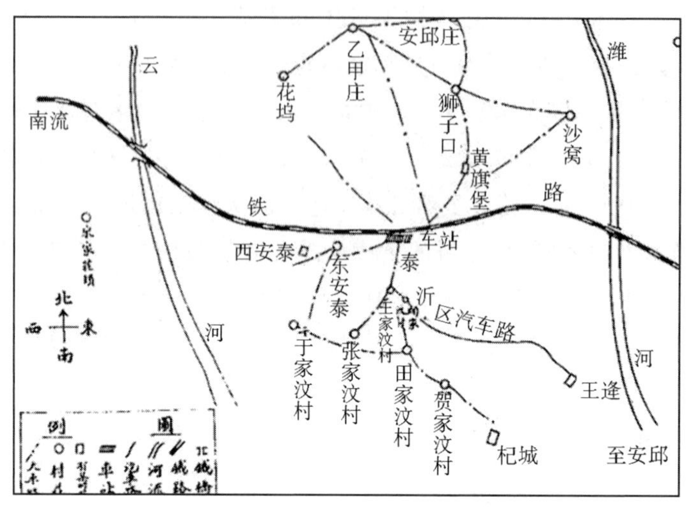

图 2－5　1933 年前后黄旗堡车站周边交通

资料来源：《胶济路二十二年份各站年报》（续），《铁路月刊》（胶济线）第 5 卷第 8 期，1935 年 8 月，第 24—25 页。

石家庄车站是 1937 年前华北唯一在村庄和集镇设立的铁路枢纽车站。1920 年前后，京汉路车站在东，正太路车站在西，两站相对而立。对外交通以铁路和大道为主，铁路由京汉路可达北京、保定、郑州、汉口等地，由正太路可达太原等地。大道向东可达休门镇及沧州、河间、德州等地，向西可达获鹿，西南可达元氏县。（见图 2－6）

会兴镇站为陇海铁路沿线车站，属河南陕县辖境。车站距会兴镇约 3 里。由镇内至车站有大路可通牛马大车。“镇北半华里临黄河，有渡口曰茅津渡，隔河为山西茅津镇，亦有商市，晋豫交通运输即藉此为主要咽喉。茅津镇与晋南各大县间通有大路。运城潞盐入豫，大部分由此，晋棉输出，一部分走陕州外，来此改装铁路者，亦不在少数。”②

以上 10 站中，既有地居东部沿海者，又有位于中部平原和西部丘

① 《胶济铁路沿线经济调查报告》分编三安丘县，第 12 页。

② 《陇海铁路货运调查报告》，中国第二历史档案馆藏档案，档案号：28/13866。

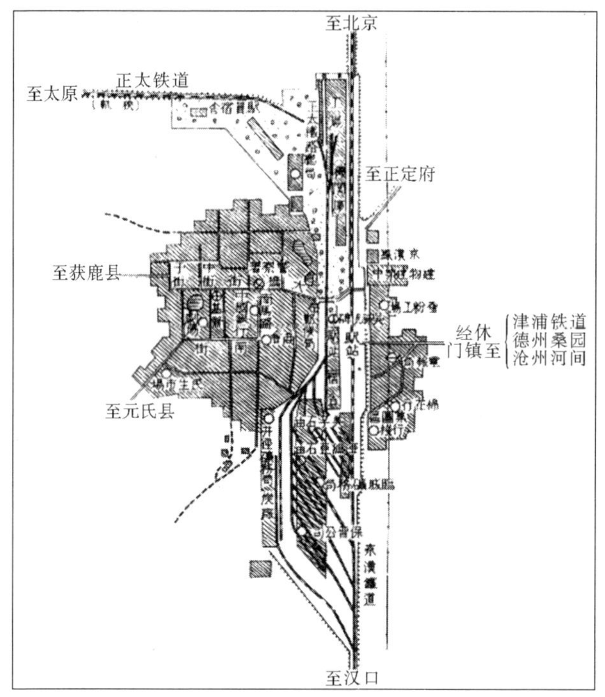

图 2－6　1920 年石家庄交通

资料来源：青島守備軍民政部鐵道部『調查資料　第二十輯　周村德州及德州石家莊間並石家莊滄州間調查報告書』大正 9 年、142—143 頁。

陵、山地者；既有地处海陆交会之地者，又有位于铁路交会之地者和水陆交会之地者；既有设于传统集镇者，又有位于新兴集镇者；既有石家庄等大站，也有李哥庄等小站，因此能够从不同角度、不同层面反映出 1937 年前华北以铁路车站为中心的交通网络的发展状况。在与这 10 个车站相邻的集镇中，既有设站集镇又有临近车站的集镇，下文将分别对其交通运输业发展进行考察。

就设站集镇而言，铁路运输是其交通运输业中的重要组成部分。秦皇岛 1934 年前后经铁路运出的货物主要有面粉、洋布、棉纱、煤炭、玻璃等。面粉每年运出约 7000 吨，洋布运出约 1000 吨，棉纱运出 200—300 吨，煤炭运出 15000 吨，主要运往滦县、昌黎、山海关、天津等地。[①] 由铁路运入的货物，主要是来自开滦的煤炭。1934 年 7—12 月，

① 《北宁铁路沿线经济调查报告》，第 1555—1556 页。

仅唐山一地就运来151万余吨。[1] 作为海陆交会之地，秦皇岛的轮船航运业也十分发达。1934年时，由轮船运出煤炭456504公担，销往日本、香港、台湾等地；带壳花生72225公担，销往美国、法国、德国、香港、日本等地；花生仁17271公担，杏仁5395公担，销往日本、德国、美国、丹麦等国。由轮船运入“工”字铁及“丁”字铁2743公担，来自德国、比利时、卢森堡；铁条7042公担，煤857公担等。[2]

塘沽的主要交通方式是铁路和海运。其中，铁路1932年运出整车货物108811.07吨，1933年运出115783.60吨，1934年运出107250.19吨。1931—1935年分别运来煤炭373534吨、427510吨、206280吨、364442吨和433261吨。1934年前后每年运来水泥90万桶。[3] 海运主要运输面粉、煤炭和水泥等货物。1934年前后，面粉每年由上海运来400万袋。煤炭由铁路运至后，大部分装船运销长江流域各埠；水泥由唐山运来后，亦在此装船运销华中、华南各地。[4]

芦台有铁路、陆运和河运三种运输方式。其中，铁路1932年共运出整车货物5519吨，1933年运出2218吨，1934年运出6825吨。1934年前每年运来煤炭4000吨，小米600吨，大米600余吨，玉米500余吨，水果300余吨，面粉1000余吨，纸烟40余吨。[5] 在这些货物中，鱼由陆路和水路运至芦台，海鱼由大车及人力运至芦台，青菜由大车运来，土布由大车或船运至芦台。[6]

平地泉运出货物主要由铁路运输，1933年运出小麦17313吨，胡麻、菜籽2155吨，牲畜毛绒210吨，牲畜皮40吨，鸡蛋77吨，共计近2万吨。运入货物主要由陆路运输。1935年前后，运至平地泉的粮食“除上等农户自备大车从数十里至数百里的农村运来平地泉之外，其由商家收屯，或县政府收赋所屯的粮杂（大多数田赋以收款为主），大都雇大车

① 《北宁铁路沿线经济调查报告》，第1683页。
② 《北宁铁路沿线经济调查报告》，第1682—1683页。
③ 《北宁铁路沿线经济调查报告》，第765—766、1783、1934页。
④ 《北宁铁路沿线经济调查报告》，第765页。
⑤ 《北宁铁路沿线经济调查报告》，第1182—1187页。
⑥ 《北宁铁路沿线经济调查报告》，第1182—1186页。

或牲畜（小毛驴）运输……大粮店常年自备大车，往来城乡运输”[1]。

黄台桥为铁路与河运交会之地，铁路运输与船运均比较发达。1934年前，铁路转运货物以盐为最多，多数先用船从羊角沟运至车站，再改装火车分销他处。[2] 坊子交通以铁路为主，“东至青岛，西至济南，极为便利”[3]。1934年前，来自青岛、大港等地的豆饼、煤油、杂货、木板，杨家庄、辛店等地的烟叶，周村、济南的大豆，博山等地的煤等多由铁路运来，每年约8680吨。产自本地的煤，莒县、沂水转来的花生米、花生油等，多由此转销青岛等地，每年约46515吨。陆运处于次要地位，多用于与邻县之间运输，“坊子镇居县境东偏，与安邱昌乐距离甚近，兼有坊蒋汽车路直达临朐县境，货物出入，在在与邻县发生密切关系，若花生类，均来自他县”[4]。

李哥庄的交通运输方式中，铁路居于首要地位。1934年前，铁路每年运出咸鱼250吨，洋瓦450吨，白菜200吨，麦穰草90吨，运往青岛、四方等站；运入煤炭300吨，来自博山和坊子，什货30吨。上述货物由附近地区运至车站，或由车站运销附近地区时，多由大车、小车、牲畜或人力担运。[5]

黄旗堡的铁路、水路和陆路三种交通方式中，铁路1932年共运出货物11049吨，其中烟叶4560吨，运往二十里堡、潍县、大港、蛤蟆屯；小麦2605吨，运往济南、青岛；花生米1510吨，运往大港、青岛；豆油1278吨，运往青岛；木料735吨，运往城阳，坊子。运入货物16315吨，其中煤9825吨，来自博山、大昆仑、坊子；豆饼2040吨，来自青岛；高粱1455吨，来自青岛；杂货1440吨，来自青岛；咸鱼480吨，来自青岛；煤油300吨，来自大港。水运主要是潍河船运，“所载货物为咸鱼虾酱等海味……船只数目，运载吨数，均寥寥”[6]。陆路运输中，汽车主要用于客运。大车、二把手车等用于运货。

---

① 《李祖谦平绥铁路货运调查报告》，中国第二历史档案馆藏档案，档案号：28/567；戈我：《西北的粮都平地泉蒸蒸日上》，《大公报》1936年6月17—18日，第10版。

② 《胶济铁路沿线经济调查报告》分编六济南市，第26—27页。

③ 《中国实业志》（山东省），丁，第131页。

④ 《胶济铁路沿线经济调查报告》分编三潍县，第21—22页。

⑤ 《胶济铁路沿线经济调查报告》分编三胶州，第12—15页。

⑥ 《胶济铁路沿线经济调查报告》分编三安丘县，第11—12页。

石家庄的交通方式以铁路、陆路为主，水路次之。其中，铁路运输居于首要地位，经铁路转运的货物以煤炭、粮食、棉花、铁锅为大宗。1924 年运出烟煤 5 万余车（每车 20 吨，下同），硬煤 48050 余车，粮食 1000 余车，棉花 1000 余车，铁锅 900 余车；1925 年运出烟煤 29790 车，硬煤 12750 车，粮食 190 余车，棉花 347 车，铁锅 147 车。陆路运输以大车为主要工具，一是作为井陉、正丰等公司煤炭运至石家庄的辅助方式；二是作为运至石家庄的粮食转销附近各县时的交通工具；三是在铁路中断或车辆缺乏时，将集中于石家庄的煤炭、粮食、棉花等运至距石家庄 20 里的高家营或李家庄，然后装船经滹沱河、子牙河、大清河运至天津。[①] 水运主要在铁路运输受阻之时发挥作用。由于滹沱河上游“水量无定，只能行载二三十包的小船。达天津至少须半月，故水路在平时不能与铁路竞争”[②]。

会兴镇为水陆交会之地，铁路、陆路和水路运输均发挥作用。铁路 1933 年运出货物 16104 吨；运入 3240 吨。[③] 陆运主要将潞盐、棉花等转运至车站。[④] 水运主要用于与运城等地联运。1935 年，陇海路当局“曾藉会兴镇茅津渡河运之便，成立联运公司，与山西运城实行联运，交通称便”[⑤]。

综观这 10 个车站所在集镇交通运输业的发展可知，秦皇岛、石家庄等集镇每年输出输入货物在 200 万吨以上，塘沽等站在 100 万吨左右，芦台、平地泉、黄台桥、黄旗堡、泊头、会兴镇等站有数万吨，李哥庄等站则仅有 1000 余吨，呈现出明显的“差异化发展”态势。由于京汉铁路在华北各路中地位突出且有明确的车站分等记录，因此下文再以该路货运为例，进一步考察铁路车站等级和规模与集镇运输业的“差异化发展”之间的关系。

---

① 《石家庄之经济状况》，《中外经济周刊》第 181 期，1926 年 9 月，第 22—24 页。

② 曲直生：《河北棉花之出产及贩运》，社会调查所，1931，第 141—142 页。

③ 《陇海铁路货运调查报告》，中国第二历史档案馆藏档案，档案号：28/13866。

④ 《陇海铁路货运调查报告》，中国第二历史档案馆藏档案，档案号：28/13866；《陇海全线调查》（1932 年份），殷梦霞、李强选编《民国铁路沿线经济调查报告汇编》第 7 册，第 300—301 页。

⑤ 民国《陕县志》，台北，成文出版社，1968 年影印本，第 370 页。

有记载表明，在京汉路货运中，煤运“占本路商运百分之六十以上”[①]，因此关于京汉煤运量与车站等级的统计应能从一个侧面反映出货运量与车站等级之间的关系。

表 2－11　1933 年京汉路 73 个车站煤运规模与车站等级统计

运量规模	车站总数	设于集镇和村庄车站的数量及比例							
		一等站		二等站		三等站		四等站	
		数量	比例	数量	比例	数量	比例	数量	比例
10 万吨以上	8	1	12.5%	1	12.5%	1	12.5%	1	12.5%
5 万—10 万吨	4	1	25%	0	0	1	25%	0	0
1 万—5 万吨	15	0	0	1	7%	0	0	4	27%
0.5 万—1 万吨	16	0	0	0	0	0	0	8	50%
0.1 万—0.5 万吨	23	2	9%	1	4%	0	0	11	48%
0.1 万吨以下	7	0	0	0	0	0	0	5	71%

资料来源：煤运量据雨初《国有铁路各站民国二十三年商煤运输之研究》，《铁道半月刊》第 1 卷第 6 期，1936 年 8 月，第 20—22 页；车站等级据《交通史路政编》第 8 册，第 790—797 页。

由表 2－11 可以看到以下几个突出现象：煤运量较大的车站仅有不到半数设于集镇和村庄；随着煤运量的减少，设于集镇和村庄的低等级车站的数量和比例均大幅增加；仅有少数设于集镇和村庄的三等车站和四等车站煤炭运输量较大，大多数四等车站运输量在 0.5 万吨以下；一等车站中运输量为 0.1 万—0.5 万吨者为长辛店和驻马店，前者为京汉路工厂集中地，后者以粮食集散著称，应属异常情形。这就表明铁路车站的等级和规模与集镇交通运输业的“差异化发展”之间有较高的相关性。易言之，仅有少数集镇和村庄设有高等级车站，大多数集镇仅设有中低等级车站，前者货运量较大，交通运输业发展迅速，后者货运量较小，交通运输业发展严重滞后，因此集镇交通运输业的“差异化发展”趋势更加明显。与此同时，由于其他铁路运营管理机构中，等级较高、规模较大者多设于高等级车站，等级较低、规模较小者多设于中低等级车站，国内联运制度、负责货运运输制度等亦首先在高等级车站推行，

① 侯彧华：《本路二十四年份主要货物运输状况煤运图略说》，《铁路月刊》（平汉线）第 80 期，1936 年 12 月，第 1 页。

因此其他铁路运营管理机构的等级和规模及相关制度的推行，与集镇交通运输业的“差异化发展”之间也有一定的相关性。

对于后一类集镇而言，其交通运输业的发展也受到铁路或多或少的影响。河北大兴县青云店距京奉路安定车站仅12里，交通便利，运出粮食、花生多由安定车站转运，1934年前后每年运出花生1800吨（部分来自南各庄、于垡、礼贤镇），小米1100吨（部分来自礼贤镇），小麦1200吨（部分来自礼贤镇和南各庄），豆类1300吨（部分来自礼贤镇、南各庄、于垡等地），运进货物以洋货、糖、纸、煤油等为大宗，“整批者由天津经铁路运来，零星者则悉由北平用大车运来”[①]。迁安县建昌营为长城内外货物转运中心，1934年前转运业有3家，“因本地农产不敷，粮食须由他地输入，此项粮食之转运，大都由该业经营。外地粮食，多由平绥路沿线装车联运至滦县，再船运至迁安黄台山转装大车运往”[②]。

山东安丘县景芝镇距胶济路黄旗堡车站约30里，以酿酒著称，“其原料多在青岛采购，每年由青岛输入之高粱，约千五百吨”。而1932年的统计表明，当年由青岛经铁路运至黄旗堡的高粱为1455吨，由该站运往青岛和济南的酒有10吨。[③] 这些高粱和酒中，应有一部分运往景芝或由景芝运出。[④] 昌邑县柳疃为纺织绸业中心，在鼎盛时期每年出品约60万匹，[⑤] “运出之货。由潍县转者，占百分之八十，由烟台转者，占百分之二十”[⑥]。1934年前，潍县车站运出山东茧绸120吨，“自昌邑来，销售青岛”[⑦]。

山东莱芜县口子镇东北距博山80里，西距泰安120里，南距大汶口130里，由于大路四达而成为全境交易中心，“由博山运进之棉纱、布匹、窑货，及杂货等，大多数由此聚散……花生米交易年五百万斤”[⑧]。

---

① 《北宁铁路沿线经济调查报告》，第70—71、593页。

② 《北宁铁路沿线经济调查报告》，第1482页。

③ 《胶济铁路沿线经济调查报告》分编三安丘县，第7—11页。

④ 另有记载表明，景芝白酒“远销邻境，恒由丈岭输出”，而丈岭为胶济铁路沿线车站，此亦佐证景芝为临近铁路车站的集镇。参见林传甲《大中华山东省地理志》，第300页。

⑤ 《胶济铁路沿线经济调查报告》分编三昌邑县，第4页。

⑥ 《胶济铁路沿线经济调查报告》分编三昌邑县，第8页。

⑦ 《胶济铁路沿线经济调查报告》分编三潍县，第20页。

⑧ 《胶济铁路沿线经济调查报告》分编五莱芜县，第11页。

花生等农产品在口子镇聚集后，先用小车、牲畜等运至泰安、大汶口等地，再装火车运出，“肥城全境，莱芜西部，东平东部，俱其（泰安县城）营业区域。土产之输出，各项杂货杂粮之输入，俱取道泰安车站”[①]。“宁阳、泗水全境、莱芜西南部、新泰西部，俱其（大汶口）营业区域。”[②] 1931年时泰安车站运出花生9865吨，大汶口车站运出23460吨，其中当有一部分由口子镇运来。[③] 平原县黎吉寨在县城东南35里，1934年前有商号10余家，“以贩运粮食者最多，输出输入，多赖津浦路之张庄车站”[④]。

与有铁路通过和设站的集镇相比，关于和铁路车站或设站集镇在交通上和经济上有联络的集镇交通运输业的记载多属一鳞半爪，故以上讨论尚不足窥其全貌，但综观相关史料，应可获得以下几点认识：一是与铁路车站或设站集镇在交通上和经济上有联络的集镇在华北各县尤其是铁路沿线各县集镇中占有较大比例；[⑤] 二是铁路对此类集镇的交通运输业发展有或多或少的影响；三是由集镇至车站的运输，主要借助陆路、水路等其他交通方式进行，因此此类集镇的交通运输业发展，多与铁路运输互为补充，相得益彰；四是铁路车站及其他运营管理机构的等级和规模与此类集镇交通运输业“差异化发展”之间的关系，不如设站集镇明显。

五　小结

在铁路运输业的发展中，车站作为旅客转运和货物流通的枢纽，扮

① 《胶济铁路沿线经济调查报告》分编五泰安县，第13页。

② 《胶济铁路沿线经济调查报告》分编五泰安县，第14页。

③ 《胶济铁路沿线经济调查报告》分编五泰安县，第13—14页

④ 《胶济铁路沿线经济调查报告》分编六平原县，第7页。

⑤ 这一点既可由《北宁铁路沿线经济调查报告》、《胶济铁路沿线经济调查报告》、《陇海全线调查》（1932年份）、《京汉旅行指南》、《津浦铁路旅行指南》、《陇海铁路旅行指南》、《道清铁路旅行指南》以及《大中华直隶省地理志》、《大中华山东省地理志》和《大中华河南省地理志》等史料中得到印证，也可从上文的统计分析中推知，即1937年前直隶、山东、河南三省有铁路经过和设站的县份，在1911年前共有集镇600余个，而华北8条铁路设于集镇和村庄的车站共有373个。这两个数字之差中属于集镇的部分，大多数在交通上和经济上与车站和设站集镇有联络关系。

演着重要角色。由于资源禀赋、工商业发展水平等不同，车站往往被划分为不同等级（如 1914 年京汉路车站分为四等，1924 年京绥路分为三等）、配置不同数量的工作人员，建有不同规模的站场设施。由于多数高等级车站设于城市和县城，而大批低等级车站设于集镇和村庄，因此，设于集镇和村庄的车站的差异远较城市和县城突出。与之相应，石家庄、漯河、驻马店、平地泉等少数设有较高等级车站的集镇的交通运输业发展十分迅速，而李哥庄、郭店、湖田等为数众多仅设有低等级车站的集镇的交通运输业发展相对缓慢，从而使集镇交通运输业呈现出“差异化发展”。

铁路的正常运营不仅需要铁路车站，而且需要铁路管理局（监督局）及制造厂、修车厂、机车厂等各类工厂和总段、分段、小段等运营管理机构。这些机构使铁路运营的近代企业属性更加鲜明。这一属性与铁路车站，铁路管理局（监督局）、处、站（段），总段、分段、小段等运营管理机构在等级和规模等方面的差异性及各种运营管理制度相结合，不仅在一定程度上加速了集镇交通运输业的“差异化发展”，而且使以铁路运营管理机构为中心的交通社区呈现出“差异化发展”态势，从而进一步推动了所在集镇的“差异化发展”。

从一定意义上说，集镇交通运输业是集镇发展的一个前提和先导。在铁路车站、运营管理机构的等级和规模等方面的差异及相关运营管理制度的推行等因素交织影响下的集镇交通运输业的“差异化发展”，一方面促使沿线部分传统集镇的持续发展，带动沿线部分村庄兴起为集镇；另一方面又导致部分集镇和集市相对衰落。在此过程中，铁路沿线集镇的数量与规模、分布与形态、类型与层级及时空格局开始发生明显变化。

第三章　铁路开通后沿线集镇时空格局的演变

由于“分类”被视为小城镇研究的第一步，集镇类型与层级的变化、集镇数量与规模的变动、集镇分布与形态的演变又是铁路沿线集镇“差异化发展”及时空格局演变的重要内容，因此本章将通过考察铁路开通后至1937年前的华北集镇类型与层级变化、集镇数量与规模变动、集镇分布与形态演变，总结其主要特征，揭示铁路在其中所起的作用。

一　集镇类型与层级的变化

由于《铁路与华北乡村社会变迁1880—1937》等论著已从传统市镇的兴衰、新兴市镇的兴起、市镇形态的演变等方面考察了1937年前华北铁路沿线的驻马店、漯河、泊头、清化、道口、周村、长辛店、唐山、焦作、石家庄、平地泉、秦皇岛等重要集镇的发展，[①] 加之本书后文还将在集镇形态演变、产业发展与社会组织的成长等方面论及这些重要集镇，因此本章仅概述其发展历程，以避免不必要的重复，同时将更多位于不同铁路沿线，代表不同类型和规模，在发展路径上具有一定代表性的集镇纳入考察范围。

到1937年前，华北铁路沿线集镇虽然仍可大致分为交通运输枢纽型集镇、工矿业型集镇、工商业型集镇三类，但代表性集镇已有较大变化。在交通运输枢纽型集镇中，铁路运输业的迅速发展促使地处铁路与铁路、铁路与内河航运、铁路与海运交会之地的石家庄、张店、秦皇岛、洛口、

---

① 参见熊亚平《铁路与华北乡村社会变迁1880—1937》，第7章；熊亚平：《铁路与华北内陆传统工商业市镇的兴衰（1905—1937）》，《河北大学学报》（哲学社会科学版）2006年第5期，第100—103页；熊亚平：《铁路与华北内陆地区市镇形态的演变（1905—1937）》，《中国历史地理论丛》2007年第1辑，第73—81页；王先明、熊亚平：《铁路与华北内陆新兴市镇的发展（1905—1937）》，《中国经济史研究》2006年第3期，第149—157页。

桑园、道口等集镇的地位日益突出。

石家庄是随着京汉、正太两路的通车而迅速崛起的交通运输枢纽型集镇。由于京汉、正太两路轨距不一，输出和运入货物均需在石家庄“倒转”，因此随着山西及河北井陉、正丰等公司煤炭及粮食、棉花等农产品的大量外运，石家庄转运棉花、煤炭、杂粮等各种商业日益发达，人口迅速增加，街市日益扩充。1917 年前后，石家庄有公盛、大成栈、聚成玉、万义泰等 30 余家商号，人口约 1000 户、6000 人左右。[①] 1921 年前，石家庄已成为重要的煤炭的转运中心。“丁口既繁，需用自广，于是布商饮食店、烟商、茶叶商、钱商以及各种娱乐机关随之进益，商情兴盛，四方来会者自多，以四方来会者之多，商品乃益事添置，商况乃日益兴旺。”[②] 1926 年前后，石家庄每年进出口货物值 5000 万元以上。输出货物中，煤炭来自井陉、正丰、宝昌、元和、保晋、建昌、广懋等煤矿，1924 年共运出 98000 余车（每车 20 吨），1925 年运出 42500 余车；棉花产自山西曲沃、洪洞、翼城、荣河、虞乡、平陆等县者，由榆次经正太路运来；产自河北正定、获鹿、栾城、元氏、柏乡、隆平、巨鹿等县者用大车等运来，每年交易 2000 万元左右。粮食产于山西寿阳、榆次一带，主要有小米、高粱、黑豆、小麦、黄豆、绿豆、黍子、玉米等。铁货产于山西平定，由阳泉装火车运至石家庄，销往山东、天津和东三省等，每年在 900 车以上。这一时期，石家庄共有商号 2000 余家。其中有转运货栈 30 余家，棉花公司 4 家，煤店 150 余家，粮店 50 余家，另有正太路总机厂、大兴纱厂、井陉矿务局石家庄炼焦厂等重要近代企业。人口已增至 4 万人（含休门镇）。[③] 到 1937 年前，石家庄已有商号 2500 余家，人口 6 万余人。[④]

张店属山东省桓台县管辖，初称黄桑店，据地方志记载，该地宋代时仅有客店数家，其中张氏店户“生意兴隆，遐迩闻名”，后改称张店，

① 『支那省别全志　第 18 巻（直隶省）』、267—268 頁。
② 俞逢清：《石家庄之经济观》，《商学杂志》第 6 卷第 4—5 期，1921 年 6 月，第 33 页。
③ 《石家庄之经济状况》，《中外经济周刊》第 181 期，1926 年 9 月，第 20—31 页。
④ 李惠民：《近代石家庄城市化研究（1901—1949）》，第 94 页；熊亚平、江沛：《铁路与石家庄城市的崛起：1905—1937 年》，《近代史研究》2005 年第 3 期，第 185 页。

进而形成乡镇。[①] 在胶济铁路及张（店）博（山）支线通车后成为全县尾闾，“输出货物，棉为大宗，年约万四千余吨。输入货物，煤为大宗，年约万二千吨。棉之装运，煤之起卸，俱由棉花商煤商自理”。1928—1934 年，张店车站分别运出棉花 5139 吨、2666 吨、5952 吨、8092 吨、14300 吨、14512 吨和 13917 吨。其中约 50% 来自滨县、蒲台、利津等县，约 30% 产自高苑、博兴、广饶等县，约 20% 来自邹平、齐东、章丘等县。[②] 1932 年运入煤炭 12500 吨，来自博山、大昆仑、洪山。由于张店转运货物以棉花和煤炭最多，因此商业亦以棉业、杂货、炭业、布业最为兴盛。1934 年前有大小商号 90 余家，车站附近人口增至 750 余户，3500 余人，并通过大马路、二马路连接车站与原张店镇。[③]

秦皇岛之所以能够由荒凉之地迅速崛起为集镇，与不冻港的天然优势和拥有铁路、海运两大交通优势密切相关。“秦皇岛者，渤海湾内冬季不冻之良港也。直隶省之港口有二，一曰天津，一曰秦皇岛。天津在北京东南，为京师之咽喉要地，惟每届冬令，白河口一经结冰，则往来航业，即须停止矣。而秦皇岛则不然，背山面海，纵令天气严寒，亦无结冻之虞。”[④] 因此，每当冬季白河封冻时，“天津方面之货物，多由此出入，因之渐有商人及劳动者相继来往”[⑤]。1916—1917 年汤河车站南移后，秦皇岛成为海陆通衢。到 1927 年前，虽然贸易范围仅限于山海关及干沟镇附近，但作为柳江、长城、开滦等矿煤炭及唐山启新公司水泥的重要输出港，秦皇岛除输出煤炭、水泥、火砖外，还输出花生、鲜果、玻璃、丝茧、核桃、黑豆、黄豆等，输入煤油、纸烟、面粉、布匹、棉纱、糖纸、五金、木材、矿木等。于是，办理进出口货物的洋行、代理

① 山东省淄博市张店区志编纂委员会：《张店区志》，中国友谊出版公司，1991，第 36 页。

② 《胶济铁路沿线经济调查报告》分编四桓台县，第 13—14 页；《胶济铁路沿线经济调查报告》总编（上），第 21 页；吴知：《山东省棉花之生产与运销》，1936，第 29、38 页；《胶济铁路二十二年各站统计年报》（张店车站），《铁路月刊》（胶济线）第 6 卷第 1 期，1936 年 1 月，第 53 页。

③ 《胶济铁路沿线经济调查报告》分编四桓台县，第 14 页；《以车站为中心之交通状况略图》（张店站），《铁路月刊》（胶济线）第 6 卷第 1 期，1936 年 1 月，第 58—59 页；《中国通邮地方物产志》（山东编），第 43 页。

④ 《秦皇岛之商况》，《协和报》第 9 期，1914 年，第 15 页。

⑤ 《秦皇岛之近况》，《中外经济周刊》第 212 期，1927 年 5 月，第 1 页。

处以及同义栈、同和长、同发长、万和祥等货栈便应运而生。人口迅速由1907年的1600余人，增至1926年的17000余人。[①] 到1937年前，秦皇岛每年输出货物中，仅来自唐山一地的煤炭即达151万余吨。人口增至33900余人。[②]

洛口为黄河上下游航船停泊之处。明代称“雒镇”，清代改称“雒口镇”，当时有街巷32条，成为食盐等货物的集散地。[③] 民国初年，居民一半从事商业，一半从事运输业。随着津浦、胶济两路运输业务的发展，作为津浦路与黄河航运交会点的洛口成为粮食、煤油、煤炭、杂货、面粉等的转运地，“黄河帆船所运之粮食土产，由此卸船转运济南，或改装津浦车，煤油、煤炭、杂货、棉纱、布匹、济南面粉，由此装船分销各处”[④]。1918年前，洛口转运的货物主要有河南的桐油、药材、水烟及其他西部地区的货物。[⑤] 1932年时，洛口转运的大宗货物有小麦、花生油、花生米、杂粮、铁货、面粉、煤油、棉纱、水烟等。

表3－1 洛口1932年黄河船只运入和运出大宗货物

运入货物				运出货物			
货物种类	数量	销售地	来源	货物种类	数量	运销地点	来源
小麦	9.6万石	济南	上、下游各县	煤油	19万箱	上、下游各县	天津、济南
黄黑豆	8.4万石	济南	滨县、蒲台、利津	面粉	15万袋	滨县、蒲台、利津	济南
花生油	13.5万斤	济南	上游各县	卷烟	1500箱	上、下游各县	济南
杂粮	28万石	济南	上、下游各县	高粱酒	2400坛	上、下游各县	济南、本镇
花生米	720万斤	济南	河南、河北、曹州	棉纱	1400件	上、下游各县	济南

① 《秦皇岛之近况》,《中外经济周刊》第212期，1927年5月，第2—10页。

② 《北宁铁路沿线经济调查报告》，第1683页；伊藤武雄『冀東地區十六箇縣縣势概況調查報告書』冀東地區農村實態調查班、昭和11年、344頁。

③ 济南市史志编纂委员会：《济南市志》第1册，中华书局，1997，第393页。

④ 《胶济铁路沿线经济调查报告》分编六济南市，第24页。

⑤ 『支那省别全志　第4卷（山東省）』大正6年、216—217頁。

续表

运入货物				运出货物			
货物种类	数量	销售地	来源	货物种类	数量	运销地点	来源
铁货	5000 万斤	济南	河南怀庆	酱油	40 万斤	上下游各县	济南、本镇
药材	24 万斤	济南	河南沁阳、虞城	伏醋	95 万斤	上下游各县	本镇
乌枣	260 万斤	济南、上海	东阿、阳谷、长清	杂货	180 万斤	上下游各县	济南
杂骨	3 万斤	济南	上下游各县	布匹	3 万匹	上下游各县	济南
水烟	5 万斤	济南	山西、山东滨州、河南	焦炭	480 吨	上下游各县	济南
竹货	10 万斤	济南	河南	海味	10 万斤	上下游各县	济南

资料来源：《胶济铁路沿线经济调查报告》分编六济南市，第 25—26 页。

随着各类货物的大量转运，洛口商业、人口、街市等均有不同程度变化。1924 年前，洛口主要有铁器铺、杂货店、药材铺、烧酒坊、西洋杂货铺等商号，有人口 2000 户、15000 人，街市南北 1 里、东西 3 里。[①] 1934 年前有大小商号 100 余家，以煤油和粮业最为兴盛，人口约 4000 户、15000 余人。主要街道有洪字街、公胜街、泉字街、三八大街、建兴街、石头市街、公店街、丰年街、朝山街、上关街、大寺街等。[②]

桑园属山东省德县管辖，位于城北 50 里运河沿岸，铁路开通以前已是县中大镇。津浦铁路兴建时，在该镇东圩门外设站，由此成为水陆码头。1917 年前，棉花（吴桥棉）、棉桃、花生、花生油、豆油、芝麻等土产或经津浦、胶济两路运至青岛，或由南运河和津浦路运销天津，商业因此兴盛，人口有 800 余户。1927 年前，“吴桥宁津之棉花（吴桥距桑园二十里，为棉花著名产地），景县衡水枣强之杂粮，均以此为集散场，山东德平县所产之烟叶（年产三百万斤之谱）亦由桑园上车，运销天津及京东各县。棉花杂粮交易最大，由天津所来之民船货物，在桑园

① 『支那省別全志　第 4 巻（山東省）』、216 頁；白眉初：《中华民国省区全志》（山东省），北京师范大学史地系，1925，第 146—147 页。

② 《胶济铁路沿线经济调查报告》分编六济南市，第 24 页；《中国通邮地方物产志》（山东编），第 37 页。

登岸，比在德县少完钞关税一道，（但最近又加百货税捐）故进口布匹杂货，比德县为多，该处商店虽较德县为少，而大都殷实，著名粮栈双和裕双和元万成等家，均兼营钱业”[①]。1934 年前，桑园运河两岸有商号 100 余家，年交易值约 100 万元，有居民 1000 余户。输出货物以杂粮、铁器、棉花、芝麻等为大宗，销往天津、济南等地，1932 年经津浦路运出杂粮 2000 吨，铁器 1200 吨，棉花 1400 吨，鸡 50 吨，鸡蛋 200 吨，芝麻及油 1500 吨。输入货物以面粉、煤炭、杂货、煤油为大宗，来自济南、天津等地；1932 年由津浦路运入面粉 1000 吨，火柴 200 吨，煤 5000 吨，杂货 1600 吨，煤油 400 吨。[②]

道口在铁路开通前，已是天津与开封间的交通孔道。道清铁路开通后成为卫河航运的终点和道清铁路的起点，交通更加便利。1918 年前，该镇商业兴盛，有人口 4000 人，运出货物有锡器、牛骨、小麦、绿豆、黑豆、小米、黄米、高粱、唐黍、鸡蛋等，其中牛骨主要运往天津，鸡蛋中有不少运往汉口。1927 年前，道口“寨中人烟稠密，街道未修，多小商店及粮行煤栈”[③]。1931 年前后，每年约有 20 万吨煤炭从道清路李河、李封车站运至道口，装船运至鲁北、冀南各地。[④] 1936 年时，全镇人口已有 18500 余人，面积 30 余平方里，市面建筑“较县城街道宽阔，西临卫河，东临道清铁路，为水陆交通之点，商业尚称发达”[⑤]。

近代以前，手工业型集镇是华北地区集镇中的重要类型之一。到近代，随着大型近代煤矿的创办和铁路运输的兴起，工矿业型集镇成为华北地区令人瞩目的一类集镇。其代表性集镇中既有长辛店、南口等因铁路工厂建设而兴的集镇，又有唐山、马家沟、焦作、坊子、洪山等随着煤炭资源开发而崛起的集镇。

长辛店属河北省宛平县管辖，在铁路修建前因地处交通要道而成为商业兴盛之地。京汉铁路通车初期，由于陆路孔道地位丧失，其商业曾一度萧条。其后，京汉铁路工务修理厂、材料总厂、机器厂、机车厂、

① 《德县之经济概况》，《中外经济周刊》第 221 期，1927 年 7 月，第 5 页。
② 《胶济铁路沿线经济调查报告》分编六德县，第 9 页。
③ 吴世勋：《河南》（分省地志），第 232 页。
④ 《各铁路沿线煤矿生产统计》，中国第二历史档案馆藏档案，档案号：28（2）/97。
⑤ 《各县社会调查》（浚县），《河南统计月报》第 2 卷第 10 期，1936 年 11 月，第 160 页。

电汽厂等多家铁路工厂的建立和发展，使这一颓势得以扭转，[①] 1910 年时仅加入商会的商号就有 30 家。1928 年时有商店 204 家。1937 年前已有土产粮业，广货、杂货、绸布业、饭馆业、旅栈业等 19 个行业。其中粮食业最盛，资本最高达 2000 元至 3000 元，最低数百元，全年交易额每家最多 4 万—5 万元。这一时期，长辛店所采购的商品种类繁多。其中，洋广杂货多购自天津，由铁路运至丰台，再用大车及人力车运至。煤炭多购自坨里或门头沟，由铁路或牲畜输送。大米多购自大同和张家口，由铁路运来。[②] 长辛店人口以铁路工人为主，1937 年前有人口 3625 户，18281 人（含他往者 120 人）。[③]

南口属河北省昌平县管辖，清末以前已逐渐形成商贸集市。[④] 随着京张铁路和张绥铁路的建成通车，南口成为京绥铁路工厂的重要驻地。1918 年前后，京张铁路制造厂有工人 400 人。1919 年前，南口“为京绥铁路所经之大站，酒楼妓馆，因以发达，有市井习，无边塞之苦”[⑤]。1923 年时南口机厂有工人 865 人，材料厂有工人 112 人。1925 年前，南口工业以京绥铁路机器厂最大，商业以经营铁路运来的煤、柴、粮食、鲜果为主，旅馆有南口公司、清尔饭店、井尔饭店等。居民有 1000 余户，铁路工人及办事员占较大比例。[⑥] 1937 年前有人口 5725 人。[⑦]

唐山和马家沟是随着开滦五矿的创办和京奉铁路建设的逐渐展开而兴起的工矿业型集镇。唐山原是河北省丰润和滦县分辖的一个小村庄，“居民除务农外，多从事采煤及烧窑业”[⑧]。1877 年开平矿务局设立，

---

① 《本路带各地概略（长辛店）》，《铁路月刊》（平汉线）第 17 期，1931 年，第 5 页；《交通史路政编》第 1 册，第 531—553 页。据此可知，长辛店应归入传统集镇行列。

② 《河北工商业调查纪录（宛平县）》，《河北工商月报》第 1 卷第 1—2 期合刊，1928 年 12 月，第 3 页；白眉初：《中华民国省区全志》（京兆特别区域），北京师范大学史地系，1924，第 86—87 页；《国内商会统计》，赵宁渌主编《中华民国商业档案资料汇编》第 1 卷（1912—1928），第 73 页；《北宁铁路沿线经济调查报告》，第 631—633、636—637 页。

③ 《北宁铁路沿线经济调查报告》，第 600 页。

④ 李国棣、李慕禅编著《南口》，北京出版社，2010，第 2—3 页。

⑤ 林传甲：《大中华京兆地理志》，中国青年出版社，2012，第 229 页。

⑥ 白眉初：《中华民国省区全志》（京兆特别区域），第 106—107 页；《交通史路政编》第 1 册，第 556—558 页。

⑦ 伊藤武雄『冀東地區十六箇縣縣勢概況調査報告書』、6 頁。

⑧ 《唐山之经济近况》，《中外经济周刊》第 213 期，1927 年 5 月，第 1 页。

1881 年唐（山）胥（各庄）铁路建成，1888 年唐山—天津间铁路通车后，唐山迅速崛起为工矿业型集镇。"光绪七年，唐胥线成，光绪十五六年，铁道通天津，石灰产销，骤行猛进，遂成今日之繁盛。"[①] 矿工人数随之从 2500 人增长到 3500 人，加上铁路工人，总数约有 1 万人。[②] 1918 年前，唐山人口增至 15000 余人。1927 年前，唐山已建成京奉路制造厂、开滦矿务局、启新洋灰公司等大型近代企业。烟煤、焦炭、洋灰、砖瓦、陶瓷器、棉纱、杂粮等商业随之兴盛。输出商品以煤炭、洋灰、砖瓦、陶瓷器、水管缸、石炭、石片、石料、棉花、棉纱为大宗，输入商品以杂粮、面粉、布匹、纸烟、木材、杂货等为大宗。人口增至 10342 户，47623 人。[③] 1937 年前，唐山已有农产、水陆畜产、林矿、制造等重要工商行号 100 家左右，[④] 人口增至 77800 余人。

马家沟属河北滦县所辖，在开平镇西北，相距约 1 里半，随着开平煤炭的开采而成为矿工的住宿地，此后逐渐有商人来往，商业日渐发展。1918 年前已有食品、日用杂货等商业，人口估计有 4500 左右。[⑤] 1925 年前后，开平镇商业"已渐为马家沟炭坑所夺"[⑥]。1937 年前，马家沟仍对开平商业影响巨大，"本镇商业不振之一般原因，与其他各地同。盖受地方不靖、花会滋扰，以及唐山、马家沟商业侵夺之影响"[⑦]。当时，马家沟有重要工商行号近 20 家。[⑧]

焦作本为河南修武县管辖的一个村庄。英商福公司取得附近各地煤炭开采权并修筑道清铁路后的短短数十年间，焦作迅速成长为一个新兴工矿业型集镇。"自清光绪二十八年，英商福公司开采煤矿、建设铁路后，地利开发，交通便利，工商发达，与时俱进，俨然为豫省西北之重镇。"[⑨] 1922 年前，焦作车站北约 3 里处的马市街已成为行旅辐辏之区，

① 白眉初：《中华民国省区全志》（直隶省），第 36 页。
② 《二十世纪初的天津概况》，第 52 页。
③ 《唐山之经济近况》，《中外经济周刊》第 213 期，1927 年 5 月，第 1—13 页。
④ 《中国通邮地方物产志》（河北编），第 47—48 页。
⑤ 『支那省別全志　第 18 巻（直隸省）』、238 頁。
⑥ 白眉初：《中华民国省区全志》（直隶省），第 35 页。
⑦ 《北宁铁路沿线经济调查报告》，第 1449 页。
⑧ 《中国通邮地方物产志》（河北编），第 54 页。
⑨ 《焦作车站》，《道清铁路旅行指南》（各站概要），第 160 页。

华洋荟萃，有金台旅馆、迎宾旅馆、华安栈、天顺栈、中兴栈等10家较大旅馆。1927年前，焦作已拥有矿工5000余人，开辟出马市街、福中街、中原街等多条街道。车站附近建有道清铁路局、铁路办事处、机厂、车房、公园、医院、员司住宅等，多西式建筑。1931年前，焦作被单独划为一区，称焦作市，人口已达万人。1933年前，中山街为商业繁华区域，旅馆有中成旅社、交通旅馆、迎宾旅馆、中西旅馆、鸿宾客栈、新民旅社等5家；饭馆有光裕楼、宴林春、同庆楼、增福轩、公记饭庄、清真中西楼饭庄、吉陞西餐庄等7家。① 与此同时，焦作人口增至15000余人。街道增至20余条。② 1937年前，焦作有重要工商行号10余家。③

坊子属山东省潍县管辖，原本也是村庄。“惟当时所谓坊子，不过三四小屋，开设饭铺，便利客商往来而已。”④ 此后随着煤炭资源的开发、胶济铁路的建设和烟草交易的兴盛而兴起为集镇。1914年前车站附近已有人口50余户、100余人。⑤ 1934年前，每年由铁路运出煤炭3.3万吨，烟叶3562吨，花生米2600吨，花生油5918吨，有商店273家。此外还有南洋兄弟烟草公司薰烟厂等工业。全镇有商民995户，3900余人。⑥ 1937年前有重要工商行号20余家。⑦

洪山原为山东省淄川县管辖的一个小村庄，随着胶济铁路的开通和鲁大等煤矿的创办兴起为集镇。1931年时，洪山车站运出煤炭34万吨，运入木料1875吨，面粉603吨，高粱450吨。1934年前，洪山有商号约100家，居民1960户，人口7600余人。⑧

---

① 交通部铁路联运事务处编制《中华国有铁路旅行指南》，京华印书局，1922，第232—233页；《焦作车站》，《道清铁路旅行指南》（各站概要），第174、178—179页；吴世勋：《河南》（分省地志），第247—248页；民国《修武县志》，台北，成文出版社，1976年影印本，第243—248页。

② 《焦作车站》，《道清铁路旅行指南》（各站概要），第160页；民国《修武县志》，第243—248页。

③ 《中国通邮地方物产志》（河南编），第50页。

④ 《中国实业志》（山东省），丁，第130页。

⑤ 『青島守備軍民政部鐵道部調查資料　第十一輯　山東鐵道沿線重要都市經濟事情（坊子）』大正7年、286頁。

⑥ 《胶济铁路沿线经济调查报告》分编三潍县，第21页；《中国实业志》（山东省），丁，第130—138页。

⑦ 《中国通邮地方物产志》（山东编），第90页。

⑧ 《胶济铁路沿线经济调查报告》分编四淄川县，第15—16页。

铁路运输业的兴起不仅催生了一批新兴工矿业型集镇，而且促进了沿线部分手工业型集镇的持续发展，其中既有手工开采和集散煤炭的周口店、坨里等，又有生产和集散土布的新集镇、砖路、清风店、眉村、南流等，生产和集散瓷器的彭城镇，生产和集散丝绸的柳疃、烧酒的景芝等。

周口店和坨里属房山县管辖，原本商业不兴，随着煤炭资源的开发和京汉路的通车，两地商业逐渐兴起。但其煤炭开采方式与唐山、焦作等地不同，仍为手工开采。前者在1918年前，年产煤13500余车，有人口450户、2000人左右。[①] 1919年前已设有商会分事务所，入会商号57家。[②] 1928年前，周口店车站两旁商号60余家，人口292户，2193人。[③]后者“旧无商业，自铁路成而商业遂兴”[④]。1919年设有商会分事务所，入会商号20家。1928年前有煤行24家，人口111户，1344人。[⑤]

新集镇属河北省宝坻县管辖，因其所产土布可运至京奉路通州、胥各庄等站转销而成为临近铁路车站的集镇。该镇在清光绪年间已开始生产十码水线布，1900年时有商铺55家。1937年前全镇共有大小商铺67家，其中最大商号为德隆长，有资本5000元，全年营业额34000元。[⑥]砖路和清风店均属河北省定县管辖。前者位于定州城北40里，距京汉路清风店车站18里，因集散的土布外运时均由清风店车站过货店和骡店包运而成为临近铁路沿线集镇。后者在定县城北30里，京汉路在此设有车站。两镇1921年前各有布店5家。1927年前，前者每次集市交易土布5000匹以上，后者交易量稍小。1931年时，前者有布店13家，后者有10家。[⑦]

① 『支那省別全志　第18巻（直隶省）』、161—162頁。

② 天津市档案馆等编《天津商会档案汇编（1912—1928）》（1—4分册），天津人民出版社，1992，第479页。

③ 民国《房山县志》，第95、489—490页。

④ 民国《房山县志》，第492页。

⑤ 民国《房山县志》，第105、490—491页

⑥ 方显廷、毕相辉：《由宝坻手织工业观察工业制度之演变》，南开大学经济研究所，1936，第15页；《北宁铁路沿线经济调查报告》，第1075—1084页。

⑦ 《定县之棉花与土布》，《中外经济周刊》第192期，1926年12月，第32页；张世文：《定县农村工业调查》，中华平民教育促进会，1936，第99—103页。

眉村和南流均属山东潍县，前者距胶济路南流车站仅 30 里，有大路可通，由此成为临近铁路车站的集镇，后者设有南流车站。前者在 1926 年前已成为潍县东乡土布集散中心，“此集之集期为一六，每月阴历初一十一二十一初六十六二十六日为该村集期，惟该集专卖黑白布，驻潍收布之庄客及本县近县之小布店，固多往收买，各地布贩子亦竞往是处贩布，为另向他处赶集之用”①。后者集散货物以本镇及眉村所产土布最多。1934 年前，南流车站每年运入棉纱 6000 吨，输出土布 120 吨，南流镇有人口 1000 户左右，六七千人。②

彭城镇在磁县城西 50 里，早在铁路开通以前，即以生产陶瓷著称，“居民殷盛，善陶冶，州判、千总驻此”③。京汉铁路开通后，虽未成为设站集镇，但所产瓷器仍由铁路外运，“平汉路昔称京汉路……举凡彭城镇之瓷器，西左、峰峰、台子寨之煤，西乡之山货，本县之棉花及农产等，均赖以输出”④，该镇陶瓷业和商业由此更加发达。1907 年商务分会成立，1912 年时入会商号 154 家。1917 年前市街繁盛，“较县城尤为热闹，镇内则商业会集，镇外则瓷窑并列。……镇内有碗市街二条，专售碗罐等类”⑤。1924 年前有人口 6000 余人。1928 年时有商号 120 家，其中碗窑 69 家，缸窑 13 家，瓷货店 9 家。⑥ 1937 年前，全镇制瓷器者七八十家，制缸者 30 余家，“街市瓷店林立，商务顿称繁盛，所产瓷器运销华北各地”。全镇人口增至 7700 余人。⑦

柳疃在胶济铁路通车后虽未设立车站，但所产丝绸可经由潍县车站等外运，因此可视为临近铁路车站的集镇。该镇在清代已成为丝织业中心，设有集市。1911 年设立商务分会，1912 年时有入会商号 57 家。1934 年前柳疃有商号 400 余家，其中 300 家经营绸业，“尽属收买附近各

① 《山东潍县之经济近况》，《中外经济周刊》第 187 期，1926 年 11 月，第 9 页。此文作“弥村”，核之民国《潍县志稿》等史料，应为眉村之误。

② 《胶济铁路沿线经济调查报告》分编三潍县，第 23 页。

③ 光绪《畿辅通志》，《续修四库全书》（史部地理类 0631），第 591 页。

④ 民国《磁县县志》，台北，成文出版社，1968 年影印本，第 168 页。

⑤ 《第八区（直南三府）报告书》，直隶省商品陈列所编印《直隶省商品陈列所第一次调查记》，1917，第 40 页。

⑥ 《调查磁县报告》，《直隶自治周刊》第 83 期，1924 年 9 月，第 2 页；《调查报告》第 4 编《工商》，第 279—280 页。

⑦ 《河北省磁县地方实际情况调查报告书》，中国国家数字图书馆方志库。

村织成之䌷，以便运销国内外各处，每年总交易不下二百万元”[①]。1937年前，柳疃重要工商行号中，丝织业有天源永、瑞盛公、三合堂等13家。[②]

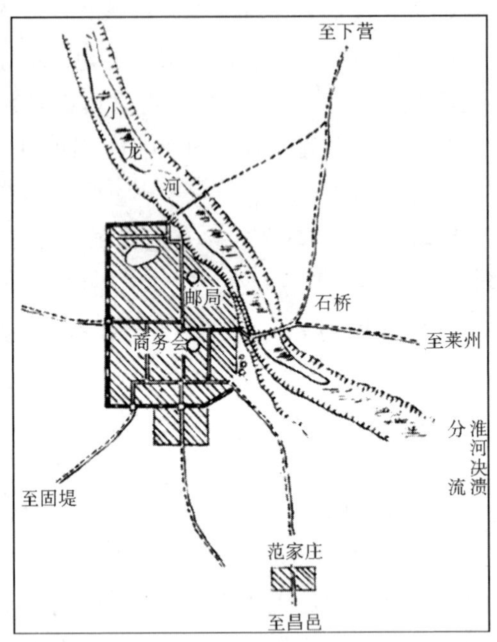

图3-1　1919年前后柳疃

资料来源：青島守備軍民政部鐵道部『調查資料第十七輯東北山東（渤海山東沿岸諸港濰縣芝罘間都市）調查報告書』1919、67—69頁。

景芝镇属山东省安丘县，因与黄旗堡车站有交通上和经济上的联系而成为临近铁路车站的集镇。该镇酿酒业兴起较早，明代万历年间，县内交纳“酒课一百锭四贯”，“足见酿酒业之兴旺”[③]。胶济铁路通车后，该镇酒业仍保持发展势头。1934年前，全镇有居民1300余户，5200余人，大小商号150余家，“镇中商业以酒业为主干，各业商号多兼理之。各业交易总值，年达五十万元，而酒之交易占其过半数。酒味香醇，畅销各处”[④]。

① 《胶济铁路沿线经济调查报告》分编三昌邑县，第8页。
② 《中国通邮地方物产志》（山东编），第91页。
③ 山东省安丘县地方史志编纂委员会：《安丘县志》，山东人民出版社，1992，第336页。
④ 《胶济铁路沿线经济调查报告》分编三安丘县，第11页。

与其他陆上交通运输方式相比，铁路具有运量巨大、运速快捷、运费低廉、安全可靠等优点，因此沿线地区出产的棉花、粮食、烟草等农产品开始大量改由铁路运销，由此促成了大批工商业型集镇的兴起。其中既有前文已论及的石家庄、唐山、周村等工商并茂的都市型大镇，又有以清风店、临洺关等棉花集散中心，安山、黄花店等粮食集散中心，杨家庄等烟草集散中心为代表的众多商业贸易型集镇。

与新兴工矿业型集镇唐山不同，周村在清末民初已是工商并茂的都市型大镇。此后开始由传统向近代转型。在这一过程中，周村的发展有着明显的两面性。一方面，其商号数量和商业地位均呈下降之势。在商号数量上，许檀教授的研究表明，清道光年间，周村有商号八九百家至千余家。在 1937 年前的调查中，周村有重要商号 831 家，略有减少；商业地位上，胶济铁路通车前，周村曾一度“驾乎省垣而上之”，但 1937 年前已无法与省会济南相比。就此而言，周村应是随着铁路开通而走向衰落的集镇中的一个典型。另一方面，近代工业、金融机构和人口数量又呈上升之势。在近代工业方面，1911 年，周村第一家机器缫丝厂裕厚堂在东门外创办，1912 年恒兴德创办于老龙窝，1919 年同丰创办于东门里，1924 年元丰创办于车站。[①] 此后，由于意大利、日本等国以低于桑丝 60% 的价格向周村倾销人造丝，丝价下跌。国产蚕丝生产受到沉重打击。恒兴德、同丰、裕厚堂、元丰 4 家机器缫丝厂因资不抵债而相继倒闭。1930 年 6 月，裕厚堂被上海益丰长货栈接管，更名为新记缫丝厂。同丰也将缫丝设备抵债于益丰长货栈，改营电业。恒兴德将全部厂房地产押于上海银行及钱庄。1933 年 5 月，上述厂家又在山东省实业厅的救助下相继开工。[②] 在近代金融机构方面，1937 年前，周村已有民生银行和中国银行两家。在人口方面，周村 1918 年前约有人口 25000 人，1929 增至近 62000 人，1930 年又增至 61600 余人，1931 年时减至 57800 余人，1932 年时再减至 56600 多人。[③] 虽然一度呈减少之势，但仍较清末民初

① 参见淄博市志编纂委员会编《淄博市志》，中华书局，1995，第 1171 页；《山东历城长山等县经济情形之调查》，《中外经济周刊》第 190 期，1926 年 11 月，第 25—26 页。

② 《淄博市志》，第 1164 页。

③ 『支那省別全志　第 4 巻（山東省）』、82 頁；熊亚平：《铁路与华北乡村社会变迁 1880—1937》，第 255 页。

多出一倍有余。

清风店在定县城北30里，地当驿路要冲，集市设立较早。[①] 随着定县土布业的兴盛，清风店形成棉花交易市场。京汉铁路通车后，棉花交易更加兴盛。1926年前，所集散棉花多数由铁路运销天津等地，少数由民船经保定运往天津。1933年时共集散棉花900吨，其中700吨运往天津，200吨销至张家口。1935年时共集中棉花3万担，由火车运销天津。[②] 临洺关在清光绪年间已成为永年县的棉花集散市场，京汉铁路通车后棉花交易进一步发展。1923年时已有大花店数家，1935年集散美棉1000担，1936年预计集散美棉35000担。[③]

安山属河北省昌黎县，清同治年间已被称为“安山街”，设有集市。京奉铁路开通后，因设有车站、交通便利而成为粮食集散中心。1937年前商号中有粮店6家，煤栈10余家，木厂1家，杂货铺2家，药铺六七家，饭铺3家。[④] 同省武清县黄花店因其“米面多由豆张庄车站运来”，“煤由落垡车站装大车运来”[⑤] 而成为临近铁路车站的集镇。该镇光绪初年已有铺户18家，是县属9个重要集镇之一。到1921年前已成为粮食集散中心。1937年前有粮店六七家，多兼营布匹、杂货等，赖以维持营业。此外还有杂货业五六家，布业十余家，药业四五家，车铺3家，米面醋酱业四五家，油米面业四五家，修理自行车铺三四家，书局3家，饭铺五六家，肉铺3家，烧锅2家。[⑥]

杨家庄属山东省益都县，原为村庄，“固无商业可言”，随着胶济铁路的通车设站和烟草种植的推广，迅速成长为烟草集散中心。1934年前，车站周围20—30里范围内的烟草多先于此集散后，再由胶济铁路运

① 道光《定州志》，台北，成文出版社，1969年影印本，第806页。

② 《定县之棉花与土布》，《中外经济周刊》第192期，1926年12月，第29—33页；实业部中国经济年鉴编纂委员会：《中国经济年鉴》，商务印书馆，1934，第12章，第232页；《中华民国二十五年河北省棉产调查报告》，第113—114页。

③ 《天津之纺织业与棉花之供给》，《中外经济周刊》第43期，1924年1月，第6页；《中华民国二十五年河北省棉产调查报告》，第254页。

④ 《北宁铁路沿线经济调查报告》，第1622页。

⑤ 《北宁铁路沿线经济调查报告》，第1027页。

⑥ 《北宁铁路沿线经济调查报告》，第1026页。

往二十里堡、潍县、大港、埠头、坊子等地。[1]“当烟叶上市时，外商来此设庄收买者十余家，一时市面繁盛。成交烟叶年约一百万元。”为便于烟草集散，杨家庄于1932年秋设集市，以农历五、十日为集期。[2]1934年前，全镇有大小商号20家。其中炭商10家，杂货商2家，小本经营者数家。[3]

1937年前，华北铁路沿线集镇在其发展过程中不仅分化为不同的类型，而且分属不同的层级。就集镇在市场层级中的定位而言，前文所及的石家庄、唐山、张店以及驻马店、漯河等均属于具有中转市场职能的集镇。1926年前“山西省南半部及石家庄附近各县之货物，均以此石家庄为集散场”[4]。唐山1937年前“以商业地位而论，在京东一带，堪居首位，所有本段区域内各县城及其所属各主要村镇商号，采购货品，除大宗者，由大商号直接派人至津办理外，小量者，多就近在唐山采购”[5]。张店集散的棉花来自滨县、蒲台、利津、高苑、博兴、广饶、邹平、齐东、章丘等县，先集中于孙家镇、北镇、田镇、高苑县城等基层市场，再运至张店。驻马店1937年前已成为“铁路线外各县需要取给之富区”[6]。漯河在京汉铁路通车后再度成为水陆四达，舟车辐辏之地。1937年前，部分转运公司的营业范围南达武汉、广州、上海、福建，北到郑州、新乡、北京、天津等地。此外，河北省宁河县所属芦台和河南省陕县所属会兴镇也已具有中转市场的职能。前者1917年前为宁河县商业兴盛之地，“天津货物之运输各地，及各地货物之萃集于天津者，多以此处为咽喉故也”[7]。1937年前，芦台出入商品以粮食为大宗，“由天津运来之粮食，均沿金钟河河道而来，再由本镇经铁路运往滦东各地。霸县以及山东海丰下洼等地所产之粮食，亦多运销本镇。平谷、蓟县、三

① 《胶济路二十二年份各站年报》，《铁路月刊》（胶济线）第5卷第11期，1935年11月，第32页；《胶济铁路沿线经济调查报告》分编四益都县，第15页。

② 《胶济铁路沿线经济调查报告》分编四益都县，第15页。

③ 《胶济铁路沿线经济调查报告》分编四益都县，第15页。

④ 《石家庄之经济状况》，《中外经济周刊》第181期，1926年9月，第20页。

⑤ 《北宁铁路沿线经济调查报告》，第1516页。

⑥ 《遂平与驻马店》，《大公报》1931年10月28日，第5版。

⑦ 《第三区（顺天平原）报告书》（宁河县），《直隶省商品陈列所第一次调查记》，第10页。

河、宝坻、玉田等县粮食，亦多聚于此，惟歉收之时，则须由本镇采购，故本镇为津东粮食之集散地也”①。后者1932年前为山西棉花、潞盐的转运之地，与山西翼城、曲沃、汾城、夏县、闻喜等县的基层棉花集散市场之间联系密切。全镇有居民1000余户，5000余人，有盐店10余家。② 1937年前，重要工商行号中仍有潞盐商号9家，分布在南北大街、南北街等处。③

1937年前因铁路运输发展而兴起的华北集镇中，大多数仅具有基层市场的职能。此类集镇广泛地分布在京奉、京汉、津浦、胶济、陇海等路沿线各县境内。京奉沿线的通县由于“运进商品如煤、灰、煤油、洋灰、烟卷，及少量面粉、木料等，均由铁路运来”④，因此县属各镇可视为临近铁路车站的集镇。其中，张家湾“四周十数里农户均以此为市”，全镇有粮栈、布业、首饰、药店、饭铺、杂货等商号40家；燕郊、西集、永乐店、马驹桥、牛保屯五镇“四周二十里农村均以此为市”，燕郊共有土布洋货、首饰、铁铺、药铺等各类商号30余家，西集有粮行、布业、杂货、药铺、瓷器等商号45家，永乐店有布业、杂货、粮业、药铺、木厂、车铺等商号30余家，马驹桥有布业、粮业、杂货等商号34家，牛保屯镇有布业、粮业、杂货等商号17家。⑤ 京汉沿线的清苑县所属的大庄镇、东臧村、张登店、大激店等集镇，与普通集市一样，“在集市时凡附近较小村庄人民，即前往购买物品，其营业，不外农家日用必须之物”⑥。获鹿县所属方村、于底、振头、铜冶、永壁、李村、留营等集镇的集市范围“皆以本村镇为限”⑦。临城县梁村镇“大体均为农民买

① 《北宁铁路沿线经济调查报告》，第1138页。

② 《陇海全线调查》（1932年份），殷梦霞、李强选编《民国铁路沿线经济调查报告汇编》第7册，第300页。

③ 《中国通邮地方物产志》（河南编），第53—54页。

④ 《北宁铁路沿线经济调查报告》，第570页。

⑤ 《北宁铁路沿线经济调查报告》，第560—571页。

⑥ 《河北省清苑县地方实际情况调查报告》，《冀察调查统计丛刊》第2卷第1期，1937年，第144页。

⑦ 《河北省获鹿县地方实际情况调查报告》，《冀察调查统计丛刊》第1卷第2期，1936年，第136页。

卖粮食之交易"[①]。津浦路沿线的沧县所属各集镇"五日一市，以有易无，其贩卖物品为谷类，牲畜，蔬菜，布匹，鱼肉等项，如孟村镇，王寺镇，风化店，新县镇，李村镇等是"[②]。胶济沿线的潍县所属各集镇中，除坊子、二十里堡、蛤蟆屯、南流、大圩河等设站者外，"乡曲间之市镇商业，散处四方，最大者有七，眉村为织布中心，同时亦为买卖中心，杨角埠及寒亭，为土画出产地。其他各镇均为杂货销售市场"[③]。益都县普通镇有商号7家，"村内甚冷落。……夏历四九日有集市，多设滩贩卖者，交易称盛"[④]。同县铁山原为小村庄，随着胶济铁路的通车设站和煤炭开发而兴起为集镇。1934年前有炭商19家，"桓台临淄所产之小麦，蔬菜，香末等，由炭商代理运出。外来之煤、杂货、木料、咸鱼、铁器、亦赖炭商运进，全年交易总（值）俱达十五万元。夏历二七日有集市，各处小商来此设滩贩卖者颇多"[⑤]。临淄县淄河店"每夏历一六三八等日有集市，较之素日为盛，下午即散"[⑥]。陇海路沿线的新安县所属集镇"除本路沿线之慈涧、铁门及县北之挽栏镇，及县南之兴隆镇，东之孝水镇等数处略有店铺市集外，余均村庄之类，并无商店，仅数日一集，以资交易"[⑦]。陕县所属集镇中，硖石镇"有商铺十余家，居民一百余户，出口货极微"[⑧]。

就集镇商业规模而言，在1937年前华北有商号统计的350个集镇中，商号数在200家以上的设站集镇和临近车站的集镇共有8个，约占这两类集镇总数（146个，下同）的5.5%；商号数为100—200家的设站集镇和临近车站的集镇有20个，约占13.7%；商号数为80—99家的

① 《河北省临城县地方实际情况调查报告》，《冀察调查统计丛刊》第1卷第3期，1936年，第83页。

② 《河北省沧县地方实际情况调查报告》，《冀察调查统计丛刊》第2卷第1期，1937年，第149页。

③ 《胶济铁路沿线经济调查报告》分编三潍县，第23页。

④ 《胶济铁路沿线经济调查报告》分编四益都县，第16页。

⑤ 《胶济铁路沿线经济调查报告》分编四益都县，第17页。

⑥ 《胶济铁路沿线经济调查报告》分编四临淄县，第10页。

⑦ 《陇海全线调查》（1932年份），殷梦霞、李强选编《民国铁路沿线经济调查报告汇编》第7册，第274页。

⑧ 《陇海全线调查》（1932年份），殷梦霞、李强选编《民国铁路沿线经济调查报告汇编》第7册，第299页。

设站集镇和临近车站的集镇有 7 个，占 4.8%；商号数为 50—79 家的设站集镇和临近车站的集镇有 13 个，约占 8.9%；商号数为 20—49 家的设站集镇和临近车站的集镇有 47 个，约占 32.2%；商号数为 20 家以下的设站集镇和临近车站的集镇有 51 个，约占 34.9%。[①]

就行政地位而言，由于 1937 年前华北集镇驻官情况颇为复杂，而作为各级行政机构重要组成部分的公安机关又地位突出，因此可以将公安机关作为考察集镇行政层级的一个重要方面。综合关于中国近代警察制度的研究成果和地方志书等史料可以看到，1937 年前华北铁路沿线设有的公安机关有特种公安局、公安分局、公安分驻所（派出所）三个层级。其中，特种公安局由各省当局根据自身情况自行规定和设置。如河北省曾于 1934 年公布《修正河北省特种公安局组织章程》，规定山海关、唐山、塘大、保定、石门各公安局为特种公安局，直隶于民政厅。[②] 1936 年，南京国民政府公布的《各级警察机关编制纲要》以法律的形式确认了特种公安局的地位，“地势冲要，人口稠密，工商业繁盛之地方，得设警察局（冠以所在地名称），直隶于省主管机关，但以有合格警士二百名以上者为限”[③]。据统计，1934 年前，河北省 6 个特种公安局中，有 5 个设在铁路沿线集镇［石家庄、唐山、塘沽（塘大特种公安局）、秦皇岛（山海关特种公安局，管理山海关和秦皇岛警政事宜）、北戴河滨海自治区］；山东省 4 个特种公安局中，有 1 个设于铁路沿线集镇（周村）；河南省 7 个特种公安局中，有 4 个设于铁路沿线集镇（驻马店、漯河镇、道口镇、焦作镇），合计约占三省特种公安局总数（17 个）的 58.8%。[④] 这 10 处特种公安局中，石家庄和唐山两处均兼具最高行政机构的职能。前者“在划市以前，以原有特种公安局为最高机关”[⑤]，后者

---

① 据表 3－17 重新统计。

② 《民国河北通志稿》，河北地方志办公室整理点校，北京燕山出版社，1993，第 2913—2915 页。

③ 韩廷龙主编《中国近代警察制度》，中国人民公安大学出版社，1993，第 593 页。

④ 韩廷龙主编《中国近代警察制度》，第 593 页。其中河北省的“临榆县特种公安局”下辖山海关、秦皇岛两城区，故本书将其计入设于铁路沿线集镇的特种公安局之中。

⑤ 张鹤魂：《石门新指南》，石门新报社，1942，第 10 页。

"无有市政府，只有一个公安局及几个分局，就算地方最高的行政机关"[①]。与特种公安局相比，公安分局的数量稍多。据统计，1934 年时，河北省有 122 个县设有公安分局，计 516 个；山东省有 10 个县设有公安分局，计 15 个；河南省有 9 个县设有公安分局，计 19 个；山西省有 9 个县设有公安分局，计 17 个。[②] 其中大多数公安分局设于各县重要集镇。[③] 公安分驻所（派出所）在组织系统上属于公安分局的下一级机构。1937 年前在河北、山东、河南三省各县多有设置。[④] 综合以上各县公安局的层级系统，并结合各集镇商业和人口规模可知，特种公安局、公安分局、公安分驻所的设置，虽然未必与集镇商业和人口规模完全对应，却能够反映出一个大致的趋势，即集镇商业在层级中的地位越高，集镇公安机构的级别亦相应较高，反之亦然。

随着铁路运输和商业的发展，具有一定层级性特征的铁路车站和商会也可以作为划分集镇层级的重要参照。

铁路开通后，车站成为重要的流通枢纽，且被分为不同等级，因此也可作为考察铁路沿线集镇层级的一个重要方面。据前文所述可知，1914 年时的京汉铁路车站中，长辛店、石家庄、驻马店、漯河等设于集镇和村庄的车站为一等站；丰台、琉璃河、高碑店等站为二等站；坨里、周口店等站为三等站；卢沟桥、窦店、松林店等站为四等站。[⑤] 1924 年 4 月时的京绥路车站中，包头、丰台、南口、平地泉、康庄等设于集镇或村庄的车站为大站；门头沟、柴沟堡、新保安、下花园等站为中站；清河、沙河等站为小站。1935 年前的津浦铁路车站中，临城等设于集镇和村庄的车站为一等站；枣庄、大汶口、桑园、连镇、泊头等站为二等站；万德、张夏、崮山、洛口、黄河涯、安陵、砖河、兴济、唐官屯、陈官屯、独流、良王庄等站为三等站；另有数站为四等站。由于石家庄、漯河、驻马店、包头、平地泉、门头沟、柴沟堡、临城、枣庄等站等级较高，集镇商业发展较快，集镇规模较大；新店、方顺桥、和尚桥、沙河、

① 《唐山之概况》，河北省立第四中学校校刊社编印《河北省立第四中学校校刊》（唐山号），1930，第 2 页。

② 韩廷龙主编《中国近代警察制度》，第 600 页。

③ 详见本书第 6 章。

④ 详见本书第 6 章。

⑤ 《交通史路政编》第 8 册，第 790—797 页。

柏山等站等级较低，集镇商业发展较慢，集镇规模较小，因此车站等级也能从一个方面反映集镇层级的变动。

1904年以后，随着多部《商会法》的颁布和实施，华北铁路沿线部分较大的集镇也开始设立商会组织，且在法规条文和实践层面均形成一定的层级性。在法规条文层面，如1915年《商会法》规定：“总商会、商会于其区域内，因有特别情形，认为必要时，得设分事务所。”1929年《商会法》也规定：“繁盛之区镇亦得单独或联合设立商会”，“商会因有特殊情形认为必要时，得经会员会议之议决设置分事务所”，表明集镇商会在法规条文层面已有总商会、商会、商会分事务所等层级。在实践层面，1912年前华北铁路沿线至少已有12家集镇商务分会。1919年前铁路沿线集镇商会或商会分事务所已有20家。1929—1937年，华北各铁路沿线集镇商会数量有较大增长。与此同时，一些集镇商会的等级也不断提升。如京汉沿线的石家庄在1911年前已组建商务分会，1916年时跻身河北省甲级商会行列，1925年改组为石门商会，1929年后工商同业公会纷纷成立。1933年时仅桥东一带就有7家工商同业公会。[①] 这表明华北铁路沿线集镇在商会组织方面也具有一定的层级性。

综上所述，随着铁路开通后唐山、石家庄、焦作、秦皇岛、平地泉、漯河、驻马店、泊头、清化、道口等设站集镇的兴起和发展，近代工矿业和工商业型集镇成为华北铁路沿线集镇中的重要类型，其在市场层级中的定位、商业规模、行政层级中的地位也比较高。这一方面使华北铁路沿线集镇的类型更加丰富，另一方面又使华北集镇在层级上的分化更加明显，即石家庄、唐山等极少数集镇处于较高层级，芦台、丰台、清河、长辛店、会兴镇、观音堂等部分集镇居中，其余多数集镇仍处于较低层级。这种发展格局对铁路沿线集镇的分布和形态演变具有重要影响。

二 集镇数量与规模的变动

铁路开通后，新兴集镇的出现和传统集镇的兴衰变动，使得铁路沿线集镇

① 参见熊亚平《华北铁路沿线市镇商会初探（1904—1937）》，《社会科学战线》2009年第4期，第139页。

的数量和规模也发生变化。囿于史料，下文拟分别对冀鲁豫三省1920年前和1937年前这两个时段的集镇数量进行统计分析，以期与清末时期形成比较研究。

就管见所及，关于1920年前冀鲁豫三省集镇的较完整记载，除从翰香等人采用的《山东各县乡土调查录》外，还有《大中华京兆地理志》、《大中华直隶省地理志》、《大中华山东省地理志》和《大中华河南省地理志》等。绳之以本书认定集镇的7个关键词，上述资料各有其优缺点。其中，《山东各县乡土调查录》共记载了山东省108县“重镇”441处。其所谓“重镇”当指重要市镇或集镇，这一认定标准似乎偏严，统计所得集镇数似乎偏低。在《大中华京兆地理志》、《大中华直隶省地理志》、《大中华山东省地理志》和《大中华河南省地理志》等史料中，集镇或被记入村镇，或被列入乡镇，也有一定出入。由于没有其他更完备的资料可用，下文将以这几种史料为基础，结合地方志书、《直隶省商品陈列所第一次调查记》、《中华邮政舆图》等其他史料，尽量剔除不符合本书的认定标准者，补入符合者后，视其为“已搜集到资料的县的情况”，然后借鉴罗兹曼、龚关等人的方法，分别对三省集镇数量进行估算。

表3－2　1920年前河北省集镇数量估算情况

		沿	非	合计
已搜集到资料的县的情况	集镇数	198	236	434
	县数	41	61	102
	县均集镇数	4.83	3.87	4.35（4.25）
省辖县数		46	84	130
推定集镇总数		222	325	547（566，553）

注：表中“沿”、“非”的含义同本书第1章；表中括号中数字含义同本书第1章。

表3－3　1920年前山东省集镇数量估算情况

		沿	非	合计
已搜集到资料的县的情况	集镇数	102	343	445
	县数	20	73	93
	县均集镇数	5.10	4.70	4.90（4.78）
省辖县数		28	80	108
推定集镇总数		143	376	519（529，516）

表 3－4　1920 年前河南省集镇数量估算情况

		沿	非	合计
已搜集到资料的县的情况	集镇数	195	239	434
	县数	34	55	89
	县均集镇数	5.74	4.35	5.05（4.88）
省辖县数		41	70	111
推定集镇总数		235	305	540（561，542）

1937 年前，《河北省各县概况一览》、《中国实业志》（山东省）、《冀察调查统计丛刊》、《北宁铁路沿线经济调查报告》、《胶济铁路沿线经济调查报告》等更加系统和完整的资料不断涌现。但其认定集镇的标准仍不尽相同，如《河北省各县概况一览》标明所记载为“重要市镇”，《冀察调查统计丛刊》、《北宁铁路沿线经济调查报告》、《胶济铁路沿线经济调查报告》等既简述重要市镇商况，又兼及普通集镇，《陇海全线调查》（1932 年份）标明所记载为“重要市镇”，但亦存在“重要市镇”与普通集镇混同的情形，①《中国实业志》（山东省）中部分县的“商业市镇”中也含有普通集市等。鉴于此，下文以前文给出的认定集镇的 7 个关键词为基础，借鉴罗兹曼、龚关、慈鸿飞等人的研究方法，对 20 世纪 30 年代河北、山东、河南三省集镇数做出统计和估算。

表 3－5　1937 年前河北省集镇数量估算情况

		沿	非	合计
已搜集到资料的县的情况	集镇数	269	371	640
	县数	37	58	95
	县均集镇数	7.27	6.40	6.84（6.74）
省辖县数		46	84	130
推定集镇总数		334	538	872（889，876）

① 民国《汜水县志》，台北，成文出版社，1968 年影印本，第 121 页；《陇海全线调查》（1932 年份），殷梦霞、李强选编《民国铁路沿线经济调查报告汇编》第 7 册，第 219 页。

表 3－6　1937 年前山东省集镇数量估算情况

		沿	非	合计
已搜集到资料的县的情况	集镇数	179	262	441
	县数	21	39	60
	县均集镇数	8.52	6.72	7.62（7.35）
省辖县数		28	80	108
推定集镇总数		239	538	777（823，794）

表 3－7　1937 年前河南省集镇数量估算情况

		沿	非	合计
已搜集到资料的县的情况	集镇数	256	97	353
	县数	27	16	43
	县均集镇数	9.48	6.06	7.77（8.21）
省辖县数		41	70	111
推定集镇总数		389	424	813（862，911）

据表 3－5 至表 3－7，1937 年前河北省有铁路通过和设站的 46 个县集镇增至 334 个，非铁路通过和设站的 84 个县集镇增至 538 个，合计约 879 个［表 3－5 中括号内外数字取平均数，即（872＋889＋876）/3，下同］；山东省铁路通过和设站的 28 个县集镇增至 239 个，非铁路通过和设站的 80 个县集镇增至 538 个，合计约 798 个；河南省铁路通过和设站的 41 个县集镇增至 389 个，非铁路通过和设站的 70 个县集镇增至 424 个，合计约 862 个。

以上估算结果与从翰香等人所获得的河北省有 586 处集镇、山东省有 859 处集镇、河南省有 803 处集镇这一组数据均有出入，因此有必要采用其他方法进行验证和修正。采用其他方法估算三省集镇数量的结果为：河北省约有集镇 803 处（其中“沿”约 289 处，“非”约 514 处）或 775 处（其中“沿”约 304 处，“非”约 471 处）；山东省约有集镇 750 处（其中“沿”约 226 处，“非”约 524 处）或 817 处（其中“沿”约 224 处，“非”约 593 处）；河南省约有集镇 767 处（其中“沿”约 361 处，“非”约 406 处）。①

① 限于篇幅，此估算过程拟另文详述。

将以上估算结果与从翰香等人采用的集镇数比较可知，山东、河南两省较为接近，而河北省差距较大。其中一个重要原因，应是从氏等人所依据的《河北省各县概况一览》遗漏了一部分普通集镇。鉴于河北省有集镇 775 处、山东有集镇 817 处、河南有集镇 767 处这一组结果估算成分较少，因此下文将依据这一组数字进行相关分析。

综合以上各表及本书第一章估算结果，可获得三省 1937 年前集镇的变化情况。

表 3－8　河北省 1937 年前集镇数量（估算）变化
（指数 1911 年前＝100）

	1911 年前		1920 年前		1937 年前	
	集镇数	指数	集镇数	指数	集镇数	指数
集镇数（沿）	258	100	222	86	304	118
县均集镇数（沿）	5. 60	100	4. 83	86	6. 61	118
集镇数（非）	314	100	325	104	471	150
县均集镇数（非）	3. 74	100	3. 87	103	5. 61	150
集镇数（合计）	572	100	547	96	775	135
县均集镇数（合计）	4. 40	100	4. 21	96	5. 96	135

表 3－9　山东省 1937 年前集镇数量（估算）变化
（指数 1911 年前＝100）

	1911 年前		1920 年前		1937 年前	
	集镇数	指数	集镇数	指数	集镇数	指数
集镇数（沿）	168	100	143	85	224	133
县均集镇数（沿）	6. 00	100	5. 10	85	8. 00	133
集镇数（非）	400	100	376	94	593	148
县均集镇数（非）	5. 00	100	4. 70	94	7. 41	148
集镇数（合计）	568	100	519	91	817	144
县均集镇数（合计）	5. 26	100	4. 81	91	7. 56	144

表 3－10　河南省 1937 年前集镇数量（估算）变化
（指数 1911 年前＝100）

	1911 年前		1920 年前		1937 年前	
	集镇数	指数	集镇数	指数	集镇数	指数
集镇数（沿）	216	100	235	109	361	167
县均集镇数（沿）	5.27	100	5.73	109	8.80	167
集镇数（非）	259	100	305	118	406	157
县均集镇数（非）	3.70	100	4.36	118	5.80	157
集镇数（合计）	475	100	540	114	767	161
县均集镇数（合计）	4.28	100	4.86	114	6.91	161

注：由于计算方法不同，本表中的一些平均数与表 1－8 有细微出入，但总体而言，影响甚微。

由表 3－8 至表 3－10 可以看到，1937 年前河北、山东、河南三省集镇数量变化有以下几个共同趋向：（1）1920 年前，三省集镇数量总体上变化不大，表中所反映出的变化应是史料中可能存在的固有缺陷即遗漏现象所致；（2）1920—1937 年，三省集镇数量有较明显的增长；（3）1911—1937 年，河北、山东两省非铁路通过和设站县份集镇的变化率，要高于铁路通过和设站县份集镇的变化率；河南省非铁路通过和设站县份集镇的变化率，略低于铁路通过和设站县份集镇的变化率；形成这种差异的一个重要原因，应是河南省"已搜集到资料的县的情况"中，铁路通过和设站的县数明显多于非铁路通过和设站的县数；（4）1911—1937 年，有铁路通过和设站县份的县均集镇数始终大于非铁路通过和设站县份的县均集镇数。

铁路开通后，冀鲁豫三省集镇不仅数量有明显增长，而且商业和人口规模[①]也有显著变动。其中商业规模又可从河北省和冀鲁豫三省两个维度展开考察。

就 1937 年前河北省集镇的商业规模而言，相关资料以《中华民国商业档案资料汇编》、《天津商会档案汇编》，以及《调查报告》第 4 编《工商》、《冀察调查统计丛刊》、《北宁铁路沿线经济调查报告》和《中

① 设于集镇的集市涵盖范围、赶集人数、交易规模等，亦能从一个方面反映集镇的规模，但关于 1937 年前华北铁路沿线集镇所设集市的涵盖范围、赶集人数、交易规模等缺乏比较可靠的统计数据，故本书亦暂不进行讨论。

国通邮地方物产志》较为系统和完整，因此下文借鉴从翰香等人的分类方法，从设站集镇、临近车站的集镇和非铁路沿线集镇三个维度，分别整理成表 3 - 11 至表 3 - 15。

表 3 - 11　1912 年前河北省 13 个集镇加入商会的商号数量分类统计

商号家数分类	设站集镇		临近车站的集镇		非铁路沿线集镇		合计	
	集镇数	比例	集镇数	比例	集镇数	比例	集镇数	比例
200 以上	1	50%	0	0	1	50%	2	100%
100—199	1	25%	1	25%	2	50%	4	100%
80—99	1	50%	0	0	1	50%	2	100%
50—79	1	100%	0	0	0	0	1	100%
20—49	2	50%	1	25%	1	25%	4	100%
20 以下	0	—	0	—	0	—	0	—

资料来源：《国内商会统计》，赵宁渌主编《中华民国商业档案资料汇编》第 1 卷（1912—1928），中国商业出版社，1991，第 70—74 页；《直隶各商务分会》，天津市档案馆等编《天津商会档案汇编（1903—1911）》，天津人民出版社，1989，第 192—282 页。

表 3 - 12　1919 年前河北省 35 个集镇加入商会的商号数量分类统计

商号家数分类	设有车站集镇		临近车站的集镇		非铁路沿线集镇		合计	
	集镇数	比例	集镇数	比例	集镇数	比例	集镇数	比例
200 以上	1	100%	0	0	0	0	1	100%
100—199	1	25%	1	25%	2	50%	4	100%
80—99	0	—	0	—	0	—	0	100%
50—79	2	22.2%	6	66.7%	1	11.1%	9	100%
20—49	3	30%	1	10%	6	60%	10	100%
20 以下	3	27.3%	6	54.5%	2	18.2%	11	100%

资料来源：《直隶省各地商会一览表》（1919 年），《天津商会档案汇编（1912—1928）》（1—4 分册），第 473—482 页。

表 3 - 13　1928 年河北省 30 个集镇商号数量分类统计

商号家数分类	设有车站集镇		临近车站的集镇		非铁路沿线集镇		合计	
	集镇数	比例	集镇数	比例	集镇数	比例	集镇数	比例
200 以上	3	50%	0	0	3	50%	6	100%
100—199	4	44.4%	5	55.6%	0	0	9	100%

续表

商号家数分类	设有车站集镇		临近车站的集镇		非铁路沿线集镇		合计	
	集镇数	比例	集镇数	比例	集镇数	比例	集镇数	比例
80—99	1	50%	1	50%	0	0	2	100%
50—79	2	40%	3	60%	0	0	5	100%
20—49	2	29%	3	43%	2	29%	7	100%
20 以下	0	0	1	100%	0	0	1	100%

资料来源：《调查报告》第 4 编《工商》，相关部分。

表 3－14　1937 年前河北省 178 个集镇商号数量分类统计

商号家数分类	设站集镇		临近车站的集镇		非铁路沿线集镇		合计	
	集镇数	比例	集镇数	比例	集镇数	比例	集镇数	比例
200 以上	4	50%	1	12.5%	3	37.5%	8	100%
100—199	7	46.7%	5	33.3%	3	20.0%	15	100%
80—99	2	40%	1	20%	2	40%	5	100%
50—79	2	10.5%	8	42.1%	9	47.4%	19	100%
20—49	3	6.5%	18	39.1%	25	54.3%	46	100%
20 以下	2	2.4%	18	21.1%	65	76.5%	85	100%

资料来源：《河北省各县地方实际情况调查报告》，《冀察调查统计丛刊》第 1—2 卷，1936—1937 年；《北宁铁路沿线经济调查报告》，相关各县调查。

表 3－15　1937 年前河北省 70 个集镇重要工商行号数量分类统计

商号家数分类	设站集镇		临近车站的集镇		非铁路沿线集镇		合计	
	集镇数	比例	集镇数	比例	集镇数	比例	集镇数	比例
200 以上	0	—	0	—	0	—	0	—
100—199	1	100%	0	—	0	—	1	100%
80—99	2	100%	0	—	0	—	2	100%
50—79	2	100%	0	—	0	—	2	100%
20—49	13	41.9%	7	22.6%	11	35.5%	31	100%
20 以下	14	41.2%	11	32.4%	9	26.5%	34	100%

资料来源：《中国通邮地方物产志》（河北编）。

就 1937 年前冀鲁豫三省集镇的商业规模而言，相关资料以《中华民国商业档案资料汇编》、《冀察调查统计丛刊》、《北宁铁路沿线经济调查报告》、《胶济铁路沿线经济调查报告》、《陇海全线调查》(1932 年份)和《中国通邮地方物产志》较为系统和完整。下文将《中华民国商业档案资料汇编》中的资料整理为表 3－16，将《冀察调查统计丛刊》、《北宁铁路沿线经济调查报告》等四种资料合并整理成表 3－17，[①] 将《中国通邮地方物产志》中集镇的重要工商行号数整理为表 3－18。

表 3－16　1912 年前冀鲁豫三省 25 个集镇加入商会的商号数量分类统计

商号家数分类	设站集镇		临近车站的集镇		非铁路沿线集镇		合计	
	集镇数	比例	集镇数	比例	集镇数	比例	集镇数	比例
200 以上	2	50%	0	0	2	50%	4	100%
100—199	1	16.7%	2	33.3%	3	50.0%	6	100%
80—99	2	33.3%	0	0	4	66.7%	6	100%
50—79	2	66.7%	1	33.3%	0	0	3	100%
20—49	2	33.3%	1	16.7%	3	50.0%	6	100%
20 以下	0	—	0	—	0	—	0	—

资料来源：《国内商会统计》，赵宁渌主编《中华民国商业档案资料汇编》第 1 卷（1912—1928），第 70—104 页；《直隶各商务分会》，《天津商会档案汇编（1903—1911）》，第 192—282 页。

表 3－17　1937 年前冀鲁豫三省 350 个集镇商号数量分类统计

商号家数分类	设站集镇		临近车站的集镇		非铁路沿线集镇		合计	
	集镇数	比例	集镇数	比例	集镇数	比例	集镇数	比例
200 以上	6	40.0%	2	13.3%	7	46.7%	15	100%
100—199	13	46.4%	7	25.0%	8	28.6%	28	100%
80—99	6	60%	1	10%	3	30%	10	100%
50—79	6	20.7%	7	24.1%	16	55.2%	29	100%
20—49	15	12.4%	32	26.4%	74	61.2%	121	100%
20 以下	20	13.6%	31	21.1%	96	65.3%	147	100%

资料来源：《河北省各县地方实际情况调查报告》，《冀察调查统计丛刊》第 1—2 卷，1936—1937 年；《北宁铁路沿线经济调查报告》，相关各县调查；《胶济铁路沿线经济调查报告》（分编一至分编六），各县调查；《陇海全线调查》（1932 年份），殷梦霞、李强选编《民国铁路沿线经济调查报告汇编》第 7 册，各县调查；等等。

---

① 之所以如此，是由于此四种资料的调查时间集中于 1932—1935 年，尤以 1933 年前后为多。

表 3－18　1937 年前冀鲁豫三省 140 个集镇重要工商行号数量分类统计

商号家数分类	设站集镇		临近车站的集镇		非铁路沿线集镇		合计	
	集镇数	比例	集镇数	比例	集镇数	比例	集镇数	比例
200 以上	0	—	0	—	0	—	0	100%
100—199	2	100%	0	0	0	0	2	100%
80—99	2	100%	0	0	0	0	2	100%
50—79	8	61.5%	1	7.7%	4	30.8%	13	100%
20—49	23	41.8%	11	20.0%	21	38.2%	55	100%
20 以下	27	39.7%	16	23.5%	25	36.8%	68	100%

资料来源：《中国通邮地方物产志》（河北编、山东编、河南编）。

由于统计对象不同，表 3－11 至表 3－18 中的变化趋势有一定差异，但总体上仍有明显的一致性：（1）随着商号规模等级的降低，无论是设站集镇、临近车站的集镇，还是非铁路沿线集镇，其数量均呈增长趋势，商号数量在 49 家以下的集镇的增长尤为明显；（2）随着商号规模等级的降低，设站集镇所占比例呈减少趋势，临近车站的集镇所占比例在波动中增加，非铁路沿线集镇所占比例呈上升趋势，表明铁路沿线集镇商业的变动在总体上较非铁路沿线明显；（3）以上变化趋势在铁路开通初期已略有端倪，至 1937 年前更加明显。

正如前文所指出，铁路开通前，华北冀鲁豫三省的大多数集镇有人口 1000—2000 人；仅有少数集镇人口超过 5000 人。[①] 铁路开通后，随着集镇交通运输业和工商业的发展，集镇人口规模亦发生变动。下文仍将采取从翰香等人的分类标准，从设站集镇、临近车站的集镇和非铁路沿线集镇三个维度展开考察。

1937 年前华北集镇人口的统计资料，除散见于大量的地方志书外，还集中保留在《冀察调查统计丛刊》、《北宁铁路沿线经济调查报告》、《胶济铁路沿线经济调查报告》、《陇海全线调查》（1932 年份）等调查资料以及《大中华京兆地理志》、《大中华直隶省地理志》、《大中华山东省地理志》、《大中华河南省地理志》、《中华民国省区全志》、《支那省别全志》等志书中。下文分别将 1920 年前后和 1937 年前两个时期的人口

① 参见本书第 1 章第 1 节。

数据整理为表3-19和表3-20。

表3-19 1920年前后冀鲁豫三省71个集镇人口规模统计

集镇人口规模(人)	设站集镇		临近车站的集镇		非铁路沿线集镇		合计	
	集镇数	比例	集镇数	比例	集镇数	比例	集镇数	比例
16000以上	3	50.0%	1	16.7%	2	33.3%	6	100%
8000—15999	8	61.5%	1	7.7%	4	30.8%	13	100%
4000—7999	10	45.5%	3	13.6%	9	40.9%	22	100%
2000—3999	10	50%	6	30%	4	20%	20	100%
2000以下	3	30%	3	30%	4	40%	10	100%

资料来源:林传甲:《大中华直隶省地理志》、《大中华山东省地理志》、《大中华河南省地理志》、《大中华京兆地理志》;白眉初:《中华民国省区全志》(京兆特别区、直隶省、山东省、河南省)。

表3-20 1937年前冀鲁豫三省288个集镇人口规模统计

集镇人口规模(人)	设站集镇		临近车站的集镇		非铁路沿线集镇		合计	
	集镇数	比例	集镇数	比例	集镇数	比例	集镇数	比例
16000以上	6	85.7%	0	0	1	14.3%	7	100%
8000—15999	5	71.4%	1	14.3%	1	14.3%	7	100%
4000—7999	13	29.5%	16	36.4%	15	34.1%	44	100%
2000—3999	22	23.7%	31	33.3%	40	43.0%	93	100%
2000以下	29	21.2%	55	40.1%	53	38.7%	137	100%

资料来源:《河北省各县地方实际情况调查报告》,《冀察调查统计丛刊》第1—2卷,1936—1937年;《北宁铁路沿线经济调查报告》,相关各县调查;《胶济铁路沿线经济调查报告》(分编一至分编六),各县调查;《陇海全线调查》(1932年份),殷梦霞、李强选编《民国铁路沿线经济调查报告汇编》第7册,各县调查;等等。

比较之下可知,1937年前华北集镇人口规模与商号规模的总体变动趋势也有明显的相似之处,即随着人口规模等级的降低,三类集镇数量均呈增长之势;随着人口规模等级的下降,设站集镇所占比例呈减少之势,临近铁路车站的集镇所占比例在波动中增加,非铁路沿线集镇所占比例呈上升趋势;这两个变化趋势在1920年已略有端倪,1937年前更趋明显。以上三方面的一致性,在统计样本较多的表3-14、表3-17和表3-20中表现得尤为明显。

尽管以上各表能够反映出华北集镇商号数量和人口规模变动的总体

趋势，却遮蔽了具有某些突出资源的集镇的商业和人口规模的历时性变化，因此这里再将相关资料整理为表3－21。

表3－21　1937年前华北部分集镇商号和人口变动情况

集镇名称	1912年前		1920年前		1928年前		1937年前		突出的优势	与车站关系
	商号	人口	商号	人口	商号	人口	商号	人口		
石家庄	无多	1000	500	6000	2000	60000	2500	63000	地理位置、交通、铁路工厂	S
辛集	297*	—	600	—	500	10000	700	7000	棉花、皮毛	F
林南仓	—	—	50*	—	—	—	129	—	地理位置	F
唐山	242*	2000		15000	440	47623	300	77800余	煤炭、铁路工厂	S
秦皇岛	58*	—	—	6000		17000	390	33900余	不冻港、交通	S
南口	—	—	—	—	—	—	—	5725	铁路工厂	S
长辛店	30*	—	—	—	204	—	222	18281	铁路工厂	S
琉璃河	—	—	47*	—	87	—	100	2000	交通	S
坨里	—	—	20*	3000	28	1344	—	—	煤炭	S
窦店			7*		41		60	—	—	S
丰润河头	—	—	3*	—	—	—	145		地理位置、交通	L
周口店	—	—	57*	2000	63	2193	—	—	煤炭	S
彭城	154*	—	300	—	120		100	7700	陶瓷业	L
泊头	115*	—	600*	—	404	—	—	—	地理位置、交通	S
芦台	38*	—	160*	—	—	—	239	—	粮业、交通	S
门头沟	—	—	—	2000	128	—	106	20000	煤炭	S
丰台镇	—	—	—	—	107	—	162	3758	交通	S
周村	302*	—	—	25000	—	—	831	56600	丝织业	S
龙口	146*	—	—	7500	—	—	400	—	港口、开埠	F
沙河镇	92*	—	—	2000	—	—	200	—	草辫业	F
柳疃	57*	—	—	—	—	—	400	—	丝织业	L
漯河	—	—	—	10000	—	—	—	48000	粮业、交通	S
焦作	—	—	—	10000	—	—	—	15000	煤炭	S

续表

集镇名称	1912 年前		1920 年前		1928 年前		1937 年前		突出的资源优势	与车站关系
	商号	人口	商号	人口	商号	人口	商号	人口		
驻马店	—	—	—	2000	—	—	1500	48800	粮业、交通	S
道口	—	—	—	5000	—	—	—	18500	交通、转运	S
清化	—	—	—	5000	—	—	—	8500	铁业、交通	S

注：表中 S 代表设站集镇，L 代表临近车站的集镇，F 代表非铁路沿线集镇。* 为加入商会的商号数。

资料来源：综合相关调查资料及地方志所得。

表 3－21 表明，1937 年前华北地区商业和人口规模迅速扩大的集镇数量并不多。这些集镇虽然大多数设有车站或临近车站，但在资源优势方面又有所不同：唐山、焦作等既设有铁路车站和工厂，又有丰富的煤炭资源，因此在短短数十年间即由村庄崛起为人口数万或万余的新兴集镇；石家庄虽无煤炭资源之利，但既为铁路枢纽和大规模的铁路工厂所在地，又是晋煤输出的必经之地，因此亦迅速由村庄崛起为集镇；秦皇岛既有不冻港的天然优势，又有铁路之利，从而成为开滦煤炭的重要输出港，亦由荒凉之地崛起为集镇；南口、长辛店等因建有大规模铁路工厂而保持良好的发展状态；其余漯河、驻马店、清化、道口、芦台、周村、柳疃、沙河镇、林南仓等传统集镇，或拥有某种特色产业，或具有交通之利，因此或得以迅速发展，或能够维持其重镇地位。

总之，铁路开通后，华北集镇的商业和人口规模既有显著的变动，又有明显的延续。前者突出地表现为县均集镇数在 1911—1937 年，尤其是 1920—1937 年的显著增长；漯河、驻马店、泊头等传统集镇的迅速发展和唐山、焦作、石家庄等新兴集镇的迅速崛起；设站集镇、临近车站的集镇在商业和人口规模等方面的变动较非铁路沿线集镇显著。后者突出地体现在有铁路通过和设站的县份的县均集镇数始终多于非铁路通过和设站县份；在设站集镇、临近车站的集镇和非铁路沿线集镇中，商业和人口规模较小的集镇始终居于多数；设站集镇和临近车站的集镇的商业和人口规模相对大于非铁路沿线集镇的现象，在铁路开通初期即已经出现。上述变动和延续不仅发生在冀鲁豫三省，而且在察哈尔、绥远以及江苏、安徽两省北部等地区也存在。[①] 就此而言，1937 年前的华北集镇仍处于加速“差异化发展”之中。这一状况的出现与铁路运输的发展密不可分。一方面，铁路为长辛店、南口等镇带来了大规模的铁路工厂，促使丰台、石家庄、张店等成为交通枢纽，极大地促进了唐山、焦作、阳泉等地煤炭资源的开发和平地泉、漯河、驻马店、杨家庄等地粮食、烟草等农副产品的源源外运，推动了这些集镇的迅速成长；另一方面，铁路又使开平等设站集镇和临近车站的集镇相对衰落，从而在一定程度上拉大了集镇之间的差距，加速了其“差异化发展”。

三　集镇分布与形态的演变

为与本书第一章相呼应，本节将采用与之相同的研究方法和维度。

就单体集镇在地理方位上的分布而言，首先可以将 1937 年前冀鲁豫三省 441 个集镇地理方位及距县里程整理为表 3－22。

表 3－22　1937 年前华北三省 441 个集镇地理方位及距县里程统计

方位 / 里程	东	西	南	北	东北	东南	西北	西南	合计	
									数量	百分比
0—10 里	2	2	3	1	0	0	1	2	11	2.5%
11—20 里	11	12	18	9	14	10	17	7	98	22.2%
21—30 里	19	16	20	12	15	15	9	15	121	27.4%
31—40 里	8	13	11	5	10	8	6	13	74	16.8%
41—50 里	4	6	9	4	4	4	5	12	48	10.9%
51—60 里	4	4	6	0	4	5	0	4	27	6.1%
61—70 里	0	5	3	1	3	5	3	3	23	5.2%
71—80 里	0	0	3	0	1	1	0	3	8	1.8%
81—90 里	1	1	2	1	1	4	2	2	14	3.2%
91—100 里	2	0	1	0	0	0	0	4	7	1.6%
101 里以上	0	0	1	0	1	0	4	4	10	2.3%

① 参见相关地方志书及论著。

续表

里程＼方位		东	西	南	北	东北	东南	西北	西南	合计	
										数量	百分比
合计	数量	51	59	77	33	53	52	47	69	441	100.0%
	百分比	11.6%	13.4%	17.5%	7.5%	12.0%	11.8%	10.7%	15.6%	100.0%	

资料来源：各县县志。《河北省各县地方实际情况调查报告》，《冀察调查统计丛刊》第1—2卷，1936—1937年；《北宁铁路沿线经济调查报告》，相关各县调查；《胶济铁路沿线经济调查报告》（分编一至分编六），各县调查；《陇海全线调查》（1932年份），殷梦霞、李强选编《民国铁路沿线经济调查报告汇编》第7册，各县调查；等等。

尽管表3－22与表1－12所统计的集镇数量差异较大，从而导致其绝对数缺乏可比性，但其相对数即百分比似乎能够从一定程度上反映三省集镇在地理方位分布上的变化。

表3－23　1937年前华北三省集镇方位分布百分比变化

	东	西	南	北	东北	东南	西北	西南
1911年前	13.7%	10.6%	18.6%	9.7%	15.5%	11.1%	8.8%	11.9%
1937年前	11.6%	13.4%	17.5%	7.5%	12.0%	11.8%	10.7%	15.6%
变化幅度	2.1%	2.8%	1.1%	2.2%	3.5%	0.7%	1.9%	3.7%

资料来源：各县县志。《河北省各县地方实际情况调查报告》，《冀察调查统计丛刊》第1—2卷，1936—1937年；《北宁铁路沿线经济调查报告》，相关各县调查；《胶济铁路沿线经济调查报告》（分编一至分编六），各县调查；《陇海全线调查》（1932年份），殷梦霞、李强选编《民国铁路沿线经济调查报告汇编》第7册，各县调查；等等。

表3－24　1937年前华北三省集镇距县里程分布百分比变化

	0—10里	11—20里	21—30里	31—40里	41—50里	51—60里	61—70里	71—80里	81—90里	91—100里	101里以上
1911年前	1.8%	20.8%	25.7%	18.6%	10.6%	8.8%	6.6%	1.8%	2.7%	0.4%	2.2%
1937年前	2.5%	22.2%	27.4%	16.8%	10.9%	6.1%	5.2%	1.8%	3.2%	1.6%	2.3%
变化幅度	0.7%	1.4%	1.7%	1.8%	0.3%	2.7%	1.4%	0	0.5%	1.2%	0.1%

资料来源：各县县志。《河北省各县地方实际情况调查报告》，《冀察调查统计丛刊》第1—2卷，1936—1937年；《北宁铁路沿线经济调查报告》，相关各县调查；《胶济铁路沿线经济调查报告》（分编一至分编六），各县调查；《陇海全线调查》（1932年份），殷梦霞、李强选编《民国铁路沿线经济调查报告汇编》第7册，各县调查；等等。

比较之下可知，在地理方位分布上，西南方和东北方变化幅度为3%以上，东方、西方和北方变化幅度为2%—3%，南方和西北方为1%—2%，东南方变化幅度在1%以下；在距县里程上，21—30里区间段增加了1.7%，11—20里区间段增加了1.4%，91—100里区间段增加了1.2%，0—10里区间段增加了0.7%，81—90里区间段增加了0.5%，41—50里区间段增加了0.3%；61—70里区间段减少了1.4%，31—40里区间段减少了1.8%，51—60里区间段减少了2.7%；71—80里和101里以上两个区间段变化甚小。

由于铁路开通后华北部分设站集镇和临近车站的集镇在商业和人口规模等方面的变动较非铁路沿线集镇显著，因此下文再专就铁路沿线县份所属集镇和非铁路沿线县份所属集镇进行统计分析。

表3-25 1937年前华北三省铁路沿线238个集镇地理方位及距县里程统计

里程＼方位		东	西	南	北	东北	东南	西北	西南	合计	
										数量	百分比
0—10里		2	1	2	1	0	0	1	1	8	3.4%
11—20里		6	7	12	5	4	4	8	4	50	21.0%
21—30里		8	9	11	8	7	7	7	6	63	26.5%
31—40里		2	6	5	1	4	6	5	10	39	16.4%
41—50里		4	6	8	2	1	2	3	6	32	13.4%
51—60里		1	3	4	0	2	2	0	2	14	5.9%
61—70里		0	5	2	0	0	4	0	2	13	5.5%
71—80里		0	0	2	0	1	0	0	0	3	1.3%
81—90里		0	1	2	1	1	2	1	2	10	4.2%
91—100里		1	0	1	0	0	0	0	0	2	0.8%
101里以上		0	0	0	0	0	0	0	4	4	1.7%
合计	数量	24	38	49	18	20	27	25	37	238	100.0%
	百分比	10.1%	16.0%	20.6%	7.6%	8.4%	11.3%	10.5%	15.5%	100.0%	

资料来源：各县县志。《河北省各县地方实际情况调查报告》，《冀察调查统计丛刊》第1—2卷，1936—1937年；《北宁铁路沿线经济调查报告》，相关各县调查；《胶济铁路沿线经济调查报告》（分编一至分编六），各县调查；《陇海全线调查》（1932年份），殷梦霞、李强选编《民国铁路沿线经济调查报告汇编》第7册，各县调查；等等。

表 3－26　1937 年前华北三省铁路沿线县份所属集镇地理方位分布百分比变化

	东	西	南	北	东北	东南	西北	西南
1911 年前	8.3%	15.5%	26.2%	9.5%	6%	11.9%	11.9%	10.7%
1937 年前	10.1%	16.0%	20.6%	7.6%	8.4%	11.3%	10.5%	15.5%
变化幅度	1.8%	0.5%	5.6%	1.9%	2.4%	0.6%	1.4%	4.8%

表 3－27　1937 年前华北三省铁路沿线县份所属集镇距县里程分布百分比变化

	0—10 里	11—20 里	21—30 里	31—40 里	41—50 里	51—60 里	61—70 里	71—80 里	81—90 里	91—100 里	101 里以上
1911 年前	3.6%	22.6%	23.8%	20.2%	11.9%	4.8%	7.1%	0	4.8%	0	1.2%
1937 年前	3.4%	21.0%	26.5%	16.4%	13.4%	5.9%	5.5%	1.3%	4.2%	0.8%	1.7%
变化幅度	0.2%	1.6%	2.7%	3.8%	1.5%	1.1%	1.6%	1.3%	0.6%	0.8%	0.5%

表 3－28　1937 年前华北三省非铁路沿线 203 个集镇地理方位及距县里程统计

	东	西	南	北	东北	东南	西北	西南	合计	
									数量	百分比
0—10 里	0	1	1	0	0	0	0	1	3	1.5%
11—20 里	5	5	6	4	10	6	9	3	48	23.6%
21—30 里	11	7	9	4	8	8	2	9	58	28.6%
31—40 里	6	7	6	4	6	2	1	3	35	17.2%
41—50 里	0	0	1	2	3	2	2	6	16	7.9%
51—60 里	3	1	2	0	2	3	0	2	13	6.4%
61—70 里	0	0	1	1	3	1	3	1	10	4.9%
71—80 里	0	0	1	0	0	1	0	3	5	2.5%
81—90 里	1	0	0	0	0	2	1	0	4	2.0%
91—100 里	1	0	0	0	0	0	0	4	5	2.5%
101 里以上	0	0	1	0	1	0	4	0	6	3.0%

续表

		东	西	南	北	东北	东南	西北	西南	合计	
										数量	百分比
合计	数量	27	21	28	15	33	25	22	32	203	100.0%
	百分比	13.3%	10.3%	13.8%	7.4%	16.3%	12.3%	10.8%	15.8%	100.0%	

资料来源：各县县志。《河北省各县地方实际情况调查报告》，《冀察调查统计丛刊》第1—2卷，1936—1937年；《北宁铁路沿线经济调查报告》，相关各县调查；《胶济铁路沿线经济调查报告》（分编一至分编六），各县调查；《陇海全线调查》（1932年份），殷梦霞、李强选编《民国铁路沿线经济调查报告汇编》第7册，各县调查；等等。

表3-29 1937年前华北三省非铁路沿线县份所属集镇地理方位分布百分比变化

	东	西	南	北	东北	东南	西北	西南
1911年前	16.9%	7.7%	14.1%	9.9%	20.4%	10.6%	7.7%	12.7%
1937年前	13.3%	10.3%	13.8%	7.4%	16.3%	12.3%	10.8%	15.8%
变化幅度	3.6%	2.6%	0.3%	2.5%	4.1%	1.7%	3.1%	3.1%

表3-30 1937年前华北三省非铁路沿线县份所属集镇距县里程分布百分比变化

	0—10里	11—20里	21—30里	31—40里	41—50里	51—60里	61—70里	71—80里	81—90里	91—100里	101里以上
1911年前	3.5%	17.6%	26.8%	17.6%	9.2%	11.3%	6.3%	2.8%	1.4%	0.7%	2.8%
1937年前	1.5%	23.6%	28.6%	17.2%	7.9%	6.4%	4.9%	2.5%	2.0%	2.5%	3.0%
变化幅度	2.0%	6.0%	1.8%	0.4%	1.3%	4.9%	1.4%	0.3%	0.6%	1.8%	0.2%

表3-31 1937年前华北三省集镇地理方位分布变化幅度比较

	东	西	南	北	东北	东南	西北	西南
整体	2.1%	2.8%	1.1%	2.2%	3.0%	0.7%	1.9%	3.6%
铁路沿线县份	1.8%	0.5%	5.6%	1.9%	2.4%	0.6%	1.4%	4.8%
非铁路沿线县份	3.6%	2.6%	0.3%	2.5%	4.1%	1.7%	3.1%	3.1%

综观表3-25至表3-31的统计分析可知，在地理方位分布上，铁路沿线县份所属集镇与非铁路沿线县份所属集镇均有一定变化，但在百

分比变化幅度上，铁路沿线县份除在南方和西南方两个方位上大于非铁路沿线县份外，在其余六个方位上均小于非铁路沿线县份；在距县里程上，无论是铁路沿线县份，还是非铁路沿线县份，在各个区间段上的变化幅度均小于6%，且大多数不足2%。由此可见，关于集镇地理方位分布和距县里程的统计分析，似乎并不能完全反映出铁路对集镇分布的影响，而应与集镇的商业规模和人口规模相结合。

据统计，1937 年前华北三省地理方位明确且有商号统计的集镇有 171 个。在这 171 个集镇中，商号数量在 200 家以上和 100—200 家者共计 31 个。这 31 个集镇在以县城为中心的八个方向上均有分布。其中，商号数在 200 家以上的 13 个集镇中，有 7 个设有铁路车站，约占此类集镇的 53.8%；有 1 个临近铁路车站，约占 7.7%；有 5 个为非铁路沿线集镇，约占 38.5%。商号数在 100—200 家的 18 个集镇中，有 9 个设有铁路车站，占此类集镇的 50%；有 3 个临近铁路车站，约占 16.7%；有 6 个为非铁路沿线集镇，约占 33.3%。由此可见，在商号数量较多的集镇中，设有铁路车站和临近铁路车站的集镇居于多数。

表 3－32　1937 年前华北三省 31 个集镇分布状况

		商号数 200 家以上	商号数 100—200 家	合计数	百分比
东方	设	1	0	1	3.2%
	临	0	1	1	3.2%
	非	0	1	1	3.2%
西方	设	0	4	4	12.9%
	临	0	1	1	3.2%
	非	1	1	2	6.5%
南方	设	2	0	2	6.5%
	临	0	1	1	3.2%
	非	0	0	0	0
北方	设	1	2	3	9.7%
	临	0	0	0	0
	非	0	0	0	0
东北	设	0	0	0	0
	临	0	0	0	0
	非	2	2	4	12.9%

续表

		商号数 200 家以上	商号数 100—200 家	合计数	百分比
东南	设	1	1	2	6.5%
	临	0	0	0	0
	非	0	0	0	0
西北	设	1	1	2	6.5%
	临	1	0	1	3.2%
	非	1	0	1	3.2%
西南	设	1	1	2	6.5%
	临	0	0	0	0
	非	1	2	3	9.7%
合计		13	18	31	100%

资料来源：《河北省各县地方实际情况调查报告》，《冀察调查统计丛刊》第 1—2 卷，1936—1937 年；《北宁铁路沿线经济调查报告》，相关各县调查；《胶济铁路沿线经济调查报告》（分编一至分编六），各县调查；《陇海全线调查》（1932 年份），殷梦霞、李强选编《民国铁路沿线经济调查报告汇编》第 7 册，各县调查；等等。

同一时期，华北三省地理方位明确且有人口统计的集镇有 160 个。在这 160 个集镇中，人口数在 10000 以上和 5000—10000 者共计 28 个，分布在以县城为中心的东、西、南、东北、东南、西南这六个方向上。其中，人口数在 10000 以上的 10 个集镇中，有 8 个设有铁路车站，约占此类集镇的 80%；有 2 个为非铁路沿线集镇，约占 20%。人口数在 5000—10000 的 18 个集镇中，有 8 个设有铁路车站，占此类集镇的 44.4%；有 6 个临近铁路车站，约占 33.3%；有 4 个为非铁路沿线集镇，约占 22.2%。由此可见，在人口数较多的集镇中，设有铁路车站和临近铁路车站的集镇也居于多数。

表 3－33　1937 年前华北三省 28 个集镇分布状况

		人口 10000 以上	人口 5000—10000	合计	百分比
东方	设	0	2	2	7.1%
	临	0	2	2	7.1%
	非	0	1	1	3.6%

续表

		人口 10000 以上	人口 5000—10000	合计	百分比
西方	设	2	1	3	10.7%
	临	0	0	0	0
	非	1	1	2	7.1%
南方	设	0	4	4	14.3%
	临	0	1	1	3.6%
	非	0	1	1	3.6%
北方	设	0	0	0	0
	临	0	0	0	0
	非	0	0	0	0
东北	设	3	0	3	10.7%
	临	0	1	1	3.6%
	非	1	1	2	7.1%
东南	设	2	0	2	7.1%
	临	0	1	1	3.6%
	非	0	0	0	0
西北	设	0	0	0	0
	临	0	0	0	0
	非	0	0	0	0
西南	设	1	1	2	7.1%
	临	0	1	1	3.6%
	非	0	0	0	0
合计		10	18	28	100%

资料来源：《河北省各县地方实际情况调查报告》，《冀察调查统计丛刊》第1—2卷，1936—1937年；《北宁铁路沿线经济调查报告》，相关各县调查；《胶济铁路沿线经济调查报告》（分编一至分编六），各县调查；《陇海全线调查》（1932年份），殷梦霞、李强选编《民国铁路沿线经济调查报告汇编》第7册，各县调查；等等。

就县域集镇分布而言，依据本书认定集镇的标准，河北省滦县1937年前集镇数仍为16个，[①] 除马家沟、唐山取代石佛口镇、张各庄镇外，

① 民国《滦县志》、《北宁铁路沿线经济调查报告》中关于1937年前滦县集镇数量和名称的记载不尽相同，故本书在相关记载基础上，依据认定集镇的7个关键词对其做了重新认定。

其余集镇名称及方位仍与清末时期一致，因此，其集镇地理方位分布及距县里程变化不大。与此同时，其规模则因铁路通车、矿产资源开发等因素的影响而有明显变化。“而开、稻、倴城、榛，素推繁盛，近则市井萧条，营业不振。考其原因，盖有数端：一，铁路之修筑也，四方商贾，率麇集于交通便利之地，如唐山、古冶等处，日臻发达，凡乡间购置物品者，均以该市为百货场，而各镇之贸易，遂不免受其影响，此其一……”① 同省定县 1937 年前集镇数仍为 10 个，与 1911 年前相比，集镇数量和名称均无变化，但设有车站的清风店铺户由 76 户增至 183 户，人口由 550 人增至 741 人；民户由 125 户增至 377 户，人口由 589 人增至 2667 人。② 这也从一个侧面反映出铁路对集镇的影响更多地体现在商业和人口规模方面。

山东省掖县集镇由 1911 年前的 4 处增至 1937 年前的 8 处，新增者为平里店、海庙口、石虎嘴、郭家镇 4 处，其中郭家镇在城东南 50 里，平里店在东北 35 里，海庙口在东北 18 里，石虎嘴在东北 70 里。这些集镇集中于县城西部和北部沿海一带，表明其集镇总体布局与清末时期一致。海庙口、石虎嘴两个沿海港口型集镇的兴起和沙河镇的相对衰落则表明，海上贸易的发展是影响其集镇规模变化的一个重要因素。德县集镇由 1911 年的 11 处增至 1937 年前的 15 处，其中桑园（柘园）、黄河涯、刘智庙、甜水铺、岳高铺、王满（蛮）店、边临镇 7 个为原有集镇，土桥、二十里铺、抬头寺、刘家集、张家集、新安镇、杨家集、李家集 8 个为新增集镇，界河铺、三十里铺、牛王堂、东堂等 4 处则退出集镇之列。虽然集镇数量和名称均有较大变化，但其集中于县城东南部、东部和东北部的总体格局亦未改变。同时，桑园、黄河涯、刘智庙等集镇的兴衰，应是经济社会变迁与铁路、运河、驿路等交通方式共同影响的结果。

河南省许昌 1924 年前后集镇数仍为 12 个，与清末以前一致。有显著变化的仅为帐地镇。该镇“居中央，当许新大道之要冲，为本保集市，商贾云集，行旅不绝。近受京汉铁路之影响，商贾行旅日

① 《集镇》，民国《滦县志》卷 3，第 2 页 a。

② 民国《定县志》，第 307、324 页。本书根据民国《定县志》及道光《定州志》记载，认为其关于清风店人口的记载，应为商户与民户分别记载。

渐稀少"[①]。

综合以上关于单体集镇和县域集镇分布的讨论可知，自清末至1937年前，尽管部分县份集镇数目变化较大，但由于集镇发展的延续性以及地理条件、资源分布等因素的制约，华北集镇的总体分布格局并未发生根本性改变。仅就铁路的影响而言，与其说铁路促使集镇在分布上向铁路沿线集中，不如说铁路通过影响部分设站集镇的商业和人口规模变动，促使商业和人口规模较大的集镇呈现出向铁路沿线集中的趋势。

囿于史料，本书第一章考察清末时期冀鲁豫三省之省域内不同的集镇密度的县份分布时，仅以部分县份为基础（直隶61县、山东58县、河南62县）。而到1937年前，不仅有更多的县份作为样本，而且能够采用不同方法估算出其余县份的集镇数，进而得到各县及三省集镇总数。据前文所做的统计和估算，1937年前河北省约有集镇775处，山东省约有集镇817处，河南省约有集镇767处。下文将据此计算不同县份的集镇密度。

河北省775处集镇分属130个县。

表3－34　1937年河北省集镇分布

县份	集镇数	县份	集镇数	县份	集镇数	县份	集镇数
大兴	5	宛平	6	通县	8	武清	4
安次	7	涿县	5	良乡	2	房山	9
昌平	6	天津	12	青县	7	沧县	14
南皮	3	静海	7	交河	4	景县	7
吴桥	2	东光	4	抚宁	7	昌黎	11
滦县	16	临榆	6	丰润	11	宁河	8
清苑	4	满城	4	徐水	6	定兴	4
新城	9	望都	0	正定	12	获鹿	7
井陉	4	新乐	0	易县	7	涞水	4
定县	10	邢台	12	沙河	8	内丘	4
永年	10	邯郸	5	磁县	6	临城	7
高邑	6	元氏	4	三河	8	宝坻	6

① 民国《许昌县志》，台北，成文出版社，1968年影印本，第113页。

续表

县份	集镇数	县份	集镇数	县份	集镇数	县份	集镇数
蓟县	7	香河	4	霸县	8	固安	6
永清	14	顺义	4	密云	2	怀柔	0
平谷	1	盐山	4	庆云	7	河间	9
献县	7	兴隆	1	雄县	3	赞皇	3
肃宁	5	玉田	7	安国	4	晋县	9
任丘	12	文安	10	安新	6	无极	4
阜城	4	大城	1	束鹿	20	藁城	8
宁津	8	新镇	0	高阳	4	涞源	2
故城	1	唐县	4	阜平	5	曲阳	4
卢龙	10	博野	5	栾城	4	深泽	4
迁安	11	容城	3	行唐	4	深县	8
乐亭	8	完县	7	灵寿	2	武强	3
遵化	5	蠡县	4	平山	2	饶阳	4
安平	12	南和	5	肥乡	7	衡水	6
大名	4	平乡	2	鸡泽	3	南宫	8
南乐	4	广宗	5	广平	6	新河	7
清丰	2	巨鹿	5	成安	5	枣强	7
东明	4	尧山	1	威县	4	武邑	10
濮阳	10	任县	5	清河	1	赵县	10
长垣	11	曲周	4	冀县	4	柏乡	0
隆平	4	宁晋	19				

以表 3－34 为基础进行计算可知，[①] 1937 年前河北省集镇密度在 10 集镇/平方千米以上的 1 类密度县共计 42 个，除庆云、长垣、平谷、宁津、完县位于津浦铁路以东、京奉铁路以北和京汉铁路以西的山区或边缘地带外，其余 37 个县集中于津浦、京奉、京汉三路沿线及三路之间的平原地带。集镇密度在 4.6—9.9 集镇/平方千米的 2 类密度县共有 48 个，除顺义、乐亭、卢龙、阜平、南乐、香河、曲阳、三河等 8 县地处津浦铁路以东、京奉铁路以北和京汉铁路以西的山区或边缘地带外，其

① 计算方法参见从翰香主编《近代冀鲁豫乡村》，第 126—134 页。

余40个县集中于津浦、京奉、京汉三路沿线及三路之间的平原地带。集镇密度在3—4.5集镇/平方千米的3类密度县共有17个，其中有8个县位于津浦、京奉、京汉三路沿线及三路之间的平原地带，9个县地处津浦铁路以东、京奉铁路以北和京汉铁路以西的山区或边缘地带，超过此类县份的半数。集镇密度在3集镇/平方千米以下的4类密度县共计23个，其中9个县位于津浦、京奉、京汉三路沿线及三路之间的平原地带，14个县地处津浦铁路以东、京奉铁路以北和京汉铁路以西的山区或边缘地带，超过此类县份的60%。

山东省817处集镇分属108个县。

表3－35　1937年前山东省集镇分布

县份	集镇数	县份	集镇数	县份	集镇数	县份	集镇数
博山	22	历城	9	长山	5	滋阳	4
昌乐	16	淄川	8	桓台	5	曲阜	2
即墨	16	高密	8	平原	4	宁阳	15
德县	15	昌邑	8	胶县	4	邹县	10
潍县	15	齐河	6	临淄	2	滕县	3
泰安	12	益都	6	安丘	2	峄县	3
长清	10	章丘	5	禹城	1	济宁	8
莱芜	17	黄县	6	惠民	8	城武	7
广饶	16	栖霞	6	阳信	3	定陶	4
冠县	15	平度	6	无棣	8	巨野	6
夏津	13	莒县	5	滨县	5	郓城	9
莱阳	12	清平	5	乐陵	4	聊城	5
牟平	12	招远	5	蒲台	3	堂邑	6
临清	11	文登	5	青城	9	博平	6
德平	10	陵县	4	泗水	17	高唐	17
临朐	9	临邑	4	汶上	6	恩县	4
齐东	8	东阿	4	金乡	5	武城	5
济阳	8	福山	4	嘉祥	3	丘县	7
沾化	8	邹平	3	鱼台	8	东平	10
掖县	8	范县	3	临沂	19	平阴	8
诸城	8	寿光	2	郯城	3	阳谷	5

续表

县份	集镇数	县份	集镇数	县份	集镇数	县份	集镇数
商河	7	利津	2	费县	9	寿张	5
蓬莱	7	高苑	1	蒙阴	11	濮县	7
荣成	7	新泰	1	沂水	11	甄城	17
海阳	7	莘县	1	菏泽	8	朝城	6
在平	6	博兴	0	曹县	9	观城	5
馆陶	6	肥城	19	单县	9	日照	15

以表 3－35 为基础进行计算可知，1937 年前山东省集镇密度在 10 集镇/平方千米以上的 1 类密度县共有 22 个，其中大部分集中于西部和西北部的津浦铁路以西、胶济铁路以北地区，少数散布于津浦、胶济两路沿线或其他地区。集镇密度在 5.8—9.9 集镇/平方千米的 2 类密度县有 32 个，其分布状况与 1 类密度县相似。集镇密度在 3—5.7 集镇/平方千米的 3 类密度县有 35 个，除分布于西部和西北部的津浦铁路以西、胶济铁路以北和两路沿线地区外，分布于津浦以东、胶济以南地带和山东半岛东部的县份明显增多。集镇密度在 3 集镇/平方千米以下的 4 类密度县有 18 个，[①] 其分布较前 3 类分散，津浦以东、胶济以南的山区地带明显增多。

河南省 767 处集镇分属 111 个县。

表 3－36　1937 年前河南省集镇分布

县份	集镇数	县份	集镇数	县份	集镇数	县份	集镇数
中牟	9	阌乡	6	兰封	5	汤阴	4
郑县	1	汜水	10	开封	8	浚县	4
长葛	4	商丘	3	汲县	1	博爱	6
荥阳	3	陕县	27	巩县	9	修武	11
偃师	20	确山	5	陈留	3	遂平	14
许昌	12	宁陵	3	安阳	21	淇县	4
信阳	29	民权	9	获嘉	12	西平	27

① 由于《全国行政区划及土地面积统计》一书未分别计算濮县与甄城的面积，且此二县多次分合，故本书计算集镇密度时将其视为 1 县，因此总县数为 107 个。

续表

县份	集镇数	县份	集镇数	县份	集镇数	县份	集镇数
新乡	2	渑池	4	临颍	9	虞城	6
新安	14	洛阳	13	郾城	5	沁阳	9
武陟	3	灵宝	5	新郑	4	广武	3
杞县	14	通许	5	尉氏	1	内黄	5
临漳	3	鹿邑	11	延津	3	息县	5
淯川	2	夏邑	3	孟津	3	淅川	2
鄢陵	10	淮阳	11	洛宁	9	潢川	16
正阳	4	原武	1	登封	6	汝南	8
禹县	5	济源	8	宝丰	3	涉县	4
宜阳	4	柘县	2	临汝	12	镇平	3
阳武	2	温县	4	伊阳	1	伊川	3
襄城	16	孟县	11	南阳	12	封丘	3
项城	4	永城	4	卢氏	8	嵩县	6
沈丘	6	密县	1	叶县	6	鲁山	6
西华	12	林县	8	舞阳	3	南召	6
武安	8	考城	4	方城	8	唐河	6
扶沟	7	郏县	5	桐柏	4	泌阳	6
太康	16	滑县	3	新蔡	9	邓县	6
睢县	6	光山	1	内乡	6	新野	6
商水	2	辉县	4	上蔡	4	罗山	6
经扶	6	固始	6	商城	6		

以表3－36为基础进行计算可知，1937年前河南省集镇密度在10集镇/平方千米以上的1类密度县共有20个，中部偏北临近道清、陇海、京汉三路的地带最多；南部京汉沿线和东部临近陇海沿线一带次之。集镇密度在4.9—9.9集镇/平方千米的2类密度县有36个，以中部偏北、中部偏东的临近道清、京汉、陇海三路地带最为集中，东南部京汉路沿线及其以东地带次之，其余少数散布于东北、西部等地。集镇密度在3—4.8集镇/平方千米的3类密度县有23个，除分布于中部偏北、中部偏东的临近道清、京汉、陇海三路地带外，分布于西南部者明显增多，其他边缘地带也有不同程度的增加。集镇密度在3集镇/平方千米以下的

4 类密度县有 32 个，与前 3 类县份相比，此类县份分布更加分散，但以东南边缘地带和西南山区较为集中。

由以上分析可以看到，临近铁路的地带 1 类密度县和 2 类密度县分布较为集中，但铁路沿线县份在集镇密度上并未占有绝对优势。在河北省 42 个 1 类密度县中，铁路沿线县份有 9 个，约占此类县份的 21%；48 个 2 类密度县中，铁路沿线县份有 21 个，约占 44%；17 个 3 类密度县中，铁路沿线县份有 7 个，约占 41%；23 个 4 类密度县中，铁路沿线县份有 9 个，约占 39%。山东省 22 个 1 类密度县中，铁路沿线县份有 4 个，约占此类县份的 18%；32 个 2 类密度县中，铁路沿线县份有 9 个，约占 28%；35 个 3 类密度县中，铁路沿线县份有 10 个，约占 29%；18 个 4 类密度县中，铁路沿线县份有 5 个，约占 28%。河南省 20 个 1 类密度县中，铁路沿线县份有 15 个，约占此类县份的 75%；36 个 2 类密度县中，铁路沿线县份有 14 个，约占 39%；23 个 3 类密度县中，铁路沿线县份有 7 个，约占 30%；32 个 4 类密度县中，铁路沿线县份有 5 个，约占 16%。

上述分析表明，直到 1937 年前，冀鲁豫三省集镇密度较高的县份仍然大都分布在交通线沿线、滨海地带和中部平原地区，集镇密度较低的县份则多散布于交通相对欠发达的山区、丘陵地区和边缘地带。与 1911 年以前相比，并未发生显著变化。这也从侧面印证了自清末至 1937 年间，铁路并未带来冀鲁豫三省集镇总体布局的根本性改变。

虽然铁路并未带来华北，特别是冀鲁豫三省集镇总体布局的根本性改变，却对部分设站集镇规模及其形态的变动具有显著影响。鉴于以往研究主要是从铁路与集镇发展的角度切入，以少数工商业发展较快，人口增长较多，受铁路影响较大的集镇为个案进行，下文将在此基础上，选取交通运输枢纽型集镇、工矿业型集镇、工商业型集镇中具有一定代表性的集镇，着重从以下两个方面展开研究。一方面，对以往研究和前文涉及较多的集镇，更注重考察其内部空间结构（产业结构、社会结构、地域结构等）和外部形状的整体演变趋势，更突出其工商业、人口和街市空间布局的整体性特征；另一方面，对其中研究较少的中小集镇形态的演变进行深入研究，从而更全面地展示华北铁路沿线集镇形态演变的特征及铁路的影响。

在1937年前华北铁路沿线较有代表性的交通运输枢纽型集镇中，石家庄的产业发展以转运货栈较为突出，棉花公司、煤店、粮店等各类商业和大兴纱厂、井陉矿务局下属的石家庄炼焦厂等近代企业亦占有重要地位。[①] 1928年时，石家庄的2000余家商号中，有较大商号的813家，约占商号总数的41%。在这813家商号中，与铁路运输关系密切的煤铺数量最多，有97家，约占较大商号总数（813家）的12%；与铁路运输关系密切的另一商业——粮店次之，有62家，约占8%；木作店又次之，有50家，约占6%；客店居第四位，有45家，约占5.5%；洋广杂货店居第五位，有44家，约占5.4%；与铁路运输关系较密切的另两类商业——运输公司和货栈分别有43家和32家，约占5.3%和4%，居第六位和第七位；杂货店、布店和饭铺各有28家，各占3%，分别居第八位、第九位和第十位。这10类商号共计457家，约占石家庄较大商号数（813家）的56%，占商号总数（2000户）的23%。同一年，石家庄共有大小工厂23家，其中纺纱厂（纱织厂）1家，铁工厂3家，造胰工厂2家，织袜工厂2家，制革工厂2家，织布工厂6家，织毯工厂7家。[②] 到1937年前，石家庄133家重要工商行号被划分为5类。其中农产类包括粮食、面粉、杂货、油、茶、烟、盐、酱油、醋、药材等，共计41家，约占31%；水陆畜产类包括鲜肉、鱼虾鸡鸭、皮革、骨角、海味等，共计10家，约占8%；林矿类包括煤炭、石油等，共计8家，约占6%；制造品类罐头、糖点、卷烟、丝绸、棉纱布匹、制衣、毛织品、洗染等，共计50家，约占38%；金融及其他类，包括银行、钱庄、仓库、典当、运输等，共计24家，约占18%。在这133家重要工商行号中，与铁路运输关系密切的煤炭业和运输业均占有重要地位，其中前者6家，约占5%，仅次于银行业（8家），与钱庄同居第二位；后者4家，约占3%，亦居于前列。[③] 在社会结构变动方面，社会阶层、职业群体和社会组织的变化较为明显。铁路兴建前，石家庄的居民均为农民。铁路开通后，铁路工人、工矿企业工人和各类商人成为石家庄最重要的职业群体。

① 参见江沛、熊亚平《铁路与石家庄城市的崛起：1905—1937年》，《近代史研究》2005年第3期，第178—184页。

② 《调查报告》第4编《工商》，237—241页。

③ 《中国通邮地方物产志》（河北编），第89—91页。

1928 年，石家庄 6 万居民中，工界约有 9000 人，占 15%；商界有 22000 人，占 37%；其他约 29000 人，占 48%。[①] 1936 年前，石家庄 63000 余居民中，60%—70% 从事工商业，30%—40% 经营农业。[②] 在地域结构变化方面，石家庄车站及道岔区成为工商业聚集，人流汇集之地，形成其地域变动的最重要节点；逐渐形成以车站和道岔区为中心的道路网络。在外部形态演变方面，1902 年前后，石家庄村廓大致呈方形，民国初年变为东西狭而南北长的形态。1926 年前变为东西长而南北狭的团块状形态，1932 年再变为南北长而东西略狭的团块状形态。[③] 石家庄集镇形态演变中的上述特征，使其形成华北铁路沿线集镇形态演变中的“石家庄模式”[④]。

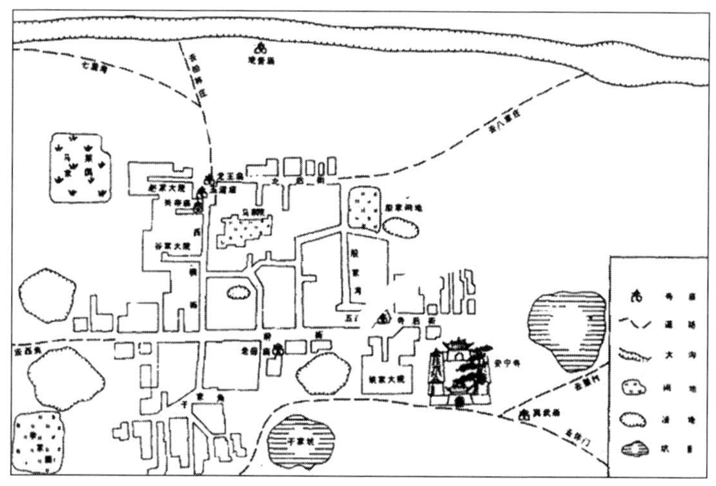

图 3-2a　1902 年的石家庄

资料来源：石家庄市地方志编纂委员会《石家庄市志》第 1 卷，中国社会出版社，1995，第 195 页。

① 《调查报告》第 4 编《工商》，第 242 页。原文献中商界所占比例为 36%，似误，故更正为 37%。

② 参见江沛、熊亚平《铁路与石家庄城市的崛起：1905—1937 年》，《近代史研究》2005 年第 3 期，第 186 页。

③ 参见熊亚平《铁路与华北乡村社会变迁 1880—1937》，第 280—281 页。

④ 关于“石家庄模式”的更详细讨论，可参见熊亚平《铁路与华北内陆地区市镇形态的演变（1905—1937）》，《中国历史地理论丛》2007 年第 1 辑，第 78—80 页；熊亚平：《铁路与华北乡村社会变迁 1880—1937》，第 278—282 页。

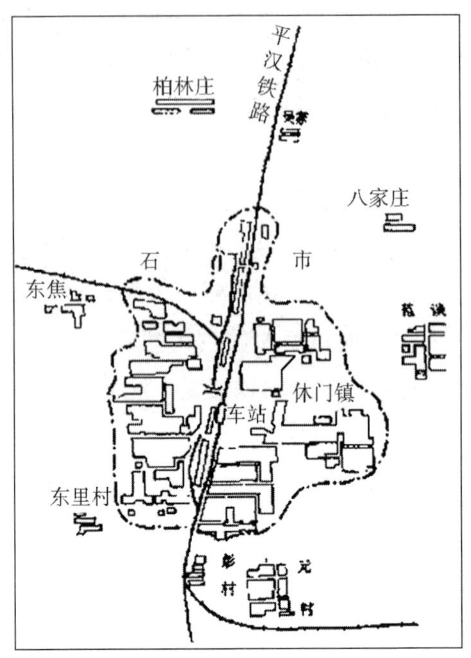

图 3－2b　1934 年的石家庄

资料来源：曹洪涛、刘金声《中国近现代城市的发展》，中国城市出版社，1998，第 226 页。

丰台位于河北省宛平县南部，距北京不足 50 里，原是一个名为“凤台”的村庄，清末京奉、京汉、京绥三路相继建成后，“京奉铁路之正干，又为京绥铁路之起点，京汉铁路亦自长辛店北，卢沟桥南，修支路通此，京奉、京绥、京汉恃此交相连属，三路各有车站，凡天津北出塞北之货，皆于此换车，京汉铁路专备石家庄、保定至天津通车，皆恃此站为连贯之枢纽”[①]。丰台由此开始兴起为集镇，“自民国二年七月政府明令裁撤附近税局，商旅称便，群趋于此，商栈林立，货物云屯”[②]。到 1919 年前，其政治地位虽不如卢沟桥、门头沟等重要，但已成为宛平县“南乡巨镇”[③]。1928 年前，丰台已成为宛平县“特别商业区”，“商务极形发达”[④]。在产业结构变迁方面，1928 年前，丰台共有商店 107 家，其

① 林传甲：《大中华京兆地理志》，第 237 页。

② 京绥铁路管理局编译课：《京绥铁路旅行指南》，1922，第 81 页。

③ 林传甲：《大中华京兆地理志》，第 237 页。

④ 《调查报告》第 4 编《工商》，第 4 页。

中杂货铺最多，共计25家，约占23%；小饭铺次之，共16家，约占15%；客货栈13家，约占12%，居第三位；洋货铺9家，约占8%，居第四位；小店8家，约占7%，居第五位；药铺和理发所各7家，各约占7%，同居第六位。这五类商铺共计85家，约占79%。[①] 到1937年前，丰台162家商号中，有重要工商行号28家。其中，包括棉花业、米面杂粮业等在内的农产类商号共有17家，约占重要工商行号总数的61%。水陆畜产类1家，制造品类2家，金融类2家，与铁路运输关系密切的运输公司6家，约占21%。[②] 在社会结构变动方面，主要变化有二：一是1937年前已有人口832户，3758人，各类商人占有一定比例；二是1928年前尚无商会，1937年前已成立商会，"亦为委员制，内设主席一人，常务委员四人，执行委员十一人，监察委员七人。又有粮业同业公会、杂货业同业公会、布业同业公会、饭业同业公会、成衣业同业公会、及牛羊业（即清真饭业）同业公会，均附属商会"[③]。在地域结构变化方面，1928年前，丰台面积较小。"所属仅有半村，以（之）与他区相较，则为一与五十二比。"[④] 1937年前，至少有18家棉花、米面杂粮、运输业等重要工商行号集中于正阳大街，约占重要工商行号总数（28家）的64%。[⑤]

张店在胶济铁路和张（店）博（山）支线修筑以前只是一个小乡镇。铁路开通后，其集镇形态随着棉花、煤炭的运销和工商业的发展而变化。在产业结构变迁上，1934年前的90余家商号中，有棉业27家，约占30%，杂货业22家，约占24%，布业和炭业各7家，各约占8%。[⑥] 1937年前的57家重要工商行号中，油、酱、醋和药材各有5家，同居第一位。[⑦] 在社会结构变动方面，1934年前后车站附近以工商业者为主的人口共有750户，3500人，原张店镇（张店庄）以农业为主的人口共有

① 《调查报告》第4编《工商》，第119—120页。

② 《中国通邮地方物产志》（河北编），第70页。

③ 《河北省宛平县地方实际情况调查报告》，《冀察调查统计丛刊》第1卷第2期，1936年，第101页；《北宁铁路沿线经济调查报告》，第630—631页。

④ 《调查报告》第4编《工商》，第4页。

⑤ 《中国通邮地方物产志》（河北编），第70页。

⑥ 《胶济铁路沿线经济调查报告》分编四桓台县，第14页。

⑦ 《中国通邮地方物产志》（山东编），第43—44页。

738 户（含张辛庄等 4 个附村），约 3700 人（每户以 5 人计）。[①] 由此可知，当时张店人口中，工商业人口和农业人口各占半数。在地域结构变化方面，1937 年前的 57 家重要工商行号中，有 29 家分布在连接张店车站镇与原张店镇的二马路（见图 3－3）上，约占 51%。[②] 在外部形态演变方面，若将张店车站镇与原张店镇视为一个整体，那么其外部形态应与漯河、驻马店等传统集镇相似，即随着铁路的开通和工商业的发展，车站附近形成新兴街市，并通过马路或街道与原有集镇相连接，形成两头较大，中间稍狭的团块状形态。

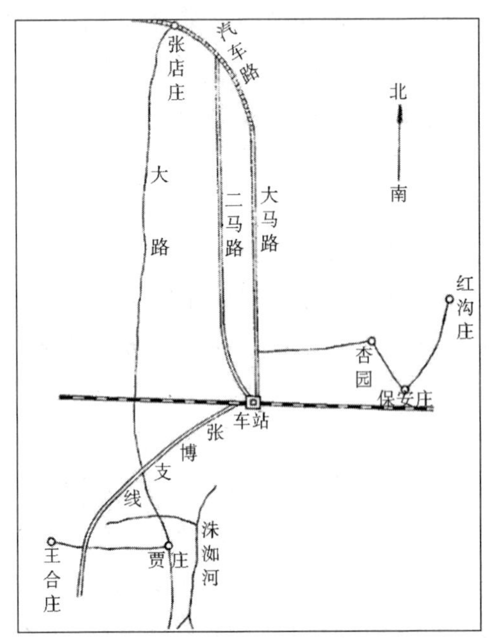

图 3－3　1933 年前后张店车站镇与原张店镇位置

资料来源：《胶济铁路二十二年各站统计年报》，《铁路月刊》（胶济线）第 6 卷第 1 期，1936 年 1 月，第 58—59 页。

道口与泊头两镇均处于铁路与河运交会处，其集镇形态也有一定相似之处。在产业结构变迁方面，前者 1933 年时的产业结构可由商会会员及其在商会中的代表人数窥得一斑。当时商会中煤业公会代表最多，达

① 民国《桓台志略》卷 1《疆域》，《中国地方志集成 · 山东府县志辑》第 28 册，第 318 页。

② 《中国通邮地方物产志》（山东编），第 43—44 页。

21 人；杂货业公会次之，有代表 12 人；布业公会居第三位，有代表 8 人；时货业公会居第四位，有代表 5 人；竹业公会有代表 3 人，居第五位，表明煤业、杂货业、布业、时货业等在其产业结构中占有突出地位。到 1937 年前，道口有重要工商行号 32 家，其中包括米面杂粮、杂货、药材等在内的农产类商号有 8 家，占 25%；包括烧鸡、皮革鬃毛等在内的水陆畜产类商号有 4 家，约占 12.5%；包括木材业、竹业、煤业、铁业等在内的林矿类商号有 6 家，约占 19%；包括卷烟、文具、锡器、西药、水泥等在内的制造品类商号有 11 家，约占 34%；金融类及其他商号 3 家，约占 9%。[①] 后者 1928 年时商业以粮食、布匹、杂货、山货、铁货等最为发达，工业有永华火柴有限公司、宏盛德玻璃厂、兴业造胰公司等，1937 年前共有重要工商行号 67 家，其中农产类包括粮食、面粉、杂货、药材等商号 12 家，约占 18%，水陆畜产类包括猪肉、皮革、鱼等商号 6 家，约占 9%；林矿类包括木材、竹、漆、生铁等商号 13 家，约占 19%；制造品类包括五金、精盐、丝绸、棉纱、火柴、玻璃等商号 31 家，约占 46%；金融及转运公司等商号 5 家，约占 7%。[②] 在社会结构变动方面，前者形成了以煤业、杂货业、布业等从业者为主的职业群体，商会会员中既有公会会员，又有商店会员；后者因商号较多且设有永华火柴有限公司、宏盛德玻璃厂、兴业造胰公司等近代企业，工商业者在人口中占有一定比例，且创立了商会等社会组织。在地域结构变化方面，前者 1933 年前工业以顺河街、后大街等处较为集中，商业以十字街、大集街、顺河街、北大街为米铺、杂货等行业中较大商号的主要分布地。后者 1928 年时河西有顺河街、中东街、西街、上店街、下店街、盐店街、鼓楼街等街道，以小北门内外及鼓楼街最为热闹。河东有南大街等街道。到 1937 年前，泊头 67 家重要工商行号以河西的顺河街、河西的东大街、鼓楼街、河西的小北门内外等处为主要分布地。[③] 在外部形态上，前者街市居于卫河和道清铁路之间，后者街市沿运河扩展。

① 《河南省浚县道口镇商会公会会员名册》（1933 年），中国第二历史档案馆藏档案，档案号：422（4）/8773；《中国通邮地方物产志》（河南编），第 49 页。

② 《泊头镇之近况》，《经济半月刊》第 2 卷第 10 期，1928 年 5 月，第 21—24 页；《中国通邮地方物产志》（河北编），第 58—59 页。

③ 《泊头镇之近况》，《经济半月刊》第 2 卷第 10 期，1928 年 5 月，第 21—24 页；《中国通邮地方物产志》（河北编），第 58—59 页。

秦皇岛因京奉铁路通车和自开商埠而兴起为集镇，以其为代表的集镇形态演变模式可称为“秦皇岛模式”。这一模式在产业结构上以转运业等商业为主导，在社会结构上以码头工人为重要职业群体和社会阶层，在地域结构上京奉铁路车站与港口码头之间位置适中之地成为街市的核心区。这些重要特征成为此类集镇形态演变模式与驻马店模式、唐山模式和石家庄模式等集镇形态演变模式之间的一个最大的不同。[①]

这一时期华北铁路沿线具有代表性的近代工矿业型集镇有因铁路工厂而兴的长辛店，因大型近代煤矿创办而兴的唐山、焦作、阳泉、坊子、马家沟等。长辛店在京汉铁路开筑后“凡北段存车厂、修车厂、材料所工厂、铁路见习所，悉在焉”[②]。铁路工厂的设置、铁路工人及其家属的移驻，推动了长辛店集镇形态的演变。在产业结构变迁方面，1928 年时，除铁路工厂外，长辛店有商店 169 家，其中杂货铺最多，有 67 家，约占 40%；饭铺次之，有 31 家，约占 18%；米面粮行有 18 家，约占 11%，居第三位；纸铺有 10 家，约占 6%，居第四位。这四类商号共计 126 家，约占 75%。[③] 1937 年前，长辛店共有商号 130 余家，其中杂货铺最多，有 20 余家，占 15% 以上；饭馆次之，有 20 家，约占 15%；旅栈有 17 家，约占 13%，居第三位；土产粮业、绸布业、药材、屠宰业各有 10 余家，各约占 8%，同居第四位。这 7 类商号合计达 100 家以上，约占 77%。[④] 尽管商业在长辛店产业结构中占有数量上的优势，但其地位却不如以铁路工厂为主的近代工业重要。1928 年时，长辛店“为宛平县特别工业区。设有极大规模官办汉平机器厂……至该县第二区商业，恒视长辛店机厂及铁路事业之发达与否为转移”[⑤]。在社会结构变动方面，一方面铁路工人占长辛店人口总数的 70%—80%；另一方面组建了铁路工会和商会等社会组织。在地域结构变化方面，1913 年前，“车行过站时，由车中西望，各厂所即可毕呈眼底”[⑥] 的描述表明，长辛店的铁路工厂集中分布在车站附近。1937 年前，长辛店重要工商行号以农产

① 参见熊亚平《铁路与华北乡村社会变迁 1880—1937》，第 283 页。

② 洪亮编辑《京汉旅行指南》第 4 期下卷，1913，第 55 页。

③ 《调查报告》第 4 编《工商》，第 112—113 页。

④ 《北宁铁路沿线经济调查报告》，第 631—633 页.

⑤ 《调查报告》第 4 编《工商》，第 2—3 页。

⑥ 洪亮编辑《京汉旅行指南》第 4 期下卷，第 55 页。

类最多，集中分布于长辛店本街。[①]

唐山和焦作是华北铁路沿线集镇形态演变中的“唐山模式”的代表。其中，在唐山的产业结构中，近代工矿业居于首位。1927 年前，主要工矿企业有京奉铁路唐山制造厂，开滦矿务局及其在唐山附近所设铁工厂、木工厂及造砖厂等，启新洋灰公司、华新纺织公司、德成面粉公司、中国造胰公司、久孚公司、怡利造胰工厂等；因工矿业而兴的商业主要有煤炭、杂粮、布匹、杂货等。[②] 1937 年前，唐山近代工矿业主要有煤炭、棉纺织、洋灰（水泥）、陶瓷、面粉、制革、料器等行业。煤炭企业即开滦矿务局，棉纺织业以华新纺织厂最大，洋灰业仅启新洋灰公司 1 家，陶瓷业有启新、德盛、新明 3 家，面粉业有德成公司 1 家，制革业有永利、大北、惟一、新记 4 家，料器业有兴华料器厂 1 家。同一时期，唐山的各类商号中，米面业有大小商号共 90 余家，绸布业有 40 余家，鞋业有 40—50 家，洋广杂货有 37 家，干鲜果业有较大商号 6—7 家，杂货业有较大商号 20 余家，旅栈业有较大旅馆 5 家、客栈 8 家，货栈业商号中加入同业公会者有 20 余家，肠业有 5 家，铁业商号中加入同业公会者有 27 家。[③] 在社会结构变动上，一方面，以铁路工人、煤矿工人等为主体的工商业者在其社会阶层中占有突出地位。1926 年秋，唐山 4.7 万余居民中，从事农业者分别占有职业人口（21687 人）和总人口的 12% 和 5%；从事工业者分别占 80% 和 37%；从事商业者分别占 8% 和 4%。[④] 另一方面，随着工商业阶层成为唐山社会结构的重要组成部分，京奉制造厂工会（即南厂工会）、开滦煤矿工会、华新纱厂工会、启新洋灰公司工会、启新瓷厂工会等成为唐山社会组织的重要组成部分。[⑤] 在地域结构变化方面，由 1900—1919 年的以矿区、开滦矿务局和铁路车站以及京奉铁路制造厂（即南厂）为中心，铁路线斜贯其间的三小块形态，演变为 1937 年前的囊括矿区、矿务局、唐山陶瓷厂、

① 《中国通邮地方物产志》（河北编），第 70 页。

② 《唐山之经济近况》，《中外经济周刊》第 213 期，1927 年 5 月，第 1—13 页。

③ 《北宁铁路沿线经济调查报告》，第 1247—1271 页。

④ 《唐山之经济近况》，《中外经济周刊》第 213 期，1927 年 5 月，第 2 页。

⑤ 唐山市路南区地方志编纂委员会：《唐山市路南区志》，海潮出版社，2000，第 462 页；《唐山党务过去的回忆》，《河北省立第四中学校校刊》（唐山号），第 45—46 页。

启新水泥厂、小山、铁路制造厂（即南厂）在内，铁路线斜贯其间的团块状形态。[①]

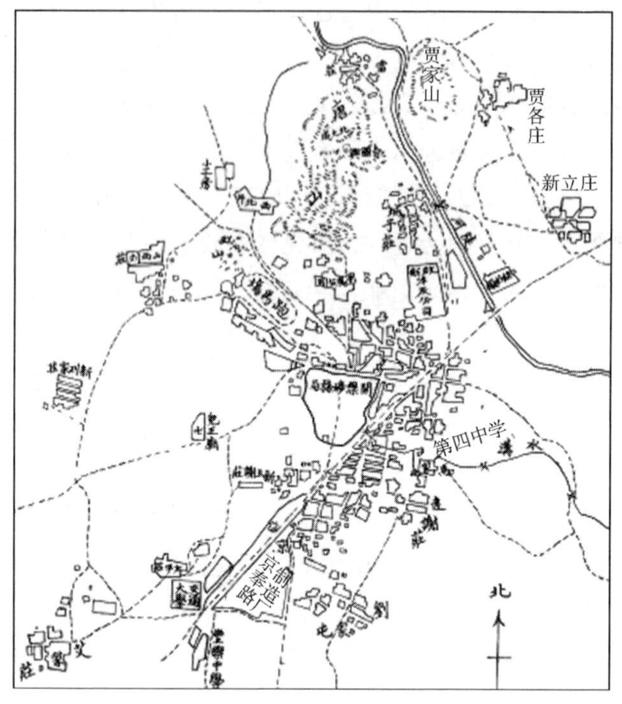

图 3－4　1930 年前唐山市鸟瞰

资料来源：《唐山市》，《河北省立第四中学校校刊》（唐山号），第 52—53 页。

焦作在兴起为工矿业型集镇的过程中，形成了以福中总公司、铁路工厂等工矿企业为主，以商业为辅的产业结构；煤矿工人、铁路工人与商人的激增，铁路工会等组织的设立，带来社会结构的相应变化；福公司以南，道清铁路局以北的山西街、公安局街、新西街、中原大街、福中大街、车站街、车站南街、中山东街等街市的形成与扩展，又使之呈现出以福中总公司、中原公司、福公司、道清铁路局所在区域为核心的团块状外部形态。[②]

① 《唐山的形成及其早期发展示意图 1900—1919》，曹洪涛、刘金声：《中国近现代城市的发展》，第 207 页；《唐山最新街市全图》，民国《滦县志》。

② 参见熊亚平《铁路与华北乡村社会变迁 1880—1937》，第 260—261、276 页。

与唐山、焦作等“唐山模式”中的典型集镇相比，阳泉、坊子、马家沟等规模较小的工矿业型集镇形态的演变既与唐山、焦作有相似之处，也各有其特点。在产业结构变动上，阳泉1916年后成为保晋等近代煤矿公司所在地。[①] 除煤矿以外，还有正太铁路阳泉设立的修理厂、机车厂，保晋公司设立的铁厂等近代企业。到1937年前，阳泉有保晋公司、保晋铁厂等重要工商行号52家。其中，包括米面杂粮、面粉、酱酒、油糖杂货、药材等在内的农产类商号有11家，约占21%；包括鲜肉、鸡、蛋等在内的水陆畜产类商号有5家，约占10%；包括保晋公司、保晋铁厂等在内的林矿类商号有6家，约占12%；包括五金、卷烟、丝绸、制衣、制鞋等在内的制造品类商号有27家，约占52%；包括银行、转运等业在内的其他商号3家，约占6%。[②] 坊子近代工矿企业以中日合办的鲁大公司最为重要，另有南洋兄弟烟草公司以及电灯、磨面、铁工厂、油榨厂各1家。1922年前商业以杂货、粮庄、油坊等较为重要。1934年前的237家商店中，杂货店最多，有79家，约占33%；饭铺次之，有46家，约占19%；炭业39家，约占16%，居第三位；土产有24家，约占10%，居第四位；布庄14家，约占6%，居第五位。这五类商号合计202家，约占85%。[③] 马家沟作为开滦煤矿矿区所在地，采煤业起步较早。1931年时，马家沟矿区共产煤约68万吨，占当年开滦煤炭总产量（540万吨）的13%。[④] 随着采煤业的发展，马家沟商业渐兴。1918年前，商业以食品和日用杂货为主。1937年前，马家沟有重要工商行号18家，其中农产类商号有6家，约占33%；包括开滦矿务局在内的林矿类商号2家，占11%；制造品类商号9家，占50%；金融及其他类商号1家，占6%。[⑤]

随着工矿业的发展和产业结构的变迁，阳泉、坊子、马家沟等地的社会结构、地域结构、外部形态等也有相应的变化。在社会结构变动上，

① 《资源委员会资料21号：全国煤业报告——正太铁路沿线调查》（1936年），中国第二历史档案馆藏档案，档案号：28/10652。

② 《中国通邮地方物产志》（山西编），第27—28页。

③ 《中国实业志》（山东省），丁，第137—138页。

④ 《开滦煤矿产运销之最近情形》，《矿业周报》第187号，1932年4月，第293页。

⑤ 《中国通邮地方物产志》（河北编），第54页。

阳泉以煤矿工人、其他工矿企业工人及商人为主要社会阶层和职业群体；1922年成立的正太铁路总工会阳泉分会，1923年成立的阳泉商会，1925年成立的阳泉保晋公司三矿工会，1926年成立的阳泉保晋铁厂工会，成为重要社会组织。[①] 坊子以煤矿工人、南洋兄弟烟草公司等工厂工人和商人为主要社会阶层和职业群体。1934年前，坊子3900余居民中，有1200余人从事商业，约占31%。1917年成立的商会、1925年成立的胶济铁路总工会三分会等则成为重要的社会组织。[②] 马家沟不仅逐渐形成以煤矿工人为主体的社会阶层和职业群体，而且创立了工会等社会组织。在地域结构变化方面，阳泉街市集中分布于上站和下站一带，1920年前已初步形成商市。1937年前上站和下站一带的主要街道有长顺街、华盛街、中华街、兴隆街、楼儿街、福盛街、复寿街、太上街、德胜街等。[③] 坊子1918年前街市分布在车站南北两侧，以茂林街等较为重要，日军兵营等设于车站以北，商务会、医院等位于车站以南。1937年前，坊子的重要工商行号集中在二马路、安丘路、一马路、三马路、四马路等处。[④] 马家沟因煤矿工人及其家属的大量迁驻，开始在马家沟矿南门外的南北马路两侧形成街市。1918年前已建成寿安街、大安街、宝安街、福安街等街道。在外部形态演变方面，由于缺少能够全面反映阳泉、马家沟两个集镇形态演变的地图等资料，这里主要依据1918年前后的两幅地图对坊子的外部形态略做分析。由1918年前的坊子新街市略图可以看到，当时坊子街市呈现为以车站为中心，以铁路为轴线，东西略长而南北稍狭的团块状形态。其中北侧分布有日军兵营等建筑，南侧为茂林街等街道。（见图3-5a）由1918年前坊子外部形态及周边地区略图又可以看到，坊子外部形态呈现为东西略长而南北稍狭的团块状形态，矿区也散布在街市四周不远处。（见图3-5b）

① 阳泉市地方志编纂委员会编《阳泉市志》，当代中国出版社，1998，第662—663、864页。

② 林修竹：《山东各县乡土调查录》第4卷，山东省长公署教育科，1920，第79页；潍坊市地方史志编纂委员会编《潍坊市志》，中央文献出版社，1995，第1100页。

③ 《阳泉市志》，第662—663页。

④ 『青島守備軍民政部鐵道部調查資料　第十一輯　山東鐵道沿線重要都市經濟事情（坊子）』、287頁；《中国通邮地方物产志》（河北编），第90页。

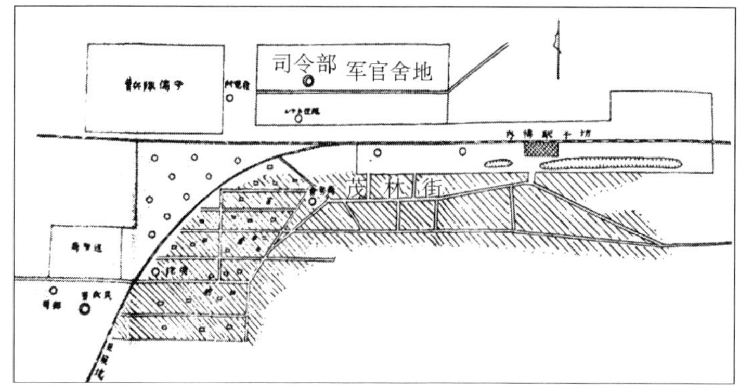

图 3－5a　1918 年前坊子新街市

『青島守備軍民政部鐵道部調查資料　第十一輯　山東鐵道沿線重要都市經濟事情（坊子）』、282—283 頁。

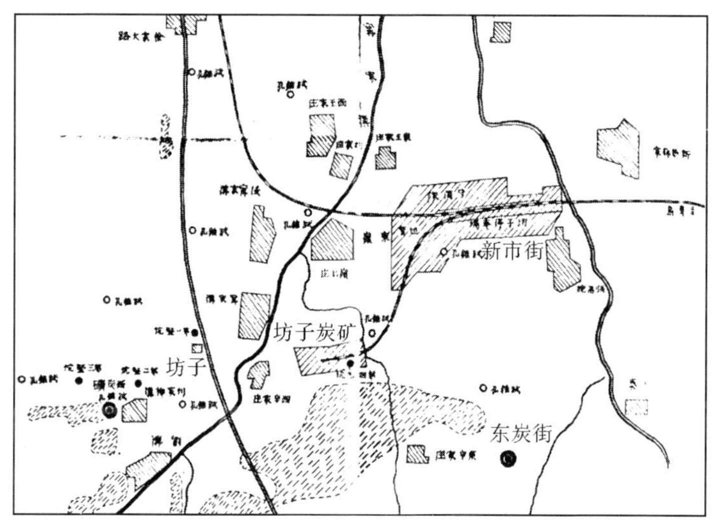

图 3－5b　1918 年前坊子外部形态及周边地区

资料来源：『青島守備軍民政部鐵道部調查資料　第十一輯　山東鐵道沿線重要都市經濟事情（坊子）』、282—283 頁。

综合上述分析可知，阳泉、坊子、马家沟等集镇虽然规模较小，但已具有“唐山模式”的若干特征，即铁路修建以前多为荒凉的小村庄，拥有丰富的煤炭资源；为便于运输煤炭资源而修筑的铁路通过这些村庄，并以铁路车站作为主要转运地；工矿业在产业结构中居于主导地位，商业居于从属地位；矿区、车站、工矿企业成为地域结构变动的节点，街区则以这些节点为中心向外扩展，最终联结成一个整体；外部形态经历了由相对独立的小块聚合转变为一个团块状整体的演变过程。[①]

同一时期华北铁路沿线的工商业型集镇除兼为交通运输枢纽型集镇的石家庄、秦皇岛、泊头等外，还有驻马店、漯河、清化、周村、杨柳青等。鉴于以往研究及前文已对石家庄、秦皇岛、泊头、驻马店、漯河等集镇形态的演变进行了考察，下文再以周村、杨柳青、辛店为例考察此类集镇形态的演变。

周村在胶济铁路通车后虽然日益衰落，但到1937年前仍是一个人口超过5万的工商并茂的都市型大镇。“数百年来，工以商兴，商以工盛，工商日趋发达，市面遂愈显繁荣。”[②] 在产业结构变迁方面，1904年时“工商发达至于极点。所产之工艺品，约有粗布，铜扣，腿带，铜器，镜子，针，梳篦，丝线，线绠，绸，绫，毡帽，鞭炮等项”[③]。1918年前，周村工业仍以手工业居多，规模较大的近代工业较少。商业以绸缎行最为重要，铜器、水胶、杂货、棉花等也是重要的商业。1927年前，周村的近代工业以机器缫丝厂最为重要，每家工厂有工人100—400人不等，每日缫丝800两至3200两不等。手工业以织绸业和制帽业规模较大。[④] 主要商业有丝业、布业、纸业、杂货业等。1934年前，周村的工业仍为工厂工业和家庭工业（手工业）两种。其中工厂工业有丝麻织业200家，棉织业25家，面粉业1家，合计226家。[⑤] 同一时期，周村约有工商行号2200家。在831家比较重要的商号中，有广货业120家，约占14%；布业和铜器业各80家，各约占10%；卷烟业和棉织业各55家，各约占7%；土产绸麻业50家，约占6%。这五类商号合计440家，约占53%。[⑥] 1937年前，周村共有重要工商行号194家，其中包括油糖杂货、茶叶、烟、药材、染料在内的农产类工商行号有25家，约占13%；海味

① 参见熊亚平《铁路与华北乡村社会变迁1880—1937》，第277页。

② 《胶济铁路沿线经济调查报告》分编五长山县，第7页。

③ 《胶济铁路沿线经济调查报告》分编五长山县，第8页。

④ 《山东历城长山等县经济情形之调查》，《中外经济周刊》第190期，1926年11月，第25—29页。

⑤ 《胶济铁路沿线经济调查报告》分编五长山县，第8页。

⑥ 《胶济铁路沿线经济调查报告》分编五长山县，第11—12页。

等水陆畜产类工商行号有 3 家，约占 2%；包括木材、竹、漆、煤、铁、石油等在内的林矿类工商行号 19 家，约占 10%；包括罐头食品、丝绸、棉纱、布匹等在内的制造品类工商行号有 130 家，约占 67%；包括银行、钱庄、运输等在内的其他工商行号有 17 家，约占 9%。[①] 在社会结构变动上，周村的社会阶层、职业群体和社会组织也有一定变化。由于近代工商业较为发达，工商业者成为周村重要的社会阶层和职业群体；商会成为重要的社会组织。1934 年前，周村商会“由二十三同业公会组织之，有纯系工业者，如丝麻织业、棉织业是。有既工且商者，如铜器业、水胶业是”[②]。在地域结构变动上，清末时周村的重要工商行号，主要分布在围子内。至 1937 年前，除分布于围子内的丝市街、绸市街等处外，还分布在东门外与车站之间一带。[③] 在外部形态演变方面，车站的设立、商埠的开辟带动了东门外至车站一带街市的扩充，使其团块状外部形态进一步扩大。

杨柳青位于今天津市西青区西北部，1214 年设柳口镇巡检。此后，随着漕运的发展，杨柳青商业日益繁荣。到清嘉庆年间（1796—1820）已有商户 962 家，成为工商业大镇。到近代，随着天津开埠及内外贸易的发展，铁路、公路等近代交通运输的兴起，杨柳青工商业也有一定发展。其产业结构、社会结构也有不同程度的变化。在产业结构方面，1928 年时，杨柳青共有商号 150 家左右。到 1937 年前变化不大。由于商号达到一定规模后便进入天津发展，其商业以中小商号为主。同一时期，杨柳青近代工业虽然已经起步，但数量较少、规模较小。1917 年前后，工业以织布业较为重要，有小工厂 2 家。1928 年时工业以电灯公司、油坊和磨坊较为重要。其中电灯公司 1 家，使用 1 部 240 马力交流发电机。1937 年前，工业仍以电灯公司、油坊、磨坊等较为重要。其中电灯公司增购内燃机 1 台。10 余家油坊中，部分使用电力发动的油槽。[④] 在社会结构变动方面，一方面，由于交通便利、工商业较为发达，脚行工人、

---

① 《中国通邮地方物产志》（山东编），第 40—43 页。

② 《胶济铁路沿线经济调查报告》分编五长山县，第 11 页。

③ 《胶济铁路沿线经济调查报告》分编五长山县，第 17 页。

④ 参见熊亚平《铁路与华北市镇经济近代化之间关系的再审视——以杨柳青镇为例》，《理论与现代化》2013 年第 5 期，第 104—105 页。

工厂工人及各类商人成为杨柳青重要的社会阶层和社会群体。“杨柳青有运河及盐河之交通，人民因之多业商而客于四方，农圃者仅百分之一二耳。”[①] 另一方面，由王之钊等30余人于1923年发起组建的商会成为重要的社会组织。到1937年前，杨柳青商会已有榨油、杂货、饭馆、肉行、点心、医药、米面等同业公会。[②]

与周村、杨柳青等规模较大的集镇不同，辛店等集镇形态的演变主要体现在产业结构和地域结构方面。辛店属山东省临淄县，在铁路开通前已形成集镇。铁路开通后，烟草种植业的发展使辛店成为胶济沿线重要的烟草集散中心，形成了以烟业为主的产业结构。1934年前，“每届十月烟叶上市时，外来烟商临时设庄收买者共十八家”，车站附近80余家商号中，“各炭栈，各杂货商之稍有余资者，莫不收买烟叶。百商麇集，市面顿形繁荣。烟市期约三月之久……实辛店站商业之主干也”。在地域结构方面，由于铁路车站附近随着商业的发展而形成新的街市，因此辛店街市分为街里和车站两部分。1937年前，主要街道有朝阳街、宽宏街、揆文街、武圣街、望山街、兴隆街等。[③]

总之，铁路开通后唐山、石家庄、焦作、秦皇岛、平地泉、漯河、驻马店、泊头、清化、道口等设站集镇的兴起和发展，一方面并未从根本上改变华北集镇的总体分布格局，另一方面又使工商业规模和人口规模较大的集镇呈现出向铁路沿线集中的趋向。在此过程中，铁路沿线少数设有车站且规模较大集镇的产业结构、社会结构、地域结构、外部形态等均有明显变化，而多数规模较小的集镇则仅在其中某些方面有所变化。

四　小结

众多研究成果已经证实，铁路是影响沿线地区城镇时空格局演变的

① 民国《天津杨柳青小志》，《中国地方志集成·乡镇志专辑》第28册，第1页。

② 《天津商会档案汇编（1912—1928）》（1—4分册），第345—351页；《北宁铁路沿线经济调查报告》，第1107页。

③ 《胶济铁路沿线经济调查报告》分编四临淄县，第9—10页；《中国通邮地方物产志》（山东编），第75页。

重要因素之一。但其所依据的往往是铁路开通后规模变化较大，产业结构、社会结构、地域结构和外部形态变化明显的城镇。鲜有研究成果涉及为数更多的小城镇，特别是规模较小的集镇。这难免会影响到对铁路与某一区域城镇时空格局的整体性变化之间关系的研判。本章的研究表明，铁路开通后，仅少数车站设于大中城市、县城或地理位置优越、资源丰富、交通条件良好的村庄和集镇；大多数车站设于普通集镇和村庄之中。这些车站与铁路工厂等运营管理机构及运营管理制度结合在一起，形成了十分明显的“差异化”特征，促成了沿线集镇的“差异化发展”，进而形成了铁路沿线集镇时空格局演变中的“变”与“不变”（或略有变化）。

与1911年以前相比，华北铁路沿线集镇的地理方位分布和距县里程并未发生根本性的改变；到1937年前，冀鲁豫三省集镇密度较高的县份仍然集中分布在交通线沿线、滨海地带和中部平原地区，集镇密度较低的县份则多散布于交通相对欠发达的山区、丘陵地区和边缘地带；周村、清化、泊头等传统工商业大镇，仍然在集镇层级中占有重要位置；大多数集镇的工商业发展水平和集镇形态的变化并不明显。

与1911年以前相比，铁路沿线部分新兴集镇的迅速发展和传统集镇的兴衰变动，促进了少数工商业和人口规模较大的集镇呈现出向铁路沿线集中的趋向；石家庄、张店、唐山等少数集镇成为具有中转市场职能的集镇，其他大多数集镇仅为具有基层市场职能的集镇；石家庄、唐山、焦作、秦皇岛等少数集镇的产业结构、社会结构、地域结构和外部形态等变化较大，大多数规模较小的集镇的形态略有变化或变化极小，使集镇形态亦呈现出更加明显的“差异化发展”态势。

在上述“变”与“不变”（或略有变化）的格局形成过程中，铁路的影响并不同一。在集镇分布方面，以冀鲁豫三省为例，1937年前设有铁路车站的村庄和集镇不足400个，仅占三省集镇总数（约2400个）的17%，加之地理位置、资源状况等因素的相互作用，铁路在华北集镇数量、地理方位分布、距县里程分布的整体性时空变化中的作用并不突出。在集镇规模、集镇层级、集镇形态等方面，铁路对唐山、石家庄、焦作等少数集镇的产业结构变迁、社会结构变动、地域结构变化、外部形态演变的影响较大，而对大多数集镇的发展影响并不明显。

总之，铁路在1937年前华北铁路沿线集镇的时空格局演变中的影响力，受到了铁路开通前较长时期内形成的华北集镇发展整体性格局的一定制约。其影响更多地体现在少数设站集镇和临近车站的集镇的规模变动上，对在铁路沿线集镇中居于多数的中小集镇影响并不明显。

第四章　铁路沿线集镇的经济与社会发展

——以产业与社会组织为例

本书第一章和第三章从小城镇研究的第一步——“分类”出发，分别考察了铁路开通前和开通后华北铁路沿线集镇的类型与层级、数量与规模、分布与形态，第二章考察了铁路车站的设立、其他运营管理机构的设置、铁路运营管理制度的推行与集镇交通运输业的发展。尽管这三章均有一些个案分析，但整体上应属于宏观层面的研究。接下来的三章将着重从微观层面对交通运输枢纽型集镇、工矿业型集镇和工商业型集镇的产业发展与社会组织嬗变、教育发展、管理体制变迁等进行考察。本章一方面侧重于考察石家庄、秦皇岛、塘沽、长辛店、唐山、焦作、坊子、周村、泊头、驻马店、漯河等近代工业有相当发展的集镇的近代企业内部组织、机器设备、生产状况，以及商会、工会等社会组织的嬗变；另一方面又兼顾周口店、坨里、兴济、平地泉、安山等手工业型集镇和规模较小的商业贸易型集镇的手工业、商业发展及工会、商会等社会组织的嬗变，以此展现铁路沿线集镇经济和社会的“差异化发展”。

一　交通运输枢纽型集镇的产业发展与社会组织演变

铁路兴建前，华北的交通运输型集镇多为河运与陆运交会型集镇和海运与陆运交会型集镇。随着铁路建设的开展，在铁路与铁路、铁路与河运、铁路与海运交会处兴起了一些新的交通运输枢纽型集镇。与传统交通运输型集镇不同，这些集镇不仅商业发展较快，而且或设有一定数量的修车厂、机车厂、制造厂等铁路附属工厂，或建有若干大型近代工矿企业，或拥有小规模的近代企业，成为华北铁路沿线集镇中的一个重要类型。由于相关调查报告、地方志等资料表明，石家庄、张店、泊头、道口、秦皇岛、塘沽等在此类集镇中较为突出，因此下文将以这些集镇为例来考察此类集镇的产业发展与社会组织嬗变。

石家庄作为华北因铁路而兴的城镇的典型代表之一，近期日益受到研究者的关注。有学者将其工业发展特征总结为三个方面，即“机械制造工业偏少，半机械手工业颇多”，“工厂规模大少小多，企业实力等级悬殊”，“产权形式交叉更替，经营方法新旧并存”[①]；认为近代石家庄区域制造加工中心兴起以后，“正太铁路总机厂、大兴纱厂、炼焦厂三大工业企业的利润效益增加，企业规模得以不断扩大，工业需求不断得以提升，需求结构转移拉动了投入结构和产出结构，所以三大企业对石家庄城市化作出了巨大贡献。然而，由于石家庄手工业占据多数，工业企业整体规模过小，形成了‘商重工轻’的经济结构”[②]。

由于石家庄是随着京汉、正太两铁路的通车而兴起为集镇并向城镇演变的，因此与铁路运输关系密切的转运货栈业、煤店、粮店、棉花公司等在商业中占有重要地位。随着各类商业的不断发展，石家庄近代工业开始兴起。到 1937 年前，其企业的数量、规模、原料来源及产品运销等均有变化。就数量而言，铁路开通前，石家庄并无近代企业。随着铁路的兴建，于 1905 年创办了第一家近代企业——正太铁路总机厂。其后，私人石庄电灯股份有限公司（1918 年）、裕庆火磨公司（后改组为聚丰机器面粉厂，1920 年）、大兴纱厂（1922 年）、井陉矿务局石家庄炼焦厂（1923 年正式成立）等企业的创办，说明了其近代企业数量不断增长。到 1926 年前，除上述各厂外，石家庄的重要企业还有俭德玻璃工厂 1 家；玉兴、立元、育德等铁工厂 10 余家；日日新等织袜工厂 7 家。[③] 到 1928 年时，石家庄共有工厂 23 家，其中纱厂 1 家，铁工厂 3 家，造胰工厂 2 家，织袜工厂 2 家，制革工厂 2 家，织布工厂 6 家，织毯工厂 7 家。[④] 但从机器设备来看，这些工厂中有一部分尚未使用机械动力，如亚兴制革工厂“系用人力手工”[⑤]。到 1937 年前，石家庄有确切职工数的工厂共有 18 家。[⑥]

① 李惠民：《近代石家庄城市化研究（1901—1949）》，第 136—152 页。

② 李惠民：《近代石家庄城市化研究（1901—1949）》，第 162 页。

③ 《石家庄之经济状况》，《中外经济周刊》第 181 期，1926 年 9 月，第 28—30 页。

④ 《调查报告》第 4 编《工商》，第 237—238 页。

⑤ 《调查报告》第 4 编《工商》，第 235 页。

⑥ 李惠民：《近代石家庄城市化研究（1901—1949）》，第 146—147 页。

就规模而言，企业内部组织与占地面积、机械设备数量与生产能力、原料消耗数量与产品数量等均可以作为考察维度。在企业内部组织与占地面积方面，石家庄最早的近代企业——正太铁路总机厂 1921 年时分为锻铁厂、锅炉厂、熔铸厂及模（样）厂、装配厂及合拢厂、锯木细木厂及修车厂、镍厂等，厂房占地总面积约 20 亩。1928 年时总机厂内分设铁工厂、旋工厂、机器厂、木工厂、电汽厂、模样厂、修车厂、翻砂厂、装车厂等。大兴纱厂 1928 年时占地 107 亩，内部设有商务处、工务处等部门，商务处下设营务科，工务处下设纺绩科、织布科、电机科。井陉矿务局石家庄炼焦厂 1926 年前厂基占地 80 亩。聚丰面粉公司（即聚丰机器面粉厂）1928 年时占地 5 亩，内部分庶务、文牍、会计 3 股。石家庄电灯公司新记 1928 年时占地 5 亩。①

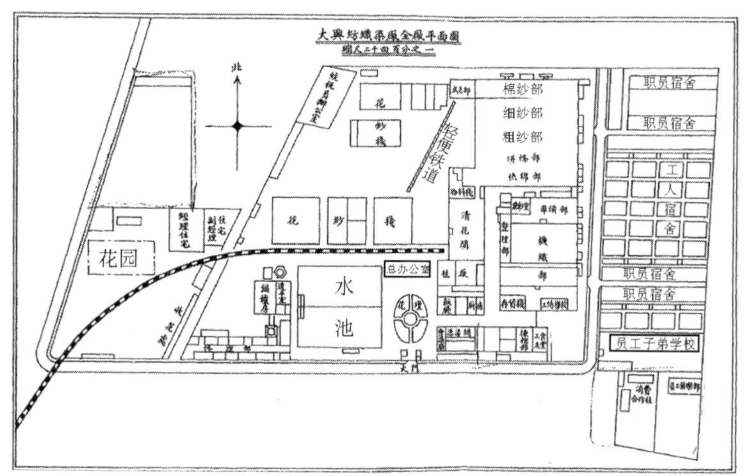

图 4－1　1937 年前石家庄大兴纱厂（纺织染厂）

资料来源：汪文竹《石家庄大兴纺织染厂概况》，石家庄大兴纺织染厂，1937，第 36 页。

在机械设备数量与生产能力方面，石家庄正太铁路总机厂的锻铁厂 1925 年前后安设各种机器设备共 10 余架，“其余各机器及风机则由沙氏之三十五匹马力机一架以运动之”。锅炉厂有气压机、活动大钻机等设备共 6 架，“运动各机器则有六十匹马力之卧式发动机一架”。熔铸厂及模

① 《交通史路政编》第 12 册，第 4075 页；《调查报告》第 4 编《工商》，第 221—231 页；《石家庄之经济状况》，《中外经济周刊》第 181 期，1926 年 9 月，第 27 页。

（样）厂有风机、砂磨、筛等设备15架，“统由装配合拢厂之七十五匹马力机以运动之”。装配厂及合拢厂有悬臂大铁机、平行旋机等设备共计近50架，“以上各机器发动力由装配合拢两厂之发动机供应”[①]。大兴纱厂1926年前有纱锭25000枚，织布机300架，织毯机8架，“原动力用电力发电机能力为二千基罗瓦特，水管式锅炉一具，附有自动添煤机”[②]。1936年有纱锭30144枚，织布机500台，织毯机8台，染色机1套，同时设有自备发电厂。[③] 聚丰面粉公司1928年时有石磨3盘，30马力发动机1架。石家庄电灯公司新记1928年时有300千瓦电机1部，60千瓦电机3部。[④]

在原料消耗数量与产品数量方面，1934年前石家庄大兴纱厂每年约消耗棉花1000万斤，出产棉纱约21000包，棉布24万匹，棉毯约86000条。1926年前井陉矿务局石家庄炼焦厂每日使用炼焦炉14座，可出焦炭35—36吨。1933年前有炼焦炉30座，每年消耗煤屑42000吨，出产焦炭33000吨。1926年前聚丰面粉公司每天消耗原料约50石，1928年时每天出产150袋面粉和1100—1200斤麸子。[⑤]

此外，工人数量也可以作为衡量企业规模大小的一个重要指标。据研究者统计，抗战前石家庄有确切工人人数统计的18家近代企业共有工人5166人。其中，正太铁路总机厂有1328人；炼焦厂有职员271人；大兴纱厂有工人2410人。在这18家企业中，工人1000人以上的企业仅有2家，100人以上者仅有6家；50人以上者有10家；50人以下，15人以上者有8家。正太铁路总机厂等5家企业共有工人4585人，约占石家庄产业工人总数的89%。[⑥]

---

① 《交通史路政编》第12册，第4075—4076页。

② 《石家庄之经济状况》，《中外经济周刊》第181期，1926年9月，第27页。按，引文中的基罗瓦特，以及与之相似的基罗华德、启罗滑脱等说法，均应为Kilowatt（千瓦）的音译，本书除引文外，均作“千瓦”。

③ 《石家庄市志》第2卷，第6页。

④ 《调查报告》第4编《工商》，第224、230页。

⑤ 《石家庄大兴纺织股份有限公司》，戴建兵编《传统府县社会经济环境史料：1912—1949——以石家庄为中心》，天津古籍出版社，2011，第58页；《石家庄之经济状况》，《中外经济周刊》第181期，1926年9月，第28页；刘大钧：《中国工业调查报告》下册，经济统计研究所，1937，第206—208页；《调查报告》第4编《工商》，第229页。

⑥ 李惠民：《近代石家庄城市化研究（1901—1949）》，146—147页。

表 4－1　1937 年前石家庄 18 家企业工人数量

企业名称	人数	企业名称	人数	企业名称	人数
正太铁路总机厂	1328	电灯公司	25	利田铁工厂	15
京汉机务段	320	永聚公铁工厂	18	沈永兴铁工厂	56
正太机务段	256	同益兴铁工厂	40	玉兴栈铸锅厂	36
大兴纱厂	2410	立元荣工厂	60	同文兴锅厂	36
炼焦厂	271	和庆德工厂	50	新新油厂	50
聚丰机器面粉厂	30	育德铁工厂	120	利田油厂	45

资料来源：李惠民《近代石家庄城市化研究（1901—1949）》，第 147 页。

随着工商业的不断发展，尤其是铁路附属企业和大兴纱厂、井陉矿务局石家庄炼焦厂等大型近代企业的创办，商会和工会成为石家庄社会结构变动的重要体现。其中，石家庄商会组建于 1911 年前，时称石家庄商务分会，1912 年时已有会员 185 家，1916 年时已跻身河北省甲级商会行列，1925 年改组为石门商会，1929 年后工商同业公会纷纷成立，1933 年时仅桥东一带就有 7 家工商同业公会。①

随着石家庄商会组织的逐渐扩大，其内部组织制度、职员组成和会员②构成亦不断变化。石家庄商会的组织制度集中体现在 1915 年公布的《获鹿县石家庄商会拟具便宜简章》（下文简称《便宜简章》）和 1935 年前后的《石门商会章程》中。③ 前者规定职员的产生系“遵照商会法第

① 《公司钱业银行当典商会调查票》，河北省档案馆藏档案，档案号：656/2/263；《直隶事务所发布各县商会应缴会费等级清单》，《天津商会档案汇编（1912—1928）》（1—4 分册），第 390—392 页；《直隶省获鹿县石家庄商会一览表 1919 年 12 月现在实况》（1919 年），河北省档案馆藏档案，档案号：656/1/1099；《解放前桥东同业公会名录》（1933 年），河北省石家庄市桥东区地方志编纂委员会编《桥东区志》，中国社会出版社，1993，第 296 页。

② 由于缺乏足够的统计资料，下文关于不同时期商会会员的考察，只能涉及会员中的某个组成部分，具体言之，1904—1912 年主要涉及会董、行董和议事人员；1913—1928 年主要涉及商会会员和商会职员（会长、副会长、会董、特别会董）；1929—1937 年则主要涉及入会商号、公会会员代表和商会职员（主席、常务委员、执行委员、监察委员等）。

③ 《获鹿县石家庄商会拟具便宜简章》（1915 年），河北省档案馆藏档案，档案号：656/1/280；《石门商会章程》（1935 年），河北省档案馆藏档案，档案号：656/3/1095。

十一条先举会董，由会董公举会长副会长，再由会董推举特别会董”①。后者明确规定章程系“依据商会法及商会法施行细则各项规定订定”；“本区域内各同业公会及不能成立公会各商店，均得为本会会员”；“本会会员大会，各同业公会会员及商店会员均得举派代表列席会议，称为会员代表”；还规定每一同业公会及不能成立公会的商店均可选举会员代表1人，最近一年平均使用人数超过15人时，“超过之人数每满十五人得增加代表一人，惟其代表人数，公会不得逾二十一人，商店不得逾三人”；“设执行委员十五人，监察委员七人，候补执行委员七人，候补监察委员三人，均由会员大会就会员代表中选任之”；“设常务委员五人，由执行委员会就执行委员中用连选法互选之，并就常务委员中选任一人为主席”。

囿于史料，石家庄商会会员构成尚无从知晓，其职员组成情况则不仅反映在《便宜简章》和《石门商会章程》等的章程中，而且体现在其选举和历次改选后的职员组成上。下文将从其职员人数、从事行业、籍贯等方面稍做考察。在职员人数方面，1915年石家庄商会改选时，共选出职员25人，1916年前后改选时共选出职员38人，1921年改选时，共选出职员41人，1924年改选时共选出职员42人。在职员从事行业方面，1915年当选会长的王之华从事行业未详；副会长常载和经营货栈业；特别会董许辑五为井陉矿务局石家庄分销处经理，王秀山经营缎店；会计崔聘臣为中华书局经理；18名会董中，过载行3人，绸缎行4人，煤行4人，客栈行2人，杂货行、粮行、洋布行、茶叶行、药行各1人。到1924年时，当选会长的曹瑨从事建筑行业；副会长徐松滋为大兴纺织公司经理；6名特别会董中，1人从事货栈业，1人从事银行业，1人为保旅联合会会长；30名会董分别来自货栈、银行、帽庄、煤业、茶庄等。尤其值得一提的是，在以上几届当选职员中，来自井陉矿务局、正丰公司、保晋公司、大兴纱厂等近代企业以及实业银行、中国银行者分别当选过副会长、特别会董和会董，表明近代新兴产业已在石家庄具有一定的影响力。在籍贯方面，1915年当选的25名职员中，有23人籍贯可考，

① 据该章程第一条所载“本会遵照法律第十号商会法第五十九条改组商会”等内容并对照1914年《商会法》和1915年《商会法》可知，其所依据的是1914年的《商会法》。

其中直隶（河北，下同）获鹿7人，约占30%；直隶冀县和直隶束鹿各有3人，分别占13%；直隶深泽、衡水、正定各有2人，各占9%；四川华阳、浙江会稽、直隶元氏、直隶枣强各有1人，各占4%。到1924年时，当选的42名职员籍贯全部可考，其中直隶获鹿有24人，约占57%；直隶正定2人，山西汾阳2人，分别占5%；直隶保定、博野、冀县、栾城、宁晋、容城、束鹿，山西介休、太谷，安徽合肥，福建闽侯，湖北武昌，浙江绍兴以及山西某地各1人，分别占2%。由此可见，石家庄商会职员一方面以获鹿本县人为主，另一方面，职员来源县份呈现日益扩大的趋势，1915年为10县，1924年增至17县，且外省县份有明显增加。这从一个方面反映了石家庄工商业者的来源日趋多元化。

由于铁路工人和大兴纱厂、井陉矿务局石家庄炼焦厂等企业工人在石家庄人口中占有较大比例，工会成为石家庄另一重要社会组织。其中，正太铁路工人于1922年2月建立了工人组织——“工业研究会”。该会瓦解后又于1922年9月3日筹备成立“同义俱乐部”。该俱乐部于1922年10月8日正式成立，立案时称“石家庄正太铁路工业研究会传习所”（简称“传习所”）。同年12月，“传习所”改建为“正太铁路总工会”，以孙云鹏、滕帮忠、施恒清等16人为组织成员，宋栋臣为会长，滕帮忠为副会长，孙云鹏为秘书长，贾纡青为指导员。总工会下设秘书、交际、教育、调查、庶务、理财、交通等科。1923年“二七”罢工后，总工会及各分会均被查封，次年11月恢复，孙云鹏为委员长，下设秘书、交际、教育、会计、交通、庶务、调查、纠察等8股。此后，总工会又多次被查封与恢复，直到1935年前，一直处于中国共产党人的领导之下。大兴纱厂工会成立于1926年1月，选举张新和为工会总代表，李文郁为副总代表，王光宇为工会秘书，周振岳为工人纠察队总队长。1933年1月罢工失败后停止活动。[①]

张店与拥有2000余家商号、数家大规模近代企业、工商业阶层迅速壮大、商会及工人组织迅速扩充的石家庄不同，在1937年前仅有商号90家左右，1家规模较大的近代企业，7000余人口（包括张店车站镇、原

---

① 河北省地方志编纂委员会编《河北省志·工会志》，中国档案出版社，1995，第33—39页。

张店镇及张辛庄等4个附村），工会和商人组织略有发展。这一时期张店最大的企业为日本商人开办的铃木丝厂。该厂成立于1919年，有厂房505间，“安装缫丝机及1100马力的发电机组，开始电力、汽力、机械生产。产品远销菲律宾、印度尼西亚、南洋群岛，近销上海、杭州等地”[①]。当时该厂有职工700余名，在张店工商业者（即张店车站镇，人口约3500人）中占有较大比例。张店的工会组织组建于1923年。这年秋，中国共产党济南支部成员王复元以部分来张店的青岛四方机厂艺徒养成所学生和张店铁路工人为基础，组织成立张店铁路工人工会，由机务段电灯房员司李青山任负责人。1925年3月，胶济铁路总工会成立后，设立了张店分会。[②] 张店的商人组织创立于20世纪30年代初，当时称为行业公会，有棉业公会、炭业公会、粮食业公会等。[③]

道口和泊头两地在铁路兴建前分别是卫河和大运河沿岸的工商业大镇，铁路开通后又都成为铁路与河运的交会点。随着交通运输业和商业的发展，其近代工业开始起步，新兴社会阶层和社会组织亦开始形成。前者近代企业有继兴公司、工艺工厂、振豫蛋厂、美华铁工厂等。其中，继兴公司始建于1904年，是道口最早的机器面粉厂。工艺工厂建于1906年，由知县招商人张相运承办，“由棉花捐余款项下支领经费，生产布匹”[④]。振豫蛋厂建于1932年，资本10万余元，1933年前“每日用男女工七十余人，需鸡蛋四万余粒，制成蛋白粉、蛋黄粉，装贮木箱，推销津沪各地”[⑤]。1936年前“专购买鸡蛋，雇工提取蛋白与蛋黄，运往津申汉一带，售与各大洋行，男女工约有一百六七十名，计每日打蛋之数，约八万余个”[⑥]。美华铁工厂建于1932年，资本3000余元，生产辗花机、弹花机、面条机等。1933年前，美华铁工厂、中美木厂“均设于后大街，每天各需工匠三四十人，制造切面机、轧花机及各种农具，销售邻

① 《张店区志》，第297页。

② 《张店区志》，第121—122页。

③ 《张店区志》，第129页。

④ 滑县地方史志编纂委员会编《滑县志》，中州古籍出版社，1997，第350页。

⑤ 《道清铁路旅行指南》（各站概要），第36页。

⑥ 《各县社会调查》（浚县），《河南统计月报》第2卷第10期，1936年11月，第162页。

近各县，其制机之原料，铁则取给于山西，木则取给于本地”①。1936年前，美华铁工厂“制造各种简单机器，及各种铁器，如辗棉机器、切面条机器、弹棉机器，及各种铁锅等，工人约四五十名，每日约造机器一二架，至三四架不等”②。

随着工厂工人和从事煤炭、杂货、竹业、时货等行业的商人成为道口工商业者的主体，工人和商人组织应运而生。其中，道口镇商会规模较大，组织相对完备。该商会成立于1906年，1912年前有入会商号59家，议事员24人。1931年时共选出执行委员15人，候补执行委员3人，监察委员7人，候补监察委员3人。1933年改选时共选出执行委员15人，候补执行委员3人，监察委员7人，候补监察委员2人。在这27人中，煤业公会代表有8人，约占30%；杂货业公会代表有5人，约占19%；布业公会代表有3人，约占11%；时货业公会代表有2人，约占7%；商店会员代表有9人，约占33%。1936年时，道口商会由全镇商店组织成立，“各同业商号，亦有同业公会之组织，按商会法选举执行委员二十余人，由执行委员会，选常务委员五人，再由常委中选主席委员一人”③。当年改选时共选出委员30人，其中主席1人，常务委员4人，执行委员10人，候补执行委员5人，监察委员7人，候补监察委员3人。这30人中，有杂货业公会代表6人，约占20%；时货业公会代表4人，约占13%；煤业公会代表3人，约占10%；布业公会代表2人，约占7%；商店会员代表15人，约占50%。④

泊头商业在津浦铁路通车后继续保持良好发展势头，1935年前，全镇共有商店230余家，“其余之零售小贩，数目当必更多”⑤。随着商业的发展，泊头近代工业开始起步。其中，永华火柴公司是泊头最早的近代企业。该公司由王聘三、钱立亭等4人集资8万元，于1914年（一说

① 《道清铁路旅行指南》（各站概要），第36页。

② 《各县社会调查》（浚县），《河南统计月报》第2卷第10期，1936年11月，第162—163页。

③ 《各县社会调查》（浚县），《河南统计月报》第2卷第10期，1936年11月，第164页。

④ 《河南浚县道口镇商会卷》（1933年—），中国第二历史档案馆藏档案，档案号：422（4）/8773。

⑤ 《泊头镇一瞥》，《工商学志》第1期，1935年，第88页。

1912年）创立，被认为是“我国最早和最大的火柴制造企业之一”[①]。公司成立之初，厂区占地面积12亩，有机器30多台，职员10余人，男女工人500多人，年产火车牌、骏马牌、地球牌、第一牌等品牌火柴6000多箱。[②] 1928年前，该公司厂基占地20余亩，内部组织分为总理、协理、经理、会计、庶务、工务等，使用机械有排轴机20部，卸轴机11部，排印机1部，切纸机2部；全厂有职员22人，工人近400人，每天生产红头火柴15箱以上。1937年前，该厂资本增至20万元，年产火柴24万罗（1934年前产额），成为当时“平津区”十家火柴厂之一。[③] 泊头另两家较为重要的近代企业分别为兴华造胰公司和电灯公司。前者成立于1927年，以牛油、麻油、火酒、香料等为原料生产肥皂。1928年时每天可生产40—50箱。[④] 后者成立于1932年，“资本两万元，多由本地商人集股而成，现有旧式发电机两架，不过马力太少，且系旧货，所以效力不大，用户全不甚满意”[⑤]。

由于泊头居民“大多以经商及劳力为生”，因此商人组织即商会应在新型社会组织中占有重要地位。该镇商会成立于1910年，有入会商号115家，议事员120人，由苏守慰担任总理。[⑥]

秦皇岛和塘沽是华北为数不多的铁路与海运联运的交通运输枢纽型集镇。其中秦皇岛清末时已有私商40家，1937年前有较大商号近130家。随着商业和贸易的发展，秦皇岛也出现了耀华玻璃公司这样的大型近代企业。该公司1922年3月开始兴建，1924年投入生产，有资本150

---

① 《民族资本创办的火柴工厂一览表（1879—1949年）》，青岛市工商行政管理局史料组编《中国民族火柴工业》，中华书局，1963，第293页；河北省泊头市地方志编纂委员会编《泊头市志》，中国对外翻译出版公司，2000，第15页。仅就《民族资本创办的火柴工厂一览表（1879—1949年）》提及的各火柴厂资本额而言，永华火柴公司在同时期的同类工厂中规模较大。

② 《泊头市志》，第181页。

③ 《调查报告》第4编《工商》，第368—369页；李洛之、聂汤谷编著《天津的经济地位》，南开大学出版社，1994，第74页；《中国经济年鉴》，第11章，第568页。

④ 《泊头市志》，第182页；《调查报告》第4编《工商》，第369页。

⑤ 《泊头镇一瞥》，《工商学志》第1期，1935年，第93页。

⑥ 《国内商会统计》，赵宁渌主编《中华民国商业档案资料汇编》第1卷（1912—1928），第72页。

万元，厂基占地110亩，工人1000余人，是当时东亚最大的采用“弗克法专利生产线”制造玻璃的工厂。厂内重要建筑物有办公处制品堆房、原料处理场、堆煤厂、瓦斯发生熔解窑场、电灯房、整理包装处（三层楼水塔，高200英尺）喷水装置等，厂外建筑有使用电机吸水的井、进入厂内的水塔，使用发电能力为220千瓦的发电机，“除燃灯之外，供给窑场（向窑中吹风）、锯板场、吸水机升降等电力之用，铁路岔道自京奉车站直通厂内，此外有手押式轻便铁路，直达码头，有马路两条，一至车站，一至街市”。1927年前每天可生产玻璃700箱（每箱13.94平方米），主要销往上海、天津、香港、广东等地。[①] 1933年2号窑炉建成后产量倍增。1937年前资本增至250万元，有工人900余人，主要设备有三层楼房1座，蒸汽锅炉3座，每座马力220匹，电机5架，立式玻璃制造机18架，每年消耗石英14234吨，石灰石3685吨，火碱4812吨，砂1640吨，年均生产玻璃48万箱。[②]

随着商业贸易的发展和近代企业的创办，装卸工人、工矿企业工逐渐成为秦皇岛工商业者的主体。商会和工会成为重要的新型社会组织。秦皇岛商会创立于1905年，时称“秦王岛商业公所”，1907年改为“秦皇岛商务分会”，隶属于天津总商会，1908年时入会商号20余家，1910年奉令“裁撤”，并入山海关商务总会，秦皇岛各商号由“地方公益会”管理，1930年3月，“公益会”又改组为“临榆县秦皇岛商会”。[③] 秦皇岛工会有矿务工友俱乐部、耀华玻璃公司工会、秦皇岛海员工会等。其中，矿务工友俱乐部成立于1922年10月，由廖洪翔任委员长，孟学成任副委员长，刘朝栋、孙德仲等任委员。耀华玻璃公司工会成立于1929年6月，到1937年前有会员900余人。秦皇岛海员工会创建于1930年6月，由程志光任负责人。[④]

塘沽虽然地处海河沿岸，但由于距海口较近且轮船可经过海河直达，

---

① 《秦皇岛之近况》，《中外经济周刊》第212期，1927年5月，第10页。

② 《北宁铁路沿线经济调查报告》，第1667—1668页。

③ 《天津商会档案汇编（1903—1911）》，第205页；秦皇岛市地方志编纂委员会编《秦皇岛市志》第6卷，天津人民出版社，1994，第310页。

④ 《秦皇岛市志》第6卷，第192页；《北宁铁路沿线经济调查报告》，第1667页。

因此可以视为铁路与海运联运的交通运输枢纽型集镇。这里原为临海河而居的渔村，居民以捕鱼晒盐为业。1898 年海河淤塞，重载轮船不能直达天津，只得改在塘沽卸货，塘沽由此开始兴起为集镇。因此，其商业的兴衰与海河的淤塞和疏浚密切相关。“昔在光绪五年时，吃水十三呎之汽轮，可航行无阻，迨沽河淤泥日浅，至光绪二十四年时，吃水十二呎之汽轮，不能航入津埠，卸货即在塘沽，一时遽见殷盛，翌年，始有疏浚沽河之举，至民国六年，航路畅通，塘沽亦复归常况。”[①] 1937 年前，海河再次淤塞，较大轮船不能直驶天津，均在塘沽停泊，塘沽商业因此较为兴盛，共有商号 100 余家，其中广货业 13 家，杂货业 18 家，布业 14 家，鲜货业 10 家，药材 10 家，饭馆 10 家。[②] 塘沽的近代工业有久大精盐公司和永利制碱公司 2 家。久大精盐公司成立于 1916 年，事务所设于天津法租界，工厂建于塘沽车站附近，最初仅有资本 5 万元，1927 年前已增至 250 万元，工人 700 余人。公司内部设总经理 1 人，下设管理、会计、营业、制造四部和久大永利附属医院及黄海工业化学研究社；管理部又分为交际、会计、统计、庶务、工务、滩务、采购、发货等处及库房和工人室；制造部下设铁工房、盐煤处、监工处、电机房、木工房等。公司制盐方法分为化盐、煮盐、烧火、烤盐四部分，“分工制造，酌用机械，增加出产能力”，每年平均出产精盐 60 万担（一说 40 万担）。[③] 1933 年前后，有工人 300 余人，主要使用碎盐筛 6 部，脱水机 4 部；每年消耗粗盐 500000 担，出产精盐 400000 担，1937 年前每天产盐 70—140 袋（每袋 100 斤）。[④] 永利制碱公司事务所设于天津法租界，工厂与久大公司为邻，1926 年 7 月正式投产。1927 年前占地面积 130 亩，有资本 200 余万元，工人 500 余人，是当时中国采用苏维食制碱新法的唯一工厂。公司内部分设营业、制造、经管三部，统辖于总经理。公司主要设备有石灰窑 1 座（附有自动石机），蒸铔塔 2 座，水管式锅炉 4 座（其中

① 白眉初：《中华民国省区全志》（直隶省），第 22 页。

② 《北宁铁路沿线经济调查报告》，第 1135—1136 页。

③ 《塘沽近日市况及久大永利两公司情形之调查》，《中外经济周刊》第 212 期，1927 年 5 月，第 15—16 页；林颂河：《塘沽工人调查》，北平社会调查所，1930，第 23—32 页。

④ 刘大钧：《中国工业调查报告》下册，第 217—219 页；《北宁铁路沿线经济调查报告》，第 1865 页。

1座为附有自动添煤机的新式锅炉，可供给750汽锅马力），发电机两座轮流使用（可供给800马力），以及碳酸压缩机等机器。公司当时每昼夜消耗原料石灰石80吨，出产纯碱50吨。1933年前后，有工人500余人，主要使用制碱机3部，每年消耗食盐74000吨，石灰石65000吨，铔水680吨，出产纯碱32000吨，烧碱3000吨，洁碱50吨。[①] 作为有数百工人的近代企业，久大精盐公司的工人组织亦有所发展，其中比较重要的是久大工友互助会。该会成立于1925年1月，以“工友婚丧相庆唁，疾难相扶持为宗旨，凡属工友皆可自由入会”。1927年前，入会者已占工人总数的80%。[②]

就“地理位置优越，有两条以上交通干线或两种以上交通方式，且其作用均较为突出的集镇”这一界定而言，1937年前与之完全相符的集镇在华北铁路沿线集镇中所占比例依然较小。与1911年以前的交通运输枢纽型集镇相比，其突出特征有三方面：大多数集镇的转运、粮食等商业占有突出地位，部分集镇的纺织、面粉、火柴、玻璃等近代工业日益发展；转运商人等各类商人、工矿企业工人、码头工人等成为重要的新兴社会阶层和社会群体；多数集镇建有商会组织且转运商人和近代企业代表在其中占有重要地位，部分集镇设有工会组织。这些特征成为此类集镇近代产业发展和社会组织嬗变的重要标志。

二　工矿业型集镇的产业发展与社会组织成长

华北铁路沿线多数工矿业型集镇，特别是近代工矿业型集镇，是随着铁路附属工厂、近代煤矿等工矿企业的创办和手工业的兴衰转型而由村庄和集镇发展而来的。铁路附属工厂、近代煤矿等工矿企业的兴起和相关社会组织的创立与发展，使其产业发展和社会组织呈现出若干与交

① 《塘沽近日市况及久大永利两公司情形之调查》，《中外经济周刊》第212期，1927年5月，第18—20页；林颂河：《塘沽工人调查》，第213—214、220页；刘大钧：《中国工业调查报告》下册，第217—219页。

② 《塘沽近日市况及久大永利两公司情形之调查》，《中外经济周刊》第212期，1927年5月，第23页。

通运输枢纽型集镇和工商业型集镇不同的特征。下文将以长辛店、南口、唐山、焦作、阳泉、枣庄、六河沟（观台镇）[①]、大昆仑、洪山等近代工矿业型集镇和周口店、坨里、彭城等手工业型集镇为例，考察此类集镇产业发展和社会组织的成长。

长辛店在京汉铁路修建前为南北孔道，商业已有所发展，京汉铁路开筑后又成为北段存车厂、修车厂、材料所工厂、铁路见习所的所在地。其铁路工厂中最早的是1900年设立的机务修理厂。京汉铁路局厂务处成立后，将长辛店工厂分为修理机车厂和修理车辆厂两部分，占地面积共计9亩余。其中，修理机车厂内部又分设机车装配场、铸工场、锻工场、机工场、汽锅工场等五场，使用电机、汽机5架，共615马力。1912年以后，添置了300马力机器1座，200千瓦电机1具、100马力转电机1具等机器设备。1922年长辛店机厂扩充，建筑铸工厂，内设铸锅炉大小各1具，其他设备有莫氏熔铜炉（附3马力直流电动机及抽风机）、25马力直流电动机等。1928年时，长辛店机厂占地面积200余亩，工人1244人，内分管理及工作两部，机器设备名目繁多，主要有新旧发动机6架，新旧发电机5架。[②] 由于长辛店铁路工人较多，商业又有一定发展，因此分别建立了工会和商会等新型社会组织。京汉路长辛店工会1920年成立，时称“俱乐部”，1921年改称“工会”，1922年2月7日被查封，1924年成立“沪案后援会”，1926年再次被查封，1928年6月4日改组成立；内设监察委员会、执行委员会，以云□生、王仲元、王金瑞、李云青、郑镜元等5人为监察委员，以王凤岐、谢斌、荣虎臣、梁宽、吕寿鹏等10人为执行委员，会员共计2838人。[③] 长辛店商会成立于1910年，时称“长辛店商务分会”，由刘抚安任总理，有入会商号30家，议事员10人。1925年改选，由王溥霖担任会长，蒋峻华担任副会长，职员由会长1人、副会长1人，会董若干人，书记1人组成，有入会商号57家。[④] 1937年

① 据《续安阳县志》载，六河沟煤矿矿区在县西北观台镇，同时“行政区域”中第八区仅有“观台镇”，而无“六河沟”，故本书将六河沟与观台镇视为同一个集镇。参见民国《续安阳县志》，台北，成文出版社，1968年影印本，第1225、1330页。

② 《交通史路政编》第8册，第1108—1112页；《调查报告》第4编《工商》，第104—105页。

③ 《调查报告》第4编《工商》，第106—107页。

④ 《国内商会统计》，赵宁渌主编《中华民国商业档案资料汇编》第1卷（1912—1928），第73页；《调查报告》第4编《工商》，第120—121页。

前，长辛店商会设主席1人，常务委员4人，执行委员15人，监察委员5人，“又有米面业同业公会，杂货业同业公会，醋酱业同业公会，布业同业公会，及粮业同业公会，均隶属商会”[①]。

南口的兴起和发展与京绥铁路工厂的设立密不可分。1925年前，南口近代工业以京绥铁路机器厂最大。1933年以前，南口机厂内设三个工场，全厂动力供给，除“六十马力之旧式蒸气机一具，六匹半马力者两具，九马力者一具”外，还有50千瓦和25千瓦直流发电机各1具。[②] 由于铁路工人较多，南口成为京绥铁路沿线最早设立工会的集镇之一。1921年秋，京绥铁路工人组织了以“崇尚工人道德，互相提携、联络感情、交换知识”为宗旨的“精业研究所”，本部设在南口。1928年时曾在南口成立总工会整理委员会。1931年京绥路再次恢复工会时在南口设立分事务所，推举1人担任常务干事。[③]

唐山1937年前主要设有开滦矿务局、京奉铁路唐山制造厂、启新洋灰有限公司、华新纺织有限公司唐厂、德成面粉公司等规模较大的近代企业。开滦矿务局由开平矿务公司和滦州矿务公司合并而成。开平矿务公司创办于1878年，1881年正式投产，1912年前公司所使用机器中，本机“则由比利时输入者，附属电气机，则由德国输入者”[④]。滦州矿务公司创办于1908年，1912年前“筛煤并送煤各机，均以电力带动”[⑤]。到1935年前，开滦矿务总局设在天津，同时，在唐山、林西、马家沟、赵各庄、唐家庄五个矿各设总矿师1人，下设井工处、绘图处、查工处、监工处、磅房、会计处、修机处、库房等；在林西设立一座容量为22500千瓦的大发电厂，“各矿所需电力，皆由该厂供给”[⑥]。1937年前，开滦五个矿年均产煤约594万吨，唐山煤矿年均产煤近60万吨。

---

① 《北宁铁路沿线经济调查报告》，第630页。

② 《平绥路南口机厂概况》，《平绥日刊》第4期，1935年12月5日，第5版。

③ 《河北省志·工会志》，第32页；《铁道年鉴》第1卷，第583—584页。

④ 《中国矿业调查记》，沈云龙主编《近代中国史料丛刊》第3编第234册，第28页。

⑤ 《中国矿业调查记》，沈云龙主编《近代中国史料丛刊》第3编第234册，第32页。

⑥ 胡荣铨：《中国煤矿》，商务印书馆，1935，第29—30、34页。

表 4－2　唐山煤矿 1881—1937 年原煤产量

单位：吨

年度	产量	年度	产量	年度	产量
1881	3613	1899	524901	1919—1920	542291
1882	38383	1901—1902	263670	1920—1921	499380
1883	75317	1902—1903	394157.81	1921—1922	683439
1884	179225	1903—1904	506136.40	1922—1923	724798
1885	241385	1904—1905	557835.70	1923—1924	788947
1886	130870	1905—1906	452241.70	1924—1925	689911
1887	226525	1906—1907	473717.14	1925—1926	512879
1888	239113	1907—1908	617324.95	1926—1927	500655
1889	235467	1909—1910	836298.95	1927—1928	660513
1890	259804	1910—1911	730576.51	1928—1929	613331
1891	290672	1911—1912	85756.92	1929—1930	644026
1892	351956	1912—1913	731223	1930—1931	724460
1893	300724	1913—1914	836133	1931—1932	662778
1894	396000	1914—1915	792903	1932—1933	640234
1895	355400	1915—1916	679209	1933—1934	524360
1896	445640	1916—1917	634450	1934—1935	689457
1897	456769	1917—1918	731621	1935—1936	485475
1898	527004	1918—1919	534901	1936—1937	588802

资料来源：开滦矿务局史志办公室编《开滦煤矿志（1878—1988）》第 2 卷，新华出版社，1995，第 310—314 页。

京奉铁路制造厂建立初期仅有几间简陋厂房，10 余台人力小型机床，11 部蒸汽动力机械设备。1884 年迁至唐山，1899 年开始建设新厂，到 1925 年前后，全厂分为锅炉厂、装置厂、机器厂、熔铸厂、铸铜厂、铁工房、锯木厂、油漆总厂等，主动力来自三大锅炉房，机车厂、车辆厂及电力房的原动力“均仰给于此”。另有 110 千瓦直流发电机 2 座，225 千瓦发电机 1 座。[①] 1930 年前，制造厂占地面积约 500 亩，内设厂工总理处。其中的机器厂又分南北二厂，北厂专做机车及修理机车各种零件，使用的机器主要有电动机 6 台，共 150 马力，新式机器数台（均装

① 《交通史路政编》第 7 册，第 260—317 页。

有小电动机)；南厂专做客货车辆及修理客货车各种零件，各锅炉房冷热水管等。[①]

启新洋灰有限公司是1937年前国内规模最大的水泥生产企业之一。该公司由开平矿务局创办于1890年，后与开平矿务局一起落入英国人手中。1906年收回后另建新厂。1927年前，厂内分为甲乙丙丁四厂，所用机器“有购自英国者，有购自丹麦者，原动力用电气，有发电机三部，其能力一为一千一百基罗瓦特，一为五千基罗瓦特，一为一千四百基罗瓦特”。每天可生产水泥5000桶（每桶375磅）。[②] 1930年前甲乙丙丁四厂每天产水泥4720桶（每桶180公斤），每月产14万桶，每年产160万桶左右。[③]

华新纺织有限公司唐厂正式成立于1921年。到1927年前有资本220万元，厂基占地面积约400亩，有纱锭24300枚，使用350千瓦变电箱3具，电力由启新洋灰有限公司廉价供给，每昼夜产纱60包（以16支纱计算），或110包（以10支纱计算）。[④] 1930年前，厂内分总务、工务、营业三股，主要机器有拆包机、头道清花机、二道清花机、三道清花机、棉条机、头道粗纱机、二道粗纱机、三道粗纱机、钻床、刨床、汽力自动水泵等。1922年共出产棉纱2020件（含16支、32支、10支、24支，及其他杂支等），1923年出产9993件，1925年出产17464件，1927年出产17855件，1929年出产14013件。[⑤] 1937年前，该厂内部分为纱厂、布厂、漂染厂三部分，分设总务、工务、营业、会计四部，主要机器有英国生产的纺纱机、股线机，英、德、美三国生产的织布机，中、英、德三国生产的最新式漂染机。各种机器原动力均为电力，“完全由启新洋灰公司购用”[⑥]。每年消耗煤8000吨，东河花20000担，西河花8000担，河北（除东河、西河地区外）、山西、陕西、山东棉花35000担。每年生

① 《北宁路唐山工厂之调查》，《河北省立第四中学校校刊》（唐山号），第60—65页。

② 《唐山之经济近况》，《中外经济周刊》第213期，1927年5月，第7—8页。

③ 《唐山启新洋灰有限公司调查概况》，《河北省立第四中学校校刊》（唐山号），第65—69页。

④ 《唐山之经济近况》，《中外经济周刊》第213期，1927年5月，第10页。

⑤ 《华新纺织有限公司唐厂纪略》，《河北省立第四中学校校刊》（唐山号），第72—86页。

⑥ 《北宁铁路沿线经济调查报告》，第1247—1248页。

产4支至24支棉纱（三松牌）10200箱，6支至100支股线（彩三松牌）167箱，各类布匹337000匹。[①]

德成面粉公司位于唐山三官庙街，1924年开工，1927年前所用机器购自德国，有钢磨3部、石磨2部，以80马力蒸汽机为原动力，每天可出面粉630袋。1937年前全厂占地7亩，总经理之下分设营业、会计、庶务、机务四部，机务设备有2.5马力漂粉电滚1座，80马力发动机1座，80马力蒸汽烧心卧式锅炉2座等；每年消耗小麦72000担（每担合106斤或107斤）；出产绿丹凤、蓝丹凤、绿龙头三种质地最好的面粉223000袋，白袋面粉7200袋。[②]

随着唐山近代工矿业的发展，与之密切相关的煤业、粮食、杂货等各类商业日渐兴起。工商业者队伍迅速壮大。1930年前，开滦矿务局、启新洋灰公司、启新瓷厂、华新纺织公司、北宁铁路制造厂等企业工人数量合计超过13000人，再加上各类商人和商贩，新兴工商业阶层和职业群体已颇具规模。工会、商会等社会组织应运而生。唐山最早的工会组织是1919年成立的唐山制造厂机器处同仁联合会。1921年3月，邓培等人以唐山制造厂机器处同仁联合会为基础，秘密建立了京奉铁路唐山工会。1925年4月，京奉铁路总工会在唐山成立，由邓培任委员长。[③] 1928年以后，国民党逐渐控制了河北并开始建立工会组织。1930年时，国民党控制下的近代工矿企业工会主要有开滦矿业总工会、华新纱厂工会、启新洋灰公司工会、启新瓷厂工会等。其中，开滦矿业总工会有会员约2万人，华新纱厂工会有1700余人，启新洋灰公司工会有2940人，启新瓷厂工会有420人。[④] 唐山商业的兴起晚于工矿业，但商会的创立早于工会。1908年，唐山商人组织——滦州唐山镇商务分会成立，有入会商号242家，议事员17人。[⑤] 1915年，“滦州唐山镇商务分会”易名“丰滦两县唐山镇商会”，由刘子贞

① 《北宁铁路沿线经济调查报告》，第1249—1250页。

② 《唐山之经济近况》，《中外经济周刊》第213期，1927年5月，第11页；《北宁铁路沿线经济调查报告》，第1253—1255页。

③ 《河北省志·工会志》，第23—26页。

④ 《唐山党务过去的回忆》，《河北省立第四中学校校刊》（唐山号），第45—46页。

⑤ 《国内商会统计》，赵宁渌主编《中华民国商业档案资料汇编》第1卷（1912—1928），第71页。

担任会长。1929 年“唐山镇商会”改组并更名为“河北省唐山商会”，由常务委员刘国仓、吴杞芳、何子恩、张伯元、丁作舟 5 人轮流担任主席。1931 年 12 月改选时刘国仓、丁作舟等 5 人当选为常务委员，刘国仓出任主席。1936 年 12 月再次改选，选出执行、监察、评议等 15 名委员，由吴杞芳、何子恩、张伯元、刘云亭、李庚尧等 5 人任常务委员，吴杞芳担任主席。①

焦作 1937 年前开设有福中总公司及其附设的发电厂、修理厂，中原煤矿机器厂，以及铁路部门设立的机车厂、机器厂、修车厂等近代企业。福中总公司由英商福公司和华商中原公司合并而成。1914 年 10 月 10 日，中原公司与福公司代表签订《议结英商福公司矿务交涉草合同》，次年 5 月 7 日又签订正合同和《福中总公司组织章程》，福中总公司正式成立。②

由于实行分产合销，福公司与中原公司在内部组织、机器设备、产额统计等方面具有各自的独立性。在内部组织方面，福公司未见详细记载，中原公司 1927 年改归河南省政府统辖后改用监督制，在监督、副监督下设工程、总务、营业、会计四科以及福中矿务大学、工资兑换处、民众医院、教育委员会、分销处（漯河、新乡、道口、郑州）等机构。工程科又分设井务、测绘、机械、事务、林艺、材料、采办、厂务各股及医院、贩卖部、矿警大队部、土窑管理处、土木工程处、三号井设备处、四号井设备处等。总务科又分设文牍股、庶务股和林场。营业科又分设运输、零销、登记等处。会计科又分设出纳、账务、稽核、保管等股。③ 在机器设备方面，福公司焦作矿厂 1935 年前主要设备有锅炉 32 座、大卷扬机 4 座、发电机 8 座、大水泵 1 座、选煤机 1 部、修理厂 1 所。中原公司 1935 年前主要设备有锅炉房两座，卧式锅炉 36 具；大卷扬机 4 座，每座 150 马力；小卷扬机 30 余架，电泵 10 余架，抽风机 1 座，发电机 3 座。④ 在煤炭产额方面，福公司、中原公司 1906—1932 年产量可参见表 4 - 3 和表 4 - 4。

---

① 《唐山市路南区志》，第 366 页。
② 详见熊亚平《铁路与华北乡村社会变迁 1880—1937》，第 108—109 页。
③ 胡荣铨：《中国煤矿》，第 334—335 页。
④ 胡荣铨：《中国煤矿》，第 332、336 页。

表 4－3　福公司 1906—1926 年煤炭产额

单位：吨

年份	产额	年份	产额	年份	产额
1906	1500	1913	421803	1920	561834
1907	1500	1914	252767	1921	648716
1908	24600	1915	425492	1922	505109
1909	231731	1916	449242	1923	694143
1910	357205	1917	506087	1924	670835
1911	417190	1918	627927	1925	564200
1912	549877	1919	494742	1926	54000

资料来源：河南省总工会工运史研究室编《焦作煤矿工人运动史资料选编》，河南人民出版社，1984，第 109 页。

表 4－4　中原公司 1916—1932 年煤炭产额

单位：吨

年份	产额	年份	产额	年份	产额
1916	416627	1922	391847	1928	310000
1917	340385	1923	568404	1929	286511
1918	431635	1924	949339	1930	395193
1919	832762	1925	338877	1931	840104
1920	734895	1926	116673	1932	871710
1921	245290	1927	83000		

资料来源：《焦作煤矿工人运动史资料选编》，第 109 页。

福中总公司附设发电厂由福公司于 1905 年创设，当时安装有 40 千瓦直流发电机 3 台，125 千瓦立式高速蒸汽发电机 3 台，装机容量 495 千瓦。1918 年安装 350 千瓦发电机 3 台，1919 年又安装 750 千瓦机组 2 台。1936 年时装机总量 3495 千瓦，发电量 726325 度。①

福公司焦作煤矿修理厂创办于 1902—1904 年，是焦作最早的机械工业企业之一。中原煤矿机器厂建立于 1922 年，机器设备有牛头刨床、钻

① 焦作市地方史志编纂委员会编《焦作市志》第 2 卷，红旗出版社，1993，第 549、554 页。

床、锯机、蒸汽锅炉、水泵、卷扬机、发电机等。[①]

铁路部门在焦作设立的机车厂、机器厂、修车厂、锅炉厂、铁厂、翻砂厂、木厂、油漆厂等工厂中，机器厂和锅炉厂规模较大。前者以修理机件、装配车辆为主业。1925年前后占地面积约7.9亩，有职员2人，佣役79人，机器设备均以蒸汽为动力，主要有立式锅炉、原动机、旋轮机等30余架（座）。后者以修理锅炉、制造钢梁为主业。1925年前后占地面积约1.1亩，有职员1人，佣役37人，机器设备使用机器厂的原动力，主要机器设备有剪铁机、退管锈机等共9架。[②]

随着煤炭开采业的发展，焦作煤矿工人数量日益增长。1904年时福公司有工人3000人，1913年增至9000人。1935年时，福中两公司共有工人10282人，再加上道清铁路管理局驻焦作各机构和工厂的数百员工，工人至少占到焦作总人口数的2/3。煤矿工人、铁路工人及各类商人成为焦作工商业者的主体，[③] 工会和商会等新型社会组织随之创立。焦作工会的雏形可以追溯到1922年4月由焦作机务工人成立的道清工人俱乐部。同年11月，俱乐部改名为道清工会。1923年“二七”罢工失败后转入地下活动，[④] 1924年12月恢复。1925年7月，焦作煤矿厨司工会和焦作煤矿工会先后成立。1931年3月，道清工会改组为道清铁路工会。1933年12月，中福公司职工联合会和中原公司联合会成立，标志着焦作工会的进一步发展。[⑤] 与此同时，焦作商人在1933年前也成立了焦作商会。[⑥]

阳泉1937年前主要有保晋公司、保晋铁厂等近代企业。保晋公司于1906年创设于山西太原，1916年迁至阳泉。内设股东大会、董事会和作为执行机关的公司。公司设正、副经理各1人，综理总公司、分公司和铁厂的全部事务。[⑦] 作为一座规模较大的近代煤矿，保晋公司在生产中

① 《焦作市志》第2卷，第591页。

② 《交通史路政编》第13册，第4897—4898页。

③ 《焦作煤矿工人运动史资料选编》，第108页。

④ 道清铁路管理局：《道清铁路三十周年纪念》，1933，第285页。

⑤ 《焦作市志》第1卷，第377页。

⑥ 《道清铁路旅行指南》（各站概要），第177页。

⑦ 《全国煤业报告——正太铁路沿线调查》，中国第二历史档案馆藏档案，档案号：28/10652。

使用蒸汽和电力作为动力。1935年前，第二矿厂有锅炉2座，共240马力，小发电机1具，容量2千瓦；第三矿厂有锅炉七八座，发电机1具。1937年前，保晋公司阳泉矿厂共有锅炉29座。[①] 1907—1933年，保晋公司煤炭产量总体上不断增长。

表4-5 保晋公司1907—1933年产额

单位：吨

年份	产额	年份	产额	年份	产额
1907	2215	1916	71451	1925	228350
1908	5572	1917	85218	1926	235676
1909	22266	1918	90340	1927	76727
1910	41649	1919	151351	1928	113208
1911	42128	1920	186135	1929	181695
1912	28082	1921	225707	1930	212520
1913	71290	1922	248320	1931	276448
1914	78988	1923	239457	1932	291431
1915	69072	1924	284592	1933	298603

资料来源：1907—1915年和1925—1933年产量据《全国煤业报告——正太铁路沿线调查》，中国第二历史档案馆藏档案，档案号：28/10652；1916—1924年产量据胡荣铨《中国煤矿》，第192页。

保晋铁厂由保晋公司于1917年筹设，是山西最早采用近代技术设备的冶铁企业。1920年正式安装第一座高炉，1926年8月正式投产，1937年时，主要机械设备有20吨熔矿炉1座，30吨熔矿炉1座，浦德林热风炉4部，烧窑6座，刨床、铣床、铡床、钻床等30台，75千瓦、60千瓦、28千瓦、3.6千瓦发电机各1部，100—150马力锅炉2台。1928—1936年日产量达35吨，年产量4000—5000吨。[②]

随着工矿企业的创办和估衣、杂货、粮油、客店、饭铺、茶庄、药店、银号、京货行、广货行等商业的发展，工矿企业工人和各类商人也成为阳泉工商业的主体，工会和商会等社会组织随之创立。工会中最早成立的是铁路工会。1922年12月，正太铁路总工会阳泉分会成立，由张

① 胡荣铨：《中国煤矿》，第191页；《阳泉市志》，第396页。

② 《阳泉市志》，第470页。

四（又名张德祥）任会长，梁永福任副会长，吴献瑞任指导员，1923 年 2 月解散。1925 年 11 月，保晋公司阳泉第三矿厂工人发起成立阳泉保晋公司三矿工会，由荆山胜任主席，1926 年停止活动。1926 年 5 月，阳泉保晋铁厂工会成立，选举侯富山（又名侯丰利）为会长，有会员 100 余人，1927 年 7 月遭到破坏。1934 年，矿区总工会宣告成立，由何英才任主席，基层工会组织发展到 18 个，有会员 1000 余人。阳泉商会创办于 1923 年，由李敬德担任首任会长。①

图 4－2　1920 年保晋铁厂全景

资料来源：《阳泉市志》，第 470 页。

枣庄原为山东峄县境内的一个小集镇。清朝末年中兴煤矿的创办和铁路的修筑后，枣庄迅速成长为铁路沿线工矿业型集镇。到 1937 年前，枣庄近代工矿企业以中兴煤矿及其附设的电机厂较为重要。中兴煤矿创办于 1880 年，开始时用土法开采，“设立矿局于枣庄，名为中兴，是即中兴公司名称之创始”。1899 年，张连芬等正式组织德华中兴煤矿有限公司。后因德股“始终即未召集”，于 1908 年更名为“商办中兴煤矿有限公司”。“自此以后，因营业日有起色，设备逐渐扩张，并一面招集新股，一面陆续延聘矿师、电机师、机器师及铁路工程师等，改用新法。”② 30 年代初，中兴已成为国内年产量仅次于抚顺和开滦的第三大煤矿。中兴煤矿的总公司设于上海，内部组织采用总理制，由股东会推选董事若干人组成董事会，再由董事会推举总理与协理各 1 人，常委数人，共

① 《阳泉市志》，第 662、864—865 页。

② 《山东中兴煤矿工人调查》，《社会科学杂志》第 3 卷第 1 期，1932 年 3 月，第 37 页。

同处理总公司一切事务。同时在枣庄设立驻矿办事委员会。① 该公司在生产中以电力作为动力，“机务处所管辖者，有机器厂，铁工厂，铆工厂，铸造厂，木型厂及附属修车厂，共有厂房一百六十五间，设备极完全。各种机器之动力，皆用电力”②。1914—1927年，中兴公司煤炭产量如表4-6所示。

表4-6　中兴公司1914—1927年产额

单位：吨

年份	产额	年份	产额	年份	产额
1914	254396	1919	569206	1924	865609
1915	253337	1920	695354	1925	821935
1916	349340	1921	668119	1926	603440
1917	428065	1922	780489	1927	259765
1918	518593	1923	787826		

资料来源：胡荣铨《中国煤矿》，第256页。

中兴公司附设电机厂创立于1913年，设备有德国西门子电气公司制造的720千瓦慢驶飞轮引擎发电机2台，320平方米水管锅炉2座，装机总量为1440千瓦，日发电量18000度左右。1922年，该厂增加德国MAN厂制造的透平汽轮机2台，西门子电气公司制造的1600千瓦发电机2台，490平方米水暖锅炉2座，装机总容量达4640千瓦。到1932年底，新旧电机厂的锅炉设备主要有320平方米热积水管锅炉3座，490平方米热积水管锅炉2座；发电设备主要有720千瓦三相交流发电机2台，17千瓦直流发电机2架，1600千瓦三相交流发电机2台，11千瓦直流发电机2架，50千瓦直流发电机1架等。1934年时又购进3200千瓦汽轮发电机1台，665平方米锅炉1座。③

随着中兴煤矿的不断发展和广货、杂货、饮食、旅店等各种商业的兴起，枣庄的煤矿工人和商人日益增多。工会和商会等新型社会组织随之创立。工会方面，1926年成立了枣庄最早的工会——矿区“地下劳工会”，选举张福林为主席，陈亚伦为组织委员，梁棠为宣传委员，程洪年

① 《山东中兴煤矿工人调查》，《社会科学杂志》第3卷第1期，1932年3月，第38页。

② 胡荣铨：《中国煤矿》，第255页。

③ 枣庄市地方史志编纂委员会：《枣庄市志》，中华书局，1993，第601—602页。

为秘书，有会员50余人。1927年6月又在北伐军支持下成立了“公开劳工会”，有会员9000余人，占中兴煤矿工人的75%。1928年春，张福林等人组织“外工会”，同年7月11日正式成立枣庄矿区工会，选举张福林等9人为执行委员。[①] 1930年12月，山东峄县中兴煤矿产业工会成立，会址在中兴公司内。该会1931—1932年陷于停顿，1933年11月再次宣告成立。1934年时有会员7628人。[②] 商会方面，1920年成立商团，由孙绍良任负责人。1927年改称商民协会，由高子和、单雅堂、周灿章、戴仲祥等人先后担任会长，有委员5人，秘书1人。1930年又陆续成立了药业、杂货业、土布业、印刷业、运输业、绸缎业、广货业、鞋帽业、烟酒业等9个同业公会。[③]

六河沟（观台镇）在河南省安阳县境内，是随着六河沟煤矿创办而兴起的工矿业型集镇。1937年前，其近代企业以六河沟煤矿公司最为重要。该公司创办于1903年，矿区位于安阳县西北六河沟（观台镇），1904年定名为“六河沟机器官煤矿”。后因营业发展，招股扩充，购机器，修铁路，设立董事局，1908年改名为“六河沟煤矿股份有限公司”，1919年以后由华商自办。公司成立之初有资本2万两，1904年招股70万元，1911年增至140万元（加入德国股），1914年增至270万元（加入比利时股），偿清比利时款项后有资本300万元。1935年前公司主要机器设备有大锅炉2座，发电机2座，压风机及风扇机各1座，以及旋床、刨床等。此外，还设有矿机厂及路机厂各1所，小修理厂1所。1918—1928年，煤炭年产量由118490吨增至382302吨。[④]

表4-7　六河沟公司1918—1928年产额

单位：吨

年份	产额	年份	产额	年份	产额
1918	118490	1920	232618	1922	283043
1919	188112	1921	247575	1923	509054

① 《枣庄市志》，第261页。

② 《各地矿业工会概况》，《劳工月刊》第3卷第10期，1934年10月，第5页。

③ 《枣庄市志》，第278页。

④ 胡荣铨：《中国煤矿》，第324—328页。

续表

年份	产额	年份	产额	年份	产额
1924	594963	1926	277465	1928	382302
1925	555987	1927	165480		

资料来源：胡荣铨《中国煤矿》，第327—328页。

近代采煤业的兴起带动了六河沟（观台镇）其他工商业的发展。1937年前，六河沟（观台镇）重要工商行号已有金聚恒（面粉）、六河沟煤矿公司（煤）、兴华公司（瓷器）、新德火砖公司（火砖）等多家。[①]

1935年前，六河沟煤矿公司已有工人4000余人，工会便成为六河沟（观台镇）最重要的新型社会组织。其中以1925年成立的六河沟煤矿工会最早，由杨介人任会长，胡金山等人任委员，1926年2月曾一度被迫解散。1929年《工会法》颁布后，依法改组理监事会，所有会员均为里工。1933年12月，分别成立里工分事务所（第一分事务所）和外工分事务所（第二分事务所）；前者有会员1399人，后者有会员2600人。[②]

大昆仑和洪山均为鲁大煤矿公司矿区所在地，因此鲁大煤矿便成为两地最重要的近代企业。该公司的历史可追溯到1900年德国人设立的山东华德煤矿公司。1914年日本人占领山东后，将淄川、坊子两矿区置于其控制之下。1923年正式成立了中日合办的鲁大公司并接管三矿。[③] 由于矿区分布于淄川、坊子、金岭镇三地，因此其使用的蒸汽和电力设备也主要分布于这三地。其中，洪山（淄川本坑所在地）1935年前有锅炉房3处，分别有锅炉19座（共1500马力）、8座（共950马力）、6座；400千瓦交流发电机1部，1000千瓦透平式交流发电机2部，2000千瓦透平式交流发电机1部。大昆仑1935年前有锅炉7座。[④] 1912—1928年，鲁大公司淄川矿区（含洪山、十里庄、南旺、大昆仑等）每年煤炭产量由375000吨增至506463吨。（参见表4－8）

① 《中国通邮地方物产志》（河南编），第43页。

② 《河北省志·工会志》，第38页；《各地矿业工会概况》，《劳工月刊》第3卷第10期，1934年10月，第4页。

③ 胡荣铨：《中国煤矿》，第224—225页。

④ 胡荣铨：《中国煤矿》，第231页。

表 4－8　鲁大公司淄川矿区 1912—1928 年煤炭产额

单位：吨

年份	产额	年份	产额	年份	产额
1912	375000	1918	405440	1924	385000
1913	414000	1919	446894	1925	654607
1914	未详	1920	504250	1926	578683
1915	110000	1921	513003	1927	622015
1916	360000	1922	675075	1928	506463
1917	450000	1923	173780		

资料来源：胡荣铨《中国煤矿》，第 232—233 页。

近代煤矿业的发展带动了大昆仑和洪山商业的兴起。前者 1934 年前有炭商 60 余家，约占商号总数的 60%，“素日除炭商外，各业无甚交易，市面较冷落。该镇商情盛衰，以炭业之隆替为转移”[①]。后者“自淄川炭矿开掘后，竟成一较大市镇，其商情仅亚于大昆仑”。有较大商号 50 余家，“内炭商十五，余为杂货商。……鲁大矿工六千余，收入丰厚，生活较奢。各杂货商营业俱不恶”[②]。因此，矿工和为其服务的各类商人成为两地重要的新兴社会阶层和职业群体。鲁大公司淄川矿区所属工会成为最重要的新型社会组织。1922 年，共产党人邓恩铭等发起组建了山东矿业工会淄博部，会员为洪山、大昆仑、南旺、十里庄等地的煤矿工人。1924 年又建立了学艺研究社，有会员 1000 余人。1925 年，淄川炭矿工人俱乐部成立，下设秘书、组织、宣传、财政、交通等股，有会员 2000 余人。1928 年 4 月淄川炭矿工会在洪山镇余盛街成立，设组织、宣传、武装、青年委员，有会员数千人。[③] 1929 年，在国民党淄川县和博山县党部以及省党部的指导下，淄川和博山分别成立矿业工会。其后，又在山东省党部的指导下，在洪山成立了淄博区矿产业工会整理委员会。1933 年 2 月正式成立淄博区矿业产业工会。1934 年时有会员 3967 人。[④]

周口店和坨里虽然也是随着煤炭开采和铁路开通而兴起的工矿业型

① 《胶济铁路沿线经济调查报告》分编四淄川县，第 15 页。

② 《胶济铁路沿线经济调查报告》分编四淄川县，第 15 页。

③ 《淄博市志》，第 478—479 页。

④ 《各地矿业工会概况》，《劳工月刊》第 3 卷第 10 期，1934 年 10 月，第 5—6 页。

集镇，但采煤方法仍以土法为主，“因矿区过小，槽道倾斜不齐，非用土法不可，亦有囿于习惯而不知改良者”[①]。所产煤炭除由驮户运送外，还可经由坨里高线、周车轻便路、周长高线以及京汉铁路等运销北京、天津、保定等地。1916—1919 年，周口店、坨里两车站运出煤炭量如表 4 - 9所示。

表 4 - 9 1916—1919 年周口店、坨里两车站运出煤炭吨数

	1915 年	1916 年	1917 年	1918 年	1919 年上半年
周口店	234302	184475	190770	227507	133250
坨里	282700	158902	280775	282782	171066

资料来源：胡荣铨《中国煤矿》，第 92 页。

煤炭外运量的增长带动了周口店、坨里两车站附近商业的兴起。周口店在铁路修建前“不过小本营业而已，今车站两旁商业林立，从前运往琉璃河上船之货，今皆由铁路运行矣”。1928 年前已有煤行 48 家，杂货行 12 家，粮行 1 家，布店 1 家，药行 1 家。[②] 坨里“旧无商业，自铁路成而商业遂兴，与周口店同。津商王竹林等创修高线，自达清水港三安子一带，而后山之煤，遂分销日盛”。1928 年前有煤行 24 家，杂货行 2 家，粮行 1 家，布行 1 家。[③] 由于使用土法采煤，周口店、坨里两地的煤矿工人并非近代产业工人，也未组建工会，因此其新型社会组织主要是前文已述及的周口店分事务所和坨里分事务所两个商会组织。

如前所述，彭城镇是以生产、集散瓷器而著称的集镇。其瓷器 1917 年前“形成之法，皆仿古式。纯用人力，并无所谓机械者。其用以成形之器具，约不过模型与陶车二种”[④]。当时，全镇有 100 余座瓷窑，年产瓷器 30 余万千（千为货币单位）。1937 年前，其瓷器仍由手工生产，“彭城瓷业向为中国北部重要之实业，以近年之不振，日见衰颓，虽其原因不一……兹将改良方法分为三种，述之如下……二、在彭城设立瓷业甲种工业学校，聘请专门瓷业教师，注意化学化［分］析，精研黏土之

① 民国《房山县志》，第 465 页。

② 民国《房山县志》，第 489—491 页。

③ 民国《房山县志》，第 490—492 页。

④ 《第八区（南直隶三府）报告书》，《直隶省商品陈列所第一次实业调查记》，第 50 页。

成分，考求原土，配合改良瓷器之品质，换用机器，可使原料成形之制造优美”[①]。年营业额最盛时约150万元，少时也有50余万元。由于彭城镇工人均为手工业工人，“知识短浅，指挥乏人”，由其组织的公议社不久即自行解体。共产党人领导成立的工会性质的“小车社”也在磁县暴动失败后停止活动。[②] 于是，1907年成立的磁州彭城镇商务分会就在彭城镇新型社会组织中占有突出地位。1928年时又成立了碗窑同业公会和缸窑同业公会；前者有会员70余人，后者有会员30余人。[③]

就“手工业或近代工矿业在产业结构中地位突出，商业处于次要地位的集镇”这一界定而言，由于1937年前华北仅有数十座近代大型煤矿，设于集镇的大多数近代企业又处于起步阶段，因此铁路沿线近代工矿业型集镇的数量并不多；又由于土布、制陶、酿酒、制醋等手工业的发展与分布会受到原料产地、加工工艺传统等因素的制约，因此铁路沿线的手工业型集镇在华北铁路沿线集镇中所占比例应少于下文将要论及的工商业型集镇。而与1911年以前相比，1937年前的工矿业型集镇一方面拥有大小不等的近代企业，或某些已处于转型之中的传统手工业；另一方面形成了以近代产业工人和各类商人为主体的新兴社会阶层和职业群体，建立了工会和商会等新型社会组织。与1937年前的交通运输枢纽型集镇和工商业型集镇相比，工矿业型集镇也有两大显著特征：一是近代工矿业和传统手工业在集镇产业结构中占有突出地位，制约以至于决定着商业的发展；二是近代产业工人和手工业者在集镇人口中占有较大比例，工会成为近代工矿业型集镇的重要新型社会组织，商会则成为部分手工业型集镇的重要新型社会组织。

三　工商业型集镇的产业发展与社会组织变动

铁路开通前，华北的工商业型集镇中既有少数工商业大镇，又有众多中、小集镇。铁路开通后，随着铁路运输的发展、矿产资源的开发、

① 民国《磁县县志》，第126—127页。
② 民国《磁县县志》，第125—126页；《河北省志·工会志》，第41页。
③ 民国《磁县县志》，第125—126页。

农产品的外运以及通商口岸的开辟、沿海城市的迅速发展，漯河、驻马店、杨柳青、独流、兴济、周村、辛店、淄河店、开平、小集（丰润）、安山等传统集镇或迅速发展，或相对衰落；廊坊（安次）、平地泉、铁山（临淄）、二十里堡、杨家庄（益都）等村庄迅速兴起为工商业型集镇。下文将以驻马店、漯河、独流、兴济、周村、平地泉、小集、铁山、二十里堡等为例，考察此类集镇的产业发展与社会组织变动。

驻马店在河南省确山县北45里，在明朝天顺年间已设有集市。清乾隆年间，又跻身镇店行列。[①] 其后数百年间，由于地势低洼、战乱频仍，驻马店发展速度极为缓慢。京汉铁路通车设站后，驻马店商业再度兴起，近代工业开始起步。1917年创办的元丰蛋厂是驻马店最早的近代企业。到1935年前后，蛋厂已有永丰和信孚两家，生产蛋白和蛋黄，“蛋白粉之制法：先将蛋打破，使蛋白液，自手指间，流于铝盆中。稍搅拌之，使其发酵。或不搅拌，即通过于二粍之细筛。约三十分钟，送至机器室；毋庸加水；在机器中，以千二百磅之压力，使为雾状，而干燥之”。“蛋黄粉之制法：蛋破后，余下之蛋黄，以之置另一器中。用竹篦戳破蛋黄膜，滤过二粍之筛，搅拌之。两小时后，再加三分之一之净水，而混合之。用混合桶，送于热气炉，使变成粉雾。此粉雾状之液，吐出干燥室，遂成既干且美之粉末。此时混合桶之压力，约重千磅；干燥室之温度，为华氏百六十度。”[②] 这两家工厂中，永丰成立于1932年，有资本5万元，平均每天可制蛋200篓。信孚创办时间、资本、生产方法、产品种类、产量等与永丰相近。[③] 与此同时，驻马店的铁器、木器、皮革、制鞋、制秤等手工业也有一定发展。[④]

驻马店作为京汉沿线13个一等站之一，驻有较多的铁路工人，元丰蛋厂和永丰蛋厂两家近代企业分别有工人100人和200人，再加上转运、杂货等各类商人，已形成具有一定规模的新兴工商业阶层和职业群体，工会和商会随之成立。1922年，驻马店第一个工会——铁路工会（即京

① 民国《确山县志》，台北，成文出版社，1976年影印本，第598—599页；邓亦兵：《清代前期的市镇》，《中国社会经济史研究》1997年第3期，第34页。

② 《中国经济年鉴》，第11章，第164页。

③ 《中国经济年鉴》，第11章，第161页。

④ 河南省驻马店市志编纂委员会编《驻马店市志》，河南人民出版社，1989，第246页。

汉铁路工会驻马店分会）成立。1927 年以后，店员、浴业、邮务、电报、缝纫业、瓦木、理发、摊业等工会先后成立，不久即被迫停止活动。1929 年《工会法》颁布后，各业工会陆续创立。[①] 同一时期，驻马店并未成立商会，仅分别组建了转运、煤炭、杂粮、皮行等各业同业公会。其中，转运业同业公会 1931 年前后[②]成立时有入会商号 60 余家。近 200 名会员代表中的大多数来自湖北黄陂、汉阳、孝感、黄安、麻城，河南博爱、温县、开封、郾城等县次之，少数来自浙江、安徽、湖南、河北、山西等省。[③] 驻马店煤炭业同业公会成立于 1933 年前后，有入会商号 7 家。45 名会员代表中绝大多数来自河南巩县、新乡、开封、温县、博爱、郾城等地。7 名职员分别来自博爱、巩县、温县、浚县、郾城、许州、新乡等县。[④] 驻马店杂粮号业同业公会成立于 1933 年前后，入会商号 81 家。180 名会员代表中有 175 人的籍贯可考。其中，119 人来自湖北，33 人来自河南，7 人来自浙江，5 人来自安徽，3 人来自江苏，3 人来自湖南，2 人来自四川，2 人来自山西，1 人来自河北。[⑤] 驻马店皮行业同业公会成立于 1931 年前后，有入会商号 18 家。75 名会员代表中有 68 人来自河南，其余 4 人来自安徽亳县，3 人来自河北东明。来自河南的 68 人又集中在郾城、襄城、确山、开封、淮阳等县。[⑥]

漯河的铁路货运量在京汉铁路开通设站后迅速增长，1912 年货物发送量达 10.2 万吨，1933 年前后运出芝麻、麦子、黑豆等农产品约 9 万吨，运入煤炭约 7 万吨，合计超过 16 万吨。与此同时，水运退居次要地位，每年输出、运入货物合计约 3 万吨，不到铁路运量的 20%。因此本

---

① 《驻马店市志》，第 181 页。

② 此成立时间系据档案中各种表格的填写时间及会员代表和职员年龄推测。由于各表中所填年龄有一定出入甚至矛盾之处，故本书采用了“1931 年前后”、“1933 年前后”等模糊表述。下文与煤炭业、杂粮号业和皮行业相关的时间同此。

③ 《河南驻马店转运业同业公会卷》，中国第二历史档案馆藏档案，档案号：422（4）/8043。

④ 《河南驻马店煤炭业同业公会卷》，中国第二历史档案馆藏档案，档案号：422（4）/8049。

⑤ 《河南驻马店杂粮号业同业公会卷》，中国第二历史档案馆藏档案，档案号：422（4）/8044。

⑥ 《河南驻马店皮行业同业公会卷》，中国第二历史档案馆藏档案，档案号：422（4）/8041。

书将其归为工商业型集镇，而非水陆交通运输枢纽型集镇。漯河在明代曾是一个繁忙的渡口，商业兴盛，设有集市。其后数百年间，由于周口、北舞渡等镇的制约，漯河商业停滞不前。1906 年前已衰落为一个仅有少数手工业作坊和几家商业店铺的小寨子。[①] 京汉铁路通车后商业再度繁荣。1912 年时仅加入漯河商务分会的商号就有 98 家。[②] 到 20 世纪 30 年代中期，漯河已有转运公司 30 余家，粮行 170 余户。[③]

随着铁路运输的发展和商业的日益兴盛，漯河近代工业开始起步。1937 年前已有蛋厂、烟厂、面粉厂、发电厂等多种近代企业。1912 年，漯河第一家蛋厂——元丰蛋厂创办。1915 年元芳、祥盛魁、德和 3 厂建立。1923—1939 年，漯河已有美丰、鼎丰、同孚、益昌等 7 家蛋厂，每天打鲜蛋约 100 万枚，盈利可观。[④] 卷烟厂中，四友烟厂于 1929 年建成投产，有卷烟机 1 部，生产羚羊牌香烟，销往周围各县，次年因销路不畅停产。1936 年，闫秀梅、赵婉卿创办大昌烟厂，有 7 支带卷烟机 1 部，生产快活牌、摩天楼牌卷烟。[⑤] 面粉厂中最早的是 1933 年焦子斌创办的大新面粉公司，建有 3 层机房楼，最初有 24 英寸钢磨 1 部，后增至 6 部，面粉日产量最多时达 20 余吨。1936 年，民丰面粉厂建成，使用一部煤气机带两盘石磨，日产面粉 500 公斤。[⑥] 发电厂中最早的是 1935 年成立的私营华光电器厂，成立之初有资本 3 万银元，设备有 45 马力煤气内燃机带动的 24 千瓦发电机 1 组，职员有 10 余人。1936 年又购进由 80 马力煤气内燃机带动的 52 千瓦发电机 1 组。[⑦] 与此同时，漯河的打铁、缝纫、制伞、制鞋、竹木、砖瓦业等手工业也有较大的发展。[⑧]

随着近代工业、手工业和各类商业的日益发展，漯河工商业人口日渐增长，工会和商会等社会组织分别创立。1920 年，由漯河车站（郾城

① 漯河市地方志编纂委员会编《漯河市志》，方志出版社，1999，第 62、387 页。

② 《国内商会统计》，赵宁渌主编《中华民国商业档案资料汇编》第 1 卷（1912—1928），第 104 页。

③ 《漯河市志》，第 603、622 页。

④ 《漯河市志》，第 394 页。

⑤ 《漯河市志》，第 397 页。

⑥ 《漯河市志》，第 395 页。

⑦ 《漯河市志》，第 415 页。

⑧ 《漯河市志》，第 383 页。

车站）车务处工人黄大发等倡导组建的漯河第一个工会——慈德公益会成立，有会员165人，由黄大发担任会长。1922年2月，机务处工人卢存善组织建立了漯河车站工人俱乐部，除本站59名工人外，还吸收小商桥、孟庙、郭店等站工人参加。1922年10月，慈德公益会、车站俱乐部合并成立京汉铁路总工会漯河车站分工会，管辖北至临颍、南至西平间各站工人组织，有会员380余人。1923年2月，分工会被迫解散。1925年恢复，由杨志清任委员长，有会员343人。1926年2月被查封，10月复建，由郑逢时任委员长。[①] 同一时期，漯河曾有两个商会。其中，漯河镇商会成立于1906年，时称“郾城县漯河镇商务分会”。车站商会建立于1915年，后改称“五权镇商会”。[②]

独流和兴济在铁路开通前已是运河沿线重要集镇，分别以制醋和草帽辫等特色手工业著称。铁路开通后，两镇分别设立车站，手工业和近代工业进一步发展。由于铁路在两镇货运中的作用明显弱于运河航运，[③] 手工业在产业结构中的地位也不如商业突出，故本书将其归为工商业型集镇。独流镇在静海县城北18里，清朝同治、光绪年间已有商号115家，清末时大小店铺增至1000余家。[④] 1928年时，独流商业更加兴盛，“当运河、子牙、大清，三河交会之处，凡桑园、兴济、连镇、胜芳等处，皆以此为交通枢纽，货物山齐，船舶云集，俨然一大市场也”[⑤]。与此同时，独流制醋、织布和织席等工业“亦略有可观”。独流在清代已用手工方法制醋，“用高粮米、元米、高粮帽、面曲、盐米、糠麸子，先将高粮米、元米煮熟，拌和曲料，置于缸内，俟其自然发酵后，由缸内起出，再和麸子、高粮帽、米糠三种拌和均匀，仍入缸内……经二三年后，即成陈年之醋秕，再用大缸一口，在缸底下穿一孔，置木架厚约二寸，将醋秕倾入缸内，再用清洁之沸水冲入缸内，由缸下之孔滤出，即

① 《漯河市志》，第255页。

② 《国内商会统计》，赵宁渌主编《中华民国商业档案资料汇编》第1卷（1912—1928），第104页；《漯河市志》，第272页。

③ 1932年前后出版的《津浦铁路年鉴》中的《各站运入运出大宗货物吨数表》中，并无杨柳青、独流和兴济等站。当时杨柳青车站每年所运货物不足1000吨。据此推测，独流和兴济两镇车站每年所运货物亦不多。

④ 独流镇地方志编修委员会编《独流镇志》，吉林人民出版社，2009，第201页。

⑤ 《调查报告》第4编《工商》，第49页。

成所食之醋矣，气香味醇，为他处所不及”[①]。1917年前，独流“所制之醋，品质极佳，久已著名，运销津京及各县。酱油次之，只可销于本地。制者有十三家，每年约计制出醋五十七万余斤，酱油十万余斤”[②]。1928年前，100余家较大的商户中，有制醋业17家，产醋127000余斤，另有酒醋酱园铺12家。1937年前，山立号、天兴厚、诚庆涌、永丰、瑞德恒、瑞丰恒等6家酱醋业商号跻身该镇重要工商行号之列。[③] 织布业有手工业和近代工业两种。1928年时“共计全镇织布处有数十家，布机约七八十架，大半皆为家庭工业。其稍具工厂规模者，三四家而已”[④]。织席也是独流一类重要的手工业，“织席及编织蒲包，皆为独流镇手工出品”[⑤]。由于商业地位更为突出，商会成为独流最重要的新型社会组织。该镇商会成立于宣统二年（1910），时称“静海县独流镇商务分会”，以振兴工商业，维护经营者利益为宗旨，入会者有酒行、布行、草行、醋酱行、粮食行、木行、煤炭行等21个行业的99家店铺。36名商会职员均来自独流本地。1913年时，入会商号增至120家，有议事人员18人。1915年11月，独流镇商会奉令改组为静海县商会。[⑥]

兴济镇在青县南30里运河东岸，距津浦路兴济站约2里。清光绪年间已有客店9家，逢农历一、六日有集市。[⑦] 1927年前后商业兴盛，有民户约1500户，商号六七十家，[⑧] 1931年前“逢一六日集市”，“粮石、牲畜、菜蔬、鱼肉、鸡鸭、柴草、木植、杂货等日用物品无不具备。秋间上市粮石车辆，动达数千，为卫河上下游集市所仅见”[⑨]。其所集散粮食“以小麦、玉米、高粱、小米、豆类为大宗，其来源不仅限于本县，

① 天津地方志编修委员会办公室等编《〈益世报〉天津资料点校汇编》（二），天津社会科学院出版社，1999，第504页。

② 《第七区（运河流域）报告书》，《直隶省商品陈列所第一次调查记》，第38页。

③ 《调查报告》第4编《工商》，第343—346页；《中国通邮地方物产志》（河北编），第62页。

④ 《调查报告》第4编《工商》，第50页。

⑤ 《调查报告》第4编《工商》，第50页。

⑥ 《天津商会档案汇编（1903—1911）》，第260—264页；《独流镇志》，第205页。

⑦ 王庆成：《晚清华北村镇人口》，《历史研究》2002年第6期，第6页。

⑧ 《直隶青县之经济状况》，《中外经济周刊》第220期，1927年7月，第18页；《调查报告》第4编《工商》，第52页。

⑨ 民国《青县志》，台北，成文出版社，1968年影印本，第77页。

远至盐山庆云及山东地方，亦有运至者。小麦、玉米、绿豆、缸［豇］豆等多转销天津。红麦在天津市场，与沧州货齐名。黄豆、黑豆多运销山东武城县，及直隶清河县之油房镇，供榨油之用。……高粱、小米多运销山东临清泰安商河一带”[①]。1928 年时，该镇 75 家较大商铺中，有粮行 5 家。[②] 作为北至静海唐官屯，南至盐山和沧县北部，西至大城一带所产草帽辫的集散中心，草辫行在兴济商业中的地位仅次于粮业。1927 年前后收买草帽辫的庄号有 8 家，“其中以山东帮为最多，在天津青岛等处，均有联号，天津客商间有临时前来收买者，本地商贩亦运往天津出售，各草辫庄除在集市上零星收买外，并由各行贩手中大宗收买”[③]。兴济另一类重要商业是收买猪毛的庄号。1927 年前后有庄号 7 家，“本镇猪毛交易，年在五十万元上下，概运往天津，售与洋商”[④]。兴济比较重要的工业有草帽辫和猪毛庄两种，1927 年前后，前者“大抵妇女闲暇时，始从事于此，手工所得籍补家中日常小费”[⑤]，后者“由猪毛庄雇用女工，加以拣选，分别捆束包装，运京出售”[⑥]。与独流相似，商会也是兴济最重要的新型社会组织。由于青县“商务精华尽在兴济一镇，故商会之设不在县城，而在兴济”。该镇商会成立于 1913 年，选出正副会长各 1 人，特别会董 2 人，会董 22 人，庶务员和会计员各 1 人，书记 2 人，有会员 100 余名。后分别于 1917 年、1920 年和 1928 年三次改选。其中，1928 年改选时选举董国恩为会长，张晋康为副会长，有职员 24 人，会员 62 人。[⑦]

周村在铁路开通前的发展历程曾被概括为三个阶段，即清初至乾隆年间的兴起时期，乾隆至道光年间的商业迅速发展和鼎盛时期；道光以降的工商业并重时期。[⑧] 胶济铁路通车后，周村工商业“或以时尚变更，或以洋货充斥”，日益衰落。但 1937 年前仍为华北重要的工商业大镇。

① 《直隶青县之经济状况》，《中外经济周刊》第 220 期，1927 年 7 月，第 18 页。
② 《调查报告》第 4 编《工商》，第 347—350 页。
③ 《直隶青县之经济状况》，《中外经济周刊》第 220 期，1927 年 7 月，第 19 页。
④ 《直隶青县之经济状况》，《中外经济周刊》第 220 期，1927 年 7 月，第 21 页。
⑤ 《调查报告》第 4 编《工商》，第 52 页。
⑥ 《直隶青县之经济状况》，《中外经济周刊》第 220 期，1927 年 7 月，第 21 页。
⑦ 民国《青县志》，第 512—513 页；《调查报告》第 4 编《工商》，第 350—351 页。
⑧ 许檀：《清代山东周村镇的商业》，《史学月刊》2007 年第 8 期，第 107 页。

工业有近代工业和手工业两种。近代工业主要有丝织、缫丝、面粉、发电等行业。其中，丝织业19世纪70年代开始向专业化生产。机器缫丝业始于1911年以后裕厚堂、恒兴德等机器缫丝厂的创设。到1925年前后，周村已有机器缫丝厂4家，缫丝机510台，蒸汽锅炉7座，年产桑丝21吨，经洋行转销欧美各地。[①] 1925年以后，在外国产品的冲击下，周村缫丝工业开始走向衰落。[②] 面粉厂仅有民丰1家，于1932年改组成立，有资本18200元，32马力蒸汽引擎1座，转动钢磨2部，每天出产面粉20包。发电厂即周村电气公司，创办于1920年，最初附设于同丰丝厂内，有60千瓦直流发电机1台，1931年丝厂停业后改组成立周村电气公司，有发电机1部，水管锅炉1座，年发电50万度。[③]

周村手工业主要有丝麻织业、棉带业、铜锡业、皮胶业、酿酒业、鞋帽业等。丝麻织业虽然在民国初年已设有工厂，但内部组织“仍多沿用旧习”，1917年时，周村土围内外共有丝麻织业1400余家，织机总数在2500张以上，每年消耗原料125万斤，出产丝麻织品50万匹。1927年以后，由于丝价狂跌，歇业者颇多，到1934年前，土围内外加入同业公会者仅有261家。棉带业在光绪初年只织粗线带，1904年后引入新法脚登（蹬）机，出品速度快而精细，销路迅速扩大，织户逐渐增多。民国初年又引入日本新式带子机，出品更快，成本更低，获利更多。到1928年时，土围内70余家织户中有50余家加入同业公会，1934年前在会织户仍有40家。铜锡业包括铜炉、小炉、铜盆、笔帽、页子等14行，除页子、笔帽两行分散于乡间外，其余均在土围内，共计110家。皮胶业在清代中叶不下百家，1934年前土围内有36家。此外，酿酒业在1934年前有14家，冶铁业有6家，烛皂业有4家，帽庄有80余家，鞋铺有12家。[④]

周村商业“数百年来……时有隆替”，1934年前“以丝麻织品，洋布，麻丝为盛，棉纱次之。丝织业虽仍有巨额交易，但较之往年，衰织

---

① 《淄博市志》，第1171页；《山东历城长山等县经济情形之调查》，《中外经济周刊》第190期，1926年11月，第26页。

② 《淄博市志》，第1164页。

③ 《中国实业志》（山东省），丁，第145—147页。

④ 《中国实业志》（山东省），丁，第145—151页。

（几）过半……其主干，要不离乎织之原料与织之出品也”[1]。其中，有年交易额统计的831家商号主要分布在土产绸麻、布业、麻丝、棉织、杂货、铜器、炭业、染业、水胶等行业，年交易总值超过3000万元。

表4-10　1934年前周村有年交易额统计的商号分布情况

行业	商号数	年交易额（万元）	行业	商号数	年交易额（万元）
土产绸麻业	50	800	布业	80	400
麻丝业	20	450	绸缎业	11	180
丝索业	16	390.4	卷烟业	55	116.3
棉织业	55	110	广货业	120	120
粮业	24	130	杂货业	21	34.4
铜器业	80	30	炭业	40	12
铁业	15	91.5	油业	18	35
酒业	15	22.5	染业	50	50
水胶业	48	11	书笔业	13	20
窑货业	15	10	鞋业	19	12
药业	28	15	煤油业	2	35
侨商	36	150	总计	831	3225.1

资料来源：《胶济铁路沿线经济调查报告》分编五长山县，第11—12页。

由于工商较为发达，从业者众多，周村的工会和商会两类新型社会组织也有较大发展。工会中，恒兴德、同丰、裕丰、元丰四大丝厂工会成立于1928年。次年2月，周村缫丝总工会成立，由景宜亭、李执贵为总负责人，有会员800余人。1930年周村邮务工会和周村各学校教职员联合会相继成立。[2] 作为华北第一家集镇商会，周村商会于1903年成立，时称“周村商务分会局”，以董事会为权力机构，有董事13人，特别董事5人。1905年改称“周村商会”，下设庶务、会计、文书、收费四个组，每组2—3人，由商会局长与董事协商聘用。1929年《工商同业公会法》公布后，周村商会所辖13段改为23个同业公会，有会员3000余

① 《胶济铁路沿线经济调查报告》分编五长山县，第11页。

② 山东省淄博市周村区志编纂委员会编《周村区志》，中国社会出版社，1992，第435页。

家。1930 年，周村商会董事会改为委员制，由同业公会选出执行委员 15 人，常务委员 5 人，监察委员 7 人。[①]

平地泉随着京绥铁路开通设站而成为集宁、陶林、商都、凉城、丰镇等县所产粮食的集散中心。在平地泉各类产业中，商业居于首要地位。除粮店外，其他商业也日渐发展。1926 年前有货行 20 余家，其中京货行 7 家，木店 3 家，山货行 10 余家。其余茶叶店、洋货店、绸缎铺等近 200 家。[②] 1931—1936 年，包括棉布、粮业、面业、肉业、铁木业在内的各种店铺发展到 1000 余家，从业者 3000 余人。[③] 工业处于次要地位，1926 年前均为手工业。“除小铁匠炉数十处外，站西有栽（疑为裁——引者注）绒毯业一家，规模甚小，缸房（烧酒业）三家，豆腐业、碾房、磨房，均系旧式制法。”[④] 1936 年前后，近代工业仅有 1 家蛋厂，有工人 200 余人。另有手工业 100 余户，“以皮革业为最佳，每年营业额最多达万元，最少者千元”[⑤]。

平地泉作为京绥铁路沿线大站之一，驻有一定数量的铁路工人，粮业、棉布、面业等商业的发展和蛋厂等近代工业的起步也带来数千从业者。于是工会和商会应运而生。1922 年 10 月，平地泉车站成立了铁路工会的前身——“同人会”分会。1925 年 5 月，京绥铁路总工会成立后，“同人会”改为“工会分会”。[⑥] 商会成立于 1925 年前，集宁设县后改称“集宁县商会”，有会长 1 人，副会长 1 人，董事 6 人。1936 年前又成立了棉布业、粮业、面业、饮食业、肉业、药业、铁木业等 20 多个同业公会。[⑦]

小集属河北省丰润县管辖，铁路开通前已设有集市。铁路开通后，由于小集距胥各庄车站仅 18 里，附近所产棉花中有一部分先运至胥各

---

① 《周村区志》，第 440 页；《胶济铁路沿线经济调查报告》分编五长山县，第 11 页。

② 《平地泉（集宁县）之经济状况》，《中外经济周刊》第 148 期，1926 年 1 月，第 13、17 页。

③ 集宁市志编纂委员会办公室编《集宁市志》，内蒙古文化出版社，2006，第 401 页。

④ 《平地泉（集宁县）之经济状况》，《中外经济周刊》第 148 期，1926 年 1 月，第 17 页。

⑤ 《集宁市志》，第 280 页。

⑥ 《集宁市志》，第 693 页。

⑦ 民国《集宁县志》，台北，成文出版社，1968 年影印本，第 69 页；《集宁市志》，第 401 页。

庄，再装火车运销天津等地，因此应属临近铁路车站的集镇。该镇所集散棉花产自丰润县第四区，“尤以小集镇一带产棉为最多，故本区亦属棉产区域”[①]。1937 年前，每年约有 10 万斤棉花经胥各庄由火车运销天津。于是，棉业便在其商业中占有重要地位。当时小集加入商会的 39 家商号中，棉业商号有 4 家，虽然少于杂货业（9 家）和药业（6 家），但最大商号同义合的年营业额达 25000 元，在加入商会的商号中居第 1 位。此外，该镇重要商号还有布业 2 家，线货 2 家，鲜果 4 家，粮业 2 家，染业 2 家，木业 2 家，首饰业 2 家等。[②] 由于商业相对发达，小集成为丰润县设有商会的 15 个集镇之一。[③]

铁山在山东省临淄县境内，胶济铁路通车后，烟草种植业兴起和煤炭需求的激增使其兴起为集镇。1937 年时车站附近加入炭业同业公会的商号有 29 家。[④] 该同业公会则成为本地最重要的新型社会组织，“本会定名为临淄县铁山站炭业同业公会”，“本会以临淄铁山站为区域，事务所设于临淄铁山站”[⑤]。在 29 名会员代表中，有 20 人来自临淄，4 人来自桓台，3 人来自博兴，2 人来自长山。9 名职员中，有主席 1 人，来自临淄；常务委员 2 人，分别来自桓台和博兴；执行委员 4 人，2 人来自博兴，1 人来自长山，1 人来自临淄；候补执行委员 2 人，均来自临淄。[⑥]

二十里堡位于潍县城东 20 里，1933 年前有居民 50 余户，400 余人，其中 30 余户经营商业，“以油业、炭业、杂货业为最盛”。近代工业有鹤丰烟草公司 1 家，1928 年创办于青岛，后为谋求便利的原料供给和廉价劳动力，于 1930 年迁到二十里堡车站旁。1934 年前所用机器主要有卷烟车 2 部，15 马力柴油发动机 1 部，切烟丝车 2 部，压烟筋车 1 部。每天

---

① 《北宁铁路沿线经济调查报告》，第 1722 页；河北省棉产改进会编印《河北省棉产调查报告》（河北省棉产改进会特刊第一种），1936，第 45 页。

② 《北宁铁路沿线经济调查报告》，第 1391—1392 页。

③ 《北宁铁路沿线经济调查报告》，第 1388、1391 页。

④ 《山东省临淄县铁山站炭业同业公会会员名册（借钤）》（民国 26 年 3 月 30 日），中国第二历史档案馆藏档案，档案号：422（4）/7994。

⑤ 《山东临淄县铁山站炭业同业公会章程》，中国第二历史档案馆藏档案，档案号：422（4）/7994。

⑥ 《山东临淄县辛店镇炭业同业公会卷》，中国第二历史档案馆藏档案，档案号：422（4）/7994。

出烟8—9箱。“销售济南，本路各县，烟潍路各县。”[①] 由于商号数量不多，工厂规模不大，二十里堡并未设立工会和商会等社会组织。

就“商业在产业结构中地位突出，工矿业和手工业处于从属地位的集镇”这一界定而言，华北铁路沿线集镇中与之相符者远多于交通运输枢纽型集镇和工矿业型集镇。与1911年以前的工商业型集镇相比，其最明显的变化在于：一部分集镇商业迅速发展，近代工业开始起步，另一部分集镇因交通状况和政治环境变化而日益衰落；一些集镇创立了工会和商会等新型社会组织。而与1937年前的交通运输枢纽型集镇和工矿业型集镇相比，一方面，工商业型集镇中，同时建有近代工厂、工会和商会者所占比例较小。另一方面，工商业型集镇中，近代工业和商业发展较快；规模较大的漯河、驻马店、周村、独流、兴济等工商业集镇，与石家庄、秦皇岛等交通运输枢纽型集镇和唐山、焦作等工矿业型集镇相比，差距十分明显；规模较小者除设有集市和少数店铺外，实际上与普通村庄无异，与交通运输枢纽型集镇和工矿业型集镇相比，差距更加明显。

四　小结

铁路开通前，开平、中兴、（英商）福公司、六河沟煤矿公司等近代大型煤矿的创办，已使唐山、枣庄、焦作、六河沟（观台镇）等村镇开始由传统向近代转型。铁路开通后，随着制造厂、机车厂、修车厂等铁路附属企业的创办，更多大型近代煤矿的涌现和纺织、面粉、火柴、缫丝、制蛋等近代工业的兴起，华北铁路沿线集镇由传统向近代转型的步伐明显加快。在此过程中，交通运输枢纽型集镇、工矿业型集镇和工商业型集镇的产业发展既各具特点，又有一些共性。制造厂、机车厂、修车厂等铁路附属企业主要分布在唐山、长辛店、南口、石家庄、焦作等重要车站附近；开平、中兴、福公司、六河沟、鲁大等大型近代煤矿主要集中于煤炭资源丰富、交通相对便利的村镇；大兴、华新等纱厂，聚丰、德成等面粉厂，以及火柴、缫丝、制蛋等近代企业，主要分布在

① 《胶济铁路沿线经济调查报告》分编三潍县，第11、22页。

少数棉花、小麦等农产品丰富、交通便利、人口较多的集镇。由此，铁路沿线集镇的近代产业呈现出明显的“差异化发展”态势。与此同时，铁路沿线集镇工商行号在总体分布上也具有“差异化发展”特征。①

作为华北铁路沿线集镇由传统向近代转型的又一个重要表现，工会和商会等新型社会组织在交通运输枢纽型集镇、工矿业型集镇和工商业型集镇的创立和发展，亦既各有特点，又有一些共性。作为近代产业工人重要组织形式的工会，主要分布在铁路沿线大站或近代大型煤矿、大规模近代企业的所在地；作为各类商人和手工业者重要组织形式的商会和同业公会也主要分布于商业和手工业较为兴盛的集镇；工商业较盛的集镇设立的工会和商会组织相对完备，会员数量较多；工商业欠发展的集镇仅少数设有工会和商会的分支机构，大多数并未创立此类新型社会组织。

在铁路沿线集镇产业和工会、商会等新型社会组织的“差异化发展”中，铁路发挥了重要作用。铁路制造厂、机车厂、修车厂等附属企业以及由铁路附属企业工人、铁路车站工人组织的工会与铁路的密切关系自不待言。由于少数集镇的煤炭、纺织、面粉等近代企业的产品或原料在运输时多以铁路运输为重要途径，因此其所在集镇的工会和商会的创立和发展亦受到铁路的明显影响。大多数集镇虽未开办一定规模的近代企业，但由于输出、输入商品亦以铁路为重要运输途径，因此其商业的兴衰及商会和各业同业公会的创立和发展情况，也受到铁路的一定影响。

---

① 参见表 3 - 17 中的“设站集镇”和“临近车站的集镇”的统计。

第五章　铁路沿线集镇的文化嬗变

——以教育发展为例

集镇文化是集镇发展的一个重要方面。而教育在本质上是“一个社会文化体系”，“教育是文化的表现形式，是文化中的一个重要组成部分。在理解教育与文化的关系时，我们一般认为文化是本质性的，教育是文化的形式，是一定人类文化的表现”[①]。就此而言，教育应为考察集镇文化发展的一项重要内容。在铁路沿线集镇由传统向近代转型过程中，新式教育的发展是重要一环。在关于新型城镇化的论述中，人的城镇化被置于核心地位，收入增加、生活方式转型、从农民到市民的群体角色转变，以及行为适应、文化接纳、身份认同和城镇化质量提高等则被视为人的城镇化的重要内容。[②] 由于收入增加、生活方式转型、文化接纳等均与教育密不可分，因此教育便不仅是集镇文化的重要组成部分，而且在集镇由传统向近代转型和人的城镇化过程中发挥着不可替代的作用。鉴于以往研究多集中于探讨近代江南市镇的教育，[③] 关于近代华北铁路沿线集镇教育发展的专题讨论尚不多见，[④] 本章将初步考察华北铁路沿

---

① 陈华文主编《文化学概论新编》，首都经济贸易大学出版社，2009，第 232 页。

② 相关论述可参见文军《城镇化的核心是人的城镇化》，《光明日报》2013 年 10 月 16 日，第 11 版；甘露、马振涛：《新型城镇化的核心是人的城镇化——“新型城镇化：发展与转型研讨会”述要》，《人民日报》2012 年 10 月 29 日，第 23 版；廖文根：《新型城镇化的难点是人的城镇化》，《人民日报》2013 年 1 月 16 日，第 20 版；夏斌：《新一轮城镇化首先是人的城镇化》，《解放日报》2013 年 4 月 3 日，第 11 版。

③ 小田：《江南乡镇社会的近代转型》，第 223—304 页；安涛：《中心与边缘：明清以来江南市镇经济社会转型研究：以金山县市镇为中心的考察》，上海人民出版社，2010，第 219—228 页；郎友兴：《从南浔的变化看近代教育在江南市镇的发展》，《史学月刊》2003 年第 6 期，第 88—94 页；陈国灿：《论江南农村市镇的近代转型》，《浙江学刊》2004 年第 5 期，第 102 页；钟华、张建智：《20 世纪 30 年代南浔镇的社会状况》，《浙江社会科学》2005 年第 1 期，第 162—163 页；等等。

④ 相关研究成果主要有闫永增《论近代工业与唐山教育事业的发展》，《唐山学院学报》2008 年第 3 期，第 4—12 页；郑起东：《近代华北乡村教育的变迁》，《中国农史》2003 年第 1 期，第 99—106 页。

线交通运输枢纽型集镇、工矿业型集镇和工商业型集镇的教育发展，揭示铁路与集镇教育发展和人的城镇化之间的关系，由此展现铁路沿线集镇文化由传统向近代的转型及其“差异化发展”。

一　交通运输枢纽型集镇教育的初兴

铁路开通以前，泊头、芦台、胥各庄等集镇已有义学等教育形式，桑园等集镇已开始设立新式学校。铁路开通后，泊头、芦台、桑园、台儿庄等传统集镇的教育开始由传统向近代转型；石家庄、秦皇岛、塘沽、丰台等新兴交通运输枢纽型集镇的新式教育亦日渐发展。下文将以石家庄、张店、丰台、秦皇岛、塘沽、芦台、杨村、桑园、台儿庄、河头等为例，以小学教育和中学教育为重点，对此类集镇的教育进行考察。

石家庄作为华北最重要的铁路交通运输枢纽型集镇，驻有数量较多的铁路工人。因此，铁路职工和员工子弟的教育成为其教育的重要组成部分。在职工教育方面，除设有石家庄职工学校外，还筹设有职工识字学校，在第一期职工识字学校中，正太铁路有职工 1200 人，开办 12 班，教员 5 人；京汉路有职工 620 人，开办 6 班，教员 4 人。与此同时，部分铁路工人还组建了职工教育俱乐部。1922 年 9 月 3 日，米振芳等人筹备成立的同义俱乐部，便是石家庄第一个职工教育机构。在员工子弟教育方面，铁路扶轮小学和铁路员工子弟学校是两种主要的教育机构。1918 年，铁路主管部门在石家庄创办国民学校，1922 年增设高等小学，1923 年增设石家庄扶轮第二高小国民学校。1932 年前时，石家庄扶轮第一小学校有职员 10 人，经费 7056 元；240 名学生中，77 人为员司子弟，83 人为铁路工友子弟，80 人为非铁路员工子弟。石家庄扶轮第二小学校有职员 12 人，经费 7128 元；352 名学生中，183 人为铁路员司子弟，148 人为铁路工友子弟，21 人为非铁路员工子弟。[①] 员工子弟学校为各铁路工会创办，“本路党部，既有工人夜校之设，工会则以部立扶轮小学为数甚少，亟谋子弟教育之扩充，遂有员工子弟学校之设，收容员工子弟甚多，其开办费，大都私人捐助，或工会补助，其经常费则由工会与路

① 《铁道年鉴》第 1 卷，第 550—556 页。

局双方供给。其学制则为两级小学制度”[①]。石家庄员工子弟学校位于石家庄火车房西端，1932 年前有学生 146 人，其中四年级 19 人，三年级 34 人，二年级 27 人，一年级 56 人。1933 年有教职员 7 人，学生中有男生 171 人，女生 40 人，共 211 人。[②] 除铁路部门所办教育外，大兴纱厂、井陉矿务局等大型近代企业亦开办了职工教育和职工子弟教育。在职工教育方面，大兴纱厂于 1929 年初开办了工人工读学校，对工人进行文化教育。[③] 在职工子弟教育方面，大兴纱厂于 1925 年建立了大兴纱厂职工子弟小学，1934 年开办了女子工读学校。井陉矿务局于 1933 年在石家庄开办了职工子弟小学。[④]

表 5-1　1935 年石家庄铁路部门与工商企业设立学校基本情况

学校名称	校址	负责人	学生数
第一扶轮小学校（铁道部立，京汉路）	延阎街	马宏德	295
第二扶轮小学校（铁道部立，正太路）	正太工厂	武灵初	595
职工学校员工子弟辅导班（铁道部立，正太路）	正太工厂	魏海明	31
煤行公立初小（煤行工会所设煤业学校）	电报局街	杨凤楼	18
平汉铁路员工子弟学校	正东街	田春林	150
大兴纱厂小学	大兴里	石志学	152
平汉铁路员工子弟分校	阜康路	田春林	40

资料来源：李惠民《近代石家庄城市化研究（1901—1949）》，第 411 页。

人口的不断增多和居民的教育需求的不断增长，带动了石家庄非企业创办教育的迅速发展。1937 年前，其规模已超过了铁路、纺织等近代企业所办教育。石家庄的非企业创办教育始于 1913 年，这一年村正姚梦荣等创办了一所初等小学（1921 年被确立为县立第四高级小学）。1923

① 《平汉年鉴》，沈云龙主编《近代中国史料丛刊》第 3 编第 503—504 册，台北，文海出版社，1989 年影印本，第 125 页。

② 《平汉年鉴》，沈云龙主编《近代中国史料丛刊》第 3 编第 503—504 册，第 127 页；《本路教育调查》，《铁路月刊》（平汉线）第 50 期，1934 年，第 16 页。

③ 石家庄市教育志编纂委员会编纂《石家庄市教育志》，河北教育出版社，1992，第 217 页。

④ 《石门大兴纱厂设立女子工读学校》，《大公报》1934 年 2 月 28 日，第 9 版；《石家庄市教育志》，第 58—59 页。

年总领法文学校在新开街设立。1925 年在石门（当年石家庄与休门合并，改称“石门”）救济院中附设两级小学（后称“贫民小学”），同年，毓英学校和诲蒙学校分别在西阁街和署南胡同成立。1926 年，文华学校、荫棠小学校分别在安平街和电报局街设立。1928 年，高文小学在五条胡同成立。1930 年，立达女学校、培英小学分别在声远里和电报局街成立。1931 年，启颖学校和育英小学分别在殷家大院和阜宁路开办。1932 年，培英学校、民学学校、文熙学校、乐善小学校分别在西裕里、南小街、永兴里和寺后街成立。1933 年，崇德学校和儿童学校分别在市场街和卢家大院开设。1934 年，自新学校、平等学校、育华学校、普育学校、育民学校、明华学校、乐三小学、映雪小学分别在同义街、花园南街、西裕里、市场街、丁字斜街、隆盛胡同、栗村小南街、鲜鱼市成立。（如表 5－2 所示）到 1935 年时，加上部分成立时间不详的学校，石家庄共有小学近 40 所，学生 1300 余人。另有一所石门中学，由周慎之和刘鸣远、张戎亭等人于 1929 年夏发起筹建，1930 年招收学生两个班，1935 年时有学生 310 人。此外，还有私塾 8 所，学生 101 人。①

表 5－2　1935 年石家庄非企业创办学校基本情况

学校名称	校址	负责人	学生数量	建校时间
私立石门初级中学	休门	周慎之	310	1930 年
总领法文学校	新开街	任国忠	43	1923 年
成美职业学校	阜康路	李树春	30	
北辰法文学校	正东街	尉蕴山	15	
石中附属小学	学堂街	周慎之	209	
石门救济院两级小学	普济胡同	周化邦	250	1925 年
休门女子初级小学	西大街三条	周慎之	43	
明达初级小学	西阁街	刘文鉴	45	
中山民众学堂	中山街	刘云路	100	
培英学校	西裕里	李养斋	33	1932 年

① 井守文、孙长元：《河北省石门义务教育进行现况》，《河北月刊》第 4 卷第 7 期，1936 年 7 月，第 2—4 页；《石家庄市志》第 5 卷，第 20 页；李惠民：《近代石家庄城市化研究（1901—1949）》，第 406—407 页。

续表

学校名称	校址	负责人	学生数量	建校时间
自新学校	同义街	张尽善	11	1934 年
平等学校	花园南街	张文善	10	1934 年
育华学校	西裕里	王殿元	13	1934 年
民学学校	南小街	谷春亭	22	1932 年
文华学校	安平街	翟凤藻	60	1926 年
崇德学校	市场街	刘学洲	40	1933 年
普育学校	市场街	牛子英	50	1934 年
育民学校	丁字斜街	于锡岭	31	1934 年
毓英学校	西阁街	于文桢	12	1925 年
明华学校	隆盛胡同	温廷贞	15	1934 年
文熙学校	永兴里	陈文熙	30	1932 年
首善保守学校	公平里	白如玉	20	
诲蒙学校	署南胡同	王荣璋	8	1925 年
儿童学校	卢家大院	张庆隆	14	1933 年
启颖学校	殷家大院	赵宝珍	38	1931 年
立达女学校	声远里	米淑琛	7	1930 年
乐善小学校	寺后街	郭霁峰	26	1932 年
荫棠小学校	电报局街	高炳琳	11	1926 年
启蒙小学校	阜宁路	田棣卿	10	
明星小学	阜康路	张明星	40	
修业小学	阜宁路	王舒荫	6	
乐三小学	栗村小南街	赵抚琴	35	1934 年
尚古小学	栗村东北	傅治九	15	
高文小学	五条胡同	王琳	18	1928 年
映雪小学	鲜鱼市	孙亭午	30	1934 年
培英小学	电报局街	梁翰章	14	1930 年
育英小学	阜宁路	王荫迟	23	1931 年
培德小学	阜康路	马增祥	36	

资料来源：井守文、孙长元：《河北省石门义务教育进行现况》，《河北月刊》第 4 卷第 7 期，1936 年 7 月，第 2—4 页；李惠民：《近代石家庄城市化研究（1901—1949）》，第 406—407 页。

张店1937年前驻有200余铁路工人。为便于铁路职工子弟接受教育，胶济铁路当局创办了胶济铁路张店小学校。该校最初由张店站员工学董会设立，“由路局每月津贴一百二十元为经常费，其不足之数再由各学生家长量力捐助”。1925年改归局办。该校最初仅有学生两班，1926年扩充为4班，1928年增至5班。1925—1931年分别有学生95人、145人、134人、161人、263人、278人和269人。[①] 尤其值得一提的是，该校为“养成市民之自治能力，增进市民之政治智识，发展市民之作事能力，作为将来服务社会的准备”，曾筹设“胶济铁路张店小学张店市”，“本市区域，以胶济铁路张店小学之所在地为范围”，“本市市民，以胶济铁路张店小学之学生及教职员为限”。[②] 此后，张店还于1930年开办了职工学校，分高、中、初3班，限期5个月毕业。1933年2月，又创办了非企业所属的张店镇立小学，7月收归县有，改为县立第五小学，1934年又改称县立张店小学。[③]

丰台于1921年3月设立铁路职工学校。课程分为普通科、补习科两科和常识部、技术部两部。两科各分为六级，每班学生通常为40人，经常费“由局规定预算呈部备核”。1922年6月奉交通部令停办，“十一年六月，因计政奇绌，部令一律停办”[④]。1922年12月，又开办了丰台扶轮小学校，1932年时有职员10人，学生252人，经常费用6456元。[⑤]

秦皇岛的教育可以分为铁路部门所办教育，开滦煤矿、耀华玻璃公司所办学校和非企业所办教育三种。铁路部门于1921年创办国民学校，1923年增设秦皇岛高等小学。[⑥] 开滦煤矿1928年在秦皇岛开办了男子两级小学，有6个教学班，学生100名，教职工10人。1929年又开办了女子两级小学。1934年，前者有教员8人，学生225人；后者有教员5人，

① 胶济铁路局总务处公益课编印《胶济铁路教育概况》，1931，第191、308页。
② 《胶济铁路教育概况》，第206页。
③ 民国《桓台志略》卷2《法制》，《中国地方志集成·山东府县志辑》第28册，第344页。
④ 交通部交通史编纂委员会、铁道部交通史编纂委员会编纂《交通史总务编》（教育），1935，第425页；《铁道年鉴》第1卷，第558页。
⑤ 《铁道年鉴》第1卷，第553、555页。
⑥ 《铁道年鉴》第1卷，第543—551页。

学生 129 人。[①] 耀华玻璃公司于 1928 年创办了 1 所初级小学，后由开滦代管，1934 年时有教员 3 人，学生 55 人。非企业所办学校中，秦皇岛区立高初级小学校成立于 1919 年，1929 年前有学生 58 人。[②]

塘沽的教育也可以分为铁路部门所办教育，久大公司等企业所办学校和非企业所办教育三种。铁路部门于 1929 年 11 月开办了塘沽扶轮小学校，1932 年时有职员 10 人，学生 230 人，常年经费 6312 元。久大公司所办教育包括职工教育和职工子弟学校。职工教育以工读班为主要形式。1921 年工读班第一次开办，教员由职员担任。1923 年 6 月停办，1924 年 8 月又与永利公司合作开办，分为三个年级，有相当于初等小学程度的普通班和高级小学程度的特别班各 2 班。职工子弟教育即明星小学，正式成立于 1925 年 2 月，最初有教员 2 人，分设一二三四年级；有学生 19 人，每年经常经费 2400 元左右。1926 年春增至 25 人，1926 年秋有 77 人，1927 年春增至 92 人。[③] 非企业所办教育中，比较重要的是 1919 年建成的塘沽两等小学。

芦台濒临蓟运河而成镇，京奉铁路开通后设有车站，成为有铁路与运河交会的集镇。1937 年前，芦台每年由铁路运出鱼约 200 吨，由运河运出约 500 吨；由铁路运出虾约 100 吨，由运河运出 200 余吨；由铁路运出蟹 200 吨，由运河运出约 250 吨；由铁路运出红粮 6000 余吨，由运河运出 10000 吨以上。[④] 由于铁路与运河的作用均比较突出，故本书将其列入交通运输枢纽型集镇。芦台的新式教育始于 1897 年。这一年，礼部主事王照创办了芦台第一所小学堂，1902 年以后，又设立了 2 所初等小学堂。1913 年创办了私立性质的宁河县第一所中学，招收学生两班 60 人，有教员 4 人，职员 2 人，工友 2 人。1921 年时有教员 6 人，学生 61 人，毕业生 9 人。[⑤]

---

① 《秦皇岛市志》第 8 卷，第 23 页；开滦矿务局史志办公室编《开滦煤矿志》第 4 卷（1878—1988），新华出版社，1995，第 6—8 页。

② 民国《临榆县志》，台北，成文出版社，1968 年影印本，第 631、648 页；《开滦煤矿志》第 4 卷（1878—1988），第 6—8 页。

③ 林颂河：《塘沽工人调查》，第 78—84 页。

④ 《北宁铁路沿线经济调查报告》，第 1182—1184 页。

⑤ 宁河县地方史志编修委员会：《宁河县志》，天津社会科学院出版社，1991，第 625—628 页。

桑园新式小学初创于1906年，时称桑园公立高等小学堂，校址在桑园三官庙，有学生2班；1914年改为桑园镇高等小学校；1926年改称桑园镇立两级小学校，添招初级生1班，增加牲畜税120元为经费；1929年改名为桑园镇时敏小学校，添招初级生1班；1931年改为县立第八小学，添招高级生1班，规定常年经费为洋1920元；1934年4月再次改为县立桑园镇小学，有高级、初级学生各2班。①

台儿庄因濒临运河和建有中兴煤矿台（儿庄）枣（庄）支线而成为有铁路与运河交会的交通运输枢纽型集镇。1937年前，其新式教育以非企业所办学校为主。1913年开办台儿庄国民两等小学堂，1919年增设高级班，招生17人。1914年建成台儿庄基督教培灵修道院，有学生3班，80余人；1918年创办淑贤女子小学，初设1个班，招生30人，后增为3个班，学生94人。与此同时，台儿庄私塾在教育中仍占有重要地位，20世纪30年代甚至出现过“私塾林立而阻碍学校之发展”的现象。②

与以上集镇相比，丰润县河头镇稍显特殊。由于“胥各庄镇市与河头相距咫尺”③，前者设有铁路车站，后者为运河起点，且铁路与运河运量均比较大，故本书将其列为交通运输枢纽型集镇。随着工商业的发展，河头新式教育亦开始起步。1906年建立了一所初等小学堂——河头公立初等小学堂，有教员2人，学生40人。民国初年，该校迁至粮市街，改称河头镇立国民学校。1927年增设高级班，并招收女生，1929年改称完全小学。④

综上所述，直到1937年前，除石家庄教育有明显发展外，张店、秦皇岛、丰台、塘沽、桑园、台儿庄、河头等交通运输枢纽型集镇的教育仍处于初兴阶段。在学校类别和规模方面，虽然秦皇岛、塘沽等铁路沿线重要车站和大型近代企业所在地建有扶轮学校、企业职工子弟学校等多种学校，但学校数量和学生数量均不多；桑园、胥各庄、河头等未开办近代企业的集镇仅设有1—2所小学。在办学层次方面，除石家庄、芦

① 民国《德县志》，第190页。

② 山东省枣庄市台儿庄区地方史志编纂委员会编《台儿庄区志》，山东人民出版社，1993，第47、479—481页。

③ 《丰润河头商会提案（二）》，《北宁铁路商务会议汇刊》（代表提议案），第41页。

④ 丰南县志编纂委员会编纂《丰南县志》，新华出版社，1990，第529页。

台等极少数集镇设有中学外，其余集镇仅设有小学。

二　工矿业型集镇教育的发展

1937年前，华北铁路沿线工矿业型集镇可以大致区分为以铁路工厂为主要产业、以近代大型工矿企业为主要产业和以手工业为主要产业的集镇。由于产业性质不同，发展水平各异，人口数量差异明显，其新式教育也呈现出不同的发展态势。下文将分别以长辛店、南口、唐山、马家沟、古冶、开平、焦作、阳泉、坊子、六河沟（观台镇）、周口店、坨里、彭城镇等集镇为例来考察此类集镇教育的发展。

长辛店70%—80%的人口为铁路工人，因此铁路职工教育占有重要地位。清宣统三年（1911）二月，京汉路局在长辛店创办了艺员养成所，“专以养成艺员职工学识，及促进技能为宗旨”。最初仅在长辛店机厂内附设厂工夜学所，专供机厂工人补习中法文字及粗浅算术。后于1913年9月扩充夜学所为日班并改名为艺员养成所，课程方面仿照法国工艺学堂办法，“专就厂中艺徒教练”，半天在所听课，半天在厂习艺，学理与技艺并重。1914年后每年招生60人，教授国文、法文、画图、算学、代数、几何、三角、物理、化学、机械制图、工艺力学、机关车大略、冶金学等科，“其中法文字，于晚间学习，暂定额六十名，分甲乙丙三班教授”。1917年以后毕业者多分派到各厂充任机匠或帮机匠。1922年2月，第三届学生毕业7人，9月取消夜班授课。1924年春季毕业学生12人，夏季毕业10人，秋季添招浅易班学生25名，“专收工人子弟”，同时另聘教员2人，学生上午入厂工作，下午在所听课，一年后考试及格升入正班，由此形成每年夏季甲班学生毕业，秋季招考浅易班的定制。到1932年前后，历年毕业学生共计130余人。“均经机厂考验手艺及格，分派本路各机厂及机车厂服务，亦有成绩优良，遇机擢升为工务员总司机副厂首者”①。

1920年，交通部设立了职工教育筹备处，由路政司司长负责规划和

① 《平汉年鉴》，沈云龙主编《近代中国史料丛刊》第3编第503—504册，第123—124页。

实施职工教育方案，厘定教育计划50条，同时开办职工讲习所，“养成教授职工师资”[①]。京汉路的职工教育由此进入铁路管理局与交通部（铁道部）共办时期。其间，长辛店分别设立了职工学校、职工补习学校和职工识字学校。前者设立于1921年3月，“凡铁路职工均可入校学习”，每晚工作之余的闲暇时间用于听课，有补习科3班，普通科3班，教员分为专任教员和义务教员2种，专任教员“系部派局委”，义务教员由京汉路职员兼任，办学经费每月400余元，“按会计则例由总务费附属学校项下开支”，“所有学课及钟点均按照部颁暂行简章分配之”，“毕业后仍充铁路职工”。到1925年前后，该校共有专任教员5人，义务教员14人，学生370余人。[②] 中者成立于1931年11月，有学生45人，其中普通班甲级17名，乙级16名，深造班12名。[③] 后者1932年前后开办了10个班，有教员6人。[④]

随着铁路工人及其家属的移驻，工人子弟成为铁路沿线集镇人口的一部分。为满足其教育的需求，铁路部门创办了职工子弟学校。1937年前，长辛店分别设有铁路扶轮小学和铁路员工子弟学校。前者设于1918年，到1932年度上期有职员21人，学生517人，经常费用为13344元。[⑤] 后者位于长辛店站西山坡上，1932年前有学生238人，每年经费1000元；1933年时有男生338人，女生47人，共385人。[⑥] 与此同时，长辛店非企业教育也有一定的发展。1937年前，设于火神庙的第一初级小学共有学生40余人，设于小老爷庙的第二完全小学有学生80人。另有备案的工界初级小学、崇恩初级小学、育英完全小学、崇实初级小学及未备案的小学、私塾共计29处。[⑦]

南口的教育机构以铁路职工及子弟学校为主。铁路职工学校主要是京绥路南口职工学校和职工识字学校。京绥路南口职工学校的前身为南

① 《铁道年鉴》第1卷，第558页。

② 《交通史总务编》（教育），第423—424页。

③ 《平汉年鉴》，沈云龙主编《近代中国史料丛刊》第3编第503—504册，第126页。

④ 《铁道年鉴》第1卷，第563页。

⑤ 《铁道年鉴》第1卷，第552—556页。

⑥ 《平汉年鉴》，沈云龙主编《近代中国史料丛刊》第3编第503—504册，第127页；《本路教育调查》，《铁路月刊》（平汉线）第50期，1934年，第15页。

⑦ 《北宁铁路沿线经济调查报告》，第601—602页。

口职工补习所，1921年1月奉交通部令改为职工学校，校舍由交通部拨款建筑。同年3月开学，分昼、夜两班授课，车务、机务工人为昼班，工程、材料为夜班。昼班上课时又分为甲、乙、丁三班，甲、乙为高等班，丁为普通班；夜班上课时又分为丙、戊、己三班，丙为高等班，戊、己为普通班。该校创办初期有专任教员5人，义务教员5人，1922年1月改为常科教员5人，技术教员4人，有学生245人。南口职工识字学校由铁道部职工教育委员会积极筹设。第一期开办识字班10班，有教员6人。铁路职工子弟学校为1918年创办的南口扶轮学校，到1932年时有职员15人，学生402人，经常费用为8868元。[①]

唐山、马家沟、古冶、开平四镇，或为开滦煤矿矿区所在地，或为京奉沿线重要车站。随着煤矿工人和铁路工人的聚集，其教育也有不同程度的发展。在这四个集镇的教育中，开滦煤矿工人教育起步较早。开平矿务局创办初期仅有工人250人，到1934年前，开滦五矿已有工人近40000人。[②] 对于这样一座拥有数万职工的大型近代企业而言，工人的职业技术和文化培训显得十分重要。为此，开滦煤矿一方面于1931年资助滦县教育局在赵各庄东大街设立了以扫盲为目标的“民众教育馆”。该馆设有成人识字班、民众初级小学班、高级小学班，每班30人，有开滦煤矿职工在此参加学习。另一方面招收具有一定文化程度的学生和同等学力者（也有少数开滦职工进行工程技术等方面的培训），毕业后成为开滦煤矿员司和工人。早在1881年，开平矿务局创办人唐廷枢便开办了一所专门训练采矿和煤质化验人员的学校，聘请一名美国人担任教师，培养中国自己的工程技术人员。1906年，开平矿务局委托铁路学堂代招采矿学科新生1个班，由开平矿务局资助办学经费，1907年开课，1909年肄业。1910年滦州矿务局在赵各庄开办了一所“测绘学堂”，录取新生30名，开课后不久迁至马家沟上课，并改名为“矿务学堂”，当时有学生43人，学习国文、英文、算学、绘图等主要课程，并定期下井实习，学费、膳食费由滦州矿务局拨给，学生毕业后到各矿工作。1936年

---

① 《交通史总务编》（教育），第424—425页；《铁道年鉴》第1卷，第553—556、563页。

② 《开滦煤矿志（1878—1988）》第3卷，第136—138页；《唐山工人之最近数目》，《矿业周报》第308号，1934年10月，第1077页。

时开滦矿务局还曾计划成立工务训练所，但直到全面抗战爆发后才正式开课。[①]

与此同时，开滦煤矿还利用俱乐部、图书馆等形式开展职工教育。在俱乐部方面，1922 年，开滦矿务局在赵各庄、马家沟、林西设立中级员司俱乐部。1927 年 9 月，开滦矿务局唐山矿也设立了员司俱乐部，名为“开滦华员俱乐部”，1931 年改称“开滦中级员司俱乐部”，占地面积 5844 平方米。这几家俱乐部每月由矿务局补助 600 元，活动项目有戏剧、电影、台球、网球、乒乓球、棋类、足球、排球、篮球、滑冰、图书报刊阅览等。1931 年夏，由开滦矿务局辅助成立的“惠工事业促进社”在唐山和赵各庄设立了工友俱乐部。唐山矿工友俱乐部坐落于唐山矿南富庄工房以北，窑神庙以南，建筑面积 640 平方米。赵各庄矿工友俱乐部坐落于大马路南头买卖街以北，建筑面积 960 平方米。根据规定，凡在开滦矿务局登记的里外工均可凭工牌免费领取会员证，成为会员。这两家俱乐部每月由开滦矿务局补助活动经费，活动项目有京剧、评剧、皮影戏、棋赛、武术比赛等，同时还设有工人识字班、工众图书馆、文字代书处等。[②]

在唐山、马家沟、古冶、开平四镇的铁路职工教育机构中，京奉路唐山制造厂招收机器练习生处、京奉路唐山职工学校和唐山工人图书馆较为重要。京奉路唐山制造厂招收机器练习生处设立于宣统元年七月，用于培养本土的铁路专门人才，“唐山制造厂虽开办有年，而各厂首领以及机务各分段，均由洋员主其事，监工、工目等职，不过仅供指挥，唐山制造厂副总管施肇祥感于借才之终非久计，特建议由局详部，奉准照办”。原定每年从各处学校招收 20 名“具有高等工业知识，曾受科学教育者入厂随时工作，俾得实地练习藉宏经验培成专门人材，以供铁路之用”。后因人数不足，改为每年由交通部、各铁路管理局指派，或由各处高等工业学校从毕业生中择优保送，经考试，外文、算学、力学三门成绩及格，体质合格者，录取为练习生。这些练习生随后被分派到各厂实习，“以后量才超擢，得递升为副厂首或机务副段长各职务”[③]。

---

① 《开滦煤矿志（1878—1988）》第 4 卷，第 40—42、70 页。

② 《开滦煤矿志（1878—1988）》第 5 卷，第 347—349 页。

③ 《交通史总务编》（教育），第 430—431 页。

京奉路唐山职工学校创办于1921年3月，1922年6月奉交通部令停办。其课程分为普通科、补习科两科和常识部、技术部两部。两科各分为六级，每班学生通常为40人。[①] 唐山工人图书馆由京奉铁路唐山制造厂工人邓培等人于1921年筹建。为保证图书馆运行良好，邓培等人制定了《唐山工人图书馆简章》、《唐山图书馆干事会议简章》、《唐山工人图书馆阅览规则》、《借书规则》等规章，明确提出以“增高工人知识，联络工人感情”为宗旨，以“热心工人教育和工人组织之人”为会员。馆内设有书刊室和阅报室，提供《民国日报》、《益世报》等报纸和《东方世界》、《小说世界》等大量书刊。“凡属工人皆可入览。”“工人每天下班以后，成群结队地到那里阅览。除了唐山制造厂的工人以外，也常有开滦煤矿的工人来。在工人毫无文化生活的年代里，工人图书馆的建立，受到唐山工人的热烈欢迎。”[②]

除利用职工学校、俱乐部、图书馆等提高职工工作技能和文化水平外，铁路部门和工矿企业还通过创办大学来培养职工。位于唐山的交通大学唐山工程学院便是其中之一。交通大学唐山工程学院创办于1895年，不久因故停办。到1905年时，袁世凯等“以路政大兴，人才缺乏”为由，“扎［札］饬关内外铁路局筹设铁路学堂，又面谕路局总办，即以开平地方前武卫陆军学堂旧址租定开办。……七月，路局详称铁路学堂功课必须考究机器，若设开平，则与唐山机器厂较远，于学生往来不便，请改在唐山建设”[③]，1906年因开平矿务局“请另募学生，专研矿学，附入肄业”，因此定名为路矿学堂。迁设唐山后仍称山海关内外路矿学堂。1908年改归邮传部管辖，1912年又归交通部管辖，同年7月改称铁路学校。后又因“与各国大学中之土木工程科相类”，于1914年改称交通部唐山工业专门学校，1921年再改为交通大学唐山学校，专办土木科。1922年改称交通部唐山大学；1928年改名唐山交通大学、第二交通大学、交通大学土木工程学院；同年12月改归铁道部管辖；1929年再改名为交通大学唐山土木工程学院；1931年增设采冶科后又改名为交通大

① 《交通史总务编》（教育），第425页；《铁道年鉴》第1卷，第558页。

② 王士立：《中国工人运动的先驱邓培》，政协河北省唐山市委员会文史资料委员会编印《唐山文史资料》第18辑，1994，第56—61页。

③ 《交通史总务编》（教育），第15页。

学唐山工程学院。[①] 该院1907年时有学生190名，1933年前有教职员43人，在校生269人。1937年前有教职员53人，学生204人。历年共毕业学生700余人。该院经费最初由原京奉铁路管理局和开滦矿务局分担。矿科停办后由京奉铁路管理局单独解部转发。后又因“路款欠解颇巨，乃征收学膳等费，以资补助”。1914年后京奉铁路局每月拨付7000元，交通部发给3000元，1928年交通部核定每月9000元。1929年增至12000元。到1937年前常年经费为231000余元。[②]

由于近代工矿企业工人和铁路工人在唐山、马家沟、古冶、开平四镇人口中占有重要地位，其家属和子弟亦为数不少。为方便员工子弟教育，开滦煤矿等近代企业和铁路部门着手创办各类学校，开展职工子弟教育。早在1907年，开平矿务局便在古冶、开平、唐山三镇成立了4所（其中唐山2所）初级小学。1919年，私立开滦马家沟职工子弟初级小学校创立，有教师2人，学生20人。1922年，赵各庄和林西两矿区创办初级小学，分别有学生30人和50人。1924年，马家沟设立高级小学和两级（初级、高级）女子小学各1所。前者有教员10人，学生327人；后者有教员8人，学生200人。1925年，唐山矿西门外成立1所两级小学，招收学生363人。至此开滦五矿均设有职工子弟小学，共有学生1546人。到1934年时，开滦矿务局在唐山等矿区及秦皇岛、塘沽两个码头共有小学18所，教师144人，学生3456人。在其学生中，开滦职工子女约占76%，开滦职工近亲约占18%，非开滦职工子女约占6%。[③] 到1937年前，开滦五矿仍有小学10所。

表5-3　1937年前开滦五矿小学情况统计

学校名称	所在地	职员数	学生数	常年经费（元）
唐山私立开滦小学	唐山广东大街西头	19	546	12899
马家沟私立开滦女子小学	开平北马路	8	202	5500

① 《教育》，民国《滦县志》卷8，第46页b—47页b。

② 《交通史总务编》（教育），第15、30、36页；《铁道年鉴》第1卷，第542页；《教育》，民国《滦县志》卷8，第47页b。

③ 《开滦煤矿志（1878—1988）》第4卷，第5—7页。

续表

学校名称	所在地	职员数	学生数	常年经费（元）
林西私立开滦女子小学	林西矿区	7	142	4451
马家沟私立开滦小学	开平北马路	10	333	6952
林西私立开滦小学	林西矿区	15	390	8079
赵各庄私立开滦小学	赵各庄矿务局大街	14	306	8775
赵各庄私立开滦女子小学	赵各庄矿务局大街	9	137	4100
唐庄子私立开滦小学	古冶北唐庄子	9	200	10000
唐庄子私立开滦女子小学	古冶北唐庄子	7	106	2682
唐山私立开滦淑德女子小学	唐山洋灰窑北	15	214	3600

资料来源：《教育》，民国《滦县志》卷8，第26页a—27页a。

在创办小学的同时，开滦煤矿等还拨款创立了几所中学。其中，私立培仁女子初级中学校位于唐山广东大街，成立于1931年6月，有教职员18名，学生83名，常年经费6414元，由开滦矿务局拨给；私立淑德女子初级中学校位于启新洋灰公司老厂，成立于1932年6月，有教职员22人，学生94人，常年经费16558元，由开滦矿务局拨给；私立开滦初级中学校位于马家沟，成立于1932年5月，有教职员17名，学生194人，常年经费32509元，由开滦矿务局拨给。①

同一时期，铁路部门也在唐山、古冶等地创办了扶轮小学校，开展职工子弟教育。其中，唐山扶轮学校开办于1918年，到1932年时有职员28人，学生758人，经常费用16800元。古冶扶轮小学校成立于1929年11月，到1932年时有职员10人，学生218人，经常费用5940元。②

随着人口的不断增长，唐山、古冶等镇的非企业教育也日渐发展。唐山的新式小学以1902年成立的华英小学最早。1903年，刘凯元将自家的私塾改建为唐山私立初等小学，1910年改为唐山公立两等小学堂，后又改名为唐山同仁小学校。③ 到1930年前，唐山已有县立、区立及其他小学10余所。其中，同仁两级小学校有学生6班，240人；同仁女学校

① 《教育》，民国《滦县志》卷8，第22页a。

② 《铁道年鉴》第1卷，第553—556页。

③ 河北省唐山市地方志编纂委员会编《唐山市志》，方志出版社，1999，第2185页。

有3班，65人；达谢庄两级小学校有6班，130人；绅商两级小学校有6班，190人；唐山第二女子小学校有4班，44人；清东国民小学校有4班，140人；同文小学校有4班，45人；育英小学校有4班，150人；智仁女子小学校有3班，140人；福华学校有4班，32人；达谢庄公立女子小学校有3班，30人；唐山红卐字会小学校有3班，75人。[①] 1937年前，唐山女子同仁小学位于唐山广东街，有教职员6人，学生114人，常年经费2474元；唐山同仁小学校位于乔头屯（又称乔屯），有教职员11人，学生321人，常年经费5908元；龙泉寺小学位于唐山西南龙泉寺，有教职员6人，学生166人，常年经费2347元。[②] 其他小学还有县立唐山乔屯初级小学、县立唐山沟东初级小学、县立唐山乔屯女子初级小学、县立唐山同文初级小学4所初级小学。唐山的中学除开滦煤矿所办者外，私立丰滦中学是比较有名的一所。该校于1931年7月迁至唐山，有职员41名，学生378人，常年经费31680元。古冶除扶轮小学校外，还于1914年设立了古冶小学，1937年前有教职员6人，学生230人，常年经费2922元。[③]

焦作作为福公司、中原公司等工矿企业、道清铁路管理局及铁路工厂的驻地，也驻有较多的煤矿工人和铁路工人。各企业及铁路部门所属的小学、中学以及焦作工学院等大学相继开办。在这些学校中，福中中学创办于1925年，当年招收了1个初中班，次年又增设初师班、普通高中班、高中文科班、高中理科班和女生班，学制3年。1929年改称中福中学，1932年春又改名私立焦作中学。[④] 焦作工学院位于焦作镇福中大街，是当时华北为数不多的由工矿企业创办的大学之一。该学院由福公司创办于1909年3月，时称焦作路矿学堂，主要为采矿、冶金和铁路部门培养专门人才。1913年路矿学堂停办，1914年在开封恢复，经费由福公司和中原公司共同筹集，同时改名为福中矿务学校。1915年招收1个预科班，1919年春又招了1个采矿专业班，同时改校名为福中矿务专门学校。1920年4月，校址迁回焦作原路矿学堂旧址；1921年改称福中矿

① 《唐山学校之调查》，《河北省立第四中学校校刊》（唐山号），第86—87页。

② 《教育》，民国《滦县志》卷8，第25页a—25页b。

③ 《教育》，民国《滦县志》卷8，第22页a—27页b。

④ 《焦作市志》第3卷，第1033页。

务大学；1931 年 4 月改名为私立焦作工学院，有教职工 35 人，学生 3 个预科班 129 人，5 个本科班 76 人。到 1935 年时，全院有 8 个班，学生 158 人。①

铁路部门在焦作创办的职工教育机构和员工子弟学校有道清工匠夜学所、职工识字学校、道清铁路图书室和扶轮小学校等。道清工匠夜学所设于焦作车站第一号房，宣统元年八月开学，“专以本路机厂工匠学习中英浅近文字，以增学识，俾实用为宗旨”。后因入学工匠很少，于宣统三年正月另订讲堂规则十条，“示谕工匠，劝令向学”。但工匠仍不见踊跃入学，甚至有时每天仅有学生数名。1914 年再次修订简章、讲堂规则、考试及奖励惩罚章程、请假章程，改派中、英文教员，从路局遴选一名课员管理所内事务。全所学生分甲、乙两班教授，“甲日甲班授英文，乙班授英［华］文；乙日乙班授英文，甲班授华文，循环教授，各二小时”。教员由道清铁路员司中选派，学习内容以浅近中、英文为主。由于入学者以工匠子弟居多，1923 年 9 月焦作扶轮学校（即焦作扶轮小学校，又称交通部焦作扶轮学校）成立后，道清工匠夜学所被裁撤。② 职工识字学校成立于 1933 年前，设校长 1 人，由铁道部职工教育委员会委任，管理一切校务；专任教员 2 人，兼任教员 2 人，事务员 1 人，均由校长聘任，秉承校长分任教务及各项事务，第一期开办了 12 班，有教员 6 人。③ 道清铁路图书室于 1910 年在道清铁路总局机关内设立，藏有中文书 100 余册，中外文杂志 70 多种，订有《中央日报》、《新闻报》、《申报》、《益世报》、《晨报》等，画报有《良友》、《电影画报》等。④ 焦作扶轮小学校即“交通部焦作扶轮学校”。1927 年由道清铁路管理局接收办理，更名“职工子弟学校”。1929 年 1 月奉铁道部令恢复原有校名，仍归铁道部管辖。1932 年时有职员 16 人，学生 416 人，经常费用 9624 元。⑤

① 《焦作市志》第 3 卷，第 1047 页。

② 《交通史总务编》（教育），第 431—432 页。

③ 《道清铁路三十周年纪念》，第 274—275 页；《铁道年鉴》第 1 卷，第 562—564 页。

④ 《焦作市志》第 3 卷，第 1126 页。

⑤ 《道清铁路三十周年纪念》，第 273 页；《铁道年鉴》第 1 卷，第 552—556 页。

表 5－4　焦作扶轮小学校历年毕业学生人数一览

级别	毕业年月、届数	人数	级别	毕业年月、届数	人数
初级	1924 年 6 月第一届	17	初级	1929 年 6 月第六届	33
初级	1925 年 6 月第二届	16	高级	1930 年 6 月第五届	17
高级	1926 年 6 月第一届	8	初级	1930 年 6 月第七届	32
初级	1926 年 6 月第三届	20	高级	1931 年 6 月第六届	28
高级	1927 年 6 月第二届	19	初级	1931 年 6 月第八届	45
初级	1927 年 6 月第四届	23	高级	1932 年 6 月第七届	33
高级	1928 年 6 月第三届	12	初级	1932 年 6 月第九届	45
初级	1928 年 6 月第五届	19	初级	1932 年 12 月第十届	37
高级	1929 年 6 月第四届	21			

资料来源：《道清铁路三十周年纪念》，第 278 页。

同一时期，焦作也设立了一些非企业所办学校。1933 年前后，除中福公司和铁路部门所办小学外，焦作的新式学校还有新民东街的公立普济义务学校、公安局街的中山小学校、焦作村的同志小学校等小学，以及焦作中学校和焦作中学校初中女子部等中学。[①]

图 5－1　1933 年前后的焦作中学校

资料来源：《道清铁路旅行指南》（各站概要），第 173 页。

① 《道清铁路旅行指南》（各站概要），第 176 页。

阳泉作为保晋公司等工矿企业所在地和正太路沿线重要车站，也聚集了一定数量的工矿企业工人和铁路工人。部分规模较大的厂矿企业“为解决职工子女的上学问题，都纷纷筹资办学，从而新开本境厂矿办学之先河”。1920 年，阳泉站附近的煤铁行创建阳泉站小学，保晋铁厂接着创办了炼石小学。[①] 1924 年 9 月，铁路部门开办了阳泉扶轮小学校，1932 年时有职员 8 人，学生 150 人，经常费用 4920 元。[②] 此外，阳泉的新式小学还有 1934 年法国和意大利天主教会在阳泉站上合办的荣贞小学等。

坊子也先后设立了多所新式学校。1919 年，简兆南等建立了南洋兄弟烟草公司私立高级小学，聘请吴镇涛任校长，许海南等任教员，最初招收学生 1 班 42 人，“3 年结业后再招新生，共招收和结业 4 级学生计 160 余名”[③]。同年，坊子教育会集资兴办坊子模范小学，不久迁至坊子商会院内，1923 年改“壬子学制”为“壬戌学制”，推行小学初级 4 年，高级 2 年分段制。1924 年有教师 6 人，学生 4 班 80 人，1926 年迁至坊子三马路西段，更名为坊子区立小学。1929 年，学生增至 130 人，1932 年有教师 10 余名，学生 8 班 300 余人。[④] 胶济铁路部门于 1927 年前设立了具有私塾性质的胶济铁路同人学校。由于学生逐渐增多，1927 年春正式成立胶济铁路坊子小学校。学生多系本站员工子弟，外站学生仅占 1/4，“由本站往东，如蛤蟆屯、黄旗堡、南流、岞山各站”，“往西如二十里堡潍县大圩河，朱刘店昌乐”各站，“他们的来往均带着学生乘车证，乘坐火车，他们都是每天早晨趁过站早车来校，下课后，也就分别乘坐来往的客车或货车回家”。1927—1931 年分别有学生 115 人、157 人、214 人、246 人和 292 人。[⑤] 此外，坊子新式学校还有县立坊子小学等。

枣庄的新式教育亦随着工矿业兴起而发展。1923 年成立的私立中兴小学是枣庄第一家由工矿企业创办的学校。该校成立之初有一、二、五年级

---

① 《阳泉市志》，第 1085 页。

② 《铁道年鉴》第 1 卷，第 552—556 页。

③ 潍坊市坊子区地方史志编纂委员会编《坊子区志》，山东友谊出版社，1997，第 514 页。

④ 《坊子区志》，第 515 页。

⑤ 《胶济铁路教育概况》，第 185、308 页。

各 1 个班，学生 67 人。1936 年增至 6 个年级，18 个班，有教师 24 人，学生 912 人。1931 年，私立广智小学成立，经费由枣庄各转运公司捐助，成立之初有学生 70 人。与此同时，枣庄还开办了枣庄小学堂、女子学堂等非企业所办新式小学。其中，枣庄小学堂创办于 1913 年，招收学生近百人，回族占 80%，分高、初两班，兼授四书和新式课本。枣庄女子学堂创办于 1917 年，有学生 1 个班 30 人。1927 年男女合班，改称枣庄街小学。[①]

六河沟（观台镇）作为六河沟煤矿公司的所在地，也驻有数千煤矿工人及其家属。“为普及职工子弟教育起见”，筹办了六河沟煤矿私立小学校，“并于漳河北台寨设立分校一所，两处共有职教员十六人，学生三百七十余名，分十一班……并附工人夜校，经费每年一万零四百余元”[②]。1928 年由六河沟煤矿公司筹措经费，开办观台镇镇立小学，到 1933 年前后有学生 9 个班 244 人，“全年经费二千九百元，由六河沟公司捐助一千五百元，余由学田租金及农商公摊补充之”[③]。

除近代工矿业型集镇外，华北铁路沿线的部分手工业型集镇如周口店、坨里、彭城镇等也设有少量新式学校。其中，周口店 1928 年前设有公立初级小学校 1 处，私立初级小学校 2 处。坨里设有私立初级小学校 2 处。彭城镇于清末创办了 1 所小学，1937 年前有教职员 11 人，学生 158 人。[④]

由于享有铁路交通之利且驻有近代大型工矿企业或出产某一大宗手工业产品，大多数近代工矿业型集镇和少数手工业型集镇可从铁路部门或工矿企业获得一部分教育经费，因此其教育发展速度在总体上快于交通运输枢纽型集镇（除石家庄等极少数外）。由于所设车站等级不一，工矿企业规模大小各异，不同的工矿业型集镇在学校类别、数量、规模、层次等方面也有所不同。

三　工商业型集镇教育的起步

华北铁路沿线的工商业型集镇中既有清风店、驻马店、清河等设站

① 《枣庄市志》，第 1466—1469 页。

② 民国《续安阳县志》，第 1350 页。

③ 民国《续安阳县志》，第 1350 页。

④ 民国《磁县县志》，第 228 页。

集镇，又有榛子、青云店（大兴）、建昌营（迁安）、口子镇（莱芜）、黎吉寨（平原）等临近铁路车站的集镇；既有周村（长山）、独流等工商业兴盛，商号较多的大镇，又有杨家庄（益都）、蔡家庄（高密）、崮山（长清）、千秋镇（渑池）等仅有集市和数家商铺的小集镇；既有周村、平地泉（集宁）等人口数万的大镇，又有李哥庄、杨家庄等人口仅有数十户的小镇；既有平地泉、廊坊等粮食集散中心，又有谭家坊子、杨家庄等烟草集散中心。由于此类集镇数量众多，规模各异，分布广泛，因此下文将采用个案研究与局部的整体性分析相结合的方法，分别以驻马店、漯河、周村、杨柳青、独流、平地泉、清河、明港、朱集镇（商丘车站）、崮山、千秋镇、英豪镇以及滦县、定县、德县、高密、安阳、新安等6县所属集镇为例，对此类集镇的教育进行考察。

驻马店和漯河均为京汉铁路沿线大站，均有近5万人口，因此既设有铁路员工子弟学校，又建有多所非企业创办的学校。驻马店的铁路员工子弟学校位于驻马店第四号工房，1933年前后有教职员3人，学生有男生65人，女生33人，共98人。[①] 驻马店的非企业所办学校始于1916年。这一年，回族在共和街建立育英小学，招收学生1班。1920年福音堂信义会在平等路创办信义小学，有教职工4人，学生70人。1921年福音堂自立会在富强路设立明道小学，天主教在中华街教堂小医院创办纳德女校。1927年设立第一小学校。1930年由张贞臻和范庭俊分别创办的两所小学合并为老街小学。1934年，老街小学与驻马店联合小学合并。同年，私立余三小学创办。与此同时，私塾在这一时期的驻马店教育中仍占有一定地位，1934年有私塾33处。[②] 漯河的铁路员工子弟学校位于郾城（漯河）车站南端，1933年前后有教职员9人，学生中有男生297人，女生85人，共计382人。[③] 漯河非企业所办学校有小学和中学两类。小学教育始于1906年。这一年，寨内三晋祠（山陕会馆）建立了两等小学堂（初、高等均有），有教师2人，学生60人，1908年升为高等小学堂。1916年基督教内地会又在顺河街创办福音堂小学，有学生29人。1921年，漯河商会筹建了东旭小学。到1933年前，漯河已有东旭1所完

---

① 《本路教育调查》，《铁路月刊》（平汉线）第50期，1934年，第19页。

② 《驻马店市志》，第480页。

③ 《本路教育调查》，《铁路月刊》（平汉线）第50期，1934年，第19页。

全小学，中山、东大庙、龙王庙 3 所初级小学和培德女校。同一时期，美国医院又在漯河创办了 1 所初级中学，有学生数十人。[①]

周村作为胶济铁路沿线最大的工商业型集镇，1937 年前设有小学、中学、民众教育馆、专业学校和职业学校等多种教育机构。小学中最早的是 1897 年基督教会在北长行街开办的初等小学堂，当时有在校学生 20 余人。1905 年，长山县批准在周村建立文昌阁高等小学堂。1907 年，商会在准提庵建立蒙学堂。到民国初期，周村已有镇立高等小学、县立女子小学，以及云麓街国民学校、芙蓉街国民学校、油坊街国民学校等初级小学。1937 年前已有高等小学和初等小学 10 余所。周村的中学教育始于 1913 年由邹平县城迁来的“光被中学”。该校后来发展为有学生 200 余人的初级中学，同时附设有完全小学。1933 年，由天主教创办的小学迁至周村，1935 年 8 月设立初中部。周村民众教育馆 1930 年在观音阁成立，设有图书部和讲演部。同一时期，周村的专业学校为 1912 年成立的周村政法学校，职业学校则为 1919 年由周村商会与南洋兄弟烟草公司集资创建的周村镇立竞化乙种商业学校。[②]

杨柳青的新式学校有小学和中学两种。其中，小学始建于清末。1909 年，王学泮、齐鼎震、刘学瀛等人筹措白银 1557 两，在天齐庙内创办了天津县公立第六十小学堂。1910 年，杜彤等人在西关帝庙创办了民建第十三学堂，吴金翰等人创办了私立育德小学。1920 年，安文忠投资 1 万元在药王庙内设立“安氏私立第八小学”，有教师 10 人，学生近 200 人。中学始于 1921 年。这一年，石元仕在其住宅西院成立“天津县私立第二中学堂”，有教职员 13 人，学生 22 人，常年经费 4432 两。[③]

独流的新式学校也始于清末。1905 年，富户赵向忠资助建立了独流蒙养学堂，1913 年改称静海县立第二高初两级小学校，有学生 120 余名。1930 年，宋振钟等募集学款基金 1800 元，在北街太阳宫创办了 1 所平民学校，招收学生 40 名；宋云斋在南街筹建了 1 所平民学校；独流商会会长刘兴武以个人名义募集经费洋 1700 余元，在南街关帝庙内筹建了 1 所

① 《地绾南北之漯河》，《河南政治月刊》第 3 卷第 3 期，1933 年 4 月，第 1 页；《漯河市志》，第 821—822 页。

② 《周村区志》，第 589—606 页。

③ 《杨柳青镇志》，第 738、746 页。

平民学校。1931 年，王铸、刘翰卿等在独流镇三街道处创办了 1 所初级女子小学校。[①]

平地泉的教育可分为铁路部门所办教育和非企业所办教育两种。铁路部门所办教育中，扶轮小学校成立于 1925 年 3 月，1932 年时有职员 6 人，学生 123 人，经常费用 3744 元。[②] 此外还设有英文补习学校，“经费由听讲者每月缴纳一元”[③]。非企业所办学校始于 20 世纪 20 年代初，当时由劝学所建立了 1 所公塾，有学生数十人。该校于 1926 年迁至财政街，与部分私塾合并成一所规模较大的初级小学校，名为永宁小学。1923 年，巩汉山在小南门外开办了 1 所私塾，后被合并到公立学校。1924 年，巩汉林在桥西姜家巷办了 1 所女子学校，有学生近百人。[④]

清河镇位于宛平县西北 51 里，铁路开通前，因恰好处于北京至张家口等处的交通要道而成为行旅客商休憩之所，有 20 来家小铺子。京绥铁路开通后，在镇外 1 里许设立车站。1933 年前后，全镇有人口 3128 人，商店 150 余家。1937 年前有人口 217 户，3382 人，商店 87 家，逢农历单日有集市。[⑤] 清河在清末以前仅设有私塾。后来虽然一度被认为“教育方法很完善”[⑥]，但到 1931 年前后，仅有 1 所高等小学，被称为“镇校”。与“村校”相比，“镇校”有三个特点：一是学生大部分来自工商业家庭，“又因镇上的风气比较开通，镇校很早就开始招收女生，而女生人数在全校学生人数中所占百分比，在镇校也比在少数收有女生的村校为高”。二是虽然定位于“对各村尽量服务”，但“事实上这镇校所吸收各村学生的人数却很少，校内各村学生人数只占全校学生人数百分之 23.7，且大多数都是来自与镇相距不过三里的村庄”。三是办学经费近千元，“四五倍于村校”[⑦]。1937 年前，清河仅有完全小学 1 处，有学生 3

---

① 《独流镇志》，第 395 页。

② 《铁道年鉴》第 1 卷，第 552—556 页。

③ 《铁道年鉴》第 1 卷，第 559 页。

④ 《集宁市志》，第 937 页。

⑤ 黄迪：《清河村镇社区——一个初步研究报告》，《社会学界》第 10 卷，1938 年 6 月，第 364 页；《河北省宛平县地方实际情况调查报告》，《冀察调查统计丛刊》第 1 卷第 2 期，1936 年，第 101 页。

⑥ 《一个市镇调查的尝试》，《社会学界》第 5 卷，1931 年 6 月，第 8 页。

⑦ 黄迪：《清河村镇社区——一个初步研究报告》，《社会学界》第 10 卷，1938 年 6 月，第 405—406 页。

班，70—80 人。①

明港位于信阳县城北 90 里，明清时期已成为重镇，“驿道粮车，昼夜不绝，明河船桅如林”②。京汉铁路开通后发展为信阳第一大镇。其教育在清末以前以私塾为主。1908 年，朱寿镛、仝镇、高明远等人在文昌宫创办两等大学堂，以“养其人伦之道德，启其普遍之知识”为宗旨，以明港 224 亩庙产、车捐、屠宰捐、附捐等为基金，开设经书、党义、国文、史地、书法、数学、英语、珠算、图画、音乐、体育等课程。1923 年，两等大学堂改为小学，后又改为区立小学。1924 年在清源寺创办女子学校。1930 年，区立小学与女子学校合并，更名为信阳县第八区区立小学校，1937 年又更名为信阳县明港中心示范小学校。③

朱集镇（商丘车站）距商丘县城 15 里，自陇海铁路通车设站后“顿成闹市，为豫东进出口最大之车站”，1932 年前有旅馆 20 余家，转运公司 7—8 家，“营业发达，随时增加”④。其教育直到民国初年仍以私塾为主。当时设有私塾学馆数家，一般有塾师 1 人，学生 10 余人或 20 余人不等。1922 年，时任河南督军冯玉祥等在朱集创办商丘县第三国民小学。1923 年朱集圣公会意大利籍牧师韦某创办马可初小，1927 年停办。1932 年，扶轮小学、道德小学和中山镇小学建立，形成新式教育与私塾并存的局面。⑤

表 5－5 1937 年前朱集镇私塾学馆一览

学馆名称	塾师	地址	时间	学生数
乔家祠堂	周景颜	北门里乔家祠堂	1920—1930	15
李家胡同*	王彦岭	大隅首北李家胡同	1926—1927	16
孟兰学馆	李孟兰	现工农新村	1927—1929	14
曹家学馆	曹永俊	西门里路北	1928—1929	13

① 《北宁铁路沿线经济调查报告》，第 602 页。

② 明港镇志编纂委员会编纂《明港镇志》，中州古籍出版社，2010，第 5 页。

③ 《明港镇志》，第 401、407 页。

④ 《陇海全线调查》（1932 年份），殷梦霞、李强选编《民国铁路沿线经济调查报告汇编》第 7 册，第 136 页。

⑤ 商丘市志编纂委员会编《商丘市志》，三联书店，1994，第 453 页。

续表

学馆名称	塾师	地址	时间	学生数
石家学馆	石作利	西门里路南	1928—1929	15
李家巷学馆	南景尧	老北门李家巷	1928—1937	17
同善学馆	李同善	西北隅李兆吉家	1929—1933	9
付家学馆	付亭英	西北隅	1933—1934	9
景山学馆	周景山	大隅首北	1934—1935	10
火神庙学馆	孟光宵	火神庙	1935—1937	13
连登学馆	荣连登	西北隅	1936—1937	8

注：＊疑有误。

资料来源：《商丘市志》，第455页。

上述集镇中的大多数店铺较多，且有人口数千至数万人。与之相比，崮山、千秋镇、英豪镇等除设有集市，有一些铺户外，与普通村庄无异。新式教育起步较晚，规模较小。其中，崮山在长清县城东35里，道光年间已设有集市，[①] 1918年前有人口200户，1000人；1933年前以农历三、八日为集期，商铺仅有杂货铺数家；1923年创办县立崮山完全小学，设有高级、初级各1班，学生40人；1924—1926年，学生数分别增至41人、42人和44人；1929年有教员3人，设有高级班2班，初级班1班学生80人；1933年有学生70人。[②] 千秋镇属渑池县，在陇海路义马站西北4里，1933年前逢农历二、四、六日集市，属于“略有市集”的小集镇，1928年时设立县立第二小校。[③] 英豪镇亦属渑池县，在英豪站西3里，1933年前逢农历三、六、九日集市，交易以杂粮为大宗，有铺户20余家，居民400余家，也是“略有市集”的小集镇，1928年设立县立第三小校。[④]

正如本书绪论所指出，铁路的影响一般情况下可以达到线路两旁数

① 道光《长清县志》，台北，成文出版社，1976年影印本，第333页。

② 『支那省別全志　第4巻（山東省）』、241頁；《胶济铁路沿线经济调查报告》分编六长清县，第7页；民国《长清县志》，第867—868页。

③ 《陇海全线调查》（1932年份），殷梦霞、李强选编《民国铁路沿线经济调查报告汇编》第7册，第284、391页；民国《渑池县志》卷7《教育》，中国国家数字图书馆数字方志库，第21页b。

④ 《陇海全线调查》（1932年份），殷梦霞、李强选编《民国铁路沿线经济调查报告汇编》第7册，第284、391页；民国《渑池县志》卷7《教育》，第21页b。

十至100公里。在此空间范围内的集镇，即便未设立车站，亦多能通过陆路、水路等与铁路车站（或设站集镇）保持交通上和经济上的联系，成为“临近铁路车站的集镇”。下文将以位于冀鲁豫三省不同铁路沿线的滦县、定县、德县、高密、安阳、新安等6县所属集镇为例，对此类集镇的教育进行考察。

滦县位于河北省东北部，京奉铁路由西北向东南斜贯全境，1937年前设有唐山、开平、洼里、古冶、卑家店、雷庄、坨子头、滦县等8个车站。除唐山、开平、古冶等设站集镇外，其余榛子、稻地等集镇也或多或少地与铁路车站有交通上和经济上的联系，如古冶站附近“村镇甚多，赵各庄、林西、唐家庄、榛子镇、石佛庄、茨榆坨等，乃距站十数里以内较大之村镇，站外交通颇便，有大车骡马可资代步”[①]；雷庄站“附近村镇有石佛口、糯米庄、安各庄、九百户、沙河驿等，距站约在五里至三十里之间，交通方法除步行外，仅有驴脚”[②]；滦县站“附近主要镇县有六……一曰倴城，距站约六十华里，交通除大车，轿车外，尚有汽车”[③]；洼里站“东距古冶二十里，西距开平十八里，北距榛子镇三十里，雇用骡车，每日约需两元之谱”[④]。此外，丰润县属胥各庄站，“距稻地、宣庄等镇均十二里”[⑤]。因此滦县所属各镇均应为临近铁路车站的集镇。1937年前，除唐山、开平、古冶等设站集镇外，另有8个集镇均为工商业型集镇，分别设有公立（县立、区立）小学。

表5－6　1937年前滦县公立学校基本情况

学校名称	地址	设立年月	教员人数	学生人数	常年经费（元）
马城小学	马城北街	1912年2月	7	170	3865
倴城小学	倴城南门外	1913年8月	7	142	2887
胡各庄小学	胡各庄中街	1912年2月	7	171	3314

① 《北宁铁路沿线经济调查报告》，第1227页。
② 《北宁铁路沿线经济调查报告》，第1232—1233页。
③ 《北宁铁路沿线经济调查报告》，第1239页。
④ 《京奉铁路旅行指南》，第124页
⑤ 《京奉铁路旅行指南》，第116页。

续表

学校名称	地址	设立年月	教员人数	学生人数	常年经费（元）
曾家湾小学	曾家湾街中	1934 年 10 月	4	122	1624
司集庄小学		1931 年 8 月	4	110	1447
榛子镇小学	榛子镇东街	1928 年 7 月	6	155	2400
柏各镇小学	柏各镇街中三清观	1929 年 7 月	5	163	988
稻地小学	稻地西关	1917 年 6 月	4	135	2278

资料来源：《教育》，民国《滦县志》卷 8，第 24 页 a—25 页 b。

定县位于河北省西南部，有京汉路清风店、定县、寨西店 3 个车站，输出品以土布为大宗，土布生产遍布定县六区。1936 年前，每区织布家数占全区家数少者约有 8.58%，多者达 41.10%，平均约为 20.22%。[①]各区所产土布中，有相当一部分由火车运销各地，“自宣统元年京张铁路完成后，一方面因定县输出西北，尤其是张家口的土布可由火车运输，非常便利；一方面因为那几年口外的年景很好，庄稼丰收，人民经济敷余，所以逐年输出的土布匹数骤增。民国 4 年定县输出的土布达到最高记录，这或是因为京张铁路于民国 3 年展修至绥远的缘故”[②]。因此，除设有车站的清风店外，作为土布、棉花、粮食交易中心的砖路、东亭、李亲顾等，亦在交通上和经济上与铁路车站（或设站集镇）有不同程度的联系。1933 年前后，定县 10 个集镇中，设有车站的清风店有民立高等小学、国民学校男校和国民学校女校共 6 所，临近车站的东亭、砖路、子位村、李亲顾、明月店等 5 个集镇有民立高等小学、国民学校男校、国民学校女校各 1 所，高蓬、邢邑、大辛庄、市庄有国民学校男校、国民学校女校各 1 所。

表 5－7　1933 年前后定县 10 个集镇所设学校情况

镇名	民立高等小学	国民学校男校	国民学校女校	合计
清风店	2	3	1	6
东亭	1	1	1	3
砖路	1	1	1	3

① 张世文：《定县农村工业调查》，中华平民教育促进会，1936，第 83 页。

② 张世文：《定县农村工业调查》，第 118 页。

续表

镇名	民立高等小学	国民学校男校	国民学校女校	合计
子位村	1	1	1	3
李亲顾	1	1	1	3
明月店	1	1	1	3
高蓬	—	1	1	2
邢邑	—	1	1	2
大辛庄	—	1	1	2
市庄	—	1	1	2

资料来源：民国《定县志》，第205—219页。

德县位于山东省西北部，有津浦铁路黄河涯、德县、桑园三站。其中，德县站为“津浦铁路入境之大站。县北之桑园，亦为界上之大站，上下客货为最多”①。桑园站“西至景县二十五里……东南至杨家寺二十五里，岔河四十里，边连［临］镇六十里，西南至第六屯十五里，小刘镇十八里，刘智庙三十五里”，“代步骡马车”②。黄河涯“原系黄河旧道，今津浦路已设车站，临县客多由此上下”③。因此，德县境内未设铁路车站的集镇，亦多处于铁路运输影响之下。1935年前后，该县15个集镇中，设有车站的桑园镇有县立小学1所，村立小学2所；黄河涯有县立小学1所。临近车站的土桥、王蛮店二镇各有县立小学1所，甜水铺有村立小学2所；二十里铺、抬头寺、刘家集、边临镇、杨家集、李家集6镇各有村立小学1所；刘智庙、岳高铺、张家集、新安镇4镇未设立学校。

表5-8　1935年前后德县15个集镇学校设置状况

镇名	县立小学		村立学校		合计	
	学校数	学生数	学校数	学生数	学校数	学生数
桑园	1	高级、初级各两班	2	48	3	—

① 林传甲：《大中华山东省地理志》，第240页。
② 津浦铁路管理委员会总务处编查课：《津浦铁路旅行指南》，1933，第190—191页。
③ 林传甲：《大中华山东省地理志》，第240页。

续表

镇名	县立小学		村立学校		合计	
	学校数	学生数	学校数	学生数	学校数	学生数
黄河涯	1	高级、初级各 1 班	—	—	—	—
土桥	1	高级、初级各 2 班	—	—	—	—
刘智庙	—	—	—	—	—	—
二十里铺	—	—	1	33	1	33
甜水铺	—	—	2	81	2	81
抬头寺	—	—	1	78	1	78
刘家集			1	30	1	30
岳高铺	—	—	—	—	—	—
王蛮店	1	高级 1 班、初级 2 班	—	—	—	—
张家集	—	—	—	—	—	—
边临镇	—	—	1	44	1	44
新安镇	—	—	—	—	—	—
杨家集	—	—	1	56	1	56
李家集	—	—	1	28	1	28

注：甜水铺学校数和学生数为“甜水铺”和“甜水铺南街”合计数。

资料来源：民国《德县志》，第 185—206 页。

高密位于山东东部，有胶济铁路芝兰庄、姚哥庄、高密、康家庄、蔡家庄 5 站。由于“本县货物，及诸城平度等县之货物，经由本县从本路运输者，年约四五十万担。在本路所经东部各县中，亦称重要之货运资源地。……交通工具，在铁路及各村镇间，往返搬运者，以单轮小车，为最普遍”[①]，因此，除蔡家庄外，县属夏庄、双羊店、井沟、拒城河、呼家庄、河坝、注沟等 7 镇均应为临近车站的集镇。其中，河坝设有县立小学 2 所，夏庄、双羊店、拒城河各有区立小学 1 所。呼家庄、井沟、注沟未设立学校。

① 《胶济铁路沿线经济调查报告》分编三高密县，第 11 页。

表 5－9 1935 年前后高密县所属集镇学校设置情况

镇别	学校名称	成立时间	1934 以前年毕业人数	1935 年肄业人数	教职员数	每年经费数额
河坝	县立河坝小学	1915 年	高级 15 级，初级 26 级	高级生 36 人，初级生 93 人	6	1284 元
	县立初级小学	1905 年	—	—	—	—
夏庄	区立小学	—	—	—	—	—
双羊（店）镇	区立小学	—	—	—	—	—
拒城河	区立小学	—	—	—	—	—
蔡家庄	私立明德小学校	—		初级 60 余人	2	—

资料来源：民国《高密县志》，第 424—436 页。

安阳位于河南北部，有京汉铁路安阳、丰乐镇、宝莲寺、观台等站。铁路开通前，安阳西北及西南所产棉花，“多半由小车、马车运销卫辉杯庆一带，远及黄河以南，直达开封、许昌等处”。京汉铁路通车后，安阳原有的南下陆路“虽为旱程赴汴之冲途，其实贸易来往不甚发达，盖大宗运输，咸萃于平汉铁道故也”。北上官道“自火车通行后，多数客货虽归铁道运输，而商民之跋涉负载者，仍来往如织焉”[①]。随着京汉铁路通车及天津、石家庄、郑州、青岛、汉口等地纱厂纷纷设立，安阳本地、汤阴、武安、临漳、内潢、林县，河北磁县等地棉花大多先集中安阳，再由大车或火车运销天津、石家庄、青岛、济南、郑州、汉口，上海等地。“已非往昔之局促于本省者可比。”[②] 因此，安阳县属集镇亦多与临近的铁路车站有交通上和经济上的联系。1933 年前后，安阳县属各镇设有区立小学、学区小学、私立小学、完全小学等多种小学。在完全小学中，设站的观台（六河沟）有 2 所，未设站的水冶镇有 3 所，永和集、大寒、瓦店、崔家桥集、回隆、曲沟、东夏寒、科泉、伦掌、洪河屯等

① 民国《续安阳县志》，第 1300、1320 页。

② 民国《续安阳县志》，第 1320 页；河南农工银行经济调查室编印《河南之棉花》，1941，第 44—45 页；《安阳之棉花》，《河南政治月刊》第 3 卷第 9 期，1933 年 10 月，第 3 页。

10 镇各有 1 所。

表 5-10　1933 年前后安阳县属各镇完全小学基本情况

学校名称	校址	教职员数（人）	学生数（人）	常年经费（元）
第二区区立永和小学校	永和集	5	127	1220
第二区四分区小学校	大寒镇	5	132	1150
第二区广润小学校	瓦店镇	3	96	350
第三区中心小学校	崔家桥集	8	155	3220
大安临内四县公立小学校	回隆镇	5	105	1200
第五区区立小学校	曲沟镇	5	164	1040
第五区区立小学校	东夏寒镇	6	145	1140
第六区区立女子小学校	水冶镇东北门内	4	50	580
水冶镇公立小学校	水冶镇北关	7	136	1800
水冶镇平明小学校	水冶镇东门内	6	190	2062
水冶镇义务小学校	水冶镇南门内	4	86	800
第七区区立小学校	科泉镇	4	101	1200
第八区第一职业小学校	伦掌镇	8	189	1792
六河沟矿立小学校	六河沟	12	280	10500
第八区一分区小学校	观台镇	9	190	2800
第十区区立小学校	洪河屯	6	138	1175

资料来源：民国《续安阳县志》，第 1356—1359 页。

新安位于河南西部，有陇海路新安、慈涧、铁门 3 站。该县集镇在铁路开通前“旧慈涧、铁门、北冶、狂口四镇为较优市集”。陇海铁路开通后，“行旅不停，慈涧、铁门日见冷落，船泊减少，北冶、狂口益形萧条。其他小集益不足道”①。因此，新安县属各集镇亦不同程度地受到了铁路运输的影响，应属临近铁路车站的集镇。1934 年前后，该县 14 个集镇中，设有车站的铁门和慈涧各有 1 所完全小学，未设车站的石井街、五头、挽澜、兴隆、白墙街 5 镇各设有 1 所完全小学，曹村镇设有 2 所初级小校，北冶、西沃、孤灯 3 镇各设有 1 所初级小校。其余孝水、庙

① 民国《新安县志》，台北，成文出版社，1975 年影印本，第 510 页。

头、高平寨 3 镇未设立学校。

表 5－11　1934 年前后新安县所属集镇小学设置情况

校别	校址	成立年月	教职员人数	班次	现年学生人数
县立第三完全小学	第五区铁门镇	1922 年	9	6	235
县立第四完全小学	第四区石井街	1922 年	5	4	143
县立第六完全小学	第二区五头镇	1928 年	5	3	123
县立第七完全小学	第三区挽澜镇	1928 年	8	5	195
县立第八完全小学	第二区慈涧镇	1933 年 6 月	8	4	191
县立第十一完全小学	第四区兴隆镇	1932 年	7	6	161
县立第十二完全小学	第一区白墙街	1932 年	5	3	108
北冶初级小校	—	1928 年	—	3	—
西沃初级小校	—	1919 年	—	1	—
上曹村初级小校	曹村镇	1915 年	—	1	—
下曹村初级小校		1932 年	—	1	—
孤灯初级小校	—	1927 年	—	1	—

资料来源：民国《新安县志》，第 557—571 页。

总之，在 1937 年前的华北铁路沿线集镇中，无论是设站集镇，还是临近铁路车站的集镇，除少数集镇的学校成立于清末外，有相当一部分集镇的学校成立于 1920 年以后，甚至 1930 年以后；除周村、杨柳青、漯河等少数集镇设有专业学校或中学外，仅有少数集镇设有数所完全小学和初级小学，其余多数集镇仅设有初级小学，有教职员数人，学生数十人或百余人。在驻马店、朱集镇等集镇，私塾仍占有重要地位；坨里（滦县）、栗园（滦县）、刘智庙、孝水、庙头、高平寨等集镇则尚未设立学校。这表明，一方面，华北铁路沿线工商业型集镇的教育在总体上逊色于交通枢纽型集镇和工矿业型集镇，仅处于起步阶段；另一方面，华北铁路沿线工商业型集镇教育的“差异化发展”态势更加明显。

四　小结

在铁路开通以后的华北城镇化进程中，尤其是集镇兴衰变动中，“差异化发展”的现象十分突出。唐山、石家庄等村庄在铁路开通后借助资源开发和便利的交通条件，迅速崛起为新兴工矿业中心或工商业中心；驻马店、周村、泊头等传统名镇在铁路开通后虽然境遇有所不同，但近代工业均有一定发展，人口也有所增加；为数众多的中小集镇虽然也有所发展，但与前几类集镇相比，速度较为缓慢，尤其是近代工业发展十分滞后。这种“差异化发展”对其教育发展有显而易见的影响。

这一时期华北铁路沿线集镇教育的“差异化发展”不仅体现在学校层次和类别上，而且表现在学校规模和创办时间等方面，铁路则成为一个重要的影响因素。铁路对沿线集镇铁路职工教育和铁路员工子弟教育的影响自不待言。开滦煤矿、六河沟煤矿、中兴煤矿等大型工矿企业因其发展与铁路关系密切，所以所办各类学校亦受到铁路的间接影响。其他设站集镇和临近铁路车站的集镇的教育发展，多以工商业兴盛为重要条件，而其工商业发展又受到铁路或多或少的影响，因此其教育发展也应受到铁路不同程度的影响。

铁路影响下的集镇“差异化发展”对铁路沿线地区集镇教育发展、铁路沿线地区城镇化进程，以及华北区域社会变迁和铁路事业发展等产生十分重要的影响。就此而言，铁路沿线集镇教育的发展能够从一定程度上体现出铁路与华北区域社会变迁及城镇化进程之间的密切关系。只是铁路运输、集镇教育发展与区域社会变迁及城镇化之间更多地表现为间接的关系，远不如社会经济发展与二者之间的关系那样直接。

由于集镇教育是集镇文化的一个重要组成部分，因此，集镇教育尤其是新式教育的发展，便能够从一个方面反映出华北铁路沿线集镇文化由传统向近代的转型及其“差异化发展”。

第六章　铁路沿线集镇的制度变迁

——以管理体制为例

作为制度化安排，管理体制在集镇发展中占有重要的一席之地。清末以前建立起来的集镇管理体制和清末以来公布的关于警政、商会和自治的各项法规，是影响华北铁路沿线集镇管理体制变迁的两大制度性因素。这些制度性因素与晚清以来通商口岸的开辟、铁路建设的开展、近代工商业的发展、清末新政的推行等诸多因素的相互作用和交织影响，促使华北铁路沿线集镇管理体制在变迁中分化为不同的模式，[①] 进而成为铁路沿线集镇"差异化发展"的一项重要内容。鉴于以往研究中关于集镇管理体制的部分相对薄弱，本章将以警政、商会、自治机关为中心，通过对影响集镇管理体制变迁的制度性因素、交通运输枢纽型集镇管理体制变迁、工矿业型集镇管理体制变动和工商业型集镇管理体制变化等多项内容的考察，总结其共性，以进一步从制度变迁的角度展现华北铁路沿线集镇的"差异化发展"。

一　影响集镇管理体制变迁的制度性因素

所谓管理体制，是指规定中央、地方、部门、企业等各自的管理范围、权限职责、利益及相互关系的准则，核心是管理机构的设置、职权分配以及各机构间的相互协调。所谓集镇管理体制，主要是指各类管理机构在集镇的设置、职权分配及相互关系。清末以前，随着周家口、周村、清化、泊头、道口等集镇的形成和发展，华北集镇逐渐建立起与江

---

① 费孝通曾指出："模式这个概念是从发展方式上说的。因为各地所具备的地理、历史、社会、文化等条件不同，所以在向现代经济发展过程中采取了不同的路子，这是可以在实际中看到的。不同的发展路子，就是我所提出的不同发展模式。"本章所谓的模式，是指集镇管理体制在变迁过程中所形成的不同发展路子。费氏观点参见费孝通《农村、小城镇、区域发展——我的社区研究历程的再回顾》，《费孝通文集》第13卷，第204页。

南等地市镇管理体制相似的，以防卫系统、税收系统和民间社会组织为构成要素的管理体制。[①] 这些既有的管理体制成为影响铁路开通后华北集镇管理体制变迁的一个重要的制度性因素。

在清末以前的华北集镇管理体制构成要素中，驻官主要包括府的同知、通判，直隶州的州同、州判，县的县丞、主簿，巡检，驿丞，以及绿营军基层单位“汛”的官员，如千总、把总、外委等。其中，府同知为正五品官，通判为正六品官，“分掌粮盐督捕，江海防务，河工水利，清军理事，抚绥民夷诸要职”；州同为从六品官，州判为从七品官，“分掌粮务、水利、防海、管河诸职”[②]。由于品级较高，同知、通判、州同、州判等官仅驻于少数规模较大、地位较为重要的集镇。如直隶省永年县临洺关因地处南北冲要，“有通判分司署”，“国朝初设巡司，后改通判”，“今移设同知、千总驻此”。“河务同知署在府城西四十五里临洺关，道光二十二年，本旧通判署改建，同治九年，同知林世俊捐廉购地，于旧址之南创建新署，即今地。”[③] 武清县河西务“为商民攒聚，舟航辐辏之地”[④]，“在运河西，京东第一镇也，为管河同知、主簿、巡检治，又，参将、守备、千总驻焉”[⑤]。山东省寿张、阳谷等县分辖的张秋镇“枕寿张阳谷之境，三县之民，五方之商贾，辐辏并至，列肆河上”[⑥]，“乾隆二十二年，通判移驻张秋镇”[⑦]。以《宣统三年冬季职官录》[⑧] 为基础，结合地方志等所做统计表明，清末以前，直隶、山东、河南三省

① 关于江南等地市镇管理体制的研究，可参见张研《清代市镇管理初探》，《清史研究》1999年第1期，第39—52页；张海英：《明清江南市镇的行政管理》，《学术月刊》2008年第7期，第130—139页；任放：《明清长江中游市镇的管理机制》，《中国历史地理论丛》2003年第1辑，第8—20页；史革新主编《中国社会通史》晚清卷，山西教育出版社，1996，第148—149页。

② 赵尔巽等撰《清史稿》第12册，中华书局，1976，第3356—3357页。

③ 光绪《广平府志》，《中国地方志集成·河北府县志辑》第55册，第275、356页。

④ 顾祖禹：《读史方舆纪要》卷11，《续修四库全书》(0599史部地理类)，第328页。

⑤ 光绪《顺天府志》卷28，《中国地方志集成·北京府县志辑》第1册，上海书店出版社，2002年影印本，第473页。

⑥ 道光《东阿县志》卷2《方域》，《中国地方志集成·山东府县志辑》第92册，第33页。

⑦ 乾隆《兖州府志》卷4《建置志》，《中国地方志集成·山东府县志辑》第71册，第103页。

⑧《宣统三年冬季职官录》，沈云龙主编《近代中国史料丛刊》第1编第29辑，台北，文海出版社，1968年影印本，第617—683、761—808、849—888页。

驻有同知、通判、州同、州判等官的重要集镇至少有 20 个。

县丞为正八品官，主簿为正九品官，“分掌粮马、征税、户籍、缉捕诸职”[①]，主要驻在各县重要集镇。以《宣统三年冬季职官录》为基础，结合地方志等所做统计表明，清末以前，直隶、山东、河南三省驻有县丞和主簿的集镇至少有 30 个。

巡检司巡检为从九品，“掌捕盗贼，诘奸宄。凡州县关津险要则置。隶州厅者，专司河防”[②]。由于华北地区“州县关津险要”之地较多，设有巡检的集镇数量也较多。据胡恒统计，嘉庆年间，直隶省共设巡检司 51 处，宣统年间增至 61 处；山东省嘉庆年间共设巡检司 29 处，宣统年间减少到 27 处；河南省嘉庆年间共设巡检司 19 处，宣统年间减少到 18 处。[③] 到宣统年间，直隶、山东、河南三省仍有巡检司 100 多处，其中相当一部分设于集镇之中。仍以《宣统三年冬季职官录》为基础，结合地方志等所做统计，可知当时直隶省设有巡检的集镇约有 30 个，山东、河南两省各有 10 余个。

驿丞为“未入流”的官，“掌邮传迎送。凡舟车马夫，廪糗庖馔，视使客品秩为差，支直于府、州、县，籍其出入”[④]。依据《宣统三年冬季职官录》所做的统计表明，直隶、山东、河南三省设有驿丞（含驿丞管巡检事）的集镇有 10 个左右。

同一时期，直隶、山东、河南等省有不少集镇驻有千总、把总、外委等官员。如前述临洺关、河西务等镇均有千总等官。又如直隶滦州“千总一员驻州城；把总三员，分驻开平、榛子镇、刘家河；经制外委三员，分驻州城、稻地镇、刘家河；额外外委一员，驻古冶”[⑤]。山东省长清县“外委把总署在张夏镇”[⑥]。河南省光州“光绪九年七月内为遵旨议奏添设黎家集守备一员，把总一员，武庙集千总一员”[⑦]。

税收系统是传统集镇管理体制的又一个重要组成部分。关于江南、

① 赵尔巽等撰《清史稿》第 12 册，第 3357 页。

② 赵尔巽等撰《清史稿》第 12 册，第 3359 页。

③ 胡恒：《清代巡检司地理研究》，硕士学位论文，中国人民大学，2008，第 25 页。

④ 赵尔巽等撰《清史稿》第 12 册，第 3359 页。

⑤ 光绪《滦州志》，第 57 页。

⑥ 道光《长清县志》，第 287 页。

⑦ 光绪《光州志》卷 2《兵制志》，中国国家数字图书馆数字方志库，第 63 页 b。

长江中游市镇管理的研究表明，部分市镇曾设有税课局、税关等税收机构。华北地区的河西务、小滩等集镇在明代亦设有类似机构，但到清末时多已裁撤，因此在集镇行使税收职能的主要是牙行和牙商。具体情形可分为两类：一是较大集镇设立牙行或由牙商负责征税。如1875年前后永清县后奕镇设经纪斗行1人；李家口设经纪斗行1人，芝麻行1人，猪行1人；韩村镇设经纪斗行2人，驴行1人，木行1人，猪行1人，芝麻行1人；信安镇设经纪斗行3人，驴行1人；北大王庄设经纪斗行2人，芝麻行1人；别古庄设经纪斗行2人；埝上城设经纪斗行1人；大刘家庄设经纪斗行1人。[①] 1883年前后通州张湾设斗行1名，房行1名，车行1名，扛脚行1名；宏仁桥设斗行1名；西仪集设斗行1名；漷邑集设斗行1名；永乐集设斗行4名，驴行1名；靛庄集设羊行1名。[②] 光绪年间，山东惠民县16个集镇中，省屯镇、青阳店、于家寨、淄角镇、李家庄、胡家集、永利镇等7个领有司帖。[③] 二是较小集市不设牙行或不领司帖。如光绪年间，山东惠民县16个集镇中，有9个不领司帖。

在清末以前的华北地区，除乡约、保甲等组织外，会馆、船会等行业组织，留养局等慈善救济组织，水局等消防组织，以及其他基层社会组织，也在集镇管理中发挥着重要作用。在行业组织方面，河南省周口镇山陕会馆创立于康熙年间，“原所以齐人心而便商旅。……联秦晋为一家，结恩谊于异域，甚盛举也”[④]。赊旗镇山陕会馆创立于清乾隆年间，为山陕商人“藉以叙乡谊、通商情、安旅故”[⑤] 之所。直隶省静海县独流镇清代创立有船会，“按片划分为南街和北街两个船会，每个船会都有会长”[⑥]。在慈善救济组织方面，光绪年间直隶省各县普遍设有留养局。“设局之意，本为留养外来贫病流民，后改为冬令散放钱文。……拟将此

① 光绪《续永清县志》卷2《舆地图》，《中国地方志集成·河北府县志辑》第27册，第405—413页。

② 光绪《通州志》卷4《赋役》，第56b—57a页。

③ 光绪《惠民县志》卷5《乡镇》，《中国地方志集成·山东府县志辑》第22册，第307页。

④ 《光绪三年〈山陕会馆碑记〉》，许檀编《清代河南、山东等省商人会馆碑刻资料选辑》，天津古籍出版社，2013，第100页。

⑤ 《民国十二年〈重兴山陕会馆碑记〉》，许檀编《清代河南、山东等省商人会馆碑刻资料选辑》，第129页。

⑥ 《独流镇志》，第177页。

项作为每岁冬令散于贫民之用。”[①] 据光绪《畿辅通志》所做统计表明，当时直隶全省有108个县的300多个集镇设有留养局。在消防组织方面，较有代表性的是天津县杨柳青的水局。“水局为民间兴办的一种社会消防组织，起初称‘支更水会’，后不断增添器材设备，修建房屋，定名为‘水局’。杨柳青镇第一个水局称‘天安水局’，至光绪末年，共建水局18家。”[②]

在清末以前的华北集镇管理体制的构成要素中，无论是同知、县丞、主簿等驻官，还是牙人、牙商、会馆、留养局等，均具有比较浓厚的传统色彩。而清末以来颁布的警政、商会和自治等法规，则为以警政机构、商会、乡镇自治机关为中心的集镇管理体制的变迁提供了重要的法律依据，成为影响铁路沿线管理体制变迁的又一重要的制度性因素。

在关于警政、商会和自治等各项法规中，警政法规颁行最早。1902年，袁世凯在保定设立警务总局，在天津设立保甲巡警各局。其中天津南段巡警总局下设四乡警察科，大沽海防巡警局下辖大沽、北塘、塘沽、歧口四个巡警分署。[③] 1905年拟定的《天津四乡巡警现行章程》规定天津四乡按东西南北分为四路，每路设一局，其中东局划分为三区，西局、南局、北局各划分为两区；海河一带分为四段，每段设一局，第一局划分为一区，第二局划分为三区，第三局划分为两区，小站改为第四局，共计8局15区，每局约万户，每区约3000户；巡警由各村董在本村挑选，负有查户口、重巡逻、慎访查、防灾害、维风化、联绅董等职责，“凡有妨害治安干犯违警者，警官可以讯办，即行政警察应有之权，如命、盗、户、婚、田土案情重大者，仍归地方官管理。本属地方官固有之权，如事出仓卒，迫不及待时，若捕凶拿贼搜赃检证之类，警官亦应力任其责，以补助地方官之不及”。巡警由巡官、巡弁、巡长、巡兵等组成。[④] 此后，直隶各县亦仿照制定了类似的章程，如《赵州四乡巡警办法》规定：“四乡设立东西南北四局，每局兼管两区，贤门楼巡警东局，

① 光绪《永年县志》，台北，成文出版社，1969年影印本，第112—113页。

② 《杨柳青镇志》，第15页。

③ 天津市河东区地方志编修委员会编著《河东区志》，天津社会科学院出版社，2001，第643页；天津市塘沽区地方志编修委员会编著《塘沽区志》，天津社会科学院出版社，1996，第609页。

④ 天津图书馆、天津社会科学院历史研究所编《袁世凯奏议》，天津古籍出版社，1987，第1172—1176页。

新寨店巡警西局，沙河店巡警南局，中帐村巡警北局，其各区警务公所应称为某一区巡警分局，某三区巡警分局”；“东西南北四局区长各管一乡巡警事宜，各区分局区长专管一区巡警事宜，凡巡逻、训练、清查户口等事，各归各区区长派办，应先商明局长，议定划一办法”[①]。民国成立以后，北洋政府内务部于1914年颁布了多部与警政相关的法规，其中与集镇相关的条款有：“地方警察厅设于省会或商埠地方，管理省会或商埠之警察卫生消防事项”；“县域内之繁盛地方得设警察分所”，“警察分所置分所长一人，以警佐充之，承所长之命管理警察事务”；“县佐以设于该县辖境内之要津地方为限……县佐驻在地方之警察，由该县佐承县知事之命就近指挥监督之”[②] 等。1928年10月，南京国民政府颁布的《各级公安局编制大纲》中与集镇警政相关的条款有：“公安局就其管辖境内得依自治区划分为若干区，每区设公安分局一所。”“公安分局得因必要情形于其管辖区内分设警察分驻所。”各省会、特别市、市县政府所在地及其他工商业繁盛地方“采守望并巡逻制。关于守望之岗位，巡逻之分区等事项，由公安局因地方必要情形核定之”。“公安局得因必要情形设警察派出所辅助公安分局或警察分驻所办理警察事务。”[③] 与之相应，河北省制定的《河北省各县公安局组织暂行条例》规定，县公安局分设一课至三课不等，主要职责为征收捐税、会计、取缔集会结社及出版物、户籍、消防、交通、卫生、风化、审理违警、取缔妨碍公安、侦察、逮捕、管理拘留所等。“各县得因必要情形于其繁盛之乡镇得设公安分局或分驻所、派出所。”[④] 同时，河北省还针对唐山、石家庄等地的特殊情形制定了关于省辖公安局（后称特种公安局）的组织章程。其中《河北省政府直辖公安局组织暂行条例》规定：“直辖公安局指石门唐山临榆大沽等处以旧警察厅局范围为管辖区域。”“直辖公安局之辖

---

① 甘厚慈辑《北洋公牍类纂》（二），台北，文海出版社，1966年影印本，第680页。

② 《地方警察厅官制》（1914年8月29日）、《县警察所官制》（1914年8月29日）、《县佐官制》（1914年8月8日），商务印书馆编译所：《民国十三年编订法令大全》，商务印书馆，1924，第112、114页。

③ 徐百齐编《中华民国法规大全》第1册，商务印书馆，1936，第828页。

④ 《河北省各县公安局组织暂行条例》（1928年8月7日），《河北民政汇刊》第1期，1928年12月，第2页。

境应分区设置公安分局或分驻所、派出所。”其下设四科，职责与各县公安局相比，增加了警卫营业及建筑、道路沟渠清洁、防疫、医术化验等。[①]《修正河北省特种公安局组织章程》（1934年）规定山海关、唐山、塘大、保定、石门各公安局为特种公安局，直隶于民政厅。其他关于其四科职责及公安分局、分驻所、派出所设置方面的规定，亦较《河北省政府直辖公安局组织暂行条例》更加具体。[②]

继警政之后，清政府于1904年颁布了《奏定商会简明章程》，并推行于全国。此后，北洋政府和南京国民政府又陆续颁布了《商会法》、《商会法施行细则》等法规，从中大致可以看出关于这一时期商会组织系统、会员构成、职员组成、商会职责的制度规定。其中商会组织系统先由清末的商务总会、商务分会两级演变为民国3年（1914）的省商会联合会、商会、商会分事务所三级，再于民国4年（1915）变为全国商会联合会、总商会、商会、商会分事务所四级，1929年又变为全国商会联合会、全省商会联合会、商会、商会分事务所四级。会员由职员代表一种演变为公会会员和店员会员两种；职员组成先由总理、会董演变为会长、副会长、会董、特别会董，再演变为主席、常务委员、执行委员和监察委员。职责由保商、振商扩展到筹议工商业之改良及发展事项、关于工商业之征询及通报事项等9项。[③] 在做出一般性规定的同时，上述章程和《商会法》、《商会法施行细则》也针对各地实际情况，特别是集镇工商业发展状况做了一些特殊规定。如《奏定商会简明章程》规定："商会既就地分设，各处商情不同，各商会总理应就地与各会董议订便宜

---

① 《河北省政府直辖公安局组织暂行条例》（1928年11月23日），《河北民政汇刊》第3期，1929年4月，第16—18页。

② 《民国河北通志稿》，第2913—2915页。

③ 《奏定商会简明章程》，《东方杂志》第1卷第1期，1904年，第4—11页；《商会法》（民国三年）、《商会法施行细则》、《商会法》（民国四年），赵宁渌主编《中华民国商业档案资料汇编》第1卷（1912—1928），第38—52页；《商会法》、《工商同业公会法》、《商会法施行细则》、《工商同业公会法施行细则》，工商部工商访问局编印《商会法工商同业公会法诠释》，1930，第79—98页。洪振强认为清末商会组织系统分为商务总会、分会、商务分所，但查《奏定简明商会章程》和《商会章程附则六条》似乎并没有商务分所之设置。另1929年《商会法》虽未将总商会列为一级商会组织，但其事实上仍存在。

章程，禀呈本部（商部）核夺。”《商会章程附则六条》[①] 一方面规定一个州县只准设立一处分会，另一方面也允许变通，“往往一州县中，商务繁盛之区不止一处，彼此相同，无可轩轾，自应量予变通，两处准设立分会。惟须实系水陆通衢，为轮船铁路所经，商贾辐辏之处，方得援照办理”。1914 年《商会法施行细则》规定：“如一县原有数商会者，应由该管地方长官查明区域内商务最繁之地设立商会，其余体察情形，或裁撤或改为该县商会分事务所，商由该商会组织之。”“如地方较为繁盛，应改为该县商会分事务所，商由该县商会公同协议改组。”1915 年《商会法》规定：“总商会、商会于其区域内，因有特别情形，认为必要时，得设分事务所。”1929 年《商会法》规定：“但繁盛之区镇亦得单独或联合设立商会。”“商会因有特殊情形认为必要时，得经会员会议之议决设置分事务所。”这些规定成为集镇商会制定章程的法律依据。如 1915 年的石家庄商务分会《便宜简章》和 1935 年前后的《石门商会章程》中关于组织系统、会员构成、职员组成、会议、职责的规定，分别与 1915 年《商会法》和 1929 年《商会法》的规定相一致。[②]

自治倡议和试行于 1906—1907 年。在相关章程和法规中，最早公布的是 1907 年的《试办天津县地方自治章程》，但其中并无专门针对集镇的条款。1909 年颁布的《城镇乡地方自治章程》除明确规定“凡府厅州县治城厢地方为城，其余市镇村庄屯集等各地方，人口满五万以上者为镇，人口不满五万者为乡”外，还对自治事宜、自治机构及职权等做了详细规定。[③] 由于人口调查尚有待时日，《直隶自治总局拟定城镇乡地方自治章程施行细则》中又特别规定：“应暂以商务繁盛之处为镇，余则为乡。”[④] 此后公布的《江苏省暂行市乡制》虽然是一部地方性法规，但

---

① 《商埠为上海商会总理曾铸请拟定各地设立商务分会划一办法事札饬津商会并附章则六条》（光绪三十二年三月九日、九月二十九日），《天津商会档案汇编（1903—1911）》，第 58—59 页。

② 《获鹿县石家庄商会拟具便宜简章》（1915 年），河北省档案馆藏档案，档案号：656/1/280；《石门商会章程》，河北省档案馆藏档案，档案号：656/3/1095。

③ 《城镇乡地方自治章程》（1909 年 1 月 18 日），王建学编《近代中国地方自治法重述》，法律出版社，2011，第 31—40 页。

④ 《直隶自治总局拟定城镇乡地方自治章程施行细则》，甘厚慈辑《北洋公牍类纂续编》（一），第 96—97 页。

其中关于市、乡区分，自治事宜，自治机构及职权的规定，与《城镇乡地方自治章程》等基本一致，因此应是清末与民国时期市、乡自治法规中承上启下的一环。1921 年颁布的《市自治制》和《乡自治制》是两部极为重要的法规。前者明确市为自治团体，“以固有之城镇区域为其区域，但人口不满一万者，得依乡自治制办理”；“市为法人，承监督官署之监督，于法令范围内，办理自治各项事务”。[①] 后者规定“乡自治团体，以固有之区域，为其区域”；“乡为法人，承县知事之监督，于法令所定范围内，办理自治各项事务”。[②] 两者关于自治事宜、自治机构及职权等各项规定中，议决市乡公约、市乡内应兴与应革及整理事宜、以市乡经费筹办之自治事务等大体承袭了《城镇乡地方自治章程》，而议决市乡不动产买卖及其他处分，市乡财产营造物、公共设备之经营及处分等则为此前的章程中所无。1921—1927 年，浙江、福建、河南、湖南等省先后公布了省宪法。其中《浙江省宪法》规定：“县治所在地或商工荟萃之区而人口满一万以上者为市，其余为乡。”“市、乡为自治团体，受县之监督。”[③]《浙江省自治法》规定：“县治所在地域或商工荟萃之区，有人口满一万以上者为市，其余为乡或村，均为自治团体。”[④]《湖南省宪法》规定：“省以内之都会商埠人口满二十万以上者为一等市，人口满五万以上不及二十万者为二等市，人口满五千以上不及五万人者为三等市，不及五千人者属于乡。”[⑤]《福建省宪法》规定：“县公署所在地或其他都会，人口满五千以上者为市，其余为乡。但工商荟萃之区，人口不满五千者，亦得为市。”[⑥]《河南省宪法草案》规定：“县治所在地或商工荟萃之区，人口满一万以上者为市，其余为乡。”[⑦] 南京国民政府成立后，于 1928 年宣布停止施行《市自治制》和《乡自治制》等法规，

① 《市自治制》(1921 年 7 月 3 日)，王建学编《近代中国地方自治法重述》，第 115 页。

② 《乡自治制》(1921 年 7 月 3 日)，王建学编《近代中国地方自治法重述》，第 121 页。

③ 《浙江省宪法》(1921 年 9 月 9 日)，王建学编《近代中国地方自治法重述》，第 473—474 页。

④ 《浙江省自治法》(1926 年 1 月 1 日)，王建学编《近代中国地方自治法重述》，第 486 页。

⑤ 《湖南省宪法》(1922 年 1 月 1 日)，王建学编《近代中国地方自治法重述》，第 507 页。

⑥ 《福建省宪法》，王建学编《近代中国地方自治法重述》，第 552 页。

⑦ 《河南省宪法草案》，王建学编《近代中国地方自治法重述》，第 587 页。

相继公布《特别市组织法》、《市组织法》、《县自治法》、《区自治施行法》等一系列自治法令。其中不少条文与集镇自治直接相关。如1928年9月的《县组织法》规定：“凡县内百户以上之乡村地方为村，其不满百户者得联合数村编为一村；百户以上之市镇地方为里，其不满百户者编入村区域；但因地方习惯或受地势限制及其他特殊情形之地方，虽不满百户，亦得成为村里。”[①] 1930年7月公布的修正《县组织法》则规定：“凡县内百户以上之村庄地方为乡，其不满百户者得联合各村庄编为一乡；百户以上之街市地方为镇，其不满百户者编入乡。但因地方习惯或受地势限制及其他特殊情形之地方，虽不满百户，亦得为乡镇。乡镇均不得超过千户。”[②] 1930年修正公布的《区自治施行法》除规定了区自治事宜、机构及职权外，还规定：“区公所应设于区内适中或交通便利地点。”[③]《乡镇自治施行法》也规定：“乡镇各依其原有区域，其联合各村庄或街市编成之乡，以所属村庄或街市原有区域为准”；“乡公所或镇公所，应设于该乡镇适中地点”[④]。

综上所述，在清末以前的华北集镇管理体制中，驻官有同知、通判、州同、州判、县丞、主簿、巡检、驿丞等不同等级的官员，税收体统也有设牙行与否、领司帖与否之别。在清末以后公布的关于警政、商会、自治的法规中，警政机构有特种公安局、公安分局、分驻所（派出所）等级别，商会有总商会、商会、商会分事务所等层级，自治机关则有区公所、镇公所、乡公所之别。这表明，无论是清末以前的华北集镇管理体制，还是清末以后公布的相关法规条文中的警政、商会和自治机关，均具有一定的层级性。以上两大制度性因素所具有的层级性特征，对华北铁路沿线集镇管理体制的“差异化发展”有重要影响。

二　交通运输枢纽型集镇管理体制的变迁

清末以前，泊头、道口等华北交通运输枢纽型集镇的管理体制主要

① 《县组织法》（1928年9月），《中华民国档案史料汇编》第5辑第1编《政治：南京国民政府的建立》，江苏古籍出版社，1994，第88页。

② 《县组织法》（1930年7月），《国民党政治制度档案史料选编》下册，第524—525页。

③ 徐百齐编《中华民国法规大全》第1册，第640页。

④ 徐百齐编《中华民国法规大全》第1册，第641、643页。

由驻官防卫、税收和基层社会组织构成。铁路开通后，随着警政、商会和自治机关等近代化机构和组织的设立，泊头、桑园、台儿庄、会兴镇、张店等传统交通运输枢纽型集镇和石家庄、丰台、秦皇岛等新兴交通运输枢纽型集镇的管理体制均发生了不同程度的变迁。

泊头分属河北省南皮、交河两县管辖，其管理体制的变迁在华北铁路沿线传统集镇中具有一定代表性。自清末至 1937 年前，南皮和交河两县分别在泊头建立了警政机构、商会和自治机关，成为其管理体制的重要组成部分。在警务机构设置上，由交河县于 1905 年在运河以西设立巡警局，后改为分局，有巡官 1 人，1925 年时改设分驻所；由南皮县于 1910 年在运河以东设泊镇区官，1928 年将泊头警务区改为公安分局。1930 年 7 月又划为第三警区。在自治机关设置上，南皮县于 1929 年将全县改划 6 个区，泊头被编为第五区第一乡，同时为第五区区公所驻地，由公安分局兼办所务，1930 年 1 月筹办乡治分区，区公所与公安局分立；运河以西部分于 1928 年成为交河县第二区区公所驻地，区长亦由公安分局长兼任，1930 年设区长 1 人，处理地方行政和自治事项。同时，泊头镇商务分会于 1912 年前设立，1919 年时改为泊头镇商会。①

桑园管理体制在清末至 1937 年前的变迁也体现为警政机构、自治机关和商会等机构和组织的创立和发展。在警政机构方面，1928 年将巡警局改为公安局，“并于南关及柘园镇各设分驻所一处”，其中柘园镇分驻所有一等巡官 1 人，书记 1 人，巡长 2 人，一等警 4 人，二等警 6 人，三等警 18 人，马警 2 人，夫役 3 人。② 自治机关方面，1930 年，时任县长李树德依据国民政府公布的《县组织法》，将区以下街市编为镇，村庄编为乡。桑园被编为第三区第一镇，即柘园镇。③ 同一时期桑园也设立了商会，其任务之一为拨付商务警捐给公安分驻所。“此项系公安局经费之底款……其余三千零九十六元由柘镇商会直接拨充该镇公安分驻所

① 民国《南皮县志》，第 109—116、597—605 页；《泊头市志》，第 48—49、437、494—495 页；《国内商会统计》，赵宁渌主编《中华民国商业档案资料汇编》第 1 卷（1912—1928），第 72 页；《农商部调查票》（1919 年），中国第二历史档案馆藏档案，档案号：1038/1546。

② 民国《德县志》，第 127—128 页。

③ 民国《德县志》，第 58 页。

经费。”[①]

台儿庄在明代已成为峄县要镇，设有巡检司。清康熙年间设峄县县丞署于台儿庄，兼理韩庄至台儿庄段运河漕运和台儿庄地方政务。[②] 清末以后，随着工商业的发展，台儿庄也设立了警政机构、商会和自治机关。其中，商会组建较早，民国初年由袁化鲁任会长，1928 年由袁慕西继任。自治机关次之，1928 年民国政府废社置区，台儿庄成为峄县第五区驻地。[③] 警政机构设立较晚。1937 年 1 月，峄县在台儿庄增设警察分局，有官警 20 人。[④]

会兴镇在铁路开通后，商会、警政机构和自治机关有不同程度的发展。其中，商会在商业兴盛时曾有设置，商会取消后则由盐商组织了一个联合机关，即豫灵公局及盐业公会。[⑤] 警察机构在 1932 年前后称陕县巡警局会兴镇分局，有警佐 1 人，事务员 3 人，警士 28 名，清道夫 4 名。1935 年以后会兴镇警察机构取消。在自治机关方面，会兴镇 1930—1935 年曾为陕县第二区区公所驻地。[⑥]

张店的管理机构和组织中，行政区划在 1912—1927 年沿用了清朝的“约”，1928 年时废“约”，改置区、乡和镇，张店和张店车站均为桓台县第二区下辖的镇。张店镇又辖张店、张辛庄、王辛庄、一里庄和太平庄；张店车站镇辖车站和杏园两个商业区。商会组织创立于 20 世纪 30 年代初，有棉业、炭业、粮食业等同业公会。警察机构在 1937 年前也已设置，称为桓台县公安局张店分局，有警官、警士近 200 人。[⑦]

石家庄管理体制的变迁在清末至 1937 年前经历了四个阶段。1906 年石家庄商务分会成立以前，村正副和公议会拥有处理村中事务的大权。公议会创立于清光绪四年，“村中一切事务由会中邀请众村民议决，由村正副办理。每年正月十一日，众村民齐集公议会，村正副报告村中一年

① 民国《德县志》，第 121 页。
② 《台儿庄区志》，第 366 页。
③ 《台儿庄区志》，第 46、359 页。
④ 《枣庄市志》，第 375 页。
⑤ 《陇海全线调查》（1932 年份），殷梦霞、李强选编《民国铁路沿线经济调查报告汇编》第 7 册，第 302 页。
⑥ 民国《陕县志》，第 225—229 页。
⑦ 《张店区志》，第 32、129、201 页。

出入款项，粘一清单”[①]。其最初目的为“保守禾稼，以靖恶风”[②]，后因成绩突出，“立法甚善”得以相沿至民国时期。

1906年石家庄商务分会成立后，石家庄进入了村中事务与工商事务、治安事务分理时期。其一，商会“会长为商民代表，有统核一切之责；副会长有会同会长核办一切事务之责；会董遇事会议有悉心讨论、各抒所见之责。惟须会长副会长公同议决……非在会人员及非经营商业者，概不得干预本会事务”[③]。其二，村正副和公议会仍然发挥重要作用。1916年，村副殷青云撤销公议会，“自仗村副，每年村中及脚行出入，至正月十一日并不报告”[④]。其三，警政机构开始设立并管理本庄事务。“石家庄系京汉铁路过往大站，正太铁路开首之处，华洋杂居，商贾辐辏，因地方繁盛，操练巡警，专管本庄事务，拟另列一区。”[⑤] 民国成立后设立警察分所，1921年改为警察局。[⑥]

1921年以后石家庄管理体制的变迁可以1928年为界分为两个时段。1928年前主要是机构升格和组织扩大。警察局于1925年改为特种公安局，商会于1925年石家庄与休门合并后扩组为石门商会；自治方面于1928年4月17日正式宣告成立“石门自治市”，由此标志着一种新的集镇管理体制变迁的模式的产生。1928年以后，市自治宣告取消，随后成立的石门特种公安局“以原来石家庄、休门为其管辖区域”，除维持辖区内社会秩序外，还具有处理宗教、劳工、出版、捐税、卫生、户籍、工商、注册、邮电等事务的权力。[⑦] 由此，以特种公安局为最高行政机构，由商会筹议商业改良及发展等事务，由曾经对其进行管辖的县管理其他行政事务，便成为1937年前以唐山和石家庄为代表的集镇管理体制

---

① 《石家庄各姓族家长等为更换村副事给获鹿县长的呈文》（1919年2月），河北省档案馆藏档案，档案号：656/1/1062。

② 《禀为村混狡乱乡规，聚众凌辱绅董，恳恩究办，以儆刁风而安闾阎事》（宣统二年正月二十日），河北省档案馆藏档案，档案号：655/1/1289。

③ 《获鹿县石家庄商会拟具便宜简章》（1915年），河北省档案馆藏档案，档案号：656/1/280。

④ 《石家庄各姓族家长等为更换村副事给获鹿县长的呈文》（1919年2月），河北省档案馆藏档案，档案号：656/1/1062。

⑤ 《正定府获鹿县乡土志》，《乡土志抄稿本选编》第1册，第725页。

⑥ 张鹤魂：《石门新指南》，第3页。

⑦ 《石家庄市志》第4卷，第82页。

变迁模式的一个显著特征。

丰台在京奉、京绥、京汉通车后成为三路交会之地，地位日益凸显，因此宛平县设为“特别区”，下辖丰台镇、六圈村、阎合庄、马厂、新房庄、看丹村等6村。1937年前，设有商会1处，有主席1人，常务委员4人，执行委员11人，监察委员7人。同时“第一区公安局暨商团一班均驻该镇”①。

秦皇岛管理体制在清末至1937年前管理体制的变迁以“特别区”制度、警政机构和商会组织较为突出。其中，巡警局设立于1902年，1914年临榆全县划分为6个警区，设区长管理本区警务，后秦皇岛被单独划为一区，称为第七区。1915年，秦皇岛巡警局改为警察分局，1919年改设为警察总局第三署。1928年，临榆县警察厅改称临榆县特种公安局，下辖山海关、秦皇岛两城区，局内设4科，外设3个分局。② 秦皇岛商会组织创立于1907年，称为秦皇岛商务分会，1910年并入山海关商务总会，秦皇岛各商号由地方公益会管理。1930年，公益会又改组为临榆县秦皇岛商会。③ 这一时期秦皇岛管理体制的一个重要变化在于“特别区”的设置，即临榆县“第七区为特别区，无所属堡村”，只管辖秦皇岛（又包括秦皇岛本街和铁道南商埠）。④ 因此，“特别区”应是单独成区的第七（警）区的延续，后又沿用于人口和学校统计等事项中。“特别区”除在秦皇岛有设置外，还曾设置于驻马店、胜芳（河北省文安县属）等集镇。如胜芳镇为“直隶六镇之一，户口众多，商务繁盛，距县治尤远，故特设一区，以便警政易于施行”⑤。又如河南安阳1930年前后曾于第一区下置“车站特别镇”。由此可见，“特别区”应是针对具有特殊情形的地方而制定的一项特殊制度。这项制度成为秦皇岛等集镇管理体制的一个重要组成部分。

---

① 卞乾孙编《河北省宛平县事情》，新民会中央指导部出版部，1939，第60页；《北宁铁路沿线经济调查报告》，第630—631页；《河北省宛平县地方实际情况调查报告》，《冀察调查统计丛刊》第1卷第2期，1936年，第101页。

② 民国《临榆县志》，第753、758页；《秦皇岛市志》第7卷，第212页。

③ 《秦皇岛市志》第6卷，第310页。

④ 民国《临榆县志》，第412页。按，秦皇岛，当时也有史料称为“秦王岛”。本书统一作“秦皇岛”。

⑤ 民国《文安县志》，台北，成文出版社，1968年影印本，第159页。

由于地理位置和交通状况不同，工商业发展水平各异，以上交通运输枢纽型集镇所设警政机构、商会和自治机关的等级和规模亦不相同。如石家庄警政机构由分驻所扩充为特种公安局，商会组织由商务分会升格为石门商会。而桑园、张店等则仅设有警察分驻所或分局，商会等级和规模亦不如石家庄。就此而言，这一时期铁路沿线交通运输枢纽型集镇管理体制在变迁过程中呈现出了“差异化发展”的态势。

三　工矿业型集镇管理体制的变动

从关于警政、商会和自治的法规中可以看到，警政机构、商会组织和自治机关在集镇的设立和扩展中是与集镇的经济和社会发展相适应的。由于工矿业型集镇既有近代工矿业型集镇和手工业型集镇之分，又在产业结构、社会结构等方面与交通运输枢纽型集镇和工商业型集镇有明显的区别。因此，其管理体制在变迁过程中也形成了一些特点。下文将以1937年前华北铁路沿线比较重要的长辛店、唐山、焦作、坊子、枣庄、开平、古冶、门头沟、六河沟、彭城镇等为例，对此类集镇管理体制的变迁进行考察。

长辛店在京汉铁路开通后由于京兆“各县分区，或分设警察所，其区治必为昔日之大镇，或曾设佐贰分防泛地，大抵以一镇为各村之领袖，村人视本区之镇市，为全区公共交易会集之中心点”[①]，由此成为宛平县第六区的中心点。自治机关与商会、警政机构等是其管理体制的重要组成部分。1937年前，长辛店设有商会1处，主席1人，常务委员4人，执行委员15人，监察委员5人，同时“第六区公安局暨保卫团一班，均驻于该镇”[②]。

唐山在开平矿务局创办和唐（山）胥（各庄）铁路开通后的短短数十年中，迅速由村庄崛起为华北最大的工矿业型集镇。其警政机构、商会和自治机关亦迅速扩张。唐山的警政机构始设于1900年，时称唐山巡捕局。1907年设立唐山巡警局，1914年改称唐山警察局，下辖3个警察

---

① 林传甲：《大中华京兆地理志》，第110页。

② 《北宁铁路沿线经济调查报告》，第630页；《河北省宛平县地方实际情况调查报告》，《冀察调查统计丛刊》第1卷第2期，1936年，第101页。

分局，1个保安警察队。1928年易名为唐山警察厅，下设保安警察队和4个警察分局，同年国民革命军进驻唐山后，将警察厅改为唐山特种公安局，隶属河北省民政厅，下辖分局、分驻所，另设保安警察队、消防队、卫生队、公安大队、看守所和开滦矿区公安总队、第五分局等。1935年伪冀东防共自治政府成立，1936年唐山特种公安局被改为唐山特种警察局，下辖6个分局，22个分驻所，8个派出所。[①] 唐山的商会组织出现于1908年，时称滦州唐山镇商务分会。[②] 1915年因唐山镇分属丰润、滦县两县管辖，商务分会易名为“丰滦两县唐山镇商会”，由刘子贞担任会长。1929年，商会改组并更名为河北省唐山商会，隶属河北省政府工商厅，在当地隶属于唐山特种公安局，1931年12月改由河北省领导，唐山特种公安局指导。[③] 此外，1921年《市自治制》公布后，唐山亦曾推行“市自治”。在北京政府1925年6月24日签发的《直隶省属各地实行市自治日期及区域令》中，唐山市“以唐山镇为其区域”[④]。

除警政机构、商会和自治机关三大机构外，开滦矿务局作为唐山规模最大的近代企业，不仅设有会计处、矿务处、煤厂等机构，而且辖有多所学校和种植处、地亩产业处、医院等，形成了一个相对独立的矿山社区。与此同时，开滦矿务局还参与设立贫民教养院等，“对于地方各种公益事宜，如修桥补［铺］路，助资兴学等义举，如有正当请求，无不分别轻重缓急，量力予以赞助”。“对于地方治安社会秩序之影响，亦关系非浅。”[⑤] 因此，开滦矿务局也是唐山集镇管理的重要参与者和集镇管理体制的一个有机组成部分。这也成为唐山等近代工矿业型集镇管理体制不同于交通运输枢纽型集镇和工商业型集镇的一个重要方面。

由上述的唐山警政机构、商会和自治机关的变迁过程可以看到，唐山管理体制在清末至1937年前大致经历了四个阶段。在开平矿务局创办前，唐山是丰润、滦县两县分辖的一个村庄，其管理体制与两县其他村

---

① 《唐山市志》，第2489—2490页。

② 《国内商会统计》，赵宁渌主编《中华民国商业档案资料汇编》第1卷（1912—1928），第71页。

③ 《唐山市志》，第2393页；《唐山市路南区志》，第366页。

④ 《政府公报》第3317号，1925年6月25日。

⑤ 《开滦矿务局与唐山地方之关系》，《河北省立第四中学校校刊》（唐山号），第11—12页。

庄无异。随着开平矿务局的创办和唐（山）胥（各庄）铁路的修建，唐山迅速由村庄成长为新兴集镇，随着工矿业的发展和商业的兴起，商会和警政机构成为唐山管理体制的重要组成部分。这一体制在1926—1928年“市自治”推行期间应有一定变化。但由于唐山“市自治”成效不彰，其管理体制的变化并不明显。1928年唐山特种公安局成立后，公安局除治安外，还兼管其他事务，如设卫生科“专管理市面之卫生行政的事宜”；一度将唐山商会置于其管辖和指导之下；等等。由此，唐山特种公安局也成为与石门特种公安局类似的、介于省府与县署之间的一级地方行政机关。由于部分行政事务归丰润、滦县分辖，因此，以特种公安局为最高行政机构，由商会筹议商业改良及发展等事务，由曾经对其进行管辖的县分管其他行政事务，也成为这一时期唐山管理体制变迁的显著特征之一。这一体制直到1938年伪唐山市政府成立之前，并未发生根本性的改变。

1937年前，焦作已设立了警政、商会等管理机构。其中警政机构由三部分组成。焦作镇警察始设于1910年，时称警察所，1925年奉令改为警察局，1927年奉令改为公安局；矿务警察始设于1916年，时称中原公司矿警局，1928年奉令改为中原公司警卫大队部；铁路警察始设于1910年，“宣统二年，河南省政府调拨河南铁路巡警一队，分驻焦作、待王等站，名为河南队，（民国）四年奉令改为护路巡警，民国九年八月复改为护路队，十三年奉令县［改］为护站巡警，十五年三月河南队调遣后，该路完全由站警接防，十六年十一月，该路设警务处，内分护站巡警、护路巡警”[①]。焦作商会成立于1913年，系统上“与开封总商会及河南全国商会联合会相连属”，组织上“原为会长制，后改委员制，并设书记长会计等职”，职掌上以“关于处理及调和焦作商务事件”[②]为主。同一时期，虽然在地方志等史料中也出现了“焦作市”这一称谓，但其性质似乎与“石门市”、“唐山市”不同，即并非“自治市”。

与唐山相似，福公司和中原公司也负责所在区域内的治安事务，如福公司在北厂南口设护厂矿警大队部，设武装警察队于北厂内。[③]与唐

① 民国《修武县志》，第566—567页。

② 民国《修武县志》，第748页。

③ 《道清铁路旅行指南》（各站概要），第177页。

山不同，焦作还是道清铁路管理局的所在地。作为道清铁路的一级管理机关，该局在焦作设有机务、工务、车务、警务等处和 9 处铁路工厂。以这些机构和工厂为中心形成的交通社区，是焦作的一个有机组成部分。区内治安等事务由管理局设立的相应部门负责。“本路警察署于二十一年七月一日奉令组织成立，直接隶属于路警管理局，并受本局之指挥监督，署下分设警务段及护路队。……段之下直辖两分段……分段之下又各辖两个分驻所……分驻所以地域情势，各辖派出所数目不等。”[①]

坊子在 1937 年前也逐渐建立了以警政机构、商会和自治机关为主要组成部分的管理体制。坊子的警政机构始设于 1901 年，当时仅有巡警。1905 年潍县县署设巡警局，因坊子为胶济铁路要站，“拨银招募巡捕，增岗添警”。1908 年，山东铁路矿政局筹设了不隶属于县署的坊子警卒署。1929 年潍县警察所改为潍县公安总局，在坊子设公安分局，有分局长、巡官等职，官员长警 175 人。1934 年 2 月坊子公安分局改为潍县公安局坊子分驻所。10 月又将坊子商团改为公安局分驻所，编制与坊子分驻所相同。1937 年复设坊子警察所，辖警务、保安、特务系，有所长 1 人，巡官 1 人。[②] 坊子商会设立于 1917 年。坊子自治机关是随着潍县地方自治的推行而建立的。1931 年成立坊子镇公所于坊子街，由王贵村任镇长。[③]

枣庄在中兴煤矿创办后，总公司设于上海，仅在枣庄设有驻矿办事委员会主持工作。驻矿各机构和矿场等一起构成一个矿山社区，“四周筑有围墙，俨然如一小城镇”[④]。因此驻矿办事委员会便成为枣庄管理体制的有机组成部分之一。其下设的护矿队和巡警局则成为枣庄警政机构的一部分。随着中兴煤矿和其他工商业的发展，枣庄也组建了警政机构、商会和自治机关。其中，警政机构除中兴煤矿所属部分外，还于 1927 年设立峄县公安局枣庄分局。1934 年 1 月枣庄分局改称枣庄公安局。1937 年 1 月，枣庄公安局又改称枣庄警察分局，有官警 30 人。商会成立于

① 《道清铁路三十周年纪念》，第 239 页。

② 《坊子区志》，第 464 页。

③ 民国《潍县志稿》卷 13《自治》，《中国地方志集成·山东府县志辑》第 40 册，第 386 页。

④ 《山东中兴煤矿工人调查》，《社会科学杂志》第 3 卷第 1 期，1932 年 3 月，第 36 页。

1920 年，1927 年改称商民协会，1930 年陆续成立了 9 个同业公会。[①] 自治机关成立于 1930 年。由于“乡镇的划分，百户以上的村为乡，百户以上的街市为镇”[②]，因此枣庄应设立有镇公所这一自治机关。

开平在开平矿务局创办前是滦县四大集镇之一。开平矿务局创办和铁路开通后，虽然其工商业发展受到唐山和马家沟的较大影响，但直到 1937 年前仍是滦县境内重要的工矿业型集镇。警政机构、自治机关和商会等亦随之组建。开平的警政机构始设于 1907 年，这一年开平把总署改为滦州巡警局开平巡警分局。1910 年，开平巡警分局改为滦州警务局第九分局。1915 年滦县警务局改为滦县警察所，开平改为第九分所。1928 年 4 月，滦县警察所改为滦县公安局，开平分所改为第九分局，内设分局长 1 人，局员 1 人、雇员 1—2 人、警长 6—7 人、警士若干人。1937 年，又改为滦县警务局第九分局。[③] 开平的自治机关始设于 1908 年。这一年，为倡办警政，滦州划分为 10 个区，开平镇为第九区区公所驻地。[④] 1930 年，滦县奉令施行区长制，即由区长督同乡长办理地方自治各事项，每区设区公所 1 处，开平为第九区区公所驻地。[⑤] 开平 1937 年前也已设有商会，其职责为解决商业纠纷，并处理对外交涉，“会内设主席一人，常委、执委、监委各若干人，办事员一二人”[⑥]。

古冶在开平矿务局创办前也是滦县较大集镇之一，驻有额外外委等官，开平矿务局创办和铁路开通后开始向近代工矿业型集镇转型，警政机构、自治机关和商会亦随之设立。警政方面，设有第十区公安局古冶分驻所；自治方面，1930 年被编为滦县第十区第 37 编乡（古冶东街）、第 38 编乡（古冶西街）；商会方面成立了与开平商会组织结构相似的古冶商会。[⑦]

---

① 《枣庄市志》，第 278、375 页。
② 《枣庄市志》，第 355 页。
③ 唐山市开平区地方志编纂委员会：《开平区志》，天津人民出版社，1998，第 410 页。
④ 《开平区志》，第 3 页。
⑤ 《自治》，民国《滦县志》卷 6，第 26 页 b；《区域》，民国《滦县志》卷 3，第 1 页 b。
⑥ 《北宁铁路沿线经济调查报告》，第 1444 页。
⑦ 《公安》，民国《滦县志》卷 6，第 20 页 b；《乡村户口》，民国《滦县志》卷 3，第 54 页 a；《北宁铁路沿线经济调查报告》，第 1444 页。

门头沟位于京门铁路终点，“凡最短铁路之终点，必为最繁盛之市”[①]。由于建有门头沟煤矿公司，该镇跻身近代工矿业型集镇之列。1937年前已有商店106家，门头沟煤矿公司（中英煤矿）及其他小煤窑300余家。随着采煤业和商业的发展，门头沟也分别建立了警政机构、商会和自治机关。警政机构即宛平县第三区公安局，商会即煤业公会和矿业公会；自治机关为宛平县第三区区公所。[②]

彭城镇在清末以前曾驻有州判、千总等官员。清末以后成为较早建立警政机构、商会和自治机关的集镇。1907年，磁县创办警政，分全县为八个区。每区各设分所。1909年改八区为五区，设西区警政机构于彭城镇。此后几经更名，1937年时称公安分局。[③] 随着地方自治在磁县的推行，彭城镇成为磁县西区（即第四区）行政中心，不仅设有区公所和区长，而且被编为第四区第一乡，有厂后铺、丁字铺、石碑铺等9个附村。[④] 由于制陶业和商业较盛，彭城镇于1907年设立商务分会，1928年碗窑商成立碗窑同业公会，缸窑商成立缸窑同业公会。

以上近代工矿业型集镇和手工业型集镇均为所在各县境内的重要集镇，因此同时设有警政机构、商会和自治机关，并成为其管理体制的重要组成部分。其他规模较小的工矿业型集镇则仅设有警政机构、商会、自治机关中的两种或一种。如马家沟在推行自治时曾被编为滦县第九区第18编乡，[⑤] 但并未设立警政机构和商会。六河沟（观台镇）一方面设有观台警察分所，有警佐1人，事务员1人，警长3人，警士20余人，“受辖于城内总所，其警饷由是镇筹备”[⑥]。另一方面在推行自治中曾被编为安阳县第八区观台镇。周口店和坨里两个手工业型集镇则仅建有商会。

由于华北部分县份盛产煤炭、陶器、棉花、土布等，因此其境内出现了数个近代工矿业型集镇和手工业型集镇。有鉴于此，下文再以博山和潍县这两个工矿业和手工业比较发达的县份所属部分集镇为例，进一

① 林传甲：《大中华京兆地理志》，第249页。

② 《河北省宛平县地方实际情况调查报告》，《冀察调查统计丛刊》第1卷第2期，1936年，第101页。

③ 民国《磁县县志》，第237页。

④ 民国《磁县县志》，第180、201页。

⑤ 《乡村户口》，民国《滦县志》卷3，第48页a。

⑥ 民国《续安阳县志》，第1238—1239页。

步考察此类集镇管理体制的变迁。

在博山工矿业和手工业中，采煤业、窑货业、铁业等较为重要。该县采煤业始于元明之际。1927年前“井多之处，为黑山及西河一带”[①]。1933年时，博山有大小煤矿公司13家，另有领矿权者29处。[②]“煤矿分布于县治附近及西南之黑山、白谷囤，东北之西河，俱以地名为矿区名称。名称甚多，最著者为两平庄，房家地，安上庄，赵家林，核桃洼，李家峪，桃花峪，西河庄，荒场地，岳家庄，花雨沟，马家堰，黑山，羊澜河，耿家峪，偏坡地，白谷囤，青龙山，夏家林，太平岭，山头，曲家大洼，等矿权。”[③]

博山窑货业在清代已相当发达，“制品输出关外及销售于黄河流域者，为数甚夥”[④]。1927年前分为销罐厂[⑤]和黑白货厂[⑥]两种。厂址集中于山头、福山（又称福山庄）、北岭三处，“现在三处厂数之比较，以山头为最，尤以黑白货厂为多，全数约二百余家；次为福山庄，全数约三十余家，悉为黑白货厂；北岭仅十余家，两种厂之数略等”[⑦]。1931年九一八事变后，博山窑货业颇受影响。1933年前后，虽然山头、福山庄、西河、八陡、窑广、北岭石灰坞、兀子等村镇均有窑货厂，但开工者仅有北岭的义祥窑、福山庄的德成窑、山头镇的福同德、五龙庄的东升窑等数处。[⑧] 1937年前“瓷器以山头为最，窑厂有六十余处……八陡窑八座……福山庄窑厂十四处”[⑨]。当时，山头和八陡的窑厂已开始用机器碾泥。[⑩]

---

① 《山东博山县之近况》，《中外经济周刊》第215期，1927年6月，第3页。

② 《中国实业志》（山东省），丁，第183—184页。据该文献统计，未开工者19处，中停者9处，进行打钻者1处，合计29处。

③ 《胶济铁路沿线经济调查报告》分编五博山县，第7页。

④ 《中国实业志》（山东省），丁，第165页。

⑤ 系指博山大炉坊炼料器原料之罐。

⑥ 系指制造各种粗细瓷器之厂。

⑦ 《山东博山县之近况续》，《中外经济周刊》第217期，1927年6月，第12页。

⑧ 《胶济铁路沿线经济调查报告》分编五博山县，第13页；《中国实业志》（山东省），丁，第166—167页。

⑨ 民国《续修博山县志》卷7《工业》，《中国地方志集成·山东府县志辑》第7册，第293页。

⑩ 民国《续修博山县志》卷7《工业》，《中国地方志集成·山东府县志辑》第7册，第298页。

博山铁业在光绪年间开始设厂，1927 年处于最盛时期，1934 年前仅剩 8 家。其中，德顺昌锅厂、德兴锅厂、恒兴锅厂、泰昶锅厂 4 家设于八陡镇，恒泰铁厂、博盛祥、晋泰铁厂、合兴铁厂设于小柳行庄。[①] 1937 年前，八陡镇的元泰铁厂已能制造铁炉、水泵、卷扬机等机器。

上述分布态势使得山头、西河、八陡、福山庄等成长为博山境内重要的工矿业型集镇。“全县重要市镇有八：太河镇、八陡镇、西河镇、口头镇、南博山镇、下庄镇、峨庄镇、源泉镇是也。”[②] “邑设市廛二十二处。以八陡、太河、池上庄、池下庄为大，西河、口头、岳阴、峨庄、石马、孤山、李家、源泉、山头、玉皇庙、南博山次之。马鹿、石家、郭庄、杨家、福山、亭子崖、江西台又次之。”[③] 其中，山头、八陡两镇有轻便铁路车站，西河有西昆铁路车站，为铁路设站集镇，福山庄为临近铁路车站的集镇。在管理体制变迁方面，虽然这四个集镇均未设警政机构和商会，但均有自治机关。1917 年博山七区各设区长，1932 年取消原设社长、地保，划为乡镇，设乡镇长归区长管辖。其中，八陡镇、山头镇属第三区，福山镇属第六区。1935 年将原有乡镇缩为 44 个乡镇。其中，西河被划分为西河南镇和西河北镇，八陡镇、山头镇、福山镇各为一镇。[④]

潍县以产土布而闻名。早在烟台开埠前，该县居民已经开始从事土布生产。宣统年间，县属寒亭、眉村一带已形成织布业中心。[⑤] 民国初年，东乡沿潍河的穆村、邓村、石埠子、驸马营、桑园、眉村等地村民大多从事织布业。[⑥] 1934 年前，潍县所属集镇中，南流镇“居民多以耕织为业，布业尤盛”，眉村为“织布中心，同时亦为买卖中心”，杨角埠

① 《中国实业志》（山东省），丁，第 171—172 页；《胶济铁路沿线经济调查报告》分编五博山县，第 14 页。

② 《中国实业志》（山东省），丁，第 175 页。

③ 《胶济铁路沿线经济调查报告》分编五博山县，第 22 页。

④ 民国《续修博山县志》卷 2《乡镇》，《中国地方志集成 · 山东府县志辑》第 7 册，第 201—202 页。

⑤ 王子建：《中国土布业之前途》，千家驹：《中国农村经济论文集》，中华书局，1936，第 130 页；严晦明：《山东潍县的乡村棉织业》，《益世报》1937 年 2 月 27 日，第 12 版。

⑥ 《山东潍县之织布业》，《工商半月刊》第 6 卷第 1 号，1934 年 1 月，第 91 页；《山东潍县之经济近况》，《中外经济周刊》第 187 期，1926 年 11 月，第 8 页。

及寒亭为土画出产地，[1] 因此均为手工业型集镇。这几个集镇管理体制在 1937 年前的变化主要体现在警政和自治方面。在警政机构方面，虽然四镇均非公安分局或分驻所驻地，但寒亭、眉村二镇于 1923 年成为保卫公所驻地。[2] 在自治机关方面，1920 年前，寒亭、南流两镇进入“潍县上级自治区”之列，分别有议员 3 人和 2 人；1930 年 7 月，寒亭镇成为第六区区公所驻地；1932 年，北眉村成为第八区区公所驻地；1932 年 3 月，寒亭镇成为寒亭编镇镇公所驻地；1932 年 8 月，南流镇成为南流编镇镇公所驻地；1933 年 2 月，南眉村成为眉村编镇镇公所驻地。[3] 杨角埠则仍与普通村庄无异。

综上所述，在 1937 年前的华北铁路沿线工矿业型集镇中，唐山等较大的近代工矿业型集镇不仅同时设有警政机构、商会和自治机关，而且以特种公安局为最高权力机关，下设分局、分驻所和派出所；焦作、坊子、枣庄等重要集镇也设有警政机构、商会和自治机关，分别行使各自的管理职权；马家沟、六河沟、周口店、坨里、八陡镇、山头镇、西河镇、寒亭镇、眉村镇等大批集镇则仅设有上述三种机构中的一种或两种。因此，其管理体制的变迁亦呈现出“差异化发展”的态势。

四　工商业型集镇管理体制的变化

铁路开通前，工商业型集镇在华北集镇中居于绝对多数。由于驻有不同的官员，设有不同的税收机构和基层社会组织，其管理体制可分为四种类型。一是驻有同知、通判、州同、州判等官员，牙行和基层社会组织较多，商人作用较为突出的集镇管理体制，如芦台、临洺关、泊头、张秋、朱仙镇等集镇；二是驻有县丞、驿丞、巡检、外委等官员，有一定数量牙行和基层社会组织的集镇管理体制，如杨柳青、独流、小滩、油坊等集镇；三是无驻官，但有一定数量牙行和基层社会组织的集镇管

① 《胶济铁路沿线经济调查报告》分编三潍县，第 23—24 页。

② 民国《潍县志稿》卷 17《团练》，《中国地方志集成·山东府县志辑》第 40 册，第 440—441 页。

③ 民国《潍县志稿》卷 13《自治》，《中国地方志集成·山东府县志辑》第 40 册，第 383—387 页。

理体制，此类集镇数量颇多；四是既无驻官，也无税收机构，但有一定数量的基层社会组织的集镇管理体制，此类集镇在华北地区各县集镇中所占比例差异较大。[①] 铁路开通后，随着工商业的发展和警政机构、商会及自治机关的设立，华北铁路沿线工商业型集镇的管理体制发生了不同程度的变化。由于工商业型集镇为数众多，下文将采用个案研究与整体性分析相结合的方法，分别以驻马店、漯河、清河、周村、杨柳青、独流、兴济、平地泉等集镇和滦县、静海、德县、潍县、信阳等县所属工商业型集镇为例，对此类集镇的管理体制进行考察。

驻马店管理体制在1906—1937年的变迁既与石家庄和唐山有相似之处，又有一定区别。在警政机构、商会和自治机关方面，其警政机构创立于1906年，称为巡警分局，1913年改称警察事务所，1927奉令改为公安局，1932年改建特别公安局，直属于省警务处。[②] 商会发展相对滞后，1937年前仅设有若干同业公会。其中驻马店转运业同业公会约有会员66家，煤炭业公会有会员8家，杂粮号业公会有会员80余家，杂货业公会有会员近80家。[③] 与石家庄和唐山相似，驻马店也一度被称为“驻马店市”，其依据为：“凡县治所在地，或商务繁盛之区，人口满五千以上者为市，其商务不甚繁盛，人口不满五千者，因定为街村等名”[④]。值得一提的是，这一依据既非出自《市自治制》、《乡自治制》和《县组织法》，亦与《河南省宪法草案》中“人口满一万以上者为市”的规定不符，而与《福建省宪法》等法规一致。这种情况在华北铁路沿线集镇中并不多见，因此可视其为管理体制变迁中的一个重要模式。

漯河的管理体制在1906—1937年的变迁主要体现在三个方面。一是

① 其中关于山东省集镇税收情况的研究，可参见许檀《明清时期山东商品经济的发展》，第267页。

② 《驻马店市志》，第158页。

③ 《河南确山县驻马店转运业同业公会会员登记册》，中国第二历史档案馆藏档案，档案号：422（4）/8043；《河南确山县驻马店镇煤炭业同业公会会员名册》（二十四年三月填报），中国第二历史档案馆藏档案，档案号：422（4）/8049；《河南驻马店杂粮号业同业公会卷》（1933年），中国第二历史档案馆藏档案，档案号：422（4）/8044；《河南驻马店杂货业同业公会会员登记册》（1933年），中国第二历史档案馆藏档案，档案号：422（4）/8040；《河南确山驻马店商会卷》，中国第二历史档案馆藏档案，档案号：422（4）/8787。

④ 民国《确山县志》，第217页。

1907 年建立了漯河镇商务分会，1915 年成立了车站商会。二是 1928 年设立公安局，1930 年改设特等公安局，直属省民政厅，1932 年裁撤为警察所，1934 年又改为直属公安局，由省民政厅领导，受郾城县政府节制。1936 年 7 月改称漯河警察局，隶属关系不变。[①] 三是随着《县组织法》等法规的实施，漯河曾于 1933 年前被划分为车站和寨内两个“镇”。[②]

清河的管理体制中，警政机构为宛平县第五区公安局及保卫团一分队，“地方公安由政府所委派之警察，及地方人民所组织之自卫团来维持”[③]。商会成立于 1919 年，“镇之所以为镇既在于其占优势的商业，而一般商人的政治活动能力又总是远在农民之上，于是在村中只好依附于青苗会羽翼之下的商人，在镇上却便自成为一种支配力量了。所以在镇上除原来的青苗会外，便另有所谓‘商会’的组织”[④]。“该会的目的，为保护商人免受政府军队及盗贼之骚扰。该会应付政府及军队等各种经济上之要求。地方上的保卫团差不多完全由他们出款。地方上公益的事情，他们也自动的帮忙。这个组织并无办公处，也无一定开会时期。该会的事务由会长会副及十四个商店的代表管理。”[⑤] 自治机关即时人所谓的地方自治政府和乡村自治政府，“虽然名称自治，而其职员完全由政府委派，乡村领袖由县政府委派，地方领袖由京兆尹委派。这两个自治机关实际就是一个，职员相同，所办理的事情也相同。当国民党未到清河以前，清河的政事，由两个自治机关及商会共同执掌”[⑥]。国民党势力进入清河后，设立了新的警政机构，即宛平县第五区区公安局，以及自治机关，即区公所等，均以清河镇为驻地。此外，在清河镇管理体制中，青苗会仍发挥着一定的作用，“不过青苗会既已退让而专管农民自己的事，而商会又已获得自决之权，两者各有其势力范围……事实上彼此的

---

① 《国内商会统计》，赵宁渌主编《中华民国商业档案资料汇编》第 1 卷（1912—1928），第 104 页；《漯河市志》，第 272、276 页。

② 《地绾南北之漯河》，《河南政治月刊》第 3 卷第 3 期，1933 年 4 月，第 2 页。

③ 许仕廉：《一个市镇调查的尝试》，《社会学界》第 5 卷，1931 年 6 月，第 7 页。

④ 黄迪：《清河村镇社区——一个初步研究报告》，《社会学界》第 10 卷，1938 年 6 月，第 416 页。

⑤ 许仕廉：《一个市镇调查的尝试》，《社会学界》第 5 卷，1931 年 6 月，第 6 页。

⑥ 许仕廉：《一个市镇调查的尝试》，《社会学界》第 5 卷，1931 年 6 月，第 7 页。

领袖有许多地方在过去也颇能合作”[1]。

周村的管理体制在清末至1937年的变迁过程中有一个显著特征，即警务机构的设置与商会之间有密切的关系。1906年，长山县巡警局在周村利用商会义勇队管理治安。1912年周村设警察署，有警察30人。1916年吴大洲部占领周村后，责令商会建立了周村警察局，不久撤散。1919年张宗昌部进驻周村后，又成立了周村警察所。1928年以后，长山县国民政府公安局由县城迁至周村，并一直持续到1937年。此外，在自治方面，周村于1931年依据修正《县组织法》成立长山县第二区，下辖周村及周边部分村庄，设有区公所，由区长1人管理全区事务，同时将其分为周村、人和、永安三镇，设镇长管理全镇政务。[2]

杨柳青在清末以后也建立了以警察机关、商会及自治机关为中心的管理体制。警政机关创设于1904年，由四乡巡警总局委张祖保接管石元仕等人组建的“全盛保甲局”。1913年天津警察厅在区、乡设警察署，杨柳青为第三分署，1928年后改称警察所。杨柳青商会成立于1923年。到1937年前商会设有榨油、杂货、饭馆、肉行、点心、医药、米面等同业公会，有主席1人，常委2人，监委4人，执委5人，综理商会一切事务。在自治组织方面，1910年天津县被划分为东、西、南、北、中5个大区，杨柳青属于西区。1925年推行《县自治法》时将全县划分为8个区，杨柳青为第三区区公所驻地。1930年实行区、乡、镇制，1934年杨柳青被编为第三区第一乡，同时为区公所驻地。[3]

独流镇在清末以后也设立了商会、警政机构和自治机关等管理机构。其中，商会成立于宣统二年三月，民国4年4月改组，民国15年7月改选，在繁荣商业、规范商务秩序、维护商民利益、沟通商情、联络同业等方面发挥了重要作用。警察机构正式设立于1923年，当时有巡官1人，警察若干人，1929年设正巡官1人，书记1人，长警16人，1934年改称独流公安分科，1935年又改称独流警察分所，设有所长、警长和若干警士。自治组织始于1923年，当时静海全县依据《县自治法》划分

---

① 黄迪：《清河村镇社区——一个初步研究报告》，《社会学界》第10卷，1938年6月，第416页。

② 《周村区志》，第440、458、469页。

③ 《杨柳青镇志》，第71、644页；《北宁铁路沿线经济调查报告》，第1107页。

为6个区，独流为第五区区公所驻地。1930年5月，静海全县划分为6个区281个编乡，独流镇被编为第五区第一乡，同时仍为第五区区公所驻地。[①]

兴济也设有警政机构、商会和自治机关等管理机构。其中，警政机构始设于1905年，"（青县）于是推广四乡巡警，分全境为二十区，每区推举正副区董各一人，以本地士绅为之"。1911年，青县又分全境为五大区，"以治城为中区外，分为东西南北四区，各置区官一人，东区设在兴济镇"[②]。到1937年前后，青县公安局设第二区分驻所于兴济镇，有巡官1人，书记1人，巡长1人，马巡2人，步巡4人。[③] 由于青县"商务精华尽在兴济一镇"，因此青县商会设于兴济。该会成立于1913年，后又分别于1917年、1920年和1928年进行了改选。[④] 兴济自治机关亦始于清末，由于"县府有事，类多分饬警局代为执行，以致警政区域几成全部自治区域"[⑤]，因此兴济镇成为东区区公所等自治机关所在地。

平地泉既是京绥沿线重要的粮食集散中心，又于1920年成为平地泉招垦设治局所在地，1924年正式成为集宁县城，因此其管理体制在华北铁路沿线集镇中也有一定的代表性。平地泉的警政机构始设于1921年，时称警察所，1928年警察所改为公安局。[⑥] 商会成立于1925年前。自治机关在集宁县成立后开始设立。1924年时分全县为5个区，"中区附城9庄"，1929年将各区警察分所辖区改为行政区，另委任区长助理等人员，直属于县政府。1934年分全县为4个区，"第一区区公所设于县城，辖2镇（即集贤镇、永宁镇）"[⑦]。

与以上集镇相比，崮山、千秋镇、英豪镇等与普通村庄更为接近。其管理机构仅有警政机构、商会和自治机关中的一种或两种。其中，崮山在1931年取消里制，设立区制后成为第三区区公所驻地，并被编为本

① 《独流镇志》，第22、201—204、335页。
② 民国《青县志》，第478页。
③ 民国《青县志》，第488页。
④ 民国《青县志》，第512—514页。
⑤ 民国《青县志》，第53页。
⑥ 《集宁市志》，第785页。
⑦ 《集宁市志》，第727页。

区第一镇；[①] 1934 年设立崮山派出所。[②] 千秋镇在 1931 年推行自治时被编为第四区千秋镇。[③] 英豪镇在 1931 年推行自治时成为渑池县第二区区公所驻地，同时被编为英豪镇。[④]

由于上文所及均为设站集镇，下文再以滦县、静海、德县、潍县、信阳所属工商业型集镇为例，对铁路沿线集镇，尤其是临近铁路车站的集镇管理体制的变迁进行考察。

滦县 1937 年前共有集镇 16 个，除唐山、开平、古冶、马家沟 4 个工矿业型集镇外，其余 12 个集镇均可归为工商业型集镇。到 1937 年前，这 12 个集镇均曾设有警政机构（区公安局、公安分驻所）和自治机关（区公所和乡镇自治机关[⑤]），但仅有併城镇和稻地镇设有商会。

表 6－1　1937 年前滦县工商业型集镇管理机构设置情况

集镇名	警政机构		商会	自治机关	
	区公安局	公安分驻所		区公所	乡镇自治机关
马城镇	√			√	√
併城镇	√		√	√	√
茨榆坨镇		√			√
胡各庄	√			√	√
栗园镇		√			√
坨里镇		√			√
曾家湾镇	√			√	√
长凝镇		√			√
司集庄		√			√
榛子镇	√			√	√
柏各庄		√			√

① 民国《长清县志》，第 296 页；长清县志编纂委员会：《长清县志》，济南出版社，1992，第 52 页。

② 《长清县志》，第 350 页。

③ 渑池县志编纂委员会编《渑池县志》，汉语大词典出版社，1991，第 44 页。

④ 《渑池县志》，第 44 页。

⑤ 由于华北铁路沿线各县推行地方自治进度不一，乡镇自治机构既有已成立乡公所、镇公所者，亦有“编乡”、“编镇”而未明确乡公所、镇公所是否成立者，故本书一律称为乡镇自治机关。

续表

集镇名	警政机构		商会	自治机关	
	区公安局	公安分驻所		区公所	乡镇自治机关
稻地镇	√		√	√	√

资料来源：《乡村户口》，民国《滦县志》卷3，第5页b—58页b；《公安》，民国《滦县志》卷6，第16页a—20页b；《北宁铁路沿线经济调查报告》，第1444页。

静海县1934年前有独流镇、唐官屯镇、子牙镇、中旺镇、瓦子头镇、惠丰桥和陈官屯7个集镇，其中独流和唐官屯同时设有警政机构、商会和自治机关，惠丰桥、瓦子头二镇同时设有警政机构和自治机关（区公所、乡公所），子牙镇、中旺镇和陈官屯3镇仅设有自治机关（子牙镇设有区公所和乡公所，中旺镇和陈官屯设有乡公所）。[①]

德县1935年前的15个集镇中，除桑园属于交通运输枢纽型集镇外，其余14个集镇均应为工商业型集镇。其中，黄河涯、二十里铺、甜水铺、抬头寺、刘家集、岳高铺，王蛮店、张家集、新安镇、杨家集、李家集11个集镇被编为镇，设有镇公所；边临镇、土桥、刘智庙3个集镇被编为乡，设有乡公所。[②]

潍县1933年前后的集镇中，“最大者，在铁路线内者有坊子、二十里堡、蛤蟆屯、南流、大圩河等处。在乡曲间者为寒亭、眉村、大柳树、望留、杨角埠等处”[③]。此外，依据本书的认定标准，高里镇、辛冬街、蔡家镇、朱里镇、治浑街亦为集镇。在这15个集镇中，坊子、南流、寒亭、眉村、杨角埠5镇可归为工矿业型集镇和手工业型集镇，二十里堡、蛤蟆屯、大圩河、望留、大柳树等10个集镇可归入工商业型集镇。其中，二十里堡在警政方面于1923年成为第四区保卫公所驻地，1933年10月奉令将商团改为公安局分驻所；在自治方面，1920年前进入“潍县上级自治区”之列，1930年10月成为潍县第十区区公所驻地，1931年成为编镇新民镇公所驻地。蛤蟆屯在警政机构方面于1933年10月奉令

① 民国《静海县志》，第1345—1346页；《河北省各县村镇调查表》，《河北月刊》第2卷第4期，1934年4月，第1—8页；《河北月刊》第2卷第5期，1934年5月，第1—10页。

② 民国《德县志》，第55—70页。

③ 《胶济铁路沿线经济调查报告》分编三潍县，第20页。

将商团改为公安局分驻所，在自治机关方面于1932年1月成为潍县第九区区公所驻地，1932年8月被编为第九区蛤蟆屯镇。望留在1920年前进入“潍县上级自治区”之列，1930年10月成为潍县第二区区公所驻地，1932年2月成为望留编镇镇公所驻地。[①] 高里在1920年前进入“潍县上级自治区”之列，1923年成为第七区保卫公所驻地，1930年8月成为第四区区公所驻地。蔡家镇在1920年前进入“潍县上级自治区”之列。治浑街在1923年成为第二区保卫公所驻地，1930年成为第七区区公所驻地，1933年2月成为第七区治浑编镇镇公所驻地。辛冬街在1933年2月成为辛冬编镇镇公所驻地，朱里庄在1933年2月成为第八区朱里编镇镇公所驻地。大圩河、大柳树二镇未设立警政机构、商会和自治机关，与普通村庄相近。

信阳为河南省铁路沿线集镇较多的县份。信阳1937年前符合本书标准的集镇有29个，均可归入工商业型集镇。其中，柳林、李家寨、明港、长台关、东双河5镇为设站集镇，其余24个集镇为临近铁路车站的集镇。这29个集镇中，仅柳林、明港、吴家镇3个集镇同时设有警政机构、商会和区公所、乡镇公所；五里镇、平昌镇、龙井镇3个集镇同时设有警政机构和区公所、乡镇公所；谭河、西双河、杨柳河、游河、长台5个集镇同时设有警政机构和乡镇公所，其余18个集镇仅设有乡镇自治机关。[②]

表6-2 1937年前信阳县工商业型集镇管理机构设置情况

集镇名称	设站集镇	临近铁路车站的集镇	警政机构（分所）	商会	自治机关	
					区公所	乡镇自治机关
五里镇			√		√	√
洋河镇						√
土城镇					√	√

① 民国《潍县志稿》,《中国地方志集成·山东府县志辑》第40册，第383—387、438—440页。

② 民国《重修信阳县志》，台北，成文出版社，1968年影印本，第243—251、258—261、341—342、359—360页。

续表

集镇名称	设站集镇	临近铁路车站的集镇	警政机构（分所）	商会	自治机关	
					区公所	乡镇自治机关
辛嘉镇						√
柳林镇	√		√	√	√	√
李家寨镇	√					√
谭河镇			√			√
大庙镇						√
西双河镇			√			√
青石桥镇						√
东双河镇	√					√
左家店镇						√
杜家畈镇						√
杨柳河镇			√			√
龙门新镇						√
吴家镇			√	√	√	√
游河镇			√			√
出山镇						√
骆驼镇						√
母子河镇						√
平昌镇			√		√	√
古城镇						√
朝阳镇						√
邢集镇						√
明港镇	√		√	√	√	√
长台镇	√		√			√
蓝店镇						√
萧曹镇						√
龙井镇			√		√	√

资料来源：民国《重修信阳县志》，第243—251、258—261、341—342、359—360页。

综上所述，与交通运输枢纽型集镇和工矿业型集镇相比，华北铁路沿线工商业型集镇中仅有少数大镇同时设有警政机构、商会和区公所及镇公所等自治机关，部分中等集镇设有警政机构、商会和镇自治公所等机构中的一种或两种，大多数工商业型集镇的管理体制与普通村庄并无明显差异。

五　小结

铁路开通前，华北集镇管理体制与江南、长江中游等地区相比，有两个比较突出的特征：一方面，除芦台、临洺关、泊头、胜芳、周村、张秋、朱仙镇、清化等少数集镇工商业较为发达，规模较大外，其余大多数集镇规模都比较小，因此负责税收的牙行数量也普遍较少，甚至一些集镇不领司帖；另一方面，由于华北地区集镇铺户数量普遍较少，[①]绅士数量不多，[②]因此由绅商主导的基层社会组织不如江南、长江中游等地区发达，在集镇管理中的作用也相对较小。这就导致华北地区居于多数的中小集镇，特别是小集镇的管理体制与普通村庄并无明显差别。

铁路开通后，随着交通运输业、工矿业和工商业的发展，华北铁路沿线集镇的分化更加明显。在交通运输枢纽型集镇、工矿业型集镇和工商业型集镇中，既有石家庄、唐山等工矿业和工商业发达，人口超过5万的大镇，又有泊头、秦皇岛、焦作等工矿业和工商业较盛，人口在1万—5万的集镇，还有为数众多的工矿业和工商业有所发展但人口不足1万的集镇。由于这些集镇所设立的警政机构、商会和自治机关的等级和规模各不相同，因此其管理体制变迁也呈现出“差异化发展”的态势。

铁路沿线集镇管理体制的“差异化发展”，对集镇的发展有重要影响。一方面，警务机构、商会组织、自治机关在石家庄、唐山、秦皇岛、驻马店、漯河等工商业大镇的设立及其管理作用的发挥，不仅为其管理体制增添了诸多近代因素，加速其由传统向近代转型，而且警察机构的设立有利于改善社会治安，为集镇工商业发展创造有利条件，商会的建

① 参见王庆成《晚清华北村镇人口》，《历史研究》2002年第6期，第4—8页。

② 据《武清县城乡总册》（1881年稿本）统计，河西务有绅士4人，司事3人；安平镇有司事2人；黄花店有绅士2人，司事5人；南蔡村有绅士2人，司事1人；大良有司事7人；北蔡村有司事4人；桐柏有司事5人；王庆坨有绅士4人，司事4人；东杨村有绅士3人；梅厂有绅士3人，司事3人。尽管这一统计并不十分准确，但也能够从一个侧面表明，华北市镇绅士数量似乎不如江南、长江中游等地区多。

立有助于推动集镇商业的发展，自治的推行有助于调动广大工商业者参与集镇建设的积极性。典型者如石家庄在1923—1928年推行“市自治”期间，不仅实现了石家庄与休门的合并，拓展了发展空间，而且成立了以周维新为市长的“市政公所”，在集镇建设方面取得了诸多成就。另一方面，未能设立警政机构、商会和自治机关的集镇，其管理体制与普通村庄无异，从长远来看，管理体制的滞后也会影响其工商业的进一步发展。

第七章　铁路沿线与非铁路沿线集镇“差异化发展”之比较

在铁路开通前的较长时期内，华北已经出现了周家口、周村、朱仙镇、道口、清化、泊头、胜芳、漯河、驻马店、辛集、古北口、龙王庙等一批规模不等的集镇。铁路开通后，这些集镇中的一部分成为设站集镇和临近铁路车站的集镇，另一部分则成为非铁路沿线集镇。随着时间的推移，这些非铁路沿线集镇亦发生兴衰变动，进而使其原有的“差异化发展”态势出现一些新变化。就此而言，比较铁路沿线与非铁路沿线集镇的“差异化发展”，应有助于更清晰地认识铁路沿线集镇“差异化发展”的基本特征及其影响。有鉴于此，本章将在概述非铁路沿线集镇发展状况（其中经济方面侧重于产业，社会方面侧重于社会组织，文化方面侧重于教育，制度方面侧重于管理体制）的基础上，从微观和相对整体性两个层面对铁路沿线与非铁路沿线集镇的“差异化发展”进行比较，并总结其异同。

一　华北非铁路沿线集镇概述

在1937年前的华北集镇中，虽然铁路沿线集镇的数量不断增多，地位日益突出，但非铁路沿线集镇仍占有较大比例。例如，在1912年前冀鲁豫三省25个成立商会或商务分会的集镇中，非铁路沿线集镇有12个，约占48%；在1937年前冀鲁豫三省有商号统计的350个集镇中，非铁路沿线集镇有204个，约占58%。要对这200余个集镇的兴衰变动一一进行考察，显然并非一节内容所能容纳（实际上亦无此必要）。鉴于此，下文将以羊角沟、龙口、葛沽、牛栏山、胜芳、赊旗、沙河镇、索镇、皇（黄）庄、尹村、虎头崖、石臼所、古北口、兴隆、辛集、信安、河西务、张秋、龙王庙[①]等有

① 其中，虎头崖、石臼所等集镇也兼具交通运输枢纽型集镇的属性，但由于其典型性远不如羊角沟、龙口等突出，故本书将其归为工商业型集镇。

一定代表性的集镇为例，概述非铁路沿线集镇的发展。

在羊角沟、龙口、葛沽、牛栏山、胜芳、赊旗等交通运输枢纽型集镇中，羊角沟“当小清河之尾闾”[①]，是小清河航线与海运的交会点。其在清末以前的发展上文已有述及。胶济铁路通车后，由于“商人水运者少，强半由青岛搭车西运”，该镇商业逐渐衰落。但由于“航运之杂粮、木料与本地渔船行驶不绝”，因此“虽不如昔年之盛，尚可支持”[②]。1917年前，街市东西长2里余，南北宽1里余，人口5000—6000人。[③]1926—1927年“犹盛极一时”[④]，1927年时有人口845户，8070人。[⑤]1933年前，羊角沟有居民700余户，“业商者约一百八十余家。自东北沦陷，该镇商业遂远不如前。然每年总交易仍达三百余万元之谱，就中以盐粮鱼等业为最盛”[⑥]。1935年前，羊角沟商业以夏季为盛，有商店140—150家，主要行业有盐店、粮行、渔行等，“往年商业鼎盛时，粮行规模极大，近则丁令化鹤，景象全非矣。经营盐商者，率皆有利可图。进出口以鱼、盐、陶器、木材、苇席为多，昔年木材进口，为大宗税收，本年只进木料船二艘，而市价日落，问津者绝少”[⑦]。

虽然羊角沟商业在1937年前已远不如前，人口数量亦出现徘徊，但仍然是寿光县商业最盛的集镇。其社会组织、教育及管理体制也有不同程度的发展。该镇社会组织以商会较为重要。早在1905年，该镇即将商务公会改为商会公所，选出会长1人，公推10家粮商轮流值日，管理商会事宜。1918年商会进行改组，设会长1人，董事5人，文牍1人，司帐1人。除管理商务外，还管理行政事宜。[⑧]该镇教育始于1901年几家商户集资兴办的1所私塾，1909年又增开1所，共有教师2人，学生40余人。1931年开办国民小学，有教师4人，学生4班80人。1936年前

① 民国《寿光县志》，第973页。
② 民国《寿光县志》，第995页。
③ 『支那省别全志　第4卷（山東省）』、347—348頁。
④ 《羊角沟纪略》，《关声》第12期，1935年，第741页。
⑤ 《羊口镇志》，第81页。
⑥ 《胶济铁路沿线经济调查报告》分编四寿光县，第6页。
⑦ 《羊角沟纪略》，《关声》第12期，1935年，第743页。
⑧ 《羊口镇志》，第200页。

有初级小学2所，男生73人，女生7人。[①] 同一时期，羊角沟管理体制的变迁也具有一定的代表性。该镇于1903年设立巡警局，1910—1911年成立议事会等机构，[②] 从而成为华北地区较早同时设立警务机构、商会、自治机关的集镇之一。由于警政“所需薪饷悉由商会捐纳”，因此商会拥有较大权力，1914年开始形成警佐与商会共治局面，“行政机关仍是商会，实际权力乃是警佐。商会设会长1人，董事若干人，文牍、司帐各1人，下设‘地方’1人”[③]。这一局面一直持续到1937年前。

与羊角沟的衰势不同，同在山东境内的龙口位于黄县西40里，距烟台60海里，天津、营口各约200海里，大连120海里。自然地理条件优越，“港湾之良，不亚烟台。北临渤海，与大连、天津诸埠，遥遥相对”。龙口在19世纪70年代以前只是一个小渔港，“略有商店数家，贩卖食粮渔盐而已”[④]。1912年以后逐渐发达。1914年被辟为自开商埠后，与烟台、大连、营口以及虎头崖、羊角沟、安东等地之间的贸易日渐发展。进货物以日本棉货为大宗，煤油、火柴次之；出口货物以茧绸、粉条、鲜果为大宗。1916—1921年，进出口总值分别为927139海关两、951876海关两、1177509海关两、1145676海关两、1199635海关两和2351395海关两。[⑤] 1917年前后，龙口商业已有洋广杂货商70余家，客栈60家，粮行50余家，船行3家，钱庄银号40余家和中日合办的龙口银行1家；人口有1200—1300户，7500人；街市东西长而南北狭。[⑥]

1922年烟潍公路通车后，龙口一跃成为水陆交通的枢纽，不仅进出胶东地区的货物经此转运，而且能够沟通与山东全省及东北、上海和海外等地的贸易关系。1922年进出口贸易总值激增至5977700海关两，1924年工商业最盛时期“全市商号共计五百余家”。此后由于农村经济恐慌，购买力大大减弱，龙口商业日益衰落。到1933年前后，共有商号400余家，其中杂货业80家，粉干业40家，粮业75家，银行1家，烧

① 民国《寿光县志》，第913页；《羊口镇志》，第295页。

② 民国《寿光县志》，第582、834页；《羊口镇志》，第200页。

③ 《羊口镇志》，第262页。

④ 《胶济铁路沿线经济调查报告》分编二黄县，第14页。

⑤ 白眉初：《中华民国省区全志》（山东省），第134—135页。

⑥ 山东省龙口市史志编纂委员会编《龙口市志》，齐鲁书社，1995，第337页；白眉初：《中华民国省区全志》（山东省），第134页。

炭业32家，木业17家，帆船代理店22家，渔业15家，客栈业30家，肉业12家，茶食17家，鞋铺11家。商业“仍以旧街市为盛，新街市商店，寥若晨星”。有人口1833户，8805人。① 到1937年前，龙口商业一度有所恢复，商号增至747家。②

随着工商业的迅速兴起，龙口开始创立商会组织。1911年，黄县龙口镇商务分会成立，有议事员27人，入会商号146家。③ 1912年旅栈业同业公会成立；1917年钱业同业公会组建。到1927年时，龙口商会有职员38人，其中会长1人，副会长1人，会董30人，特别会董6人，主要从事杂货、粉庄、钱庄、船店、粮行等行业。④ 1928年粉业同业公会成立，标志着龙口商人组织的不断扩大。随着工商业的发展，龙口的教育事业也有所发展。到1933年前后有私立两级小学1处，学生150余人。作为这一时期华北地区的重要商埠之一，商会和警政机构在龙口管理体制中占有重要地位。其中，商会的主要职能为“加强对商业的监督指导，便于征收课税和调解商贾间的纠纷”⑤。警政机构始于1910年的巡警分驻所，有警士12人，次年增至20人。1914年龙口单设警察事务所，1916年扩为商埠警察局，有官长、警士160人，1928年8月改称公安局，1929年1月将公安局改为警察厅，4月又复称公安局。⑥ 1933年前后，“公安局有警察三百余人，该局直接隶属山东省政府，与黄县无涉”⑦。

葛沽地处海河下游，陆路距天津70里，水路距天津90里，因“民众日用生活之应用物品，除由土产供给外，大半由天津市运来，运输方法，系本地棉花由船运津市销售后，装回杂货”⑧，因此可归为非铁路沿线集镇。在轮船和铁路运输兴起以前，该镇居民多以种稻、开办粮行为业，“海船载粮入口均住此地，售卖洋船亦然（即宁波等处之船载来，

① 《龙口市志》，第337页；《胶济铁路沿线经济调查报告》分编二黄县，第10—15页。

② 《龙口市志》，第337页。

③ 《国内商会统计》，赵宁渌主编《中华民国商业档案资料汇编》第1卷（1912—1928），第103页。

④ 《山东龙口商埠商会职员一览表》（1927年10月—），青岛市档案馆藏档案，档案号：B0038/001/00425。

⑤ 《龙口市志》，第477页

⑥ 《龙口市志》，第503页。

⑦ 《胶济铁路沿线经济调查报告》分编二黄县，第15页。

⑧ 《北宁铁路沿线经济调查报告》，第1112页。

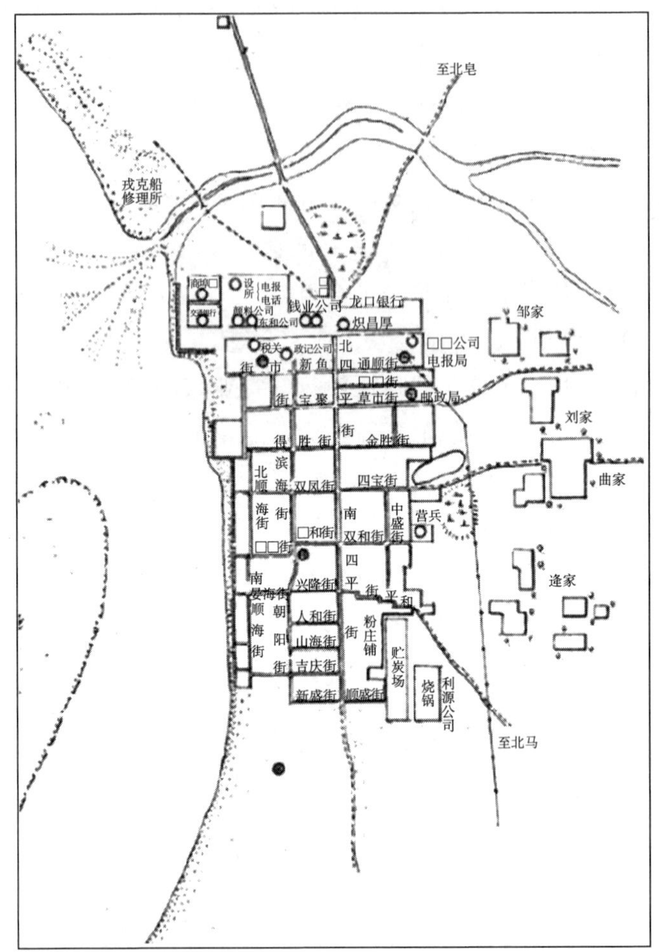

图 7－1　1919 年前后的龙口街市

资料来源：『青島守備軍民政部鐵道部調查資料　第十七輯　東北山東（渤海山東沿岸諸港濰縣芝罘間都市）調查報告書』、189—191 頁。

均系南方土产）”。随着轮船的通行和铁路的开通，葛沽的粮食转运业受到较大影响。到 1918 年时，“此项船只不过尚有百分之一。商业除粮行尚有数家，余则杳然无几矣”①。尽管葛沽商业一度因交通格局发生剧变而衰落，但到 20 世纪 30 年代仍是天津县境内的一个较大集镇。1931 年

① 《津商会关于城区及市郊各镇社会经济情况的简要报告》（1918 年 11 月 20 日），《天津商会档案汇编（1912—1928）》（1—4 分册），第 1963 页。

时，葛沽“市面人烟辐辏，形式上比较他村为繁荣”。镇内有人口5724户。[①] 1937年前后，葛沽“商业不甚发达”[②]，布局上以本镇三板桥为中心，“多洋货店，茶食店、布店、油店、棉花店，杂粮店尤多，触目皆是，散处各处，酒店有二。”[③] 在26家重要工商行号中，有杂粮商号3家，盐酱酒醋、油糖杂货、黄烟、染料、水果干果、鱼店、木材、煤油、典当等业各2家，茶店、药材、鲜肉、席业、砖瓦等业各1家。全镇有人口2000多户，24500多人，占地面积东西长约3里，南北宽1里许，面积约5平方里。主要街道有三板桥、西大街、新当铺街、中街、东中街等。[④]

虽然这一时期葛沽商业在天津县境内的地位远不如杨柳青，甚至也不如小站等镇，但已设有商务会等组织。其学校一度被认为是“全县模范”。1931年前镇内有第七女学和天津县葛沽镇小学，其中小学男女合校，有校长1人，教员7人，学生300余人。到1937年前后，有天津县立葛沽官立小学校、公立十三男校、公立五十二女校，私立志成、和衷、养正等学校以及短期小学校、短期小学班、民众学校、民众妇女班、民众阅报处等。其中葛沽官立小学校规模较大，有教职员12人，学生400余人。[⑤] 这一时期葛沽管理体制的组成部分，除商务会外，还有天津县第六区公安局、乡公所等。[⑥]

牛栏山位于河北省顺义县（今北京顺义区）城北20里，时人指出其发达理由为“镇东白河为北运河之上游，帆船运输，可直达通津各地。陆路方面，古为京热大道”[⑦]，故应为交通运输枢纽型集镇。该镇在清康

---

① 《津郊调查之十一（葛沽）》，《大公报》1931年1月28日，第5版。

② 《北宁铁路沿线经济调查报告》，第1112页。

③ 金永兴：《天津县——葛沽镇概况》，郭登浩编《天津县乡土志辑略》，天津古籍出版社，2016，第317页。

④ 金永兴：《天津县——葛沽镇概况》，郭登浩编《天津县乡土志辑略》，第316—317页；《中国通邮地方物产志》（河北编），第41页。

⑤ 《津郊调查之十一（葛沽）》，《大公报》1931年1月28日，第5版；金永兴：《天津县——葛沽镇概况》，郭登浩编《天津县乡土志辑略》，第319页；刘峻：《天津县葛沽镇乡土述略》，郭登浩编《天津县乡土志辑略》，第306—307页。

⑥ 刘峻：《天津县葛沽镇乡土述略》，郭登浩编《天津县乡土志辑略》，第305页。

⑦ 新民会中央总会编印《河北省顺义县事情》，1940，第63页。

熙年间已有店铺数百家，每逢农历四、七、九日集市。[①] 1917 年前商业依然比较兴盛，“北来骡驮，又皆在牛栏驻卸，以便装船，运送京津，其自京津来者，亦因驮价省费，至此换驮北去。……其所运货，北来以药料果品粮食为大宗，南来以洋货南货为大宗。”[②] 1933 年前，牛栏山“各关户口殷繁，四街商号兴盛，每旬四七九日为大集，二日为小集，粮市一在东门外，一在南关，马市在南门外，猪市在北门外，席、菜两市均在北门内”，有各种店铺 50 余家，人口 595 户，2824 人。[③] 1937 年前，牛栏山商业因战乱而衰退，仅有商号 70 余家（其中加入商会者有 40 余家）。交易商品中，面粉来自天津，每年运进两三万袋；煤油来自天津，“由河路运到后，除销本镇者外，以前尚可销至口北一带”；部分杂货由天津购买；运出玉米、豆类、杂粮等，“运天津者走白河，在本镇码头上船”[④]。

作为顺义县境内重镇，顺义县众商人曾于 1914 年以牛栏山“适居水陆要冲，车船辐辏，商业颇称繁盛。揆诸形势，顺义应设之分会，正宜设在敝镇”为由呈请设立商务分会，并拟定了《顺义县商务分会试办简章》，但因故未获批准。[⑤] 1930 年 7 月（一说 1928 年），牛栏山商会成立，有执行委员 15 人，候补执行委员 4 人，监察委员 7 人，候补监察委员 2 人，常务委员 5 人，主席委员 1 人，书记长 1 人，书记 1 人。1935 年进行改组后，组织并未发生变化。[⑥] 牛栏山的小学教育始于 1915 年。当年秋季在该镇南门外药王庙创办了第二高等小学校。该校于 1923 年改称第二高级小学校，1928 年“本镇第一、第二两初级小学校附属于内，始成完全小学校”。到 1933 年前共毕业 13 个班，学生 120 人，在校第十四班学生 20 人，第十五班学生 41 人，初级四班学生 120 人。[⑦] 牛栏山的

① 《集镇》，康熙《顺义县志》卷 2，第 10 页 b。

② 《第三区（顺天平原）报告书》（顺义县），《直隶省商品陈列所第一次调查记》，第 5 页。

③ 民国《顺义县志》，台北，成文出版社，1968 年影印本，第 90、120、538 页。

④ 《北宁铁路沿线经济调查报告》，第 486—488 页。

⑤ 《顺义县众商请于牛栏山设立商务分会呈文章程并朱家宝暂缓设立批》（1914 年 8 月 18 日），《天津商会档案汇编（1912—1928）》（1—4 分册），第 462—465 页。

⑥ 民国《顺义县志》，第 394、538 页。

⑦ 民国《顺义县志》，第 402 页；《河北省顺义县事情》，第 63 页。

中学教育始于1917年。当年1月，京兆第四中学校移至牛栏山，1920年8月改称京兆第三中学校，1924年3月改称京兆第二初级中学校，1928年7月河北省政府成立后改称河北省立第十九中学校。到1933年前共毕业11个班，学生186人，在校第十二班学生14名，第十三班学生21人，补习班学生12人。[①] 在牛栏山的管理体制中，除商会外，警政机构和自治机关也占有重要地位。其中，警政机构设于1914年，称为巡警局，设巡官1人。1916年开始推行地方自治，成立自治区后，“镇警察分隶于区公所”。1933年前牛栏山为第五分局驻地。随着地方自治的推行，牛栏山也建立了相应的机构。1933年前，第七区区公所设于牛栏山镇七圣庙后院，同时将该镇编为第七区第一镇。[②]

胜芳镇在文安县北70里，因其“水路上通清苑琉璃河，下通天津，旱路则为通北京之大道，而大清河回绕于其地，极交通之便利”[③]，故可归入交通运输枢纽型集镇。该镇在清康熙年间已成为重要集镇，逢农历四、九日集期。到光绪年间已有“居民万余家，贸易时舳舻千计”[④]。宣统元年时，“通津达保，人烟稠密，商贾云集”，有商号100余家，主要行业有钱业、粮业、布业、绸缎业、面业、瓷器业、木业、杂货业、醋酱业、线带业、苇草业、铁业、药材业、染坊业、灰煤业、皮业、颜料业、首饰业、茶食业、书业、饭庄业、麻业、鲜果业、京货业、皮箱业、放帐业、煤油业、成衣业、铜锡业、纸业、瓜菜业等。[⑤] 1917年前，该镇“商业繁盛，客商辐辏，实直省罕有之巨埠。凡天津货物之行销该镇附近各属及各属杂粮之运销天津者，皆以是处为麇聚之地。而客商之往来，亦以是处为最要之枢纽。此为该镇繁昌之大原因也。然以临迩天津之故，营商者虽有四百余户，亦无巨大之商家”[⑥]。1928年前全镇商号

---

① 民国《顺义县志》，第399—400页；《河北省顺义县事情》，第63页。

② 民国《顺义县志》，第120、145、147—149页；《河北省顺义县事情》，第63页。

③ 《第三区（顺天平原）报告书》（文安县），《直隶省商品陈列所第一次调查记》，第18页。

④ 光绪《畿辅通志》，《续修四库全书》（史部地理类0631），第546页。

⑤ 《文安县胜芳镇众行商禀陈胜芳通津达保商贾云集请速立商会文》（1909年12月19日），《天津商会档案汇编（1903—1911）》，第247—251页。

⑥ 《第三区（顺天平原）报告书》（文安县），《直隶省商品陈列所第一次调查记》，第18页。

“约二百数十家，虽不及泊头镇之多，而殷实富厚，则远过之。据闻民国十一年以前，有任丘、河间、山东、各外帮生意，约三百余家，加以本地商号，总在七百家以上。其后战事连年，该镇商业，大受影响，各外帮生意，相率他徙，而较殷实之商号，亦相率迁往天津。迄至今日，遂仅余此二三百家。盖渐衰微矣……又该镇有铁工厂一处，经理人即前述机器磨房经理，对于制铁颇有经验，所经营之铁工厂，均极发达。石庄、保定、天津、济南等处均有分号”①。在264家商号中，有盐店1家，当铺1家，洋布铺13家，灰煤厂、理发所各12家，钱铺、炼铁铺、豆腐坊各11家，杂货铺、成衣局各8家，杉木厂、米面铺各7家，绸缎店、药铺、靴鞋店、瓷器店、铜锡铺、染坊、卷烟、赁货铺、油坊、饭铺各5家。② 1937年前，胜芳镇“人口繁多，市面宽阔，商民齐集，买卖兴隆，足为全县各镇之冠”③。全镇共有重要工商行号44家，其中农产类9家，水陆畜产类4家，林矿类7家，制造品类21家，钱庄、当铺和运输各1家。主要分布在中山街、洋布街、关帝庙后街、三官庙街、粮食市街、菜市街、枣市街、鱼市街、西河沿街、新估衣街等地。④

作为“直隶六镇”之一，胜芳工商业比较兴盛，人口众多，商会成立也比较早。早在1909年12月，胜芳众行商就禀陈成立商会，1910年正式成立文安县胜芳镇商会，1918年改组。1919年前有会长1人，副会长1人，会董28人，会员154人。1922年商会进行改选，1928年前有职员26人，会员124人。⑤ 胜芳的新式教育起步较早。1906年成立胜芳高等小学校，系镇公立，开办之初设学董1人，名誉学董2人，司事1人，普通科教员1人，1908年增添英文教员1人，1912年停办，1913年复校，自1910年至1920年共毕业学生34人。另有5处国民学校，其中胜芳王氏私立女子国民学校成立于1919年，胜芳公立女子国民学校成立于1920年。此后又分别于1926年和1928年设立了杨氏女子师范和杨氏

① 《调查报告》第4编《工商》，第59页。

② 《调查报告》第4编《工商》，第387—391页。

③ 《河北省文安县地方实际情况调查报告》，《冀察调查统计丛刊》第1卷第3期，1936年，第127页。

④ 《中国通邮地方物产志》（河北编），第76—77页。

⑤ 《直隶省各地商会一览表》（1919年），《天津商会档案汇编（1912—1928）》（1—4分册），第482页；《调查报告》第4编《工商》，第392页。

师范。[①] 在胜芳的管理体制中，警政机构和自治机关也占有一席之地。由于胜芳“户口众多，商务繁盛，距县治尤远”，因此特设一区，“以便警政易于施行”[②]。“特别区”于 1915 年设立，称区公所，设区长 1 人。1928 年由警察署长兼任区长，另设助理员 2 人，雇员 3—5 人，处理日常事务。[③]

赊旗在南阳县城东 90 里，由于“地滨赭水，北走汴洛，南船北马总集百货，尤多秦晋盐茶大贾”[④]，因此可归为水陆交通运输枢纽型集镇。有研究表明，赊旗约兴起于康熙初年，清代中叶达到鼎盛，咸丰年间一度受挫，同光年间又再创辉煌，其不但是河南中、西部及山陕甘地区与南方数省商品流通的枢纽，也是晋商对俄茶叶贸易的重要转运通道。[⑤] “镇系砖城，周十余里，为门九。四方及四角，为门八，东北门一，共九门，城内有七十二道大街。在昔以南北瓷器街，东西山货街、老街、关帝庙街、长春街、铜器街、双北楼街为最盛，殷富甲于各地。”[⑥] 京汉铁路开通前后，虽然“商贾日稀，近益就衰矣”，但“县中商埠，犹为巨擘云”[⑦]，有较大铺户 133 家，以茶叶杂货过站为大宗。此后，由于“今铁路通于东方，唐河上游淤塞，形势大变，商务骤衰。南来之舟，至赊旗镇下百里，即不易行。上溯之客货渐集于唐河县之源潭镇”[⑧]，赊旗商业逐渐衰落。1924 年前，“除六七繁华街市外，余则满目萧条，但芝麻油、烧酒、粉条、线毯、豆麦犹为出产大宗”[⑨]，但在附近地区“仍为巨擘”。1934 年前，虽然商业萧条，但“聚居其间的人口依然达三千多户，而多数还做着小商或者其他的事情，务农的甚少”[⑩]。1937 年前有重要工商行

① 民国《文安县志》，第 1237—1244 页；霸州市志编委会：《霸州市志》，中国文史出版社，2006，第 673 页。

② 民国《文安县志》，第 159 页。

③ 河北省文安县地方志编纂委员会编《文安县志》，中国社会出版社，1994，第 429 页。

④ 光绪《南阳县志》，第 287 页。

⑤ 许檀：《清代河南赊旗镇的商业——基于山陕会馆碑刻资料的考察》，《历史研究》2004 年第 2 期，第 56 页。

⑥ 白眉初：《中华民国省区全志》（河南省），第 101 页。

⑦ 光绪《南阳县志》，第 288 页。

⑧ 吴世勋：《河南》（分省地志），第 156 页。

⑨ 白眉初：《中华民国省区全志》（河南省），第 101 页。

⑩ 《南阳农村社会调查报告》，《国际贸易导报》第 6 卷第 4 期，1934 年 4 月，第 100 页。

号7家，其中农产类3家，水陆畜产类1家，制造品类3家。[①] 作为县中巨擘，赊旗于1912年成立商务分会。与此同时，也建立了一些自治机关。[②]

铁路开通前，华北地区已有青塔镇、莘桥镇、大庄镇、尹村、沙河镇、索镇、彭城镇、柳疃、景芝、荫城镇、灰厂镇、宋曹镇、侯镇、上口镇、辛家寨镇等工矿业型集镇。铁路开通后，随着周村等成为设站集镇，彭城镇、柳疃、景芝、荫城镇等成为临近铁路的集镇，唐山、马家沟、焦作、坊子、洪山、长辛店、南口等成为新兴工矿业型集镇，[③] 非铁路沿线集镇中的工矿业型集镇呈相对减少之势。其中，沙河镇、索镇、皇（黄）庄镇、尹村等具有一定的代表性。

沙河镇在清末以前以集散草帽辫著称，交易最盛时期（1908—1913），全镇有辫庄五六十家，清末时期全镇有人口1000户。[④] 第一次世界大战期间，由于欧洲各国停止进口草辫，沙河辫商“倒闭者岁有所闻”，辫庄户数一度锐减至20余家，全镇经济损失达200万元。到1919年时，全镇共有辫庄30家。20世纪20年代以后，国外市场大幅减少了草辫的进口，国内口岸市场对草辫的需求随之锐减，内地草辫的生产和贸易普遍出现萧条，沙河镇市场的草辫贸易逐渐衰落。[⑤] 但1933年前后，草帽辫仍为沙河镇乃至掖县最重要的手工业，“该县无工厂工业，家庭工业以沙河镇附近一带之草帽辫最为驰名。每年出品约一百余万把”，“居民视此为唯一副业。每逢集镇，相率以编成之辫，赴集求售，天津上海等处商家，时常派人来镇设庄收买，往年销路甚佳，近日亦见萧疏矣”[⑥]。当时，沙河全镇有商号200余家，以经营棉纱、洋布为大宗。草

① 《中国通邮地方物产志》（河南编），第55页。

② 社旗县商业局商业志编纂领导小组编印《社旗县商业志》，1988，第9页；《南阳农村社会调查报告》，《国际贸易导报》第6卷第4期，1934年4月，第100—101页。

③ 时人的记述表明，荫城镇在京汉铁路开通后，每年约有50车（每车20吨）铁货用骡驮或小车运至邯郸车站，经火车运销天津、奉天、张家口及京汉沿线一带，已成为临近铁路车站的集镇。参见《邯郸县之经济状况》，《中外经济周刊》第190期，1926年11月，第9—10页。

④ 庄维民：《近代山东市场经济的变迁》，第153页。

⑤ 庄维民：《近代山东市场经济的变迁》，第154页。

⑥ 《胶济铁路沿线经济调查报告》分编三掖县，第5页。

帽辫交易总值每年达到 50 万元。[①]

作为著名的草帽辫加工和集散中心，沙河镇商会设立较早。1910 年，掖县沙河镇商务分会成立，有议事员 14 人，入会商号 92 家，后改称沙河商会。1929 年前，沙河商会第十届改选后有职员 21 人，其中会长 1 人，副会长 1 人，会董 12 人，特别会董 7 人，主要从事杂货、钱业等行业。到 1932 年前后商会改选后，有职员 22 人，其中主席 1 人，常务委员 4 人，执行委员 10 人，监察委员 7 人，主要从事杂货、棉业、线业、帽业等行业。[②] 沙河镇的新式教育始于 1913 年设立的沙河高小学校。该校初设沙河东门外，1916 年迁至匡郑徐家，1918 年改第二高级小学，1923 年迁至沙河镇南门外，1924 年改称第一小学。该校原有校长 1 人，教员 2 人，学生 1 班。1923 年改组后有校长 1 人，教员 3 人，学生 2 班。[③] 在沙河镇的管理体制中，除商会外，巡警分局于 1908 年成立，1921 年以后曾编置警察队，改编警备队为武装警察队，后再将警备队、警察兵统改编为警察，设警察所，其中沙河镇为第一分所。自治机关始于 1910 年成立的镇自治公所。1911 年成立镇议事会（有议长 1 人，副议长 1 人，议员 17 人）和董事会（总董 1 人，陪董 1 人，董事 1 人，名誉董事 4 人）。1914 年城镇议事会停办。1930 年掖县全县划分为 10 个自治区，第十区区公所在沙河镇街东，沙河镇公所在沙河街。1934 年裁撤各区区长及职员、区丁，“所有区公所账目款项及一切公用物品交各该区公所所在地乡镇长负责保管”[④]。

索镇虽然距胶济铁路张店车站仅有 40 里，但“水陆不能取得联络，一切商货土产肥料之输出输入，费财费时，板滞不灵”[⑤]，因此应归入非铁路沿线集镇。该镇在青岛开埠前因处于烟台与小清河沿岸各地交通的

---

① 《胶济铁路沿线经济调查报告》分编三掖县，第 7 页。

② 《国内商会统计》，赵宁渌主编《中华民国商业档案资料汇编》第 1 卷（1912—1928），第 102 页；《掖县沙河商会第十届改选职员表》（1929 年 1 月—），青岛市档案馆藏档案，档案号：B0038/001/00469；《掖县沙河商会改选执监委员表》，《掖县沙河商会改选执监委员曲鹏扬赵鸣珂等姓名》（1924 年 2 月），青岛市档案馆藏档案，档案号：B0038/001/00341；《关于山东掖县沙河商会改选委员就职的公函》，青岛市档案馆藏档案，档案号：B0038/001/00517。

③ 民国《掖县志》，第 370 页。

④ 民国《掖县志》，第 185、191、421—424、707—711、722 页。

⑤ 《胶济铁路沿线经济调查报告》分编四桓台县，第 15 页。

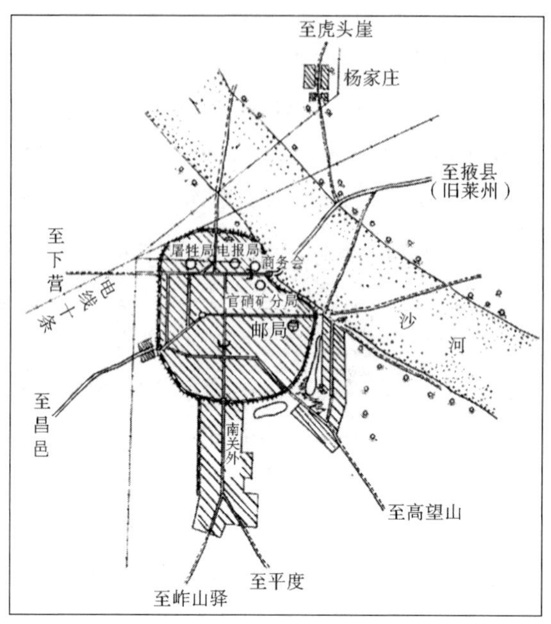

图 7－2　1919 年前后沙河镇

资料来源：『青島守備軍民政部鐵道部調查資料　第十七輯　東北山東（渤海山東沿岸諸港濰縣芝罘間都市）調查報告書』、127—129 頁。

要冲而成为重要集镇和榨油业中心。时至 20 世纪 30 年代，其榨油业仍较为兴盛。“油坊，多在索镇，资本大者及万元，小者千元以上，普通者约四五千元，多系商营，农户兼营者甚少。出品为豆油豆饼。豆油一部销于当地，余则由乌河小清河运往济南，转销蚌埠者较多，青岛仅少数。……盛时邑中油坊约八十余，年来油之销场滞涩……故日见衰退。今仅存六十家，俱萧疏异常。”到 1933 年时，有 30 家油坊“集于此地”[①]。1935 年前有油坊 28 家，“年产豆油豆饼，为数甚巨”[②]。尽管如此，榨油业仍在索镇的工商业中占有重要地位，“粮业油业撑持市面，尚不十分萧疏”。在 100 多家大小商号中，有油业 30 家，粮业 12 家，杂货业 17 家，布业、铁业、药业各四五家不等，合计全年交易总值应在百万元以上。1933 年前，全镇有人口约 2000 户、12000 余人。[③] 1935 年前有

① 《胶济铁路沿线经济调查报告》分编四桓台县，第 8—9、13 页。

② 黄泽苍：《分省地志》（山东），中华书局，1935，第 158 页。

③ 《胶济铁路沿线经济调查报告》分编四桓台县，第 13—14 页。

民户1600户，“市廛之盛，过于县治”[①]。

虽然这一时期索镇商业已显著衰退，但在桓台县境内“仍不失为一较大市镇”[②]，学校教育、自治组织和商人组织均有一定发展。学校教育方面，于1916年设县立第二高等小学校，1917年2月开学，1924年划归县有，1926年改称县立第二小学校，1929年改称县立第二小学，1934年改称县立索镇小学。自治方面废除乡约制，推行区乡（镇）制，于1930年6月在索镇成立第三区公所，设区长1人；区下设乡（镇），乡（镇）设公所，索镇被划分为东索镇和西索镇。同一时期，索镇虽未成立商会，但桓台县商会中，有部分成员住在索镇。如1929年前，桓台县商会委员中，常务委员逄永泰，执行委员崔豫恒、高和德、徐承宣，监察委员张玉田、王淑义等6人居住在索镇，占到委员总数（22人）的27%。1935年前，桓台县商会第二届当选委员中，常务委员孟昭奎，执行委员朱增传，监察委员于继修等5人居住在索镇，占到委员总数（32人）的16%。[③]

皇（黄）庄镇在三河县城南20里，乾隆年间已设有集市，“每逢五十日大集，三八日小集”。1917年前，皇（黄）庄以南百余村居民“皆于农暇之余，以织土布为业，而黄庄为其销售之聚处”。商业因此“稍形繁昌”。当时，全镇共有富有德、富有成、郁文堂、日新永4家布店，每月收土布3万—4万匹，“约皆销售于本地，及京北一带，出口者，为数甚少”[④]。1937年前，皇（黄）庄与香河县渠口镇、宝坻县新集镇形成鼎足之势，“均以土布业著称”。皇（黄）庄一带“女半学织，杼柚之声不绝于耳，一遇集期，抱布贸丝者踵趾相接，邑南十年九潦，人无冻

① 黄泽苍：《分省地志》（山东），第158页。

② 《胶济铁路沿线经济调查报告》分编四桓台县，第13页。

③ 民国《桓台志略》卷2《法制》，《中国地方志集成·山东府县志辑》第28册，第333、343页；《桓台县志》，第53、511页；《山东桓台县商会委员一览表》（1929年12月一），青岛市档案馆藏档案，档案号：B0038/001/00490；《山东桓台县商会第二届当选委员一览表》、《山东省桓台县商会第二届当选委员于师俊朱增传等一览表》（1935年12月），青岛市档案馆藏档案，档案号：B0038/001/00736。

④ 《第三区（顺天平原）报告书》（三河县），《直隶省商品陈列所第一次调查记》，第6页。

馁者，胥恃此耳，布商收买畅消于古北口外，逐渐发达，民生日裕”[①]。织布所用纱线由布庄供给，每集所交易土布达3000匹。全镇共有商号40余家。其中布店11家，以永泰和、富有义、聚盛德、裕兴等家营业较盛。此外还有粮业3家，杂货粮业3家，铁业2家，药业3家，饭馆业2家。[②] 全镇有人口287户，2066人，其中铺户57户，420人；普通户230户，1646人。[③]

作为三河县境内的土布业中心和重要集镇，皇（黄）庄的社会组织和教育也有所发展。虽然1935年前皇（黄）庄尚未成立商会，但民国初年三河县商会成立时“公推本城数人，各镇一二人为该会委员，遇有应兴应革之举及官家交付事件开会决议行之，会中经费由各镇按股均摊”[④]，皇（黄）庄镇应参与其中。该镇学校教育始于1913年3月开办的皇（黄）庄公立初级小学校。1935年前另设皇（黄）庄镇高等小学校。其管理体制中虽无商会组织，但警政方面设有区公安分局，有分局长1人，警长1人，警士10人。自治机关方面设有区公所和镇公所。[⑤]

尹村[⑥]在饶阳县城北20里，乾隆至道光年间每逢农历四、九日有集市，但规模次于小堤和留楚两镇。到1900年前后，尹村镇“虽在郊野，其殷阜十倍城廓量，其富小范（武强县小范镇，今武强县城）不及也”[⑦]。此时的尹村已成为织布业中心。1909年时尹村设立了益记和协成元两家织布工厂。1917年前，益记有资本1万元，出产各色合股布、方格合股布、细条合股布，有80张铁机，工徒150人，女工60人，日出布匹25匹。协成元有资本3万元，出产合股白洋布、合股蓝洋布，有织

---

① 民国《三河县新志》卷15《实业篇》，《中国地方志集成·河北府县志辑》第33册，第306页。

② 《北宁铁路沿线经济调查报告》，第531—532页。

③ 民国《三河县新志》卷6《乡闾篇》，《中国地方志集成·河北府县志辑》第33册，第117页。

④ 民国《三河县新志》卷15《实业篇》，《中国地方志集成·河北府县志辑》第33册，第307页。

⑤ 民国《三河县新志》卷6《乡闾篇》，《中国地方志集成·河北府县志辑》第33册，第115、283—285、295页。

⑥ 又称大尹村，本书通称尹村。

⑦ 转引自饶阳县地方志编纂委员会编《饶阳县志》，方志出版社，1998，第331页。

机340张，木铁参半，日出布匹70余匹。[①] 1920年时，益记职工增至200人，产品为袍料、花布、被面、褥套等；协成元有职工120人，产品有斜纹布、粗布、市布、漂布等。其间，益记还曾进行了工厂扩建和设备更新改造，添置电动织布机，新建附属发电厂、木工厂、铁工厂，增设锅炉房、机动磨面机，并从北京、天津请来工程师以上技术人员20多名，全场工人曾一度达到900余人。[②] 然而好景不长，协成元工厂于1921年停工，益记工厂亦于1927年歇业，“其原因在所销之地，均有工厂设立，该县货物运到目的地后，价额较大，销路因之停滞，而该工厂等即因之停工”[③]。到1937年前，尹村虽然仍为该县首镇，有人口373户、2115人，但“近数年来，以本县连年灾歉，农村经济破产，镇中巨商已多半倒闭，其现有商业勉强支持，然究其实况，能免逐年亏累者，亦寥若晨星。至于工业，则仅余铁锅工厂一家矣”[④]。尽管经济出现严重衰退，但尹村1937年前仍为饶阳首镇，设有区保卫团公安局和1处初级小学。[⑤]

在1937年前的华北非铁路沿线集镇中，工商业型集镇占有较大比例，其中既有虎头崖、石臼所等沿海集镇，又有古北口、兴隆、辛集、信安等陆路沿线集镇，还有河西务、张秋、龙王庙等运河沿线集镇。

虎头崖在掖县城西25里，沙河镇北30里，清光绪年间至少已有商户10家。1919年前成为沿岸民船和小汽船的停泊地，有人口150余户，商户增至约50户，其中有行栈11户，渔行10余户，鱼铺20余户，石油商2户。贸易往来的港口主要有安东、大连、龙口、天津、羊角沟、营口等，输出草帽辫、盐、牛皮，输入木材、杂货、烧酒、咸鱼、席子、窑货、大豆等。其中草帽辫约有8000箱，牛皮3000件（每件30张）。[⑥]

---

① 《第六区（中部平原）报告书》（饶阳县），《直隶省商品陈列所第一次调查记》，第3—4页；从翰香主编《近代冀鲁豫乡村》，第171—172页。

② 《饶阳县志》，第296页；从翰香主编《近代冀鲁豫乡村》，第172页。

③ 《饶阳县调查报告》，《河北省国货陈列馆月刊》第1期，1929年，第24—25页。

④ 《河北省饶阳县地方实际情况调查报告》，《冀察调查统计丛刊》第1卷第4期，1936年，第114页。

⑤ 《饶阳县志》，第59页；《河北省饶阳县地方实际情况调查报告》，《冀察调查统计丛刊》第1卷第4期，1936年，第114页。

⑥ 『青島守備軍民政部鐵道部調查資料　第十七輯　東北山東（渤海山東沿岸諸港濰縣芝罘間都市）調查報告書』、167—172頁。

1928 年以后，草帽辫、牛皮的输出逐渐衰落，葡萄、菜果等输出很少，市面仅靠豆饼、鱼类两项维持。[①] 1933 年前后有商户 33 家，“出口货较少，进口货为粮食，木材，煤炭等等。均由东北辗转运来，转销内地”[②]。作为掖县境内比较重要的港口，虎头崖成立了商会，设立了区乡（镇）自治机关。其中商会分事务所成立于 1913 年，1916 年经农商部核准定名为掖县虎头崖商会。1916 年至 1935 年，先后由孙在廉、赵万鉴、王书绅担任会长和主席。1935 年改选后，由赵延科担任主席。在 27 名职员中，有主席 1 人，常务委员 4 人，执行委员 10 人，监察委员 7 人，候补执行委员 3 人，候补监察委员 2 人，主要从事粮店业、煤炭业、船行业、木植业、鱼店业、草帽业、杂货业等行业。自治机关为虎头崖镇公所，1931 年前成立。[③]

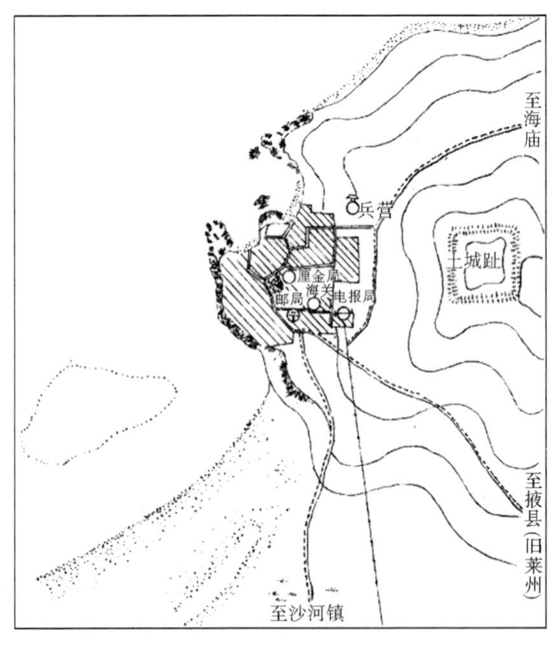

图 7－3　1919 年前后的虎头崖

资料来源：『青島守備軍民政部鐵道部調查資料　第十七輯　東北山東（渤海山東沿岸諸港濰縣芝罘間都市）調查報告書』、166—167 頁。

① 民国《掖县志》，第 723 页。

② 《胶济铁路沿线经济调查报告》分编三掖县，第 8 页；民国《掖县志》，第 125 页。

③ 民国《掖县志》，第 125、722—723 页；《山东掖县虎头崖商会改选职员表》、《关于送山东掖县虎头崖商会改选赵延科孙殿卿等职员表的公函（附名册）》（1935 年 6 月—），青岛市档案馆藏档案，档案号：B0038/001/00786。

石臼所位于日照县城东 20 里，元代已形成民船港口。[1] 清朝光绪年间已是“渔舟出入，商舶渐集”[2]。1908 年以后，随着公顺福等商号的创办，海运更加兴盛。民国初年有私人风船 96 条，贸易扩大到青岛、营口、石岛等港口，有各种商号 70 余家，旅店 30 多家，小铺店百余户。[3] 1917 年发往胶州湾的青岛、女姑口、塔埠头、红石崖等港口的民船为 1019 只，载重量为 185509 担；来自胶州湾各港口的民船为 839 只，156829 担。主要输出品为盐豚、豚毛、花生油、豆油、牛皮、柿饼、杂粮、盐、鸡蛋等；输入货物有高粱、豆类、面粉、石油、白砂糖、棉花、火柴、盐、鱼等。[4] 1919 年前后“已有商轮一艘，航行青岛，倭人亦有小轮一只，自行航行”[5]。城内约有 2400 户，主要街道有南北街、东西街等。[6] 1935 年前石臼所成为山东省二等海港，“青岛、海州、上海间往来汽船，皆寄碇于此，又为沿岸民船之中心，帆樯林立。……商贾云集，地方富庶”[7]。1937 年前，石臼所贸易扩大到宁波、温州、福州、大连、安东等地。全镇有重要工商行号 11 家，其中农产类 6 家，主要分布在西门里，均经营花生米和花生油；水陆畜产类 5 家，主要分布在西门里和北门里，均经营鲜猪肉。[8]

作为日照县境内的较大集镇，石臼所 1909 年始设日照县商务会的分会。1915 年日照县商务会改称为商会，1927 年以后除在石臼所等处设立商会以外，还成立过杂货公会、客栈公会、搬运公会和轮船公会等同业公会。除商会外，该镇警政机构设于 1927 年前，时称警察分所，1928 年改称第一分局，有巡官兼书记 1 人，警长 1—2 人，警察、夫役 30 余人。自治机关设于 1912 年，当时将全县划分为 15 个区，其中有石臼所区，

---

① 『青島守備軍民政部鐵道部調查資料　第十輯　南山東及江蘇沿岸諸港調查報告書』1918、95 頁。

② 光绪《日照县志》，台北，成文出版社，1976 年影印本，第 80 页。

③ 日照市地方史志编纂委员会编《日照市志》，齐鲁书社，1994，第 333 页。

④ 『青島守備軍民政部鐵道部調查資料　第十輯　南山東及江蘇沿岸諸港調查報告書』、99、111—117 頁。

⑤ 林传甲：《大中华山东省地理志》，第 320 页。

⑥ 『青島守備軍民政部鐵道部調查資料　第十輯　南山東及江蘇沿岸諸港調查報告書』、95 頁。

⑦ 黄泽苍：《分省地志》（山东），第 223 页。

⑧ 《日照市志》，第 333 页；《中国通邮地方物产志》（山东编），第 62 页。

设有区议事会。1931 年，将 15 个区合并为 7 个区，石臼所属第五区。同一时期，关于石臼所教育的情况虽然没有详细的记载，但由“教育最为发达的是一区（城区）、二区（涛雒、夹仓一带）和五区（石臼、两城一带），最落后的是六区（巨峰、黄墩一带）”等语可知，其教育亦有一定发展。①

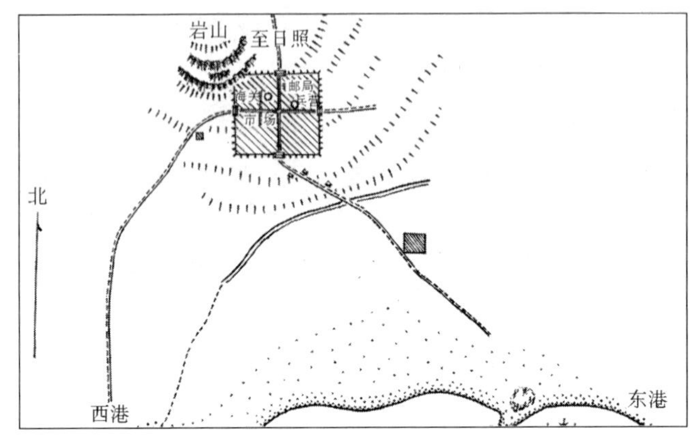

图 7－4　1919 年前后的石臼所

资料来源：『青島守備軍民政部鐵道部調查資料　第十輯　南山東及江蘇沿岸諸港調查報告書』、91—93 頁。

在陆路沿线的工商业型集镇中，古北口因地处关内外交通要冲，拱卫京师而兴起为集镇。该镇南距北京 230 里，密云 100 里，北至承德 190 里，是来往北京、承德的必经之路。清末以前有军队驻屯，加之有商贩停宿，因此“市面大为活动”。进入民国以后，军队裁撤，“军饷不来，故是口商业之萧疏，大有今昔之别”②。但 1933 年热河事变前仍是一个有四五千人口的较大集镇，“全境总分为河东河西两镇，详细区划，则分为河东、河西、南关、东关四处。而潮河关则属于河东。其人烟繁盛之地点，则河东河西较东南关为优。而河东西相较，则河东为商业区，而河西则为居住区”③。热河事变后，古北口商业受到较大影响，“我国正

① 《日照市志》，第 48、473、515—516、605 页。

② 《第二区（京北山岳）报告书》（密云县），《直隶省商品陈列所第一次调查记》，第 32—33 页。

③ 北京师范大学图书馆编《北师大图书馆藏稀见方志丛刊》第 1 册《民国古北口志》，北京图书馆出版社，2007，第 16 页。

式之商号，不过十家，其主要业务，为布业及杂货业。经营布业最大商号为益信昌，杂货业最大商号为北聚源”①。

作为地处交通孔道的较大集镇，古北口于1909年密云商务总会成立时设立分会，1914年改为古北口商会，后因商号减少，不符合商会建立条件，于1928年改组为古北口镇杂货业同业公会。1933年前有主席1人，常务委员1人，执行委员10人，文牍1人，商团10人，管理商界事宜。② 古北口学校教育以密云县第一小学校较为重要。该校成立于1922年，名为古北口公立高初两级小学校，1929年被编为密云县第二小学校，同年附设女子初级小学，1931年改为男女合校，有校长及教职员共6人。在1922年以后的10余年中，共毕业6班学生，52人。此外，该镇还设有古北口文昌阁公立初级小学校和古北口上营公立初级小学校两所学校。③ 除设立商会管理商界事宜外，古北口也分别设有公安分局和镇公所等机构。

兴隆镇（兴隆街）在华北非铁路沿线集镇中具有一定的特殊性。该镇所在地在清代被设为禁区。民国成立后，为解决满族人的生计，北京政府将清东陵长城以北陵区开禁，许可采伐林木，垦荒种地。于是，北京、天津等商民开始来此开设林木采售局和店铺，很快形成集镇，取名兴隆山，后改称兴隆镇。④ 当时兴隆商业以木材交易为盛。据记载，1920—1924年，兴隆境内年均木材交易收入达到80万—90万银元。同时开始形成集市贸易，以农历一、三、六、八为集日（三、八日小集，一、六日大集）。外销产品以木材及农副土特产品为主，输入品以生活日用工业品为主。1921年时有大小商号58家。到1930年兴隆县建立时，大小商号增加到117家，其较大商号（本金千元以上）有57家。1933年12月有居民1056户，4260人。⑤

作为一个在短短10余年中成长起来的新兴集镇和县城，兴隆镇1928

① 《北宁铁路沿线经济调查报告》，第435页。

② 民国《密云县志》卷5《商会》，《中国地方志集成·北京府县志辑》第6册，第89页；密云县志编纂委员会编《密云县志》，北京出版社，1998，第405页；《北师大图书馆藏稀见方志丛刊》第1册《民国古北口志》，第39页。

③ 《北师大图书馆藏稀见方志丛刊》第1册《民国古北口志》，第77—79页。

④ 遵化县志编纂委员会编《遵化县志》，河北人民出版社，1990，第10—11页。

⑤ 兴隆县地方志编纂委员会编《兴隆县志》，新华出版社，2004，第4—5、165、482页。

年设立了商务会，由张启斋、张星楼、蒙品三任负责人。除商会外，该镇警政机构始设于1915年，由遵化县政府派驻10余名武装警察，由巡官兼任大队长。1920年改由蓟县代管时设立警察所，1930年建县时设立了公安局。自治机关也始设于1915年，由遵化县政府设立“特别区”，派巡官主持政务。1920年改由蓟县代管时由警察所管理政务。1921年秋再归遵化县管辖时设立遵化县第八区，同年复建“兴隆山特别区”，设立办事处，由处长管理行政事务。直至1930年建县。由于兴隆开发较晚，学校教育也比其他集镇落后，直到1928年才设立了兴隆山中山小学。①

辛集镇位于束鹿县城西北18里，为德州至石家庄间陆路必经之地，清朝乾隆年间已是商贾云集的大镇。清末民初时，皮毛贸易十分兴盛。1917年前，该镇年产股皮15万余块，皮胶原料100万余斤，此外还出产毛织绒、棉织绒、毛毯、毡栽绒等制造品。但商业“半属空虚，商务及工业日有退步之势”。其中一个主要原因是该镇货物“原赖陆车以运输，无舟楫与汽车之便利。今则均由汽车输送。而该镇距铁路远甚，是以运输之大利，均被汽车夺去”②。1920年前，商号中有大小皮店25户，毛店4户，花行4户，车店3户，每逢农历四、九日有集市，全镇有人口1040户。③ 1928年时，由于地理、交通以及战争的影响，辛集商业有所衰退。全镇有商号500余家，人口10000余人。④ 1937年前工商业有所恢复，全镇有商号700余家，交易以各种工业品为主。在40家重要工商行号中，有农产类5家，制造品类27家，金融及其他8家。⑤

作为束鹿县乃至于河北省著名的工商业大镇之一，辛集镇1909年时就成立了商务分会，有入会商号297家，议事员35人。1915年，束鹿县辛集镇商务分会改组为束鹿县辛集镇商会。1928年前有会长1人，副会

① 《兴隆县志》，第7—8、58—63、829页。

② 《第六区（中部平原）报告书》（束鹿县），《直隶省商品陈列所第一次调查记》，第10页。

③ 『青島守備軍民政部鐵道部調查資料　第二十輯　周村德州及德州石家莊間並石家莊滄州間調查報告書』、135—138頁。

④ 《调查报告》第4编《工商》，第18、181—183页。

⑤ 《河北省束鹿县地方实际情况调查报告》，《冀察调查统计丛刊》第2卷第4期，1937年，第104、118页；《中国通邮地方物产志》（河北编），第84页。

长 1 人，书记 1 人，会计 1 人，会董 30 人，特别会董 6 人，会员 260 人。[①] 辛集的新式教育起步较早，1905 年前已创办高等小学堂。此外，警政机构和自治机关也设立较早。其中，警政机构始设于 1906 年，称为巡警分局，有巡官 1 人，警董 2 人。1914 年以后改设警察分驻所，有警长 1 人，1928 年改为公安分驻所，有所长 1 人。自治方面最值得注意的是 1925 年与石家庄一起被公布为“自治市”，即“辛集市”（以辛集镇为其区域）。[②] 虽然辛集“自治市”最终没有下文，但也从一个侧面彰显了其作为河北省内工商业重镇的地位。

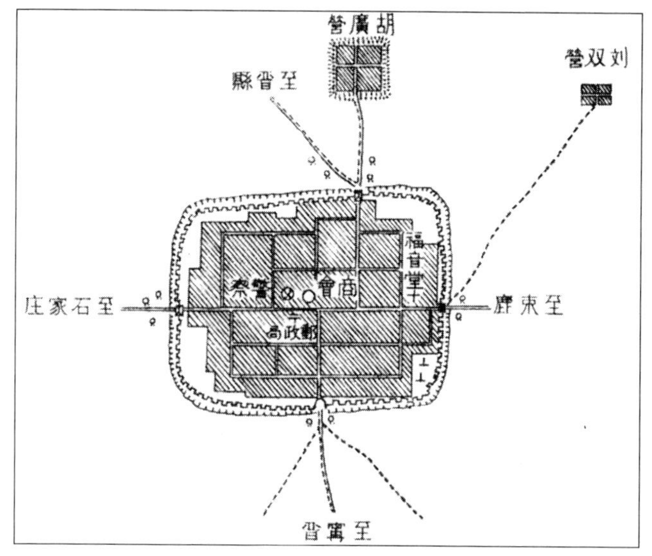

图 7－5　1920 年辛集

资料来源：『青島守備軍民政部鐵道部調查資料　第二十輯　周村德州及德州石家莊間並石家莊滄州間調查報告書』、134—135 頁。

信安镇在 1875 年前已是永清县境内重要集镇，有人口 898 户，3224 人，“每月逢三日为永清集，八日为霸州集”[③]。1917 年前，永清境内

① 《国内商会统计》，赵宁渌主编《中华民国商业档案资料汇编》第 1 卷（1912—1928），第 71 页；《调查报告》第 4 编《工商》，第 177 页。

② 参见辛集市地方志编纂委员会编纂《辛集市志》，中国书籍出版社，1996，第 594—595、681 页；《直隶全省自治筹备处令石家庄商会会长张士才呈请设立市自治会卷》（1921—1928 年），河北省档案馆藏档案，档案号：656/2/132。

③ 光绪《续永清县志》卷 2《舆地图》，《中国地方志集成·河北府县志辑》第 27 册，第 409 页。

“惟南关镇信安韩村三处之商业，稍有可观，而以粮店、当铺、杂货铺为最多。其自京津贩来之货物，则为洋布杂货，其输出之物，亦惟谷类、甘薯、硝碱及蝉蜕等类。别无大宗之物”[①]。1937年前，信安镇共有商号数十家，以和顺、庆记两家杂货店和福源涌酒店分号较大。由于匪患的影响，信安商业出现严重衰退。“昔日为本县要镇之一，嗣受匪患蹂躏，苛杂剥削，一蹶不振矣。”每逢农历三、八日有集市，“交易范围以兑换银元买卖杂粮为主，近五六年来，因地方不靖，农村经济枯竭，营业均不发达”[②]。

由于分属永清、霸县管辖，信安的警政机构和自治机关亦分属两县。如在警政机构方面，霸县公安局第二分局在信安设立分驻所，有所长1人。在自治机关方面，霸县将信安编为第三区第十九乡，永清则于1917年在信安置第六区，1928年改为第四区。[③]

河西务在武清县东北30里，元朝开始成为漕运要途，清朝初年已成为商业繁盛之地。1920年前，河西务虽然“市面远不如昔年”，但“至今犹为武清、香河邮路之要镇”[④]。1928年前，河西务“为北运河岸之重镇，其地方之发达，商务之兴盛，不亚于县治。商店约有百余家，人口在二万左右”[⑤]。1937年前，该镇共有商号40余家，其中粮业10余家，杂货5—6家，布业5—6家，煤局3家，药业10余家，磁铁业2—3家，饭馆2家，肉铺3家，烧锅1家，所售商品中，煤油、卷烟、文具、书籍、广货、杂货、茶叶、大米、面粉等多托栈房或派人在天津购买。[⑥]尽管商业已呈衰退之势，但河西务仍为武清县境内重要集镇，商会、自治机关和警政机构先后设立。其中，商会组建于1918年7月，以摊派各项税收，调解工商税务为宗旨。自治机关即第二区公所，设立于1930年，有区长1人。警政方面，1936年前设立了县公安局第二分局。[⑦]

---

① 《第三区（顺天平原）报告书》（永清县），《直隶省商品陈列所第一次调查记》，第14页。

② 《北宁铁路沿线经济调查报告》，第690—691页；《河北省永清县地方实际情况调查报告》，《冀察调查统计丛刊》第2卷第5期，1937年，第139页。

③ 民国《霸县新志》，台北，成文出版社，1968年影印本，第58、137—138页；永清县志办公室编《永清县志》，河北人民出版社，2000，第27页。

④ 林传甲：《大中华京兆地理志》，第255页。

⑤ 《调查报告》第2编《路政》，第55页。

⑥ 《北宁铁路沿线经济调查报告》，第1025—1027页。

⑦ 《武清县志》，第369、739页；陈佩：《河北省武清县事情》，新民会中央总会出版部，1940，第30、38—39、51页。

张秋在明清时期为运河沿线商业大镇，“河上官商船只云集，帆樯如林；市肆楼房栉比，百货云屯；商民往来，肩摩毂击，俗有小苏州之称”[①]，有著名商号40余家。清末漕运停止，海运兴起后，张秋镇“日见萧索”[②]。民国初年以后，张秋虽然出产毡衣、毡帽、毡鞋、毡靴等比较有名，但“因惨遭匪祸，加以农村破产，商业凋零已甚”[③]。张秋社会组织、教育和管理体制的变化也能反映出其工商业的衰势。到1937年前，张秋尚未组建商会，亦未设警政机构。虽然早在1898年就将张秋镇安平书院改为张秋小学堂，成为阳谷境内最早创办的新式学校，但直到1936年时，有据可查的学校仅有“阳、寿、阿共立小学”1所（其前身即张秋小学堂）。在地方自治推行过程中，张秋亦未像众多集镇那样成为区公所驻地。1929年阳谷县依据《县组织法》、《区自治实行法》、《乡镇自治实行法》划分区、乡（镇）时，第二区区公所先设厂楼村，后移阿城镇，张秋仅为其所辖乡（镇）之一。1936年境内乡、镇合并后，张秋亦仅为第二区区公所辖9个乡（镇）之一。[④]

龙王庙在清乾隆、嘉庆年间已成为长芦盐运销附近地区的重要落厂地，“商贾凑集，长芦运送至河南省者于此落厂，有集有渡口”[⑤]。清末民初时，大名附近所产草帽辫、花生、黍、瓜子、豆、粟等农副产品多经龙王庙运往天津等地，商铺有杂货店、谷物店、粮食店、野菜店等。全镇有人口约600户，3000人左右，街市外部形状呈现为东北—西南走向的香蕉形团块状形态。[⑥] 1934年前，龙王庙仍为大名境内重镇，“中区之龙王庙、东区之金滩镇，滨御河以建商埠，其繁盛景象，尤堪为全区诸镇之冠”。在21家商号中，有银号1家，药房3家，煤砟厂1家，煤砟店1家，煤油公司1家，茶庄2家，饭馆2家，印书馆1家，盐厂1家，洋货店1家，煤店1家，粮店（行）3家，当店1家，板店1家，酱菜园1家。全镇有人口844户，3687人。[⑦]

① 阳谷县地方史志编纂委员会：《阳谷县志》，中华书局，1991，第38—39页。
② 林修竹：《山东各县乡土调查录》第3卷，第137页。
③ 《阳谷县志》，第186页。
④ 《阳谷县志》，第34—35、409页。
⑤ 乾隆《大名县志》卷2，第3页b。
⑥ 详见本书第1章。
⑦ 民国《大名县志》，第140、474、476页。

作为大名县境内重要集镇，龙王庙虽然距大名县城仅 18 里，但教育、警政机构和自治机关仍有所发展。1934 年前已有龙王庙北初级小学校、龙王庙南初级小学校、龙王庙公立第五完全小学、龙王庙民众学校等学校；设有中区警察所第一分所，有巡官 1 人，书记 1 人，巡长 1 人，巡兵 3 人；被编为大名县第一区第一镇。①

综上所述，到 1937 年前，华北非铁路沿线集镇在工商业发展、社会组织、教育及管理体制方面亦呈现出“差异化发展”态势。虽然其集散货物并不经由铁路运送，但部分集镇，尤其是运河沿线集镇的发展仍然受到铁路运输的间接影响。

二　铁路沿线与非铁路沿线集镇的比较

铁路开通前，华北地区集镇集中分布在运河沿线、驿路沿线和沿海地区。铁路开通后，虽然铁路沿线集镇日益增多，但非铁路沿线仍占有一定比例。前文的研究表明，在社会经济、交通状况、政治局势诸因素的交织影响下，非铁路沿线集镇也呈现出“差异化发展”的态势。本节将从个案和整体性两个层面，对铁路沿线与非铁路沿线集镇的“差异化发展”展开比较研究。

如前所述，在华北集镇中，无论是铁路沿线集镇，还是非铁路沿线集镇，均可大致分为交通运输枢纽型集镇、工矿业型集镇和工商业型集镇三类。不同类型的集镇在发展历程、产业规模、产业结构、人口数量与职业构成、街市面积、社会组织、教育发展和管理体制等方面有较大差异。因此，下文将分别进行比较。

1937 年前，华北具有一定代表性的交通运输枢纽型集镇又可以区分为传统集镇和新兴集镇两类。在传统交通运输枢纽型集镇中，地处铁路沿线的张店、泊头、道口或迅速发展，或缓慢前进，非铁路沿线的羊角沟、葛沽、牛栏山、胜芳、赊旗等在总体上处于衰退或停滞状态。两者的差异体现在商号数量、近代工业发展水平、人口数量与居民职业构成、街市面积、社会组织、教育发展、管理体制等方面。

① 民国《大名县志》，第 104、434、455、561 页。

在缺乏更详细的统计数据的情况下，商号数量可作为考察集镇产业规模的一个最重要指标。1937 年前，张店有重要工商行号 57 家，泊头有 67 家，道口有 32 家，羊角沟有 18 家，葛沽有 26 家，胜芳有 44 家，赊旗仅有 7 家，牛栏山没有明确的统计数据。[①] 总体上铁路沿线集镇商号数量多于非铁路沿线集镇。

作为产业结构变化的重要内容，近代工业的发展水平往往能够体现出集镇的发展状态。1937 年前，张店设有铃木丝厂，泊头设有永华火柴公司、兴华造胰公司和电灯公司，道口建有继兴公司、工艺工厂、振豫蛋厂、美华铁工厂等近代工厂，表明近代工厂在张店、泊头、道口等集镇的产业结构中占有一定地位。而羊角沟、葛沽、赊旗等非铁路沿线集镇仍以商业和传统手工业为主，胜芳镇曾经设立的机器磨房"因受天津面粉，及外来面粉影响，以至歇业"[②]。另一家玉兴栈铸锅厂则"依旧式房屋营业"，"纯系人工制造"[③]。

人口数量与居民职业构成是集镇社会结构变动的重要内容之一。张店约有工商业者 3500 人（即张店车站镇人口），其中铃木丝厂职工 700 余人，占有较大比例。道口全镇有人口 18500 余人，[④] 其中振豫蛋厂工人有 160～170 人，美华铁工厂工人有四五十人。泊头 1935 年前有居民 2300 余户，[⑤] 人口当在 1 万左右，其中永华火柴公司职工有 400—500 人，占到 5% 左右。羊角沟 1935 年前人口虽然多于张店，但明显少于道口和泊头，且没有近代产业工人。葛沽 1937 年前人口数量多于张店、道口和泊头，但也没有近代产业工人。牛栏山 1933 年前人口少于张店、道口和泊头。胜芳镇人口虽然号称 10 万，但从商业规模来看，实际人口应远少于此数。赊旗 1934 年前人口数量应介于泊头与道口之间。

街市面积能够从一个方面反映出集镇的规模。1937 年前，道口、泊头、羊角沟、葛沽等镇的街市面积有据可查。其中，道口 1936 年前街市

① 参见《中国通邮地方物产志》（河北编、河南编、山东编）相关各县。以下所引资料，凡前文已经注明来源者，本章不再注明。

② 《调查报告》第 4 编《工商》，第 59 页。

③ 《调查报告》第 4 编《工商》，第 383—385 页。

④ 《各县社会调查》（濬县），《河南统计月报》第 2 卷第 10 期，1936 年 11 月，第 160 页。

⑤ 《泊头镇一瞥》，《工商学志》第 1 期，1935 年，第 86 页。

面积30余平方里。泊头1928年时街市面积约有10平方里。[①] 羊角沟1917年前街市面积约2平方里。葛沽1937年前占地面积约5平方里。比较之下可知，铁路沿线的交通运输枢纽型集镇总体上占有一定的优势。

社会组织尤其是商会组织的创立及扩大，是集镇社会结构变化的重要体现。张店20世纪30年代初仅设有一些行业公会。道口商会1912年前有入会商号59家，议事员24人，1931年共选出职员28人，1933年选出职员27人，1935年选出职员30人。泊头镇商会1912年前有入会商号115家，议事员120人。羊角沟商会1918年时有会长1人，董事5人，文牍1人，司帐1人。牛栏山商会1930年前后有职员30余人。胜芳镇商会1919年前有职员30人，会员154人；1928年前有职员26人，会员124人。这就表明，除道口、泊头等少数集镇外，其他铁路沿线和非铁路沿线的传统交通运输枢纽型集镇，在商会的组织构成、规模和职员构成等方面并无明显差别。与此同时，张店等铁路沿线集镇设有铁路工会等工人组织，非铁路沿线集镇多无此类组织。

教育的发展能够从一个方面反映出集镇社会文化的发展水平。张店于1925年前设立了胶济铁路张店小学校，当时学生不足100人，1931年时增至270人左右。1930年开办了铁路职工学校，1933年2月创办了非企业所属的张店镇立小学。道口1934年前有完全小学1所（浚县县立第三完全小学），学生7班304人，另有俄国东正教所建的1所学校。[②] 泊头1935年前设有省立泊镇师范学校，共有学生273人（其中女生117人）。该校还附设有民众学校4处，附属小学1处，有学生300余人。此外还有县立完全小学1所。[③] 羊角沟1936年前有初级小学2所，学生80人。葛沽1931年前两所小学（第七女学和天津县葛沽镇小学）有学生300余人，1937年前葛沽镇小学校有学生400人。牛栏山1933年前高级小学有在校学生181人，中学有在校学生47人。胜芳1937年前有学校多所，但学生人数不详。赊旗1918年前设有学校两所。由此可见，在学校层次和类别上，铁路沿线的泊头建有师范学校，非铁路沿线的牛栏山设有中学校，层次较高，张店既有铁路小学、职工学校，又有镇立小学，

① 《泊头镇之近况》，《经济半月刊》第2卷10期，1928年5月，第21页。

② 《浚县志》，第766—771页。

③ 《泊头镇一瞥》，《工商学志》第1期，1935年，第93—94页。

学校类别较多。在学校规模上，葛沽有学校 6 所，其中仅葛沽镇小学 1 所就有学生 400 余人，学校最多，规模最大，张店和泊头分别有学校数所，在校学生 200—300 人，规模次之，道口有学校 2 所，学生人数超过 300 人，羊角沟、赊旗等虽然也有学校数所，但学生人数较少。这表明，在教育发展方面，铁路沿线的传统交通运输枢纽型集镇具有一定优势，但并不明显。

集镇管理体制的变迁能够从一个方面反映出集镇的发展状态。上述具有一定代表性的交通运输枢纽型集镇，除建有商会外，还设有警政机构和自治机关。其中，胜芳设有特别区；泊头分属南皮、交河两县管辖，由两县分别设立警政机构和自治机关。张店有警士近 200 人，被分为张店车站和张店两个“镇”。其他的铁路沿线集镇和非铁路沿线集镇则无明显差别。

就新兴交通运输枢纽型集镇而言，铁路沿线的石家庄、秦皇岛、塘沽[①]和非铁路沿线的龙口在交通运输枢纽型集镇中具有一定代表性。在产业规模方面，石家庄 1928 年前有商户 2000 余家。1937 年前有 2500 余户，[②] 遥遥领先于秦皇岛、塘沽、龙口以及其他重要集镇。龙口 1933 年前后有商号 400 余家，1937 年前恢复到 747 家，位列第二。秦皇岛 1937 年前有较大商号近 130 家，塘沽有商号 100 余家。两者商号数量明显少于龙口。

从产业结构方面来看，石家庄、秦皇岛、塘沽三镇近代企业在产业结构中占有重要地位。石家庄大兴纱厂在当时国内纺织企业中占有一席之地。秦皇岛耀华玻璃公司 1937 年前年均生产玻璃 48 万箱。塘沽久大精盐公司 1927 年前每年平均出产精盐 60 万担。永利制碱公司每昼夜出产纯碱 50 吨。而同一时期龙口除商业外，工业仍以家庭工业为主，“龙口原有火柴公司一处，因捐税繁重，出品滞销，于民国二十年宣告歇业，

① 白眉初指出：“昔在光绪五年时，吃水十三呎之汽轮，可航行无阻，迨沽河淤泥日浅，至光绪二十四年时，吃水十二呎之汽轮，不能航入津埠，卸货即在塘沽，一时遽见殷盛，翌年，始有疏浚沽河之举，至民国六年，航路畅通，塘沽亦复归常况。”林颂河也指出：“自前清光绪二十四年以后，海河淤塞，往来渤海的轮船，全在塘沽停泊，塘沽成了水陆交通的重镇，繁华不亚于天津。”据此，本书认定塘沽为新兴集镇。

② 李惠民：《近代石家庄城市化研究（1901—1949）》，第 94 页。

迄无赓续者”[①]。

就人口数量与居民职业构成而言，石家庄 1928 年的 6 万人口中，铁路工厂工人和大兴纱厂工人合计约占 9%，其他工人约占 6%，各类商人约占 37%，工商业人口所占比例达到总人口的 52%。[②] 秦皇岛 1937 年以前约有人口 33900 人。[③] 其中，耀华玻璃公司有工人 900 余人，约占 3%，作为近代产业工人的码头工人在其总人口中的比例，多时达到 35.6%，少时在 19.5% 左右。[④] 塘沽 1927 年时有居民约 5000 人，[⑤] 其中久大精盐公司和永利制碱公司工人合计约占 20%。龙口 1933 年前后的 8805 位居民中，“职业分配，以工商为最多，约占总人数四分之三强”[⑥]。但其工人仍以手工业工人为主。

从社会组织方面观察，石家庄于 1911 年前建立了商务分会，1925 年改组为石门商会，1929 年以后工商同业公会纷纷成立。同时，工会也成为石家庄重要的社会组织，如 1922 年 1 月成立了正太铁路工人组织——工业研究会。1926 年 1 月成立了大兴纱厂工会。秦皇岛于 1905 年成立商业公所，1907 年改为秦皇岛商务分会，1930 年将公益会改组为临榆县秦皇岛商会。同时期还成立了矿务工友俱乐部、耀华玻璃公司工会、秦皇岛海员工会等工人组织。塘沽虽未设立商会，但工人组织有所发展。龙口则仅设有商会，而无近代产业工人组织。

从教育发展方面考察，石家庄的教育大体可以分为三类：铁路职工及其子弟教育，主要有石家庄职工学校、职工识字学校、铁路扶轮小学和铁路员工子弟学校等，其中石家庄扶轮第一小学校 1932 年前有职员 10 人，学生 240 人；石家庄扶轮第二小学校有职员 12 人，学生 352 人；石家庄铁路员工子弟学校有学生 146 人。其他近代企业创办的学校，如大

---

① 《胶济铁路沿线经济调查报告》分编二黄县，第 6 页。

② 《各县工商调查（石家庄）》，《大公报》1928 年 9 月 29 日，第 8 版；《调查报告》第 4 编《工商》，第 242—243 页。

③ 伊藤武雄『冀東地區十六箇縣縣勢概況調查報告書』、344 頁。

④ “Decennial Reports 1902 - 1911（CHINWANGTAO）”，中国第二历史档案馆等：《中国旧海关史料（1859—1948）》第 155 册，京华出版社，2001，第 166 页；“Decennial Reports 1912 - 1921（CHINWANGTAO）”，《中国旧海关史料（1859—1948）》第 156 册，第 131 页。

⑤ 林颂河：《塘沽工人调查》，第 35 页。

⑥ 《胶济铁路沿线经济调查报告》分编二黄县，第 15 页。

兴纱厂所办小学 1935 年有学生 152 人。非企业所办学校在 1935 年时共有小学近 40 所，学生 1300 余人，另有中学 1 所，有学生 310 人。秦皇岛教育可以分为铁路部门所办教育，开滦煤矿、耀华玻璃公司所办学校和非企业所办教育三种，其中铁路部门设有国民学校和秦皇岛高等小学；开滦煤矿所办男子两级小学和女子两级小学 1934 年分别有教员 8 人和 5 人，学生 225 人和 129 人；耀华玻璃公司所办初级小学 1934 年时有教员 3 人，学生 55 人；非企业所办的秦皇岛区立高初级小学校 1929 年前有学生 58 人。塘沽教育也可以分为铁路部门所办教育，久大等企业所办学校和非企业所办教育三种。其中铁路部门所办塘沽扶轮小学校 1932 年时有职员 10 人，学生 230 人，久大公司所办明星小学 1927 年时有学生 92 人，非企业所办学校学生人数不详。龙口 1933 年前后仅有私立小学 1 所，学生 150 人。比较之下可知，石家庄在学校层次和类别、学校规模等方面均遥遥领先，秦皇岛和塘沽次之，龙口居末。

就管理体制而言，除商会外，石家庄、秦皇岛、塘沽、龙口均设有警政机构。其中，石家庄的警政机构 1928 年以后实际上成为介于省府与县署之间的一级地方行政机关和最高行政机构。秦皇岛的警政机构 1928 年成为临榆县特种公安局的一部分。塘沽的警政机构在 1934 年前成为塘大特种公安局的一部分。龙口的警政机构于 1933 年前后直隶于山东省政府，与石家庄、秦皇岛、塘沽等有一定相似之处。与此同时，石家庄、秦皇岛、塘沽的自治机关也有不同程度的发展。其中，石家庄曾于 1921—1928 年推行了“市自治”，秦皇岛设立了“特别区”。塘沽于 1922 年设立里公所，1930 年设分公所，1935 年改设镇公所。[①] 由此可见，石家庄管理体制的一个显著特征是以特种公安局为最高行政机构，由商会筹议商业改良及发展等事务，由曾经对其进行管辖的县分管其他行政事务。秦皇岛管理体制的重要特征是设有特种公安局和“特别区”。塘沽管理体制的主要特征是设有特种公安局和镇公所。龙口管理体制的突出特征是设有商会和公安局。

由于随着铁路运输的发展，铁路沿线和临近铁路的工矿业型集镇不断增多，而非铁路沿线工矿业型集镇相对减少，且沙河镇、索镇、皇

① 《塘沽区志》，第 51—52 页。

（黄）庄、尹村等代表性集镇均为传统集镇，因此下文将以唐山、长辛店、周口店、彭城镇、沙河镇、索镇、皇（黄）庄、尹村等集镇为例进行比较研究，而不再将其区分为传统集镇和新兴集镇。

就商号数量而言，设有铁路车站的唐山1928年前有商号440家，1937年前约有300家；长辛店1928年前有商号204家，1937年前增至222家；周口店1928年前有商号63家。临近铁路的彭城镇1937年前有商号100家。非铁路沿线的沙河镇1933年前后有商号200余家，索镇有大小商号100余家，皇（黄）庄1937年前有商号40余家，尹村商号数量无确切统计。由此可见，在设有铁路车站和临近铁路车站的工矿业型集镇中，除唐山等少数大镇外，其余集镇与非铁路沿线集镇相比较，在商号数量方面并未占有绝对优势。

从产业结构来看，在铁路沿线集镇中，唐山虽然仅有商号300—400家，但却建有开滦矿务局、京奉铁路唐山制造厂、启新洋灰公司、华新纺织公司唐厂、德成面粉公司等规模较大的近代企业。长辛店在京汉铁路开筑后成为北段存车厂、修车厂、材料所工厂、铁路见习所的所在地，其中以机务修理厂规模最大，1933年时主要作业机有车床、刨床、熔铁炉等。周口店采煤仍用土法。彭城镇瓷器生产“纯用人力，并无所谓机械者”。在沙河镇、索镇、皇（黄）庄、尹村等非铁路沿线集镇中，除尹村曾设有近代企业性质的益记工厂外，其余几镇仍以手工业为主。这表明近代企业尤其是大型近代企业仅出现在铁路沿线少数大镇，其他铁路沿线集镇和非铁路沿线集镇仍以传统手工业和商业为主。

从人口数量与居民职业构成上观察，唐山1926年秋有职业的2万人中，从事农业者305户，2519人；工业3654户，17347人；商业440户，1821人。[①] 1937年前，人口增至77800余人，其中有开滦煤矿唐山矿工人5750人，启新洋灰公司3221人，瓷窑工人655人，京奉路制造厂3824人，小工厂纺织工人2054人，其他工人3403人，合计18907人，[②] 约占总人口的23%。长辛店1937年前的18000余人中，京汉铁路机车厂工人占70%—80%。周口店的2193人中，手工采煤者占有一定比

① 《唐山之经济近况》，《中外经济周刊》第213期，1927年5月，第2页。

② 《唐山工人之最近数目》，《矿业周报》第308号，1934年10月，第1077页。

例。在其他集镇中，除沙河镇、尹村人口无确切统计外，彭城镇1937年前有人口7700余人，索镇有人口12000余人，皇（黄）庄有人口2066人，其中手工业者和商人均占有一定比例。这表明除唐山、长辛店等大镇外，其他铁路沿线集镇和非铁路沿线集镇之间亦无明显差别。

从社会组织来看，唐山于1908年成立的滦州唐山镇商务分会有入会商号242家，议事员17人，1919—1925年先后成立了唐山制造厂机器处同仁联合会、京奉铁路唐山工会和京奉铁路总工会。1930年时，国民党指导下的开滦矿业总工会、华新纱厂工会、启新洋灰公司工会、启新瓷厂工会共有会员25000余人。长辛店商务分会成立之初有入会商号30家，议事员10人；工会1928年时有会员2838人。彭城镇于1907年成立商务分会，1928年时成立的碗窑同业公会和缸窑同业公会分别有会员70余人和30余人。周口店、沙河镇等设有商会，索镇、皇（黄）庄、尹村等则既无商会亦无工会。这表明工会主要设在拥有大型铁路工厂或近代煤矿的工矿业型集镇，商会主要设于商号数量较多的集镇。铁路沿线并非组建工会和商会等社会组织的必要前提。

从教育发展方面考察，唐山的教育机构涵盖大学、中学和小学三个层次，分铁路部门所办学校、其他工矿企业所办学校和非企业所办学校三个类别。在办学层次上，大学即交通大学唐山工程学院，1937年前有教职员53人，学生204人；中学有私立培仁女子初级中学校、私立淑德女子初级中学校和私立丰滦中学，1937年前分别有教职员18名、22名和41名，学生83人、94人和378人；小学有10余所，分属铁路部门、开滦煤矿、县、区等不同部门管理。在学校类别上，铁路部门所办学校中既有京奉路唐山制造厂招收机器练习生处、京奉路唐山职工学校和唐山工人图书馆等职工教育机构，又有唐山扶轮学校等职工子弟学校，其中唐山扶轮学校1932年时学生超过750人；开滦煤矿所办学校除两所中学外，还有唐山私立开滦小学（教职员19人，学生546人）、唐山私立开滦淑德女子小学（教职员15人，学生214人）等；非铁路所办学校1930年前有县立、区立及其他小学10余所，1937年前有公立唐山女子同仁小学、唐山同仁小学、龙泉寺小学等7所，有学生数百人。长辛店的教育机构可分为三类：从事铁路职工教育的艺员养成所、职工学校、职工补习学校和职工识字学校；为满足职工子弟受教育需求而开办的铁路扶轮小学和铁路员工子弟学校（1932—1933 年分别有学生 517 人和 385 人）；另有非铁路部门所办学校和私塾 30 余处。周口店 1928 年前设有初级小学校 3 处。彭城镇所设的 1 所小学 1937 年前有学生 158 人。沙河镇 1937 年前仅有小学 1 所，教员 3 人，学生 2 班。索镇 1934 年前设有县立索镇小学，皇（黄）庄设有公立初级小学校和皇（黄）庄镇高等小学校。尹村教育情况未见确切记载。比较之下可知，铁路沿线集镇尤其是唐山、长辛店等近代工矿业大镇的教育发展不仅远远领先于沙河镇、索镇、皇（黄）庄等非铁路沿线集镇，而且也明显领先于周口店、彭城镇等铁路沿线集镇。

就管理体制而言，唐山在开平矿务局创办前与丰润和滦县其他村庄无异；1926 年前商会和警政机构成为唐山管理体制的重要组成部分；1926—1928 年“市自治”推行期间稍有变化；1928 年以后，以特种公安局为最高行政机构，由商会筹议商业改良及发展等事务，由曾经对其进行管辖的县分管其他行政事务。长辛店 1937 年前已建立起由警政机构、商会和自治机关共同参与的管理体制。周口店仅设有商会组织。彭城镇同时设有警政机关、商会和自治机构三种机构。沙河镇是较早同时设有警政机关、商会和自治机构三种机构的重要集镇之一。索镇管理体制的一个重要变化，是在推行区乡（镇）制后成为桓台县第三区区公所驻地，并被分为东索镇和西索镇两个“镇”。皇（黄）庄虽未成立商会，但设有区公安分局、区公所和镇公所。尹村管理体制未有明显变化。由此可见，在管理体制方面，唐山、长辛店、彭城镇、沙河镇、索镇等大镇变化比较明显，而周口店、皇（黄）庄、尹村等则少有变化或变化甚微。

与交通运输枢纽型集镇和工矿业型集镇不同，工商业型集镇在铁路沿线和非铁路沿线集镇中均占有较大比例。有鉴于此，这里仅以驻马店、周村、杨柳青、独流、平地泉、二十里堡、虎头崖、兴隆、张秋、龙王庙等为例进行比较分析。

在商号数量方面，驻马店 1937 年前有商号 1500 户，[①] 周村 1933 年前后约有工商行号 2200 家，杨柳青 1928 年时共有商号 150 家左右；独

① 《驻马店市志》，第 313 页。

流1928年时有较大商铺100余家；平地泉1931—1936年有各种店铺1000余家；二十里堡1933年前后有商号30余户；虎头崖1933年前后有商户33家；兴隆1930年建县时有大小商号117家；辛集1928年时有商号500余家；张秋商号数无确切记载，但应不会太多；龙王庙1934年前有较大商号21家。由此可见，无论是铁路沿线集镇，还是非铁路沿线集镇，均既有商号数百家以至于千余家的大镇，也有商号仅数十家的小镇，但商号数超过千家的多为铁路沿线集镇。

在产业结构方面，虽然商业占优是一大共性，但不同的集镇也有差异。在驻马店为数较多的商号中，既有上千家商业和手工业行号，也有数家近代企业，尤其是元丰、永丰和信孚蛋厂的创办，使近代企业在其产业结构中占有一定地位。在周村的2200家工商行号中，有4家机器缫丝厂。杨柳青除商号数量较多外，1917年前有两家小规模的织布工厂，1928年时有电灯公司等近代企业。独流除了制醋、织席等手工业外，还有三四家小规模的织布工厂。平地泉1000余家商号中，除手工业之外，还有1家近代企业性质的蛋厂。二十里堡30余家商号中，有鹤丰烟草公司1家近代企业。辛集手工业尤其是皮毛业比较发达。虎头崖、兴隆、张秋、龙王庙等集镇则几乎没有近代工业。

在人口数量与居民职业构成方面，驻马店1931年前后有人口48800余人，“皆各处营商或作事者所寄居也”[①]，表明工商业者占有较大比例。周村1924年以前有人口3万人，其中有近代缫丝企业工人900余人，再加上手工业工人和商人，工商业者比例将更高。杨柳青1937年前后约有人口3万人，[②] 其中大多数为脚行工人、工厂工人及各类商人，“农圃者仅百分之一二耳”[③]。独流1912年有人口3800户，15141人，1924年增至17177人，1933年为13263人，[④] 其中手工业者和各类商人占有一定比例。平地泉1925年9月时车站以西商埠附近有人口774户，4245人。其中经营商业者约占49%，商店工人（包括徒弟以及集制造和销售于一体的手艺人）约占28%（指雇佣劳动者，不包括铁路工人），农民约占

① 《遂平与驻马店》，《大公报》1931年10月28日，第5版。

② 刘建章：《杨柳青的乡土材料》，郭登浩编《天津县乡土志辑略》，第29页。

③ 《天津杨柳青小志》，《中国地方志集成·乡镇志专辑》第28册，第1页。

④ 《独流镇志》，第62页。

14%，在官署服务（除军队外）及从事杂业者约占9%。[①] 二十里堡1933年前后人口中有一定数量的商人和近代企业工人。辛集1928年时有人口1万余人，其中工人500余人，商人1780人，合计约占23%。[②] 虎头崖、兴隆、张秋、龙王庙等镇居民职业构成尚无明确记载。

在社会组织方面，驻马店先后成立了铁路工会和店员、浴业、邮务、电报、缝纫业、瓦木、理发、摊业等工会以及转运、煤炭、杂粮、皮行等各业同业公会。周村也有工会和商会两类社会组织，其周村缫丝总工会有会员800余人；商会成立于1903年，称周村商务分会局，1905年改称周村商会。独流、杨柳青先后成立了商会组织。平地泉不仅于1925年前成立了商会，而且组建了铁路工会。辛集、虎头崖、兴隆等镇也先后成立了商会。铁路沿线的二十里堡和非铁路沿线的张秋、龙王庙则未设立工会和商会等社会组织。由此可见，工会仅设于驻马店、平地泉、周村等铁路工人较多或近代工业有一定发展的集镇，商会设于驻马店、周村、杨柳青、独流、平地泉、虎头崖、兴隆、辛集等商业较为兴盛或商号较多的集镇。近代工商业较少，商号和人口数量不多的二十里堡、张秋、龙王庙，无论是否位于铁路沿线，均未设立工会或商会。

在教育方面，驻马店除设有铁路员工子弟学校外，还创办有育英小学（1916年）、信义小学（1920年）、明道小学（1921年）、纳德女校（1921年）、老街小学（1930年）等非企业学校。周村1937年前设有小学、中学、民众教育馆、专业学校和职业学校等多种教育机构。杨柳青新式学校有小学和中学2种。独流有静海县立第二高初两级小学校1所，平民学校3处，初级女子小学校1处。平地泉教育分为铁路部门所办教育和非企业所办教育两种，其中铁路部门所办学校有扶轮小学校（1925年）、英文补习学校。非企业所办学校有永宁小学、女子学校等。二十里堡设有二十里堡村立初小和二十里堡站立初小，[③] 兴隆1928年设立了兴隆山中山小学。辛集1905年创办高等小学堂。张秋1936年时设有“阳、

① 《平地泉（集宁县）之经济状况》，《中外经济周刊》第148期，1926年1月，第14页。

② 《调查报告》第4编《工商》，第181—182页。

③ 民国《潍县志稿》卷22《学校教育》，《中国地方志集成·山东府县志辑》第40册，第506—507页。

寿、阿共立小学”1所（其前身即张秋小学堂，成立于1898年）。龙王庙1934年前设有龙王庙北初级小学校、龙王庙南初级小学校、龙王庙公立第五完全小学、龙王庙民众学校等。虎头崖学校设立情况未见明确记载。由此可见，虽然铁路沿线的驻马店、平地泉、杨柳青等集镇的教育在起步时间上晚于张秋、辛集等非铁路沿线集镇，但在学校种类和学校层次上却有后来居上之势，表明铁路沿线重要集镇的教育发展速度相对快于非铁路沿线集镇。

在管理体制方面，驻马店管理体制在1906—1937年的变迁既与石家庄和唐山有相似之处，又有一定区别，主要体现在驻马店也设有特别公安局，直属省警务处，也曾被称为“驻马店市”，但商会发展相对滞后，仅设有若干同业公会。周村在清末至1937年变迁的一个显著特征是，警务机构的设置与商会之间有着密切的关系，并在设置区公所的同时，将周村分为周村、人和、永安三镇，设镇长管理全镇政务。杨柳青和独流清末以后也逐渐建立起以警察、商会及自治机关为中心的管理体制。平地泉管理体制在1920年以后经历了由平地泉招垦设治局向集宁县城的转变。二十里堡虽未设立商会，但1934年前为潍县第十区区公所和新民镇公所驻地。[①] 虎头崖1937年前设有商会和镇公所。兴隆管理体制经历了由特别区向县城的转变，先后设立了警察所、公安局、办事处、商会等管理机构。辛集不仅较早设立了警政机构和商务分会，而且曾在1921—1928年推行“市自治”期间，与石家庄、唐山等一起被确定为“自治市”。张秋既未设立商会，亦无警政机构，仅设有乡（镇）公所。龙王庙在1934年设有大名县中区警察所第一分所，并被编为大名县第一区第一镇。由此可见，无论是铁路沿线集镇还是非铁路沿线集镇，其管理体制的变迁均各有特色。但总体而言，铁路沿线集镇管理体制变迁更为显著，尤其是在将驻马店、平地泉等铁路沿线大镇与张秋、龙王庙等传统名镇进行对比时体现得更加明显。

从以上有限的个案比较中，可以大体得出以下几点认识。其一，在前文所及的集镇中，位于铁路沿线的唐山、石家庄、塘沽、秦皇岛、长

① 民国《潍县志稿》卷13《自治》，《中国地方志集成·山东府县志辑》第40册，第384、386页。

辛店、驻马店、周村等工商业大镇不仅工商行号数量较多，近代工业有较大发展，人口数量较多，居民与职业构成、社会组织、教育以及管理体制等方面的变化也比较明显；其二，无论是铁路沿线集镇，还是非铁路沿线集镇，均有部分集镇商号、人口和学校数量较多，管理体制相对完备，也有一些集镇商号、人口和学校数量较少，管理体制尚不完备；其三，当集镇工商行号数量、产业结构和人口规模大体相当时，除个别集镇外，大多数铁路沿线集镇和非铁路沿线集镇在社会组织、教育及管理体制等方面的差别并不明显。由此可见，在个案比较的层面，虽然铁路沿线集镇和非铁路沿线集镇均呈现出“差异化发展”态势，但由于铁路沿线少数集镇迅速发展带来了“两极分化”趋向，铁路沿线集镇的“差异化发展”更加明显。

显而易见，有限的个案比较虽然能够揭示出铁路沿线集镇与非铁路沿线集镇“差异化发展”中的一些面相，但却无法反映出其整体性的发展态势，因此下文再依据有限的资料，从集镇工商业规模、产业结构、人口数量、社会组织、教育发展、管理体制等方面，做一些相对整体性的比较研究。

在工商业规模方面，若将商号数量（往往包含工业行号在内）作为一个指标，且以商号100家以上为大集镇，50—99家为中集镇，50家以下为小集镇，[①] 则可将1912年25个集镇和1933年前后350个集镇的商号统计数据整理成表7－1。

表7－1　华北铁路沿线与非铁路沿线不同商业规模集镇变化情况

集镇规模	铁路沿线集镇				非铁路沿线集镇			
	1912年		1933年前后		1912年		1933年前后	
	集镇数	百分比	集镇数	百分比	集镇数	百分比	集镇数	百分比
大集镇	5	38%	28	19%	5	42%	15	7%
中集镇	5	38%	20	14%	4	33%	19	9%

① 本书划分大集镇、中集镇和小集镇时所依据的商号数量和人口数量标准，是相关调查中的数据并结合各县有代表性的集镇的商号和人口数量得出的。

续表

集镇规模	铁路沿线集镇				非铁路沿线集镇			
	1912 年		1933 年前后		1912 年		1933 年前后	
	集镇数	百分比	集镇数	百分比	集镇数	百分比	集镇数	百分比
小集镇	3	23%	98	67%	3	25%	170	83%
合计	13	99% *	146	100%	12	100%	204	99%

注：* 因百分比计算时四舍五入，故合计数未必等于 100%。

资料来源：《国内商会统计》，赵宁渌主编《中华民国商业档案资料汇编》第 1 卷（1912—1928），第 70—104 页；《直隶各商务分会》，《天津商会档案汇编（1903—1911）》，第 192—282 页；《河北省各县地方实际情况调查报告》，《冀察调查统计丛刊》第 1—2 卷，1936—1937 年；《北宁铁路沿线经济调查报告》，相关各县调查；《胶济铁路沿线经济调查报告》（分编一至分编六），各县调查；《陇海全线调查》（1932 年份），殷梦霞、李强选编《民国铁路沿线经济调查报告汇编》第 7 册，各县调查；等等。

尽管表 7-1 中 1912 年和 1933 年前后商号数量的统计口径和统计对象不同，但其百分比变化似仍能反映出这一时期铁路沿线集镇和非铁路沿线集镇的变化趋势，即前者趋向“两极分化”，后者趋向“金字塔”结构。

在产业结构方面，1937 年前，华北铁路沿线地区创办了数十座近代煤矿，[①] 以其为中心的村镇中有一部分发展为近代工矿业型集镇，但此类集镇在华北铁路沿线集镇中所占比例较小。与此同时，华北的纺织、面粉等近代企业亦多集中分布于北京、天津、济南、青岛等大中城市和石家庄、唐山等少数大规模集镇，秦皇岛等重要集镇仅有 1 座大型近代企业，驻马店、漯河等大镇亦仅有数座小规模的近代企业，大多数规模较小的铁路沿线集镇与非铁路沿线集镇一样，并未成为近代企业的主要分布地。[②]

在人口数量方面，若以人口 5000 以上为大集镇，3000—4999 人为中集镇，3000 人以下为小集镇，则可将 1920 年前后 71 个集镇和 1933 年前后 288 个集镇的人口统计数据整理成表 7-2。

① 参见胡荣铨《中国煤矿》。

② 参见《北宁铁路沿线经济调查报告》、《胶济铁路沿线经济调查报告》、《陇海全线调查》（1932 年份）等调查资料及相关各县地方志。

表 7－2　华北铁路沿线与非铁路沿线不同人口规模集镇变化情况

集镇规模	铁路沿线集镇				非铁路沿线集镇			
	1920 年前后		1933 年前后		1920 年前后		1933 年前后	
	集镇数	百分比	集镇数	百分比	集镇数	百分比	集镇数	百分比
大集镇	24	50%	29	16%	14	61%	9	8%
中集镇	9	19%	31	17%	3	13%	21	19%
小集镇	15	31%	118	66%	6	26%	80	73%
合计	48	100%	178	99%	23	100%	110	100%

资料来源：林传甲：《大中华直隶省地理志》、《大中华山东省地理志》、《大中华河南省地理志》、《大中华京兆地理志》；白眉初：《中华民国省区全志》（京兆特别区、直隶省、山东省、河南省）；《河北省各县地方实际情况调查报告》，《冀察调查统计丛刊》第 1—2 卷，1936—1937 年；《北宁铁路沿线经济调查报告》，相关各县调查；《胶济铁路沿线经济调查报告》（分编一至分编六），各县调查；《陇海全线调查》（1932 年份），殷梦霞、李强选编《民国铁路沿线经济调查报告汇编》第 7 册，各县调查；等等。

尽管表 7－2 中 1920 年前后和 1933 年前后人口数量的统计对象不同，但其百分比变化似亦能反映出这一时期铁路沿线集镇和非铁路沿线集镇的变化趋势，即虽然两者均出现由“两极分化”向“金字塔”结构转变的趋势，但前者大、中集镇所占比例变得比较接近，后者大、中集镇所占比例仍有明显差距。

在社会组织方面，由于矿业工会和铁路工会中的大多数分布于铁路沿线集镇和村庄，商会则设于铁路沿线和非铁路沿线大镇，因此就少数大规模集镇而言，铁路沿线集镇商会组织的成长快于非铁路沿线集镇。但就多数中小集镇而言，铁路沿线集镇与非铁路沿线集镇的差距并不明显。

在教育发展方面，仅就学校层次和类别而言，无论是铁路部门和工矿企业子弟学校，还是非企业所办学校，均有大学、中学和小学等不同层次，小学又有县立、区立、村立、私立等类别。其中，铁路和工矿企业子弟学校中，中学以上学校中的大多数设立于北京、天津、青岛等大中城市，如北京的交通大学铁道管理学院、天津的扶轮中学、青岛的扶轮中学等；少数设立于唐山、焦作等重要集镇，如唐山的交通大学唐山工程学院，焦作的焦作矿务大学以及中福中学等。非企业创办的学校中，县立中学中的绝大多数设立于县城。私立中学中有少数设立于唐山、石家庄、芦台、周村等重要集镇。县立和区立小学除设于县城外，还分布于部分重要的铁路设站集镇、临近铁路车站的集镇和非铁路沿线集镇。[①]相比之下，设有铁路车站的集镇中，仅有唐山、焦作、石家庄等少数集镇各层次、各类别学校形成一定体系，甚至超过了部分县城；兴济、独流、唐官屯、柳河、明港等重要设站集镇亦为各县境内各类学校的主要分布地；其他设站集镇、临近铁路车站的集镇与非铁路沿线集镇相比，在学校层次和类别上并无明显优势。

在管理体制方面，无论是铁路沿线集镇，还是非铁路沿线集镇，其管理体制的变迁均既各有其特点，也有其共性。其中之一，便是其管理体制具有明显的层级性。一方面，在制度设计上，警政方面的特种公安局、公安局、公安分局、分驻所（派出所），[②] 商会方面的总商会、商会、商务分会，自治方面的“市自治”和“乡自治”等的区分，使其在各自的体系内形成一定的层级性。另一方面，在实践中，比较普遍的做法是在工商业较为发达，人口较多的集镇建立较高一级的机构和组织，在工商业次发达和人口较少的集镇建立低一级的机构和组织乃至分支机构，从而使集镇管理体制呈现出一定的层级性。例如，1934 年前，河北省 6 个特种公安局中，有 5 个设在铁路沿线集镇；山东省 4 个特种公安局中，有 1 个设于铁路沿线集镇；河南省 7 个特种公安局中，有 4 个位于铁路沿线集镇；合计约占三省特种公安局总数的 58.8%。[③] 再如，总商会仅设于石家庄、龙口等少数大镇，“特别区”仅设于秦皇岛、驻马店、胜芳、兴隆等少数集镇。由于仅有极少数大镇设有特种公安局、总商会、特别区、区公所等较高一级管理机构，部分集镇建有公安分局、商会（商务分会）、乡（镇）公所等低一级管理机构，更多的铁路沿线集镇和非铁路沿线集镇则未设立这些管理机构，在管理体制上与普通村

① 参见相关各县地方志。

② 例如，1937 年前，河北省新城县将公安局改为第五科，下设一（附设第五科内）二三四区公安局。其中第四区公安局设方官镇，下设平景和高碑店两个分驻所。定兴县设有县警察局及一（县警察局兼）二三四五区分局，第一区又设定兴、北河两车站派出所，第四区设姚村、固城两镇派出所。参见《河北省新城县地方实际情况调查报告》（1937 年），第 85、109 页，全国图书馆参考咨询联盟（期刊类）。

③ 韩廷龙主编《中国近代警察制度》，第 593 页。其中河北省的“临榆县特种公安局”下辖山海关、秦皇岛两城区，故本书将其计入设于铁路沿线集镇的特种公安局之中。

庄无异，因此集镇管理体制的变迁也能够从侧面体现出集镇的“差异化发展”。而特种公安局主要设于铁路沿线集镇的事实又表明，铁路沿线集镇的“差异化发展”更为突出。

在集镇形态方面，除了产业结构、社会结构、社会文化之外，集镇外部形态也是一项重要内容。这一时期，铁路沿线工商业大镇的街市或由原址迅速向车站附近扩展（驻马店、漯河、道口、清化等传统大镇），或在车站附近形成大片新兴街市（石家庄、平地泉等新兴集镇），或在铁路车站与港口之间形成新兴街市（秦皇岛等），最终形成铁路分割街市的团块状形态。非铁路沿线工商业大镇的街市或扩展速度比较缓慢（辛集、张秋、龙王庙等），或在港口附近形成大片新兴街市（龙口等）。铁路沿线大批中小集镇则由于工商业发展迟缓，人口增长不多，街市扩展较慢，与非铁路沿线中小集镇并无明显区别。

通过微观层面的个案比较和相对整体性的比较分析可知，铁路开通后，仅有少数铁路沿线的集镇近代工商业发展较快，人口迅速增长，街市不断扩展，社会组织和教育显著发展，管理体制变迁显著；部分非铁路沿线的传统大镇呈现出衰退之势；大批铁路沿线和非铁路沿线的中小集镇在产业、人口、社会组织、教育、管理体制等方面的变化并不明显。这种发展态势使得铁路沿线集镇呈现出更加明显的“两极分化”趋向（即短时期内大集镇与小集镇之间的差距迅速扩大）。就此而言，铁路沿线集镇在整体上的“差异化发展”态势比非铁路沿线集镇更为突出一些。

三　小结

1881—1937 年，尤其是 1912 年津浦铁路全线通车、华北铁路运输网络初步形成之后，位于铁路沿线的石家庄、唐山、秦皇岛、焦作、驻马店、泊头、道口、清化等村镇，或借助便利的铁路运输迅速崛起为工商业大镇并开始向城市演变，或在原有基础上有较大发展。位于非铁路沿线的传统大镇和新兴集镇，除了龙口、兴隆等少数有较大发展外，羊角沟、胜芳、索镇、河西务、张秋、赊旗甚至辛集等传统名镇，均出现了不同程度的衰退。

在少数工商业大镇出现剧烈的兴衰变动之际，大批铁路沿线和非铁路沿线中小集镇的变化相对较小。这样的变化趋势一方面拉大了铁路沿线工商业大镇与非铁路沿线工商业大镇之间的差距，另一方面又使工商业大镇与中小集镇在产业规模、产业结构、人口数量与职业构成、社会组织、教育发展与管理体制变迁等方面的距离迅速拉大。这一点在铁路沿线集镇中体现得更加明显。

由于铁路沿线部分集镇，尤其是石家庄、唐山、秦皇岛、张店、平地泉、驻马店等工商业大镇的迅速崛起与铁路运输的发展密不可分，而非铁路沿线集镇，特别是运河沿线的河西务、张秋、赊旗等传统重镇的衰落也与铁路运输发展所引起的宏观经济格局变动有一定关联，因此，铁路应是促成铁路沿线集镇与非铁路沿线集镇在“差异化发展”上出现不同趋向的一个重要因素。

结　论

本书第1—3章从相对宏观的层面对华北铁路沿线集镇的“差异化发展”进行了整体性的研究；第4—6章从相对微观的层面对华北铁路沿线集镇的“差异化发展”进行了深入的考察；第7章通过铁路沿线集镇与非铁路沿线集镇的比较研究，深化了关于华北铁路沿线集镇的“差异化发展”的认识。本部分将在此基础上，总结华北铁路沿线集镇“差异化发展”的特征，揭示其动因并阐明华北铁路沿线集镇“差异化发展”与华北城镇化进程基本特征之间的关系。

一　铁路沿线集镇“差异化发展”的特征

在铁路开通前，华北部分著名集镇已有较长的发展历程。例如，清化形成集镇的时间可以追溯至唐宋时期，杨柳青等形成集镇的时间可以上溯至金元时期，驻马店、漯河、泊头、道口、周村、张秋等形成集镇的时间可以上溯至明代，辛集、周家口等形成集镇的时间可以上溯至清初，开平、西流集等形成集镇的时间不晚于清嘉庆年间，清风店等形成集镇的时间不晚于清道光年间。在此过程中，华北集镇已经呈现出“差异化发展”态势。在产业方面，荫城镇在嘉庆年间已成为铁货业中心，侯镇已享有渔盐之利，周家口、周村、辛集等则成为工商业大镇，手工业或商业在其产业中居于首要地位；另有一批集镇成为“村民交易之所”，产业变化不大。在社会组织方面，周家口、独流等大镇设有会馆或船会，杨柳青等设有水局（水会），另有一批集镇设有留养局等组织。更多的小集镇和设有集市的村庄则无此类社会组织。在教育方面，仅有少数大镇设有书院（如张秋镇等）或义学，部分集镇设有私塾。在管理体制方面，以驻官防卫、税收和基层社会组织为构成要素，但由于驻官级别、牙行数量等的不同，其管理体制也存在较大差异。

由此可见，在铁路开通前，华北集镇的“差异化发展”至少具有两个显著特征。[①] 一方面，少数集镇产业发展较快，工商业者数量较多，驻官级别较高，社会组织较多，管理体制相对完备；部分集镇工商业有一定发展，有一定数量的工商业者，驻有一定级别的官员，管理体制有一定发展；多数集镇在产业发展、社会组织、教育和管理体制方面与村庄无异。另一方面，这些集镇的税收系统和社会组织等仍然带有较多的传统色彩。

铁路开通后，铁路运输业的兴起和迅速发展，不仅极大地促进了华北煤炭等矿产资源的开发、农产品的外运和其他各种商品的流通，而且与开埠通商、近代工商业发展等诸因素结合在一起，极大地影响了华北铁路沿线集镇的发展，使之呈现出更加明显的“差异化发展”态势。唐山、石家庄等迅速由村庄崛起为人口超过5万的大镇并开始向城市演变，到1937年前已拥有多家大型近代企业，商业兴盛，工会和商会组织发达，各类学校已达数十所，设有较高级别的警政机构、商会和自治机关。焦作、长辛店、秦皇岛、平地泉、漯河、驻马店等村庄和小集镇兴起为人口1万—5万的较大集镇，设有数家大型近代企业或多家小规模近代企业，商业较为兴盛，工会和商会发展较快，办有数所至10余所各类学校，设有一定级别的警政机构、商会和自治机关，城市特征日益增多；开平、清化、道口、洛口、台儿庄、杨柳青、兴济等传统名镇近代工商业缓慢发展，人口有所增长，新式教育开始起步；周村等部分传统名镇由于原有地理位置和交通区位优势日益丧失，迅速走向衰落；安山、丰台、琉璃河、会兴镇、观音堂、二十里堡、蛤蟆屯等一批集镇在铁路运输的推动下，发展为有数千人口的重要集镇，或设有一些小规模的近代企业，或商业有所发展，设有1所或数所各类学校，少数同时设有警政机构、商会和自治机关，多数仅设有其中的一种或两种；千秋镇、英豪镇等相当一批集镇除设有集市外，与普通村庄无异，个别设有警政机构、商会，绝大多数仅设有与普通村庄相似的乡公所、村公所等自治机关。

由于“差异化发展”的现象不仅存在于华北铁路沿线集镇的发展中，而且在非铁路沿线集镇和铁路沿线县城的发展中也有不同程度的体现，因此比较研究将有助于深化关于华北铁路沿线集镇“差异化发展”

① 所谓特征，是指某一事物（或一类事物）所独有的或者特别突出的情况。

的认识。鉴于本书第7章已对铁路沿线集镇和非铁路沿线集镇进行了比较，下文再分别从工业、商业、社会组织、人口、教育和管理体制等方面比较华北铁路沿线集镇和铁路沿线县城的“差异化发展”。

在工业方面，《中国工业调查报告》、《陇海全线调查》（1932年份）、《胶济铁路沿线经济调查报告》、《北宁铁路沿线经济调查报告》等保存的大量关于各县工业发展状况的相对完整的调查资料表明，除唐山、石家庄、周村、长辛店、泊头、驻马店、漯河等少数工商业大镇外，县城也是各县近代工业的主要集中地。总体而言，石家庄、唐山等铁路沿线工商业大镇与铁路沿线普通集镇在近代工业发展水平上的差距，远较县城与县城之间明显。

在商业方面，《北宁铁路沿线经济调查报告》中有确切商号数统计的铁路沿线县城有9个，其中商号数400家以上者1个，约占11%；200—399家者0个；100—199家者2个，约占22%；80—99家者2个，约占22%；50—79家者3个，约占33%；20—49家者1个，约占11%；20家以下者0个。这9个县中有确切商号数统计的集镇有45个，其中商号数400家以上者0个；200—399家者3个，约占7%；100—199家者7个，约占16%；80—99家者2个，约占4%；50—79家者6个，约占13%；20—49家者20个，约占44%；20家以下者7个，约占16%。《胶济铁路沿线经济调查报告》中有确切商号数统计的铁路沿线县城有19个，其中商号400家以上者3个，约占16%；200—399家者5个，约占26%；100—199家者3个，约占16%；80—99家者1个，约占5%；50—79家者4个，约占21%；20—49家者2个，约占11%；20家以下者1个，约占5%。这19个县中有确切商号数统计的集镇有58个，其中商号400家以上者2个，约占3%；200—399家者1个，约占2%；100—199家者6个，约占10%；80—99家者3个，约占5%；50—79家者0个；20—49家者16个，约占28%；20家以下者30个，约占52%。[①] 比较之下可知，在铁路沿线县城中，商号数在50家以下者所占比例较小，商号数在50—99家和100家以上者所占比例较大；在铁路沿线集镇中，商号数在50家以下者所占比例最大，分别达到60%和80%，

① 个别县城和集镇商号数来自其他资料。

商号数为50—99家者比例最小，分别仅有17%和5%，商号数在100家以上者则分别占到23%和15%。这表明与铁路沿线县城相比，铁路沿线集镇商业发展中的“两极分化”现象同样更加突出。

在人口方面，《冀察调查统计丛刊》及同系列调查资料中，有确切人口统计的铁路沿线县城有7个，其中人口在16000以上者有2个，约占29%；8000—15999者2个，占29%；4000—7999者0个；2000—3999者3个，约占43%；2000以下者0个。这7个县中有确切人口统计的集镇有29个，其中人口在16000以上者有1个，约占3%；8000—15999者1个，占3%；4000—7999者3个，约占10%；2000—3999者7个，约占24%；2000以下者17个，约占59%。[①] 由此可见，铁路沿线集镇在人口上的“两级分化”现象也比较突出。

在社会组织方面，工会和商会占有重要地位。工会方面，由于矿区主要分布在村庄和集镇，矿业工会也集中分布于村庄和集镇。铁路工会则有所不同，如1937年前京汉铁路工会下设的18个分所中，有16个在华北范围内，其中第五、七、八、九、十、十二、十三、十六等8个分会设于县城，占50%；二、三、四、六、十四、十五等6个分会设于集镇，约占37.5%。[②] 商会方面，除静海、青县等个别情况外，各县商会均设于县城；除少数工商业和人口规模较大的集镇外，大多数集镇并未设立商会组织；除石家庄、唐山、道口等少数大镇外，多数集镇商会在等级和规模方面，均不如县城商会。

在教育方面，正如本书第五章结论部分指出的，除唐山、石家庄、焦作、周村等少数外，华北大多数铁路沿线集镇的教育在办学层次和类别、学校规模等方面均不如其所在县城，多数集镇所设学校在开办时间上亦晚于县城学校。

在管理体制上，由于各县公安局和绝大多数县商会设于县城，因此华北铁路沿线县城在警政机构、商会及自治机关设置等方面并无明显差别；由于唐山、石家庄等少数集镇设有特种公安局和商会，大多数集镇仅设有公安分局和镇商会或商务分会，甚至未设警政机构和商会，因此

---

① 个别集镇人口数以户均5人计算。

② 绿藤：《最近两年来各地工会概况》，《劳工月刊》第3卷第5期，1934年5月，第2—3页。

其管理体制之间的差异要比县城与县城之间明显。

总之，与非铁路沿线集镇和铁路沿线县城相比，华北铁路沿线集镇的变动及其“差异化发展”更加明显，在总体上呈现出更加突出的“两极分化”现象。这应是华北铁路沿线集镇“差异化发展”的一个重要特征。

二　铁路在沿线集镇“差异化发展”动因中的地位

在1937年前的短短数十年间，随着通商口岸的开辟、矿产资源的开发、农产的大量外运和近代交通运输业尤其是铁路运输业的兴起和发展，华北铁路沿线以石家庄、张店、秦皇岛、道口、泊头等为代表的交通运输枢纽型集镇，以唐山、焦作、枣庄、坊子等为代表的工矿业型集镇和以驻马店、漯河、周村、平地泉为代表的工商业型集镇发生了极为明显的兴衰变动，呈现出比非铁路沿线集镇、铁路沿线县城更加突出的“差异化发展”和“两极分化”现象。这一格局的形成，与建立在“地域系统分工与协作”、“港口城市的区域牵动”[①]的基础上的产业发展、市场体系变动、政府行为与制度安排、中心城镇发展等密不可分。由于这些因素又与铁路运输的发展有着或多或少的联系，因此下文将在考察影响铁路沿线集镇“差异化发展”诸因素的基础上，分析铁路在其中的地位。

正如包伟民等人所言，“市镇并不是凭空产生的，而是‘存于农村经济上面’，是农村专业经济发展的结果，许多学者的研究早已指出了这一点”[②]。因此，1937年前华北铁路沿线集镇“差异化发展”的首要动因，应是建立在“地域系统分工与协作”、“港口城市的区域牵动”基础上的华北经济，尤其是乡村近代工业、手工业、商业、农业等的“差异化发展”。

在近代工业方面，华北第一家大型近代煤矿——开平煤矿创办的一

① 本书关于“地域系统分工与协作”、“港口城市的区域牵动”的论述，是受顾朝林等人著作的启发。详见下文。

② 包伟民主编《江南市镇及其近代命运（1840—1949）》，第5页。

个主要目的是满足天津等城市对煤炭的需求，这应可视为一种分工与协作。随后创办的中兴、井陉、正丰、鲁大、保晋等煤矿所产煤炭亦以供给天津、北京、上海、济南、青岛等大中城市和出口为主，郑州、浦口、漯河等运达站主要承担了中转站的角色。由于产量和外运量不同，这些煤矿也呈“差异化发展”态势。

表 J-1 1931 年华北主要近代煤矿产额

单位：吨

煤矿名称	产量	煤矿名称	产量	煤矿名称	产量
开滦唐山矿区	724460	开滦马家沟矿区	722803	井陉矿务局	608197
门头沟中英公司	106605	柳江公司	255347	长城煤矿公司	160000
临城矿务局	15000	鲁大公司洪山矿区	519209	鲁大公司坊子矿区	55341
中兴煤矿公司	762681	博东煤矿八陡镇矿区	82648	保晋公司阳泉附近	295991
六河沟煤矿公司	505355	中原煤矿公司	840104	正丰煤矿公司	350000

资料来源：侯德封编《中国矿业纪要》第 4 次（民国十八年至二十年），实业部地质调查所、国立北平研究院地质调查所，1932，第 35—39 页；《开滦煤矿志（1878—1988）》第 2 卷，第 314 页。

表 J-2 1934 年华北各主要煤矿经铁路运出煤炭吨数及主要运达站

煤矿名称	起运站	运出吨数	主要运达站
开滦煤矿	唐山	320958	秦皇岛站、天津东站、塘沽站
开滦煤矿	开平	447126	秦皇岛站、西沽站、天津东站、塘沽站
开滦煤矿	古冶	3030943	秦皇岛站、天津东站、塘沽站
井陉、正丰、保晋等	石家庄	619975	丰台站、保定南关
六河沟	六河沟	293583	彰德府站、郑州站
中福公司	新乡	319435	郑州站、漯河站
门头沟等	门头沟	625337	丰台站、朝阳门站等
中兴	枣庄	853058	浦口站
鲁大	洪山	326062	埠头站
鲁大	大昆仑	288031	埠头站
博东等	博山	772549	青岛站、埠头站
保晋等	阳泉	631680	石家庄站
井陉	南河头	686488	石家庄站

续表

煤矿名称	起运站	运出吨数	主要运达站
正丰	凤山	394650	石家庄站
中福公司	李封	198531	道口站、新乡新站
中福公司	李河	134986	道口站、新乡新站

资料来源：雨初《国有铁路各站民国二十三年商煤运输之研究》，《铁道半月刊》第1卷第6期，1936年8月，第20—36页。

此外，纺织、面粉等近代企业主要集中于天津、青岛、北京、济南等大中城市、县城和唐山、石家庄、秦皇岛等少数工商业大镇，也呈“差异化发展”态势。由于其所用原料中有相当一部分来自华北内地，产品中也有相当一部分运销华北内地，因此也有“地域系统分工与协作”的影子。

表 J－3　1933 年前后华北铁路沿线主要集镇工业发展状况

资本总数单位：元

集镇名称	工厂数	资木总数	工人总数	集镇名称	工厂数	资本总数	工人总数
石家庄	29	3131380	3417	唐山	8	18708700	8166
塘沽	2	4100000	876	长辛店	1	1574189	1244
南口	1	1000000	826	城阳（即墨）	2	40000	240
阳泉（平定）	1	700000	700	漯河（郾城）	4	90000	644

资料来源：刘大钧《中国工业调查报告》下册，相关各地。

在手工业方面，以在华北乡村经济中占有重要地位的土布业为例，据调查，1929年时，河北省铁路沿线11县所产土布，多者达1500000匹，少者仅有50000余匹，相差达30倍之多。此外，山东土布生产亦以潍县等地较为集中。生产这些土布所用的棉纱中，有一部分由天津、青岛等沿海城市输入，所产土布中，也有一部分由铁路运至山西、绥远、察哈尔、河南等省销售。

表 J－4　1929 年河北省铁路沿线 11 县土布产量

单位：匹

县份	产量	县份	产量	县份	产量	县份	产量
永年	340000	高邑	52000	内丘	600000	邢台	92000
东光	120000	获鹿	300000	定县	562000	新乐	550000

续表

县份	产量	县份	产量	县份	产量	县份	产量
正定	220000	满城	55300	清苑	1500000		

资料来源:《河北省大宗出产品分类统计表》(相关各县)、《河北省大宗出产商品分县一览表》(1929 年度,相关各县),均见《河北工商统计》(1929 年)。

在商业方面,由于“北方一带之商业市场,咸以市集为中心,虽有城市及市镇之商店,但平日商业,多甚清淡,必遇逢集之日,市面乃形繁荣”①,因此集市交易量应能从一个方面反映出华北铁路沿线商业的“差异化发展”。以河北省各县境内集市棉花交易为例,据调查,1935 年铁路沿线各县棉花交易量较多的 55 个集镇中,清风店、连镇、靖安、杨柳青、于家集 5 个集镇交易量在 5000 担以上,杨村、独流等 11 个集镇交易量为 2000—4000 担,蔡村、落垡、廊坊、芦台、临洺关等 17 个集镇交易量为 1000—2000 担,唐官屯等 22 个集镇交易量在 1000 担以下。此外,由于以上集市所集散棉花多由铁路、水路、陆路运至天津、济南(大部分转至青岛),供给本地纱厂或输出,因此其运销过程也从一定程度上体现了“港口城市的区域牵动”。

在农业方面,以河北省各县棉花和山东省烟草生产为例,1935 年,河北省铁路沿线 22 个产棉县份中,定县、永年、正定、元氏、邯郸 5 县皮棉产量在 5 万担以上,丰润、吴桥等 9 县在 2 万担以上,滦县、获鹿 2 县在 1 万担以上,东光、景县、内丘 3 县在 5000 担以上,房山、涿县、临城 3 县在 5000 担以下。1933 年前后,山东省铁路沿线产烟草的 6 个县份中,潍县和益都产量在 10 万担以上,安丘、临淄、章丘在 5 万担以上,昌乐产量仅有 3000 担。② 这些棉花和烟草中也有相当一部分经过中长途运输到达天津、青岛、济南等地。由此可见,华北铁路沿线地区的农业生产不仅具有“差异化发展”的特征,而且也体现了“港口城市的区域牵动”。

以上各产业的“差异化发展”对铁路沿线集镇的“差异化发展”有明显的影响。就近代煤矿而言,开滦、福中、中兴等矿年产量在 70 万吨

① 《中国实业志》(山东省),丁,第 120—121 页。

② 《胶济铁路沿线经济调查报告》总编(上),第 21—22 页。

以上，工人数在5000以上，唐山、焦作、枣庄、马家沟4个集镇不仅发展十分迅速，而且前三者1937年前均已成为人口超过万人的大镇。保晋、六河沟等矿产量为20万—60万吨，阳泉、六河沟的发展速度和规模亦逊于前四镇，而产量和工人数较少的临城、博东等煤矿，其所在集镇的规模亦较小。在手工业方面，一方面，表J-4中土布产量较多的清苑、定县、内丘、永年等县，拥有大庄镇、清风店、官庄镇、临洺关等较大集镇；另一方面，各县所属集镇布匹交易量的差异也对集镇发展有明显影响。例如，1926年前，定县城内及砖路镇农闲时每集交易在5000匹以上，“清风店明月次之，东亭镇、大辛庄、邢邑、高蓬、李亲顾等镇又次之”①。与此相应，1931年时，“砖路镇之布店为最多共13个。清风店与小寨屯次之，各有10个。……大辛庄最少，只有1个布店”②。在商业方面，清风店、连镇、杨村、独流等棉花交易量较大的集镇，其规模也较大；蔡村、落垡、临洺关等交易量较小的集镇，其规模也相对较小。就农业生产而言，河北省棉花交易量较多的集镇，多数分布在产棉较多的县份。山东烟草交易较大的集镇如二十里堡、蛤蟆屯、辛店、谭家坊子、杨家庄等亦多分布于产烟较多的县份，且各集镇的年交易量也有一定的差距。③

铁路开通前，随着天津、烟台等通商口岸的开辟和对外贸易的发展，华北市场体系已有一些变化，但尚未形成多层次开放型市场体系。铁路开通后，随着区域内分工和协作的发展，更多的农矿产品和工业品需要进行中长距离的贩运。这一方面促进了新兴基层市场、中转市场在铁路沿线的兴起，另一方面又密切了内地基层市场、中转市场与沿海港口的联系。由于这些市场功能不同、大小各异，拥有的近代企业（棉花打包厂、纺纱厂等）、近代金融机构的数量与规模亦不相同，④因此建立在这些市场基础上的工商业中心和集镇亦呈现出“差异化发展”态势。

在开埠通商、矿产资源开发、铁路运输业发展等因素的交织与影响

---

① 《定县之棉花与土布》，《中外经济周刊》第192期，1926年12月，第32页。

② 张世文：《定县农村工业调查》，中华平民教育促进会，1936，第98页。

③ 《胶济铁路沿线经济调查报告》分编三潍县，第21—23页；《胶济铁路沿线经济调查报告》分编四临淄县，第9页；《胶济铁路沿线经济调查报告》分编四益都县，第15—16页。

④ 参见熊亚平《铁路与华北乡村社会变迁1880—1937》，第148—175页。

下，华北铁路沿线兴起了一些中心城镇。其中既有华北区域经济中心天津，又有山东省域经济中心济南和中原经济中心郑州等。它们的发展对周边集镇的兴衰有明显的影响。位于天津周边[①]的铁路沿线集镇中，杨柳青“至于工业，因距天津过近，无大规模工厂。其稍足称者，为油坊与磨坊”[②]。位于济南周边[③]的集镇中，洛口1933年时有大小商号100余家，“煤油粮食两业最盛”。其他行业“因距城（济南——引者注）太近，故甚萧疏”[④]。位于郑州周边[⑤]的铁路沿线集镇中，郑县所属四乡“无大镇集，县北三十里黄河沿岸有京水镇，略有商铺外，其余多系乡村。本路（陇海铁路）经过之古城车站，亦一村落也”[⑥]。中牟县韩庄镇车站1933年前后“四周尽系沙地，人烟稀少，荒凉满目，除略有花生运出外，绝无其他货物出入”，韩庄镇也仅有农户数十家。白沙镇有居民300家，商铺10余家，所产花生、红枣、白梨等运往郑州销售，“人民悉皆务农”[⑦]。由此可见，中心城镇的发展也从一定程度上影响了铁路沿线集镇的“差异化发展”。

华北自金元以来一直是中国的政治中心。政府行为与一些具体的制度安排对铁路沿线集镇的“差异化发展”也有一定影响。一方面，虽然政治因素对华北经济中心重组的影响主要体现在沿海开埠城市和省会城市，[⑧]但部分设于集镇的近代企业的经营活动也与政府行为密切相关。如设于清河镇的军政部第一制呢厂和设于巩县孝义镇的巩县兵工厂等即处于政府部门管辖之下。前者归属军政部。后者1925年归河南驻军，1927年归27团军管辖，1929年6月归军政部，后由西北军接管，1930

① 包括1937年前的天津、武清、静海、宁河、蓟县所属且有铁路通过设站的集镇。

② 《调查报告》第4编《工商》，第63页。

③ 即1937年前历城、章丘、长清、平阴四县辖境内有铁路车站设立的集镇。

④ 《胶济铁路沿线经济调查报告》分编六济南市，第24页。

⑤ 包括1937年前郑县、荥阳、中牟、新郑、登封、巩县所属且有铁路通过设站的集镇。

⑥ 《陇海全线调查》（1932年份），殷梦霞、李强选编《民国铁路沿线经济调查报告汇编》第7册，第196页。

⑦ 《陇海全线调查》（1932年份），殷梦霞、李强选编《民国铁路沿线经济调查报告汇编》第7册，第186—187页。

⑧ 张利民：《简析近代环渤海地区经济中心重组的政治因素》，《天津社会科学》2012年第5期，第137—141页。

年10月再次收归军政部。[①] 另一方面，政府的一些具体制度安排及实施也影响到集镇的“差异化发展”。例如，在警政方面，1927—1936年各省曾根据本地方情况在省会及县市以外的商埠或其他工商业繁盛地方设立公安局和特种公安局。河北省石门（石家庄）、唐山、山海关（辖山海关、秦皇岛）、塘沽、北戴河，山东省周村，河南省驻马店、漯河、道口、焦作等集镇成为特种公安局所在地。1937年前滦县境内开平、马城、倴城、胡各庄、曾家湾、榛子、稻地镇等集镇设有区公安局。茨榆坨镇、栗园镇、坨里镇、长凝镇、司集庄、柏各庄等集镇仅有分驻所。在商会方面，滦县16个集镇中，仅唐山、古冶、开平、稻地、倴城设有商会。静海县7个集镇中，仅独流设有商会。潍县15个集镇中，仅坊子设有商会。信阳29个集镇中，仅柳林、明港、吴家镇设有商会。在自治机关方面，有的集镇同时设有区公所和镇（乡）公所，有的集镇仅设有镇（乡）公所，也有的集镇如泊头、漯河、周村等，一度被划分为两“镇”或三“镇”。

在影响铁路沿线集镇“差异化发展”的诸因素中，产业、市场、中心城镇与周边集镇关系，以及部分制度安排的实施不是各自孤立的，而是相互作用、互相交织的，在此过程中，铁路发挥了不可忽视的作用。作为棉花、煤炭等农矿产品外运的重要途径，铁路不仅促进了沿线地区纺织、煤炭等近代产业的发展，而且拓展了棉花、棉布和煤炭的销售市场；不仅促进了石家庄、唐山、焦作等中心城镇的成长，而且密切了这些城镇与周边集镇的关系。尤其值得一提的是，这一时期石家庄、唐山、漯河、秦皇岛等集镇的迅速发展与铁路运输密不可分，因此铁路对警政机构、商会和自治机关在沿线集镇的设立及扩展，也有重要的间接影响。

不仅如此，铁路还从以下三个方面影响了沿线集镇的“差异化发展”。其一，由于各类铁路工厂集中分布在长辛店、石家庄、焦作等少数集镇，且各地所设工厂在机器设备数量、工人数量等方面也存在一定差异，因此以站厂为中心的交通社区也呈“差异化发展”。其二，由于自然地理和资源条件不同，设于集镇的车站的货物转运量有明显差异，从而使得因货物转运而兴的各类商业亦呈“差异化发展”。其三，铁路车站分等制度、联运制度等运营管理制度的推行，也从一定程度上影响了

① 陈真编《中国近代工业史资料》第3辑，三联书店，1961，第681页。

沿线集镇的“差异化发展”。

总之，产业、市场、中心城镇、制度安排等因素中某一方面的“差异化发展”，并不足以决定某个集镇的发展。但这些因素的交织与相互作用却能够推动华北铁路沿线集镇的“差异化发展”。在此过程中，铁路不仅推动了部分集镇的兴起和发展，而且能够将产业、市场等诸因素串接在一起，从而成为影响沿线集镇“差异化发展”的重要因素之一。

三 铁路沿线集镇的“差异化发展”与华北城镇化进程

1937 年前华北铁路沿线集镇的“差异化发展”，尤其是石家庄、秦皇岛、泊头、唐山、焦作、枣庄、阳泉、漯河、驻马店等集镇的加速发展，对华北城镇体系的变动及城镇化进程具有深远影响。在城镇职能组合结构方面，石家庄、秦皇岛、唐山、焦作、枣庄、驻马店等大批集镇因农矿资源的开发和铁路运输的发展而兴，因此经济职能比较突出。尽管其后数十年中，特别是新中国成立后的一个时期内，石家庄等城市的政治职能不断加强，但经济职能依然十分突出。在城镇的地域空间结构方面，由于这些重要集镇多位于铁路与铁路、铁路与海运、铁路与河运的交会点或铁路沿线，因此铁路沿线成为华北城镇的集中分布地之一。

在城市间联系与城镇网络方面，由于石家庄、唐山、驻马店等集镇多借助便利的铁路运输而承担着周边地区与天津、青岛等沿海港口城市间经济交流的中转地角色，焦作、枣庄则因矿产资源开发和铁路交通发展而成为重要的能源供给地，因此这些集镇日后均成为以北京、天津为核心，以青岛、济南、开封、保定等为次级中心的华北城镇体系的重要组成部分。

由于城镇人口和城镇等级规模不仅是城镇体系的重要内容和城镇化的有机组成部分，且关于城镇人口的统计数据相对较多，利于进行不同时段的比较分析，因此下文将着重以城镇人口和城镇等级规模为例，考察和分析铁路沿线集镇“差异化发展”与华北城镇化进程之间的关系。

在研究中国城镇化进程时，学者们一方面不约而同地将城镇人口和城镇等级规模作为其中的一项重要内容，另一方面在划分城镇等级规模的标准上也有一定分歧。研究当代中国城镇化的顾朝林等人主张划分为六个等级：人口500万以上，200万—500万，100万—200万，50万—100万，20万—50万和20万以下。[①] 以研究近代中国城市见长的何一民、张利民则从近代中国城市发展的实际出发，对上述标准稍做调整。何氏一面赞同将近代中国城市等级规模划分为200万以上、100万—200万、50万—100万、20万—50万、10万—20万和5万—10万六个等级，一面又提出，“如果将20万人以上的城市作为大城市的话，那么（1933—1936年）大城市的比例达到14.8%”[②]。张氏则主张以100万人以上为特大城市，50万人以上为大城市，10万人以上为中等城市，5万人以上为小城市，2万人以上为小城镇，“现代人口统计学将拥有20至50万市民的城市列为中等城市，但以此用于城市近代化水平不高的中国，尤其是用于城市近代化刚刚起步的华北区域似乎过于牵强，这里将人口规模下调为10万人”[③]。由于本节旨在分析近代华北铁路沿线集镇“差异化发展”与当代华北城镇化进程之间的关系，因此将依据顾朝林等人的划分标准，并将其调整为七个等级。

鉴于顾氏给出的数据中人口20万以下的小城市的数量缺失较多，因此下文将以《中国城市统计年鉴》（2001）中的数据为基础，对2000年京津冀所属的35个人口（市区人口，下同）在5万以上的城市进行统计。

表J－5　2000年京津冀城市人口等级规模

等级	>500万	200万—500万	100万—200万	50万—100万	20万—50万	10万—20万	5万—10万
城市数	2	0	3	5	5	7	13
百分比	5.7%	0	8.6%	14.3%	14.3%	20.0%	37.1%

资料来源：国家统计局城市社会经济调查总队编《中国城市统计年鉴》（2001），中国统计出版社，2002，第37、319页。

若以人口超过50万为特大城市和大城市，人口20万—50万为中等城市，人口5万—20万为小城市，则前者有10个，约占28.6%；中者

① 顾朝林等：《中国城市化·格局·过程·机理》，科学出版社，2008，第136页。

② 何一民主编《近代中国城市发展与社会变迁1840—1949》，第199页。

③ 张利民：《近代华北城市人口发展及其不平衡性》，《近代史研究》1998年第1期，第195—196页。

有 5 个，约占 14.3%；后者有 20 个，约占 57.1%。

再以用同样的方法对《中国城市统计年鉴》（2001）中的 2000 年京津冀鲁豫晋六省市（下文简称为华北六省市）所属 140 个人口在 5 万以上的城市进行统计分析。

表 J－6　2000 年华北六省市城市人口等级规模

等级	>500 万	200 万—500 万	100 万—200 万	50 万—100 万	20 万—50 万	10 万—20 万	5 万—10 万
城市数	2	6	16	22	18	55	21
百分比	1.4%	4.3%	11.4%	15.7%	12.9%	39.3%	15.0%

资料来源：《中国城市统计年鉴》（2001），第 37、40—41、319—320、325—326 页。

同样以人口 50 万以上为特大城市和大城市，人口 20 万—50 万为中等城市，人口 5 万—20 万为小城市，则前者有 46 个，约占 32.9%；中者有 18 个，约占 12.9%；后者有 76 个，约占 54.3 %。

比较之下可知，在当前华北地区城市中，人口 50 万以上的大城市和人口 20 万以下的小城市数量偏多，人口 20 万—50 万的中等城市数量偏少，是其城镇等级规模体系的重要特征。

上述重要特征与近代华北城镇人口和城镇等级规模的总特征有一定相似之处。以顾朝林、何一民①等人整理的数据为基础的统计分析表明，1933—1936 年，华北六省市所属 35 个人口 5 万以上的城市中，50 万以上的大城市有 3 个，约占 8.6%；人口 20 万—50 万的中等城市有 5 个，约占 14.3%；20 万以下的小城市有 27 个，约占 77.1%。

表 J－7　1933—1936 年华北六省市城市人口等级规模

等级	>500 万	200 万—500 万	100 万—200 万	50 万—100 万	20 万—50 万	10 万—20 万	5 万—10 万
城市数	0	0	2	1	5	6	21
百分比	0	0	5.7%	2.9%	14.3%	17.1%	60%

资料来源：顾朝林《中国城镇体系——历史·现状·展望》，第 151—152 页。

① 张利民亦曾对近代华北城镇人口做过细致的统计分析，但为便于比较分析，本书采用了顾、何等人整理出来的数据。

由于表J-6和表J-7均以华北六省市人口5万以上的城镇为统计对象，因此具有一定的可比性。比较之下可知，当前华北城镇人口和城镇等级规模中存在的大城市和小城市偏多，中等城市偏少的总特征并非近期才出现，而是在100多年来华北城镇化进程中逐渐形成的。[①]

尽管已有学者指出：“城镇（城市和集镇——引者注）两大体系的运行基本上是各自独立的，它们各自运行的脉络是清晰的。”[②] 但在具体的历史发展过程中，仍有部分集镇进入城市行列，华北地区亦然。在表J-6所涉及的140个城市中，人口100万以上的枣庄、唐山、石家庄，人口50万—100万的焦作、廊坊、秦皇岛、阳泉，人口20万—50万的漯河、驻马店、三门峡（指市政府驻地）、滕州（驻地），人口5万—20万的章丘（驻地）、高碑店、巩义（驻地）、新乐（驻地）、泊头、长葛（驻地）、沙河（驻地）、丰南（驻地）以及北京市丰台区（区政府驻地）、淄博市周村区（驻地）、淄博市张店区（驻地）、潍坊市寒亭区（驻地）、青岛市李沧区（驻地）、青岛市城阳区（驻地）等，在成长为城市或市区之前，属于本书所谓的铁路沿线集镇（包括设站集镇和临近铁路车站的集镇），总数超过24个。在表J-7所及的35个城市中，人口5万—10万的唐山、石家庄、周村属于本书所谓的铁路沿线集镇。这就充分表明，在华北城镇化进程中的不同阶段均有铁路沿线集镇的身影。尤其是在2000年的140个城市中，有3个人口100万以上的特大城市，4个人口50万以上的大城市和4个人口100万以上的特大城市的6个区的区政府所在地曾经是铁路沿线集镇。与之相比，仅有4个25万—50万人口的中等城市的政府驻地曾经是铁路沿线集镇，另有9个人

① 值得一提的是，基于同一份统计资料，研究当代城市发展的顾朝林和研究近代城市化发展的何一民等人却得出了不同的结论。顾氏等人强调：“这一时期作为地方区域中心城市的中等城市数量偏少，全国仅有18个……这也充分表明了当时城市两极分化的总特征。”何氏等人则认为：“近代以来中国城市的等级规模结构基本上是呈金字塔型。”而结合何氏等人总结出的“大城市超前发展和数量的增加”和“小城镇的普遍发展”两大特征，则不难推知，大城市和小城市数量偏多，中等城市数量偏少这一总体特征在近代已经开始形成，只是表现尚不明显，或因部分数据缺失而未从统计结果中表现出来。参见顾朝林等《中国城市化·格局·过程·机理》，第333页；何一民主编《近代中国城市发展与社会变迁1840—1949》，第195、199、203页。

② 邹农俭等：《集镇社会学》，第35页。

口5万—20万的小城市的政府驻地曾经是铁路沿线集镇。[①] 这些曾经的村庄和集镇，在铁路开通后凭借丰富的矿产资源、优越的地理位置和便利的交通条件，发展为华北地区重要的能源供给地或商品中转地，进而通过发展工矿业和工商业，在短短百余年间，从名不见经传的村庄和集镇跻身各级中心城市。与此同时，其他大多数集镇发展速度则相对缓慢。这种发展态势不仅印证了近代以来华北铁路沿线集镇的"差异化发展"乃至"两极分化"的趋向，而且对华北城镇化进程，尤其是当前华北地区城镇体系中50万人口以上的特大城市、大城市和人口5万—20万的小城市数目偏多，人口20万—50万的中等城市偏少的局面的形成，具有重要的影响。

铁路影响下的沿线集镇"差异化发展"对京津冀乃至华北区域城镇化进程及城镇体系失衡的影响，可以从与上海、江苏、浙江三省市（下文简称为"江南三省市"）所属城市的比较中，获得更进一步的认识。

统计分析表明，1933—1936年江南三省市所属的38个人口在5万以上的城市中，人口50万以上的大城市有3个，约占7.9%；人口20万—50万的中等城市有5个，约占13.2%；5万—20万的小城市有30个，约占78.9%。

表J-8　1933—1936年江南三省市城市人口等级规模

等级	>500万	200万—500万	100万—200万	50万—100万	20万—50万	10万—20万	5万—10万
城市数	0	1	1	1	5	9	21
百分比	0	2.6%	2.6%	2.6%	13.2%	23.7%	55.3%

资料来源：顾朝林《中国城镇体系——历史·现状·展望》，第151—152页。

2000年时，江南三省市所属人口在5万以上的77个城市中，人口在50万以上的大城市有21个，约占27.3%；人口20万—50万的中等城市有15个，约占19.5%；5万—20万的小城市有41个，约占53.2%。

① 参见张在普编著《中国近现代政区沿革表（1820—2004）》，福建省地图出版社，2006。

表 J-9　2000 年江南三省市城市人口等级规模

等级	>500 万	200 万—500 万	100 万—200 万	50 万—100 万	20 万—50 万	10 万—20 万	5 万—10 万
城市数	1	1	8	11	15	35	6
百分比	1.3%	1.3%	10.4%	14.3%	19.5%	45.5%	7.8%

资料来源：《中国城市统计年鉴》（2001），第 38—39、322—324 页。

由于沈汝生原文中个别城市人口为 1922 年数字，因此表 J-7 和表 J-8 的统计结果不如表 J-6 和表 J-9 精确，但已能够反映出当时华北六省市和江南三省市人口等级规模体系的整体特征。[①] 综合比较表 J-6 至表 J-9 可以看到，1933—1936 年和 2000 年，华北六省市和江南三省市的城镇人口等级规模既有一些共性，又有明显的差别。其中，两个地区城镇等级规模的共性体现在总体比较、纵向比较、横向比较三方面。（1）总体比较而言，华北六省市和江南三省的城镇人口等级规模，在 2000 年和 1933—1936 年这两个关键的时间节点上均呈现出 50 万以上的大城市和人口 5 万—20 万的小城市偏多，人口 20 万—50 万的中等城市偏少的总特征；（2）纵向比较而言，上述总体特征在 2000 年时表现得更加突出；（3）横向比较而言，无论是 1933—1936 年还是 2000 年，在华北六省市和江南三省市中，大、中、小城市所占比例在总体上比较接近。华北六省市 1933—1936 年大、中、小城市所占比例与同期江南三省市差距分别为 0.7%、1.1% 和 1.8%；华北六省市 2000 年所占比例与同期江南三省市差距分别为 5.6%、6.6% 和 1.1%，差距均在 10% 以内。两个地区城镇等级规模的差别主要体现在 2000 年时的横向比较方面。（1）华北六省市城市“两极分化”趋向比江南三省市更为突出：大城市所占比例较江南三省市高 5.6%，小城市所占比例高 1.1%，而中等城市却低 6.6%。（2）华北六省市大城市中，200 万—500 万人者所占比例较江南三省市高 3%；小城市中，人口 10 万—20 万者所占比例较江南三省市低 6.2%；10 万以下者所占比例较江南三省市高 7.2%。（3）华北六省市由

① 沈氏坦言：“以上合计一三一个，较为可靠；尚余六二个，因新统计尚无发表，或作者收集欠周，不得已采用中华归主（*Christain Occupation of China*）记载，不过此六二个，均系小都市人口不及一〇万者，自信与事实尚无不符。”参见沈汝生《中国都市之分布》，《地理学报》第 4 卷第 1 期，1937 年，第 915 页。

集镇发展而来的城市以人口 20 万以上的大中城市居多，尤其是人口 50 万以上的铁路沿线大城市占有相当比例；江南由集镇发展而来的城市则以人口 5 万—20 万的小城市居多。

华北六省市和江南三省市城市人口等级规模上的共性，集中体现了中国城镇化进程的阶段性特征。近代以来，随着开埠通商和近代工商业的发展，中国城镇化开始起步，大城市超前发展，数量明显增加；小城镇普遍发展。[①] 1949 年以来，尤其是 1978 年以来，中国政府虽然多次强调要保持大、中、小城市协调发展，但由于历史基础、经济发展水平等方面的差异，华北六省市和江南三省市大、中、小城市在数量增长上仍有明显差异。2000 年时，华北六省市人口 50 万以上的大城市由 3 个增至 46 个，增幅为 1433%，20 万—50 万的中等城市由 5 个增至 18 个，增幅为 260%，20 万以下的小城市由 27 个增至 76 个，增幅为 181%；江南三省市人口 50 万以上的大城市由 3 个增至 21 个，增幅为 600%，20 万—50 万的中等城市由 5 个增至 15 个，增幅为 200%，5 万—20 万的小城市由 30 个增至 41 个，增幅为 37%。原有基数和增长幅度的不同导致两个地区均形成了大城市和小城市偏多，中等城市偏少的格局。

华北六省市和江南三省市在城市人口等级规模上形成差异的一个重要原因在于两个地区城镇化动力机制及路径选择不同。对此，顾朝林等人认为，1949 年以来，京津冀地区城镇化的动力机制具有的区域整合进程加速、“港口城市的区域牵动”、“地域系统分工与协作” 等特点再次得到强化。“京津冀地区曾经是很好的地域系统，唐山以能源、材料为主，天津对外贸易、物资交流、商业和加工业发达；北京是国家首都，行政管理中心城市”，同时正经历着由国家主导到市场主导的演变。江南三省市城镇化则主要得益于工业化、乡村工业化、外向型经济、专业市场等的发展。[②] 研究近代环渤海地区社会经济发展的张利民、樊如森等学者也从各自的角度涉及华北城镇化的动力机制问题。尽管张、樊二人的表述中并未出现“地域系统分工与协作”、“港口城市的区域牵动” 等词，但其所强调的“面向国际和国内市场的多层次的商品流通网络”，

① 参见何一民主编《近代中国城市发展与社会变迁 1840—1949》，第 195—203 页。

② 顾朝林等：《中国城市化 · 格局 · 过程 · 机理》，第 153—155、202—279 页。

“在直隶，天津上升为该区域的经济中心，北京转为以消费为特色的经济中心；在山东，青岛依仗现代化港口、外资企业和胶济铁路一跃成为该区域的经济中心，济南以其政治和交通枢纽的优势，成为与青岛各有不同范围腹地的次级经济中心……行政区划上各自为政等政治因素对区域发展、经济格局和经济中心的推进或制约作用，明显不同于南方”①；“这些口岸作为联通国内外市场网络的核心节点，引领着该区域的城镇、交通、产业等主要经济领域，率先进入了经济现代化与市场化的行列”；“这些以发展对外贸易为基本功能，并与沿海和国际市场接轨的新型口岸城镇的大量涌现，有力地冲击了以政治功能为主导的环渤海传统城镇格局”，“近代兴起的工矿业城市，为环渤海经济的现代化和一体化建设，提供了新的能源和市场支点”，“以经济为主要职能的各类城镇的兴起，改变了环渤海地区的传统城镇网络结构，为该地区以口岸城市为龙头的区域市场整合布下了必要的核心节点”② 等观点，充分表明二人也已认识到“地域系统分工与协作”、“港口城市的区域牵动”以及政治因素等，是华北城镇化动力机制的重要组成部分。

由此可见，顾氏所论及的当前京津冀地区与江南城镇化动力机制及其路径中的某些构成要素和影响因素，在近代已出现端倪。仅就近代华北而言，天津显然已具有区域牵动的作用，秦皇岛主要承担的是天津港的冬季替代者的角色，唐山、焦作、枣庄、阳泉等是主要的能源基地，石家庄则主要是天津与山西之间商品的中转地。这似乎表明近代秦皇岛、石家庄、唐山、焦作、枣庄、阳泉等集镇的发展，可视为一种基于“地域系统分工与协作”的城镇化。在此过程中，唐山、焦作、枣庄、阳泉、石家庄、秦皇岛等优势明显的铁路沿线集镇和村庄在短期内得以迅速发展，大多数铁路沿线集镇发展速度较为缓慢。这一方面加快了近代华北铁路沿线集镇的“差异化发展”，另一方面成为当前京津冀及华北地区大城市和小城市数量偏多，中等城市数量偏少的局面形成的一个重要基础。

---

① 张利民：《简析近代环渤海地区经济中心重组的政治因素》，《天津社会科学》2012 年第 5 期，第 137—141 页。

② 樊如森：《近代环渤海经济一体化及其动力机制》，《学术月刊》2011 年第 7 期，第 131—134 页。

“历史上，城市化发展尤其是城市规模的扩大，深受交通技术的影响，不同的交通技术水平决定了城市可能的最大发展规模。”[①] 对地域相对辽阔且以地域系统分工与协作为城镇化重要动力的京津冀以至于华北地区而言，交通特别是以铁路为代表的现代交通的作用尤其重要。1881—1937 年，铁路一方面推动了唐山、焦作、枣庄、阳泉、石家庄、枣庄、秦皇岛等工矿业型集镇和交通运输枢纽型集镇的崛起，加速了华北铁路沿线集镇的“差异化发展”；另一方面又成为天津、青岛、济南、郑州、太原等城市加速发展的重要因素，由此推动了近代华北区域的城镇化。1937 年以后，特别是 1949 年以后，铁路作为华北最重要的陆上交通工具之一，仍然在连接内陆能源基地与沿海港口城市，促进工商业和对外贸易发展，带动城市郊区发展等方面发挥着重要作用。例如，在京沪高铁和天津地铁 3 号线开通后，毗邻天津南站的西青区张家窝镇政府附近迅速形成大片街区，初现繁荣景象。又如，2008 年 6 月北京市郊铁路 S2 线的开通，也给旅客前往清河、南口、八达岭等沿线城镇提供了极大的方便，[②] 从而间接地影响了这些城镇的发展。这表明时至今日铁路仍然在华北城镇化进程中扮演着极为重要的角色。因此，在推进京津冀协同发展战略时，应充分重视和利用普通铁路、高速铁路、市郊铁路、高速公路等各种交通方式的不同特点，优化交通布局，促进不同层级的交通枢纽和中心城市（镇）的成长，以推动区域城镇形成更趋合理的“差异化发展”，加快京津冀城镇体系失衡局面的改观，最终推进京津冀协同发展。

---

① 顾朝林等：《中国城市化·格局·过程·机理》，第 514 页。

② 本书著者曾于 2016 年 10 月 31 日（北京北站停运的前一天）乘坐 S2 线前往八达岭长城，亲身体验了这种出行方式的便捷。

参考文献

一　史料

1. 档案

《获鹿县清代档案汇集》，河北省档案馆藏，全宗号：655。

《获鹿县民国档案汇集》，河北省档案馆藏，全宗号：656。

《农林部、工商部、农商部、农工部、实业部》，中国第二历史档案馆藏，全宗号：1038。

《青岛市商会》，青岛市档案馆藏，全宗号：B0038。

《实业部》，中国第二历史档案馆藏，全宗号：422。

《资源委员会》，中国第二历史档案馆藏，全宗号：28。

2. 近代报刊

《大公报》、《地理学报》、《东方杂志》、《都市与农村》、《工商半月刊》、《工商学志》、《关声》、《国际贸易导报》、《河北工商月报》、《河北民政汇刊》、《河北省国货陈列馆月刊》、《河北月刊》、《河南统计月报》、《河南政治月刊》、《冀察调查统计丛刊》、《交通经济汇刊》、《交通杂志》、《经济半月刊》、《矿业周报》、《劳工月刊》、《平绥日刊》、《钱业月报》、《商学杂志》、《社会科学杂志》、《社会学界》、《食货》、《市政评论》、《铁道半月刊》、《铁路月刊》（胶济线）、《铁路月刊》（平汉线）、《铁路月刊》（正太线）、《天津益世报》、《协和报》、《中国农村》、《中外经济周刊》

3. 史料汇编、调查报告

北宁铁路管理局：《北宁铁路商务会议汇刊》，1930。

北宁铁路经济调查队编辑《北宁铁路沿线经济调查报告》，1937。

卞乾孙编《河北省定兴县事情》，新民会中央指导部出版部，1939。

卞乾孙编《河北省良乡县事情》，新民会中央指导部出版部，1939。

卞乾孙编《河北省清苑县事情》，新民会中央指导部出版部，1938。

卞乾孙编《河北省宛平县事情》，新民会中央指导部出版部，1939。

卞乾孙编《河北省徐水县事情》，新民会中央指导部出版部，1938。

陈伯庄：《平汉沿线农村经济调查》，交通大学研究所，1936。

陈佩：《河北省乐亭县事情调查》，新民会中央指导部出版部，1939。

陈佩：《河北省石门市事情调查》，新民会中央总会出版部，1940。

陈佩：《河北省武清县事情》，新民会中央总会出版部，1940。

陈真编《中国近代工业史资料》第3辑，三联书店，1961。

戴鞍钢、黄苇主编《中国地方志经济资料汇编》，汉语大词典出版社1999。

戴建兵编《传统府县社会经济环境史料：1912—1949：以石家庄为中心》，天津古籍出版社，2011。

道清铁路管理局编印《道清铁路三十周年纪念》，1933。

第三届铁展北宁馆筹备处编印《铁道部第三届全国铁路沿线出产货品展览会北宁馆专刊》，1934。

冯天瑜、刘柏林、李少军选编《东亚同文书院中国调查资料选译》，李少军等译，社会科学文献出版社，2012。

宓汝成编《中国近代铁路史资料》（1—3册），中华书局，1963。

甘厚慈辑《北洋公牍类纂》（二），台北，文海出版社，1966年影印本。

甘厚慈辑《北洋公牍类纂续编》（一），台北，文海出版社，1966年影印本。

故宫博物院明清档案部：《清末筹备立宪档案史料》，中华书局，1979。

郭登浩编《天津县乡土志辑略》，天津古籍出版社，2016。

国民党津浦铁路党务特派员办事处编印《津浦铁路调查报告》，1935。

《河北省磁县地方实际情况调查报告书》，中国国家数字图书馆方志库。

河北省政府建设厅编印《调查报告》第2编《路政》，1928。

河北省政府建设厅编印《调查报告》第4编《工商》，1928。

河北省立第四中学校刊社编印《河北省立第四中学校校刊》（唐山号），1930。

河北省棉产改进会编印《中华民国二十五年河北省棉产调查报告》，1937。

河北省棉产改进会编印《河北省棉产调查报告》（河北省棉产改进会特刊第一种），1936。

河南农工银行经济调查室编印《河南之棉花》，1941。

河南省总工会工运史研究室编《焦作煤矿工人运动史资料选编》，河南人民出版社，1984。

侯德封编《中国矿业纪要》第4次（民国十八年至二十年），实业部地质调查所、国立北平研究院地质调查所，1932。

侯德封编《中国矿业纪要》第5次（民国二十一年至二十三年），实业部地质调查所、国立北平研究院地质调查所，1935。

胶济铁路局总务处公益课编印《胶济铁路教育概况》，1931。

胶济铁路管理局车务处编印《胶济铁路沿线经济调查报告》，1934。

交通部交通史编纂委员会、铁道部交通史编纂委员会编印《交通史路政编》，1935。

金城银行总经理处天津调查分部编印《天津棉花运销概况》，1937。

李文海主编《民国时期社会调查丛编》，福建教育出版社，2004。

李文海主编《民国时期社会调查丛编》（二编），福建教育出版社，2009。

李文治等：《中国近代农业史资料》，三联书店，1957。

林颂河：《塘沽工人调查》，北平社会调查所，1930。

林修竹：《山东各县乡土调查录》，山东省长公署教育科，1920。

刘大钧：《中国工业调查报告》，经济统计研究所，1937。

刘家璠：《京兆直隶棉业调查报告书》，农商部棉业处，1920。

《陇海全线调查》（1932年份），殷梦霞、李强选编《民国铁路沿线经济调查报告汇编》第7册，国家图书馆出版社，2009年影印本。

彭泽益编《中国近代手工业史资料（1840—1949）》（1—4卷），中华书局，1962。

骈宇骞整理《旧京遗事·旧京锁记·燕京杂记》，北京古籍出版社，1986。

平绥铁路车务处编《平绥铁路沿线特产调查》，1934。

千家驹：《中国农村经济论文集》，中华书局，1936。

青岛市工商行政管理局史料组编《中国民族火柴工业》，中华书局，1963。

仇润喜主编《天津邮政史料》，北京航空航天学院出版社，1989。

曲直生：《河北棉花之出产及贩运》，社会调查所，1931。

《全国铁路运输会议记录》，1936。

日本中国驻屯军司令部编《二十世纪初的天津概况》，侯振彤译，天津市地方志编修委员会总编辑室，1986。

阮湘等编辑《第一回中国年鉴》，商务印书馆，1926。

商务印书馆编译所《民国十三年编订法令大全》，1924。

实业部中国经济年鉴编纂委员会：《中国经济年鉴》，商务印书馆，1934。

沈云龙主编《近代中国史料丛刊》，台北，文海出版社，1987 年影印本。

天津地方志编修委员会办公室等《〈益世报〉天津资料点校汇编》，天津社会科学院出版社，1999。

天津图书馆等编《天津商会档案汇编》，天津人民出版社，1989—1996。

天津图书馆、天津社会科学院历史研究所编《袁世凯奏议》，天津古籍出版社，1987。

铁道部铁道年鉴编纂委员会：《铁道年鉴》第 1 卷，1933。

汪敬虞等：《中国近代工业史资料》，三联书店，1957。

汪文竹：《石家庄大兴纺织染厂概况》，石家庄大兴纺织染厂，1937。

吴知：《山东省棉花之生产与运销》，1936。

谢家荣：《中国矿业纪要》第 2 次（民国七年至十四年），农商部地质调查所，1926。

新民会中央总会编印《河北省顺义县事情》，1940。

徐百齐编《中华民国法规大全》第 1 册，商务印书馆，1936。

许道夫编《中国近代农业生产及贸易统计资料》，上海人民出版社，1983。

许檀编《清代河南、山东等省商人会馆碑刻资料选辑》，天津古籍出版社，2013。

严中平等编《中国近代经济史统计资料选辑》，科学出版社，1955。

詹福瑞主编《近代交通史全编》，国家图书馆出版社，2009。

张世文：《定县农村工业调查》，中华平民教育促进会，1936。

赵宁渌主编《中华民国商业档案资料汇编》第1卷（1912—1928），中国商业出版社，1991。

郑会欣主编《战前及沦陷时期华北经济调查》，天津古籍出版社，2010。

中国第二历史档案馆编《国民党政治制度档案史料选编》，安徽教育出版社，1994。

中国第二历史档案馆等：《中国旧海关史料（1859—1948）》第155、156册，京华出版社，2001。

直隶商品陈列所编印《直隶省商品陈列所第一次调查记》，1917。

4. 其他史料

霸州市志编委会：《霸州市志》，中国文史出版社，2006。

白眉初：《中华民国省区全志》，北京师范大学史地系，1924—1925。

北京师范大学图书馆编《北师大图书馆藏稀见方志丛刊》第1册《民国古北口志》，北京图书馆出版社，2007。

长清县志编纂委员会：《长清县志》，济南出版社，1992。

道光《长清县志》，台北，成文出版社，1976年影印本。

道光《定州志》，台北，成文出版社，1969年影印本。

道光《东阿县志》，台北，成文出版社，1976年影印本。

道光《河内县志》，台北，成文出版社，1976年影印本。

道光《许州志》，中国国家数字图书馆数字方志库。

道光《伊阳县志》，台北，成文出版社，1976年影印本。

道清铁路管理局总务处文书课：《道清铁路旅行指南》，1933。

独流镇地方志编修委员会：《独流镇志》，吉林人民出版社，2009。

费孝通：《费孝通文集》，群言出版社，1999。

费孝通：《费孝通自选集》，首都师范大学出版社，2008。

丰南县志编纂委员会编纂《丰南县志》，新华出版社，1990。

高承撰、李果订正《事物纪原》，商务印书馆，1937。

顾祖禹：《读史方舆纪要》，《续修四库全书》（0599史部地理类），上海古籍出版社，1995年影印本。

光绪《重修广平府志》，《中国地方志集成·河北府县志辑》第55册，上海书店出版社，2006年影印本。

光绪《德州乡土志》，台北，成文出版社，1968年影印本。

光绪《肥城县乡土志》，台北，成文出版社，1968年影印本。

光绪《阜城县志》，台北，成文出版社，1968年影印本。

光绪《高唐州乡土志》，台北，成文出版社，1968年影印本。

光绪《恭城县志》，台北，成文出版社，1968年影印本。

光绪《广平府志》，《中国地方志集成·河北府县志辑》第55册，上海书店出版社，2006年影印本。

光绪《惠民县志》，《中国地方志集成·山东府县志辑》第22册，凤凰出版社，2004年影印本。

光绪《畿辅通志》，《续修四库全书》，上海古籍出版社，1995年影印本。

光绪《乐亭县志》，台北，成文出版社，1969年影印本。

光绪《滦州志》，台北，成文出版社，1969年影印本。

光绪《南阳府南阳县户口地土物产畜牧表图说》，台北，成文出版社，1968年影印本。

光绪《南阳县志》，台北，成文出版社，1976年影印本。

光绪《宁河县乡土志》，国家图书馆分馆编《乡土志抄稿本选编》第1册，线装书局，2002年影印本。

光绪《日照县志》，台北，成文出版社，1976年影印本。

光绪《陕州直隶州续志》，中国国家数字图书馆数字方志库。

光绪《寿光县乡土志》，国家图书馆分馆编《乡土志抄稿本选编》第3册，线装书局，2002年影印本。

光绪《顺天府志》，《中国地方志集成·北京府县志辑》第1册，上海书店出版社，2002年影印本。

光绪《唐县志》，台北，成文出版社，1969年影印本。

光绪《武清县城乡总册》，中国国家数字图书馆数字方志库。

光绪《淅川直隶厅乡土志》，国家图书馆分馆编《乡土志抄稿本选编》第5册，线装书局，2002年影印本。

光绪《祥符县志》，中国国家数字图书馆数字方志库。

光绪《新河县志》，中国国家数字图书馆数字方志库。

光绪《续修故城县志》，《中国地方志集成·河北府县志辑》第54册，上海书店出版社，2006年影印本。

光绪《续永清县志》，《中国地方志集成·河北府县志辑》第27册，上海书店出版社，2006年影印本。

光绪《峄县乡土志》，台北，成文出版社，1968年影印本。

光绪《永年县志》，台北，成文出版社，1969年影印本。

光绪《玉田县志》，《中国地方志集成·河北府县志辑》第21册，上海书店出版社，2006年影印本。

光绪《章邱县乡土志》，台北，成文出版社，1968年影印本。

光绪《赵州乡土志》，国家图书馆分馆编《乡土志抄稿本选编》第3册，线装书局，2002年影印本。

国家统计局城市社会经济调查总队编《中国城市统计年鉴》(2001)，中国统计出版社，2002。

光绪《正定县志》，《中国地方志集成·河北府县志辑》第3册，上海书店出版社，2006年影印本。

河北省地方志编纂委员会编《河北省志·工会志》，中国档案出版社，1995。

河北省泊头市地方志编纂委员会编《泊头市志》，中国对外翻译出版公司，2000。

河北省石家庄市桥东区地方志编纂委员会编《桥东区志》，中国社会出版社，1993。

河北省唐山市地方志编纂委员会编《唐山市志》，方志出版社，1999。

河北省文安县地方志编纂委员会编《文安县志》，中国社会出版社，1994。

河南省驻马店市志编纂委员会编《驻马店市志》，河南人民出版社，1989。

洪亮编辑《京汉旅行指南》第4期，1913。

滑县地方史志编纂委员会编《滑县志》，中州古籍出版社，1997。

黄泽苍：《分省地志》（山东），中华书局，1935。

集宁市志编纂委员会办公室编《集宁市志》，内蒙古文化出版社，2006。

济南市史志编纂委员会：《济南市志》，中华书局，1997。

嘉庆《长山县志》，台北，成文出版社，1976年影印本。

《嘉庆重修一统志》，中华书局，1986年影印本。

嘉庆《寿光县志》，中国国家数字图书馆数字方志库。

胶济铁路管理局总务处编查课编印《胶济铁路旅行指南》，1934。

交通部铁路联运事务处编制《中华国有铁路旅行指南》，京华印书局，1922。

交通部邮政总局编《中国通邮地方物产志》，商务印书馆，1937。

焦作市地方史志编纂委员会编《焦作市志》，红旗出版社，1993。

津浦铁路管理委员会总务处编查课：《津浦铁路旅行指南》，1933。

京奉铁路管理局总务处编查课：《京奉铁路旅行指南》，1924。

京绥铁路管理局编译课：《京绥铁路旅行指南》，1922。

康熙《高唐州志》，国家图书馆分馆编《清代孤本方志选》第2辑第2册，线装书局，2001年影印本。

康熙《顺义县志》，中国国家数字图书馆数字方志库。

康熙《张秋镇志》，《中国地方志集成．乡镇志专辑》第29册，江苏古籍出版社等，1992年影印本。

开滦矿务局史志办公室编《开滦煤矿志》，新华出版社，1995。

林传甲：《大中华河南省地理志》，武学书馆，1920。

林传甲：《大中华京兆地理志》，中国青年出版社，2012。

林传甲：《大中华山东省地理志》，武学书馆，1920。

林传甲：《大中华直隶省地理志》，武学书馆，1920。

漯河市地方志编纂委员会编《漯河市志》，方志出版社，1999。

密云县志编纂委员会编《密云县志》，北京出版社，1998。

渑池县志编纂委员会编《渑池县志》，汉语大词典出版社，1991。

民国《霸县新志》，台北，成文出版社，1968年影印本。

民国《沧县志》，台北，成文出版社，1968年影印本。

民国《长清县志》，台北，成文出版社，1968年影印本。

民国《茌平县志》，《中国地方志集成·山东府县志辑》第 90 册，凤凰出版社，2004 年影印本。

民国《重修信阳县志》，台北，成文出版社，1968 年影印本。

民国《磁县县志》，台北，成文出版社，1968 年影印本。

民国《大名县志》，台北，成文出版社，1968 年影印本。

民国《德县志》，台北，成文出版社，1968 年影印本。

民国《定县志》，台北，成文出版社，1969 年影印本。

民国《东平县志》，台北，成文出版社，1968 年影印本。

民国《房山县志》，台北，成文出版社，1968 年影印本。

民国《高密县志》，台北，成文出版社，1968 年影印本。

民国《藁城县乡土地理》，台北，成文出版社，1968 年影印本。

《民国河北通志稿》，河北地方志办公室整理点校，北京燕山出版社，1993。

民国《桓台志略》，《中国地方志集成·山东府县志辑》第 28 册，凤凰出版社，2004 年影印本。

民国《集宁县志》，台北，成文出版社，1968 年影印本。

民国《交河县志》，台北，成文出版社，1969 年影印本。

民国《静海县志》，台北，成文出版社，1968 年影印本。

民国《莱阳县志》，台北，成文出版社，1968 年影印本。

民国《临榆县志》，台北，成文出版社，1968 年影印本。

民国《滦县志》，中国国家数字图书馆数字方志库。

民国《密云县志》，《中国地方志集成·北京府县志辑》第 6 册，上海书店出版社，2002 年影印本。

民国《渑池县志》，中国国家数字图书馆数字方志库。

民国《牟平县志》，台北，成文出版社，1968 年影印本。

民国《南皮县志》，台北，成文出版社，1968 年影印本。

民国《青县志》，台北，成文出版社，1968 年影印本。

民国《确山县志》，台北，成文出版社，1976 年影印本。

民国《三河县新志》，《中国地方志集成·河北府县志辑》第 33 册，上海书店出版社，2006 年影印本。

民国《陕县志》，台北，成文出版社，1968 年影印本。

民国《商水县志》，台北，成文出版社，1975年影印本。

民国《寿光县志》，台北，成文出版社，1968年影印本。

民国《東鹿县志（五志合刊）》，台北，成文出版社，1968年影印本。

民国《顺义县志》，台北，成文出版社，1968年影印本。

民国《汜水县志》，台北，成文出版社，1968年影印本。

民国《天津杨柳青小志》，《中国地方志集成·乡镇志专辑》第28册，江苏古籍出版社等，1992年影印本。

民国《潍县志稿》，《中国地方志集成·山东府县志辑》第40册，凤凰出版社，2004年影印本。

民国《文安县志》，台北，成文出版社，1968年影印本。

民国《武城县乡土志略》，中国国家数字图书馆数字方志库。

民国《西平县志》，台北，成文出版社，1976年影印本。

民国《新安县志》，台北，成文出版社，1975年影印本。

民国《修武县志》，台北，成文出版社，1976年影印本。

民国《续安阳县志》，台北，成文出版社，1968年影印本。

民国《续修博山县志》，《中国地方志集成·山东府县志辑》第7册，凤凰出版社，2004年影印本。

民国《许昌县志》，台北，成文出版社，1968年影印本。

民国《偃师风土志略》，台北，成文出版社，1968年影印本。

民国《掖县志》，台北，成文出版社，1968年影印本。

民国《正阳县志》，台北，成文出版社，1968年影印本。

明港镇志编纂委员会:《明港镇志》，中州古籍出版社，2010。

宁河县地方史志编修委员会:《宁河县志》，天津社会科学院出版社，1991。

乾隆《重修直隶陕州志》，中国国家数字图书馆数字方志库。

乾隆《蒲台县志》，《中国地方志集成·山东府县志辑》第28册，凤凰出版社，2004年影印本。

乾隆《嵩县志》，台北，成文出版社，1976年影印本。

乾隆《桐柏县志》，中国国家数字图书馆数字方志库。

乾隆《夏津县志》，《中国地方志集成·山东府县志辑》第19册，凤凰出版社，2004 年影印本。

乾隆《新蔡县志》，台北，成文出版社，1976 年影印本。

乾隆《兖州府志》，《中国地方志集成·山东府县志辑》第 71 册，凤凰出版社，2004 年影印本。

乾隆《正定府志》，《中国地方志集成·河北府县志辑》第 1 册，上海书店出版社，2006 年影印本。

秦皇岛市地方志编纂委员会编《秦皇岛市志》，天津人民出版社，1994。

饶阳县地方志编纂委员会编《饶阳县志》，方志出版社，1998。

日照市地方史志编纂委员会编《日照市志》，齐鲁书社，1994。

山东省安丘县地方史志编纂委员会：《安丘县志》，山东人民出版社，1992。

山东省龙口市史志编纂委员会编《龙口市志》，齐鲁书社，1995。

山东省寿光市羊口镇志编委会：《羊口镇志》，1998。

山东省枣庄市台儿庄区地方史志编纂委员会编《台儿庄区志》，山东人民出版社，1993。

山东省淄博市张店区志编纂委员会：《张店区志》，中国友谊出版公司，1991。

山东省淄博市周村区志编纂委员会编《周村区志》，中国社会出版社，1992。

商丘市志编纂委员会编《商丘市志》，三联书店，1994。

石家庄市地方志编纂委员会：《石家庄市志》，中国社会出版社，1995。

石家庄市教育志编纂委员会：《石家庄市教育志》，河北教育出版社，1992。

实业部国际贸易局：《中国实业志》（山东省），1934。

唐山市开平区地方志编纂委员会：《开平区志》，天津人民出版社，1998。

唐山市路南区地方志编纂委员会：《唐山市路南区志》，海潮出版社，2000。

天津市河东区地方志编修委员会编著《河东区志》，天津社会科学院出版社，2001。

天津市塘沽区地方志编修委员会编著《塘沽区志》，天津社会科学院出版社，1996。

天津市西青区杨柳青镇地方志编修委员会编《杨柳青镇志》，天津社会科学院出版社，1999。

同治《栾城县志》，台北，成文出版社，1976年影印本。

潍坊市坊子区地方史志编纂委员会编《坊子区志》，山东友谊出版社，1997。

吴世勋：《河南》（分省地志），中华书局，1927。

武清县地方史志编修委员会编著《武清县志》，天津社会科学院出版社，1991。

咸丰《平山县志》，《中国地方志集成·河北府县志辑》第10册，上海书店出版社，2006年影印本。

咸丰《武定府志》，《中国地方志集成·山东府县志辑》第21册，凤凰出版社，2004年影印本。

辛集市地方志编纂委员会编纂《辛集市志》，中国书籍出版社，1996。

兴隆县地方志编纂委员会编《兴隆县志》，新华出版社，2004。

宣统《齐东县乡土志》，台北，成文出版社，1968年影印本。

阳谷县地方史志编纂委员会：《阳谷县志》，中华书局，1991。

阳泉市地方志编纂委员会编《阳泉市志》，当代中国出版社，1998。

永清县志办公室编《永清县志》，河北人民出版社，2000。

枣庄市地方史志编纂委员会：《枣庄市志》，中华书局，1993。

张鹤魂：《石门新指南》，石门新报社，1942。

政协河北省唐山市委员会文史资料委员会编印《唐山文史资料》第18辑，1994。

《正定府获鹿县乡土志》，国家图书馆分馆编《乡土志抄稿本选编》第1册，线装书局，2002年影印本。

淄博市志编纂委员会编《淄博市志》，中华书局，1995。

遵化县志编纂委员会编《遵化县志》，河北人民出版社，1990。

二　研究著作

安涛：《中心与边缘：明清以来江南市镇经济社会转型研究：以金山县市镇为中心的考察》，上海人民出版社，2010。

包伟民主编《江南市镇及其近代命运（1840—1949）》，知识出版社，1998。

曹洪涛、刘金声：《中国近现代城市的发展》，中国城市出版社，1998。

从翰香主编《近代冀鲁豫乡村》，中国社会科学出版社，1995。

樊树志：《江南市镇：传统的变革》，复旦大学出版社，2005。

范金民：《明清江南商业的发展》，南京大学出版社，1998。

范毅军：《传统市镇与区域发展——明清太湖以东地区为例（1551—1861）》，台北，中研院、联经出版公司，2005。

方显廷、毕相辉：《由宝坻手织工业观察工业制度之演变》，南开大学经济研究所，1936。

方行、经君健、魏金玉主编《中国经济通史》，经济日报出版社，2007。

宓汝成：《帝国主义与中国铁路1847—1949》，上海人民出版社，1980。

复旦大学历史地理研究中心主编《港口——腹地和中国现代化进程》，齐鲁书社，2005。

高珮义：《城市化发展学原理》，中国财政经济出版社，2009。

高珮义：《中外城市化比较研究》，南开大学出版社，2004。

谷中原：《交通社会学》，民族出版社，2002。

顾朝林等：《中国城市地理》，商务印书馆，1999。

顾朝林等：《中国城市化·格局·过程·机理》，科学出版社，2008。

顾朝林：《中国城镇体系——历史·现状·展望》，商务印书馆，1992。

韩延龙主编《中国近代警察制度》，中国人民公安大学出版社，1993。

郝寿义、安虎森主编《区域经济学》，经济科学出版社，1999。

何一民主编《近代中国城市发展与社会变迁1840—1949》，科学出版社，2004。

胡荣铨：《中国煤矿》，商务印书馆，1935。

李国栋、李慕禅编著《南口》，北京出版社，2010。

李惠民：《近代石家庄城市化研究（1901—1949）》，中华书局，2010。

李洛之、聂汤谷编著《天津的经济地位》，南开大学出版社，1994。

李正华：《乡村集市与近代社会：20世纪前半期华北乡村集市研究》，当代中国出版社，1998。

刘景纯:《清代黄土高原地区城镇地理研究》,中华书局,2005。

刘石吉:《明清时期江南市镇研究》,中国社会科学出版社,1987。

刘应杰:《中国城乡关系与中国农民工人》,中国社会科学出版社,2000。

马戎等主编《中国乡镇组织变迁研究》,华夏出版社,2000。

麦健曾、朱祖英:《全国铁道管理制度》,国立交通大学研究所北平分所,1936。

彭恒军主编《乡镇社会论——农业工业化与新型工资劳动者研究》,人民出版社,2001。

任放:《中国市镇的历史研究与方法》,商务印书馆,2010。

施坚雅:《中国农村的市场和社会结构》,史建云等译,中国社会科学出版社,1998。

汪桂馨:《铁路经营学纲要》,正中书局,1947。

王建学编《近代中国地方自治法重述》,法律出版社,2011。

王胜泉主编《中国乡镇社会学》,安徽人民出版社,1987。

魏宏运主编《二十世纪三四十年代冀东农村社会调查与研究》,天津人民出版社,1996。

武进:《中国城市形态:结构、特征及其演变》,江苏科学技术出版社,1990。

小田:《江南乡镇社会的近代转型》,中国商业出版社,1997。

熊亚平:《铁路与华北乡村社会变迁1880—1937》,人民出版社,2011。

徐永志:《开埠通商与津冀社会变迁》,中央民族大学出版社,2000。

许玲:《大城市周边地区小城镇发展研究》,陕西人民出版社,2007。

许檀:《明清时期山东商品经济的发展》,中国社会科学出版社,1998。

杨懋春:《近代中国农村社会之演变》,台北,巨流图书公司,1970。

张利民等:《近代环渤海地区经济与社会研究》,天津社会科学院出版社,2002。

张利民:《华北城市经济近代化研究》,天津社会科学院出版社,2004。

张瑞德:《平汉铁路与华北的经济发展(1905—1937)》,台北,中研院近代史研究所专刊(55),1987。

张在普编著《中国近现代政区沿革表(1820—2004)》,福建省地图出版社,2006。

赵尔巽等撰《清史稿》,中华书局,1976。

郑弘毅主编《农村城市化研究》,南京大学出版社,1998。

朱从兵:《铁路与社会经济——广西铁路研究(1885—1965)》,合肥工业大学出版社,2012。

庄维民:《近代山东市场经济的变迁》,中华书局,2000。

邹农俭等:《集镇社会学》,上海社会科学院出版社,1989。

三 研究论文

陈国灿:《论江南农村市镇的近代转型》,《浙江学刊》2004年第5期。

慈鸿飞:《近代中国镇、集发展的数量分析》,《中国社会科学》1996年第2期。

党国英:《由“城市化”到“城镇化”》,《中国青年报》2005年10月16日。

邓玉娜:《清代河南集镇的发展特征》,《陕西师范大学学报》(哲学社会科学版)2005年第4期。

邓玉娜:《清代河南集镇的空间分布——基于距县里程方面的分析》,《中国社会经济史研究》2006年第1期。

邓亦兵:《清代前期的市镇》,《中国社会经济史研究》1997年第3期。

丁贤勇:《浙赣铁路与浙江中西部地区的发展:以1930年代为中心》,《近代史研究》2009年第3期。

樊如森:《近代环渤海经济一体化及其动力机制》,《学术月刊》2011年第7期。

樊树志:《市镇与乡村的城市化》,《学术月刊》1987年第1期。

龚关:《近代华北集市的发展》,《近代史研究》2001年第1期。

龚关:《明清至民国时期华北集市的数量分析》,《中国社会经济史研究》1999年第3期。

胡恒:《清代巡检司地理研究》,硕士学位论文,中国人民大学,2008。

江沛、李丽娜:《铁路与山西城镇的变动:1907—1937》,《民国档案》2007年第2期,

江沛、熊亚平:《铁路与石家庄城市的崛起:1905—1937年》,《近代史研究》2005年第3期。

郎友兴:《从南浔的变化看近代教育在江南市镇的发展》,《史学月刊》2003年第6期。

李伯重:《工业发展与城市变化:明中叶至清中叶的苏州(上)》,《清史研究》2001年第3期。

刘强:《论清代山东周村的发展模式——清末民初转型期经济性市镇发展道路的再认识》,《滨州学院学报》2006年第2期。

罗澍伟:《试论近代华北的区域城市系统》,《天津社会科学》1992年第6期。

马义平:《道清铁路与豫北地区城镇体系变动》,《华北水利水电学院学报》(社会科学版)2011年第6期。

马义平:《近代铁路兴建与豫北城镇的兴衰》,《中州学刊》2013年第7期。

任放:《近代市镇研究的回顾与评估》,《近代史研究》2008年第2期。

任放:《明清长江中游市镇的管理机制》,《中国历史地理论丛》2003年第1辑。

宋希斌、熊亚平:《近代中国铁路货等运价制度变迁初探(1915—1937)》,《兰州学刊》2012年第7期。

谭刚:《陇海铁路与陕西城镇的兴衰(1932—1945)》,《中国经济史研究》2008年第1期。

田伯伏:《京汉铁路与石家庄城市的兴起》,《河北大学学报》(哲学社会科学版)1997年第2期。

王家范:《明清江南研究的期待与检讨》,《学术月刊》2006年第6期。

王庆成:《晚清华北村镇人口》,《历史研究》2002年第6期。

王庆成:《晚清华北的集市和集市圈》,《近代史研究》2004年第4期。

王庆成：《晚清华北定期集市数的增长及对其意义之一解》，《近代史研究》2005 年第 6 期。

王庆成：《晚清华北乡村：历史与规模》，《历史研究》2007 年第 2 期。

王先明、熊亚平：《铁路与华北内陆新兴市镇的发展（1905—1937）》，《中国经济史研究》2006 年第 3 期。

王玉茹、郭锦超：《近代江南市镇和华北市镇的比较研究》，《江苏社会科学》2003 年第 6 期。

熊亚平、安宝：《民国铁路联运制度与铁路运输业的发展——以 1913—1933 年间的华北各铁路为中心》，《史学月刊》2012 年第 7 期。

熊亚平、张利民：《近代华北集市（镇）研究述评》，《河北广播电视大学学报》2013 年第 6 期。

许檀：《明清时期城乡市场网络体系的形成及意义》，《中国社会科学》2000 年第 3 期。

许檀：《清代河南的北舞渡镇——以山陕会馆碑刻资料为中心的考察》，《清史研究》2004 年第 1 期。

许檀：《清代河南的商业重镇周口——明清时期河南商业城镇的个案考察》，《中国史研究》2003 年第 1 期。

许檀：《清代河南赊旗镇的商业——基于山陕会馆碑刻资料的考察》，《历史研究》2004 年第 2 期。

许檀：《清代河南西部的商业重镇荆子关——以山陕会馆碑刻资料为中心的考察》，《天津师范大学学报》（社会科学版）2009 年第 5 期。

许檀：《清代河南朱仙镇的商业——以山陕会馆碑刻资料为中心的考察》，《史学月刊》2005 年第 6 期。

许檀：《清代山东周村镇的商业》，《史学月刊》2007 年第 8 期。

许檀、吴志远：《明清时期豫北的商业重镇清化——以碑刻资料为中心的考察》，《史学月刊》2014 年第 6 期。

杨庆堃：《邹平市集之研究》，硕士学位论文，燕京大学研究院社会学系，1934。

曾桂林：《铁路与近代株洲城市的兴起（1898—1951）》，《株洲师范高等专科学校学报》2007 年第 6 期。

张海英：《明清江南市镇的行政管理》，《学术月刊》2008年第7期。

张利民：《简析近代环渤海地区经济中心重组的政治因素》，《天津社会科学》2012年第5期。

张利民：《近代华北城市人口发展及其不平衡性》，《近代史研究》1998年第1期。

张研：《清代市镇管理初探》，《清史研究》1999年第1期。

赵世瑜：《村民与镇民：明清山西泽州的聚落与认同》，《清史研究》2009年第3期。

郑起东：《近代华北乡村教育的变迁》，《中国农史》2003年第1期。

钟华、张建智：《20世纪30年代南浔镇的社会状况》，《浙江社会科学》2005年第1期。

周俊旗：《关于近代区域城市系统研究的几个问题》，《天津社会科学》1994年第5期。

邹逸麟：《清代集镇名实初探》，《清史研究》2010年第2期。

四　日文文献

東亞同文會『支那省別全志第8卷（河南省）』大正7年。

東亞同文會『支那省別全志第18卷（直隸省）』大正9年。

東亞同文會『支那省別全志第4卷（山東省）』大正6年。

『青島守備軍民政部鐵道部調查資料　第二十輯　周村德州及德州石家莊間並石家莊滄州間調查報告書』大正9年。

『青島守備軍民政部鐵道部調查資料　第十七輯　東北山東（渤海山東沿岸諸港濰縣芝罘間都市）調查報告書』1919。

『青島守備軍民政部鐵道部調查資料第十一輯山東鐵道沿線重要都市經濟事情（坊子）』大正9年。

山根幸夫『明清華北定期市の研究』汲古書院、1995。

伊藤武雄『冀東地區十六箇縣縣势概況調查報告書』冀東地區農村實態調查班、昭和11年。

五　英文文献

Chang Kia - Ngau, *China's Struggle for Railroad Development* , New

York：Da Capo Press，1975.

David D. Buck，*Urban Change in China：Politics and Development in Tsinan，Shantung，1890 - 1949*，Madison：The University of Wisconsin Press，1978.

Ching Ho，A Sociological Analysis the Report of a Preliminary Survey of the Town of Ching Ho，Hopei，North China，1930.

Ralph William Huenemann，*The Dragon and the Iron Horse：the Economics of Railroads in China，1876 - 1937*，Cambridge，Mass.：Council on East Asian Studies，Harvard University，1984。

The Taokow—Chinghua Railway by Mr Mark，Hsia Ming Ye，B. Comm，《焦作工学生》第2卷第1—2期。

后 记

集镇（市镇）研究是区域史、经济史、社会史、城市史等领域学者关注的一个热点。拙作《铁路与华北乡村社会变迁 1880—1937》已初步探讨了铁路与市镇发展间的关系，但因个人兴趣，时有意犹未尽之感。随着资料积累逐渐丰富，研究的日益深入和认识的不断深化，我觉得引入“差异化发展”等概念有助于对近代华北铁路沿线集镇做更进一步的研究。本书主旨即肇始于此。

书稿初成后，我在多位师友的鼓励下申报 2015 年度第三批国家社科基金后期资助项目，最终通过评审，忝列其中。课题立项后又多次前往青岛、北京等地进行资料搜集和实地考察，并对书稿进行补充、修改和完善，历时两载，数易其稿，始告完成。

本书最终得以面世，离不开各方面的大力支持和帮助。国家哲学社会科学规划办公室的慷慨资助是书稿顺利完成的重要保障。五位评审专家的宝贵意见使本书增色不少。我的供职单位——天津社会科学院各级领导给予了多方面的关照。历史研究所的张利民研究员在百忙之中通读全书并贡献了不少灼见。任云兰研究员在本书框架结构方面提出了中肯的建议。我的硕士生导师江沛教授和博士生导师王先明教授提出的修改意见使我颇受教益。社会科学文献出版社的李丽丽编辑付出了艰辛的劳动。学友杨建庭在资料搜集上提供了诸多的帮助。在此一并致谢！

我埋首书稿的这两年，既是妻子辛苦操劳的两年，也是幼子人生旅途伊始的两年。和妻子吴明花女士 2012 年相识，2015 年结婚，六年来天各一方，聚少离多，但她几无怨言，独自一人承担起抚养孩子的重任，使我能够专心于读书写作。幼子白羽年方两岁，我却很少能够陪伴在他身边。对于他们，我时感愧疚，希望在以后一家人团聚的日子里能够尽到更多的责任！岳母一家人在白羽无人照看之际，伸出援助之手，解了我们的燃眉之急。兄长熊会平一家和弟弟熊利平多年来一直给予无私的帮助，使我能够砥砺前行。家人们的无私与宽容，我将铭记于心。

在本书即将面世之际，我还要特别感谢已经去世的父母。父亲 1948 年出生于陕西省丹凤县的一个小山村，1969 年成为一名普通的铁路工人。在此后的数十年中，父亲曾转战祖国西北数省，为西北地区铁路事业的发展贡献了自己的心血，直至 2012 年 5 月 12 日因心脏病突发去世。父亲的人生经历虽然是平淡无奇的，却给我提供了近距离感知铁路与沿线城镇关系的最初机会。他还时常以自己的实际行动鼓励我们去克服困难，认真学习，努力工作。在写作中遇到难题的时候，我会时常想起父亲。想到他的敬业和乐观精神，就有了战胜困难的勇气和完成本书的信心。母亲出生于 1955 年，是一位极普通的农民，却以不凡的见识，为我的人生道路找到了方向。然而，令人深感遗憾的是，母亲未能目睹我升入中学、考入大学。父亲既未能看到我成家立业，又因我一时的惰性而未能读到我的第一本专著。每当想起这些，我就会感到深深的遗憾和自责。但愿本书的问世，能使我的内心稍稍感到安宁！

囿于个人学识，书中的“差异化发展”等提法是否妥帖，还有待进一步检验。限于篇幅，抗战爆发以来华北铁路沿线集镇的发展亦未得到呈现。这些缺憾，希望将来有机会再做弥补吧。

熊亚平

2018 年 4 月于天津四季雅园寓所

图书在版编目(CIP)数据

华北铁路沿线集镇的“差异化发展”：1881—1937／熊亚平著. -- 北京：社会科学文献出版社，2018.8
国家社科基金后期资助项目
ISBN 978-7-5201-3264-0

Ⅰ.①华… Ⅱ.①熊… Ⅲ.①城市化-研究-华北地区-1881—1937 Ⅳ.①F299.272

中国版本图书馆 CIP 数据核字(2018)第 188352 号

·国家社科基金后期资助项目·
华北铁路沿线集镇的“差异化发展”（1881—1937）

著　　者／熊亚平

出 版 人／谢寿光
项目统筹／李丽丽
责任编辑／李丽丽

出　　版／社会科学文献出版社·近代史编辑室（010）59367256
地址：北京市北三环中路甲 29 号院华龙大厦　邮编：100029
网址：www.ssap.com.cn
发　　行／市场营销中心（010）59367081　59367018
印　　装／三河市龙林印务有限公司

规　　格／开 本：787mm×1092mm　1/16
印 张：24　字 数：380 千字
版　　次／2018 年 8 月第 1 版　2018 年 8 月第 1 次印刷
书　　号／ISBN 978-7-5201-3264-0
定　　价／108.00 元